China Insurance Market
Development Report (2020)

中国保险市场发展报告
（2020）

寇业富　主　编
陈　辉　周桦　副主编

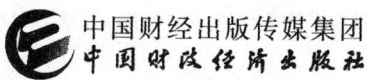

中国财经出版传媒集团
中国财政经济出版社

图书在版编目（CIP）数据

中国保险市场发展报告.2020／寇业富主编.——北京：中国财政经济出版社，2020.10

ISBN 978-7-5223-0050-4

Ⅰ.①中… Ⅱ.①寇… Ⅲ.①保险业-经济发展-研究报告-中国-2020 Ⅳ.①F842

中国版本图书馆 CIP 数据核字（2020）第 175606 号

责任编辑：马　真　　　　　　责任校对：张　凡
封面设计：北京兰卡绘世

中国财政经济出版社出版

URL：http://www.cfeph.cn

E-mail：cfeph@cfeph.cn

（版权所有　翻印必究）

社址：北京市海淀区阜成路甲28号　邮政编码：100142

营销中心电话：010-88191537

北京时捷印刷有限公司印刷　各地新华书店经销

710×1000 毫米　16 开　29.75 印张　470 000 字

2020 年 10 月第 1 版　2020 年 10 月北京第 1 次印刷

定价：150.00 元

ISBN 978-7-5223-0050-4

（图书出现印装问题，本社负责调换）

本社质量投诉电话：010-88190744

打击盗版举报热线：010-88191661　QQ：2242791300

本报告（原保险蓝皮书）得到

中央财经大学中国精算研究院
中央财经大学保险学院
长城人寿保险股份有限公司
等单位的支持和帮助
在此表示衷心的感谢！

2020 中国保险年度人物——魏华林教授
《中国保险 40 年 40 人》荣誉获得者

魏华林，武汉大学经济与管理学院教授、博士生导师，湖北省政府官员，中国金融学会常务理事暨学术委员会委员。国家级有突出贡献的中青年专家称号获得者，国务院特殊津贴专家称号获得者。曾经担任武汉大学经济学院金融保险系主任、保险与精算系主任、保险经济研究所所长；国家教育部经济学科教学指导委员会委员，国务院学位办保险专业教育委员会委员，中国保险监督管理委员会专家咨询委员会委员，中国保险学会副会长；中国人保集团、中国人寿集团、中国再保集团、中国太平洋保险集团等博士后流动站导师等职。从事风险管理与保险教学研究工作近 40 年。

魏华林教授 1977 年毕业于武汉大学经济学专业，留校任教后从事政治经济学基础课程及《资本论》教学研究工作，1983 年转入保险研究领域。当时正值中国保险复业、保险教育起步阶段，教育部确定在武汉大学、南开大学、辽宁大学和西南财经学院四所大学开设保险专业。魏华林与邓大松、林宝清、杨涛、徐文虎、艾孙麟、江生忠、郝演苏等一批年轻教师先后改行，专攻保险教育，协助刘茂山、张旭初、吴耀宗、刘远晋等老教授启动保险教育筹备工作，成为中国第一批从事保险教育的高校教师。为了当好一名合格的保险教师，魏华林先后前往厦门大学、北京五道口研究生部和香港理工大学进修学习，前往香港民安保险公司实习考察，前往英国、美国、法国、意大利、日本和中国台湾等国家和地区学术访问。

中国的保险教育存在先天不足。为了赶上时代步伐，客观上需要保险教育开山者付出更多的艰辛。保险教育的开启如同一场戏，戏台搭起来、戏曲唱起来需要具备两个前提条件，一是演员，二是剧本。保险教育的演员即教师，剧本即教材。但凡那个时期过来的高校保险教师，大多是一边学习保险，一边编写教材，在充电的同时完成放电。由魏华林和林宝清主编的《保险学》，是当年教育部为了迎接 21 世纪的到来而提前组织编写的高校教材。本次组织编写的金融类统编教材共有 6 本，《保险学》是其中的一本。魏华林诚邀北京大学、南开大学、厦门大学、上海财经大学、武汉大学和中国保险学院等十多位专业老师，苦写两年，六易其稿，终成其书。该书从 1998 年首次出版发行至今，已有 4 个版本与读者见面，得到高校相关专业师生的认可，2002 年获得全国高校优秀教材二等奖。当年参加编写的一些年轻老师，如今已成长为学界和社会的栋梁之材，比如北京大学的孙祁祥教授，中国人民大学的郑功成教授、李珍教授等。

如果说《保险学》主要是为在校学生编写的一本教材，那么，若干年后魏华林与陶存文主编的《保险原理》，则是为全国保险从业人员编写的另一本教科书。后者在 2018 年被评为中国保险行业协会职业培训教材最佳用书，获得保险业界好评。除此之外，魏华林教授还主编了全国经济师职称考试用书，全国保险中介人资格考试用书等多种版本保险教材，在相关专业考试者中广为人知。其中，魏华林教授与李继熊教授共同主编的《海上保险学》，还获得了中国金融系统优秀教材一等奖。

魏华林教授在投入大量时间和精力从事保险教材编写的同时，还理论联系实际，开展保险理论研究，先后主持承担了国家自然科学基金、国家社会科学基金、国家科技部支撑计划基金以及教育部、中国保险监督管理委员会等国家和省部级研究课题 20 多项，写作出版学术著作十余部，发表学术论文 100 余篇。有多项研究成果获奖，其中国家级奖 3 项，省部级奖 6 项。研究内容包括保险市场开放、保险产业政策、银行保险制度、自然灾害风险转移体系、养老保险和城市风险管理等。2020 年年初出版的《保险大国——中国保险业崛起的回望与前瞻》一书，记录着他几十年如一日学习保险、认知保险、见证保险、研究保险的人生路程。

理论研究服务于保险实践是魏华林教授研究工作的方向，守正创新是魏华林教授研究工作的原则。在中国保监会存在的20多年时间里，先后作过4个五年发展规划。早在中国保险业"十五规划"设计中，魏华林教授与刘茂山教授、江生忠教授已经作为学术界代表参与其中，为"规划"的制定和实施建言献策。从"十一五规划"开始，魏华林及其研究团队定期承担"规划"前期的专题研究项目，直至"十三五规划"结束，长达20年，慎终如始。国务院颁布"现代保险服务业发展意见"（简称"保险国十条"）以后，魏华林教授与其他9位专家学者一起，参与《中国保险报》专题访谈，为中国保险业的健康发展建言献策，在保险学界和业界产生了非同一般的影响。从过往文献中可以发现，在历次重大保险理论讨论中，都或多或少地留下了魏华林教授的一些独到见解和理论印记。

1. 关于"基本矛盾"的讨论。2010年前后，保险界经历过一次保险市场的"基本矛盾"的讨论。魏华林教授为此向有关监管部门撰写了一份《保险市场的需求不足和供给约束》专题研究报告，提出中国保险供给与需求矛盾的表现是"两个不足"，一个是保险供给不足，另一个是保险需求不足。保险的两个不足是一种特殊经济现象。通常情况下，要么是市场供给大于市场需求，要么是市场需求大于市场供给。中国保险市场"双不足"的存在，打破了经济学常规。这种特殊现象的存在，阻碍着中国保险市场发展。"两个不足"的具体表现，一是保险的损失补偿率、保险渗透率、投保率偏低；二是保险人销售的产品和保险人提供的服务不一定是消费者所需要的，或者说消费者需要的保险人没有能够及时提供。破解"两个不足"需要实现"四个转变"，第一，保险核心功能从"损失补偿"向"风险管理"的转变；第二，保险经营从"业务线"向"产业链"的转变；第三，保险市场竞争从"价格竞争"向"服务竞争"的转变；第四，保险管理从"制度管理"向"文化管理"的转变。

2. 关于"做大做强"的讨论。伴随着国家改革开放的步伐，中国保险业取得了令人刮目相看的成就，中国在世界保险市场上的地位日益提高，位次不断前移，1997年进入世界前15名，2006年进入世界前10名，2012年进入世界前5名，2016年进入世界前3名，2018年位居世界第二。中国保险业发展的成功来自何方？不同的人会有不同的回答。在魏华林教授看来，除了国家改革开放、发展市场经济、人口红利等因素之外，还有两个因素发挥了重要而直接的作用，一个是社会财富的增加，一个是风险社会的来临。在中国，大家习惯用保险大国和保险强国等词语衡量保险的发展。魏华林教授提醒，其实这两者之间并不存在必然的逻辑关系。保险大国可能是保险强国，但保险强国不一定是保险大国，因为两者分别使用着不同的衡量指标，代表着不同的含义。衡量保险大国的指标主要是保险经营规模、保费收入和资本规模等，衡量保险强国的指标主要是保险密度、保险深度和保险渗透率等。若以保费规模而论，中国虽然排在美国之后，但超过了日本、英国、德国、法国等发达国家，可谓保险大国。但若以保险密度、保险深度而论，中国只能算是保险小国。而若以保险渗透率（保额/GDP）而论，日本寿险市场的渗透率是321%，美国是191%，韩国是152%，德国是105%，法国是97%，中国是33%。世界保险十强国家的平均渗透率是126%。从这里可以看出，日本比美国强，韩国比中国强。做大做强是中国保险人的一个梦想。实现这一梦想需要分两步走，先是做大，然后做强。相比之下，做大容易，做强则难。中国要进入世界保险强国，除了需要满足一些客观性指标外，还需要具备一些具有国际竞争力和风险承载力的基本要素，包括人才、企业和资源等。

3. 关于"保险乱象"的讨论。"保险乱象"是2018年前后保险界讨论最多、最为激烈的一个问题。魏华林教授认为，"保险乱象"是中国保险市场长期存在的一种现象。不同的时期有不同的表现形式，不同的地方有不同的表现类别。早期的"保险乱象"表现为公司外部的一种混乱，形式比较单一，主要是公司与公司之间的产品价格之战，企业与企业之间的队伍"挖角"之争等。眼下的"保险乱象"则是公司内部的一种混乱，表现形式相对复杂，后果影响相当严重，既有产品乱象，又有销售乱象；既有违规套费乱象，又有理赔乱象；既有资金运用乱象，又有数据造假乱象；既有股权投资乱象，又有公司治理乱象。这些"保险乱象"被人形容为长在保险市场主体上的一个"肿瘤"，对保险业的健康发展造成了严重的不良影响。从历史经验来看，如果一个国家的"保险乱象"得不到及时有效的治理，不仅会导致保险市场的竞争失序、经营失衡，而且会造成保险行业的群体失信、企业失败。如果说早期的价格之战、"挖角"之争等"保险乱象"还是一种难以避免的市场行为，那么当下的股权投资乱象、公司治理乱象和数据造假乱象等则是一种触碰底线的犯规行为，由此导致的严重后果，着实令人担忧。"保险乱象"的表现，一是保险供给与保险需求出现失衡；二是承保业务与投资业务匹配错位。"保险乱象"的存在来自三方面原因，一是有限的保险经验；二是片面的保险认知；三是难解的"保险怪圈"。"保险乱象"不仅引起了保险业务数据的大起大落，而且造成部分保险公司出现经营亏损，影响保险市场稳定。

4. 关于"经营管理"讨论。不论是企业还是行业，其经营都离不开两个维度，一个是经营，一个是管理。但是，我们的保险教科书将这两个范畴集合到一起，称为"保险经营管理"。在保险实践中，为数众多的保险经营者和保险管理者也将保险经营视为保险管理。这种理念上的偏差，一方面导致了保险经营与保险管理之间的界限模糊，以管理代替经营。例如，保险的负债经营被称为保险负债管理，保险营销经营被称为保险营销管理，保险的经营系统被称为管理系统，等等。另一方面，导致了保险经营与保险管理之间的关系颠倒，重管理，轻经营。纵观中国保险市场，大到一个保险公司的总裁，小到一个保险公司的外勤业务"主管"，关注的重心不是与保险业务直接相关的经营，而是与保险业务间接相关的管理。对此，魏华林教授认为，保险经营与保险管理是范畴不同的两个概念，保险经营属于市场经济范畴，保险管理属于组织协调范畴；保险经营通常属于实体形态，最终体现在保险产品和保险服务上，保险管理通常属于非实体形态，最终体现在环境氛围和文化认同上；保险经营是以客户为中心，代表着经营者与外部环境之间的互动，保险管理是以员工为中心，代表着管理者与员工或员工之间的互动；保险经营的目的主要是提高效益——增加利润，保险管理的目的主要是提高效率——降低成本。如果不加以区分，将保险经营视为保险管理，甚至以"保险管理"替代"保险经营"，势必出现"一管就死，一死就放，一放就乱"的"保险乱象"。因此，解决保险市场乱象问题，需要理顺保险经营与保险管理的关系，遵守保险经营大于保险管理的规律，回归保险管理服务保险经营的本源。当然，这样理解并不意味着管理不重要，恰恰相反，管理是一个公司、一个行业发展的基础，基础不牢，地动山摇。如果保险管理做不到位，保险经营不可能获得成功。保险管理面临的主要问题，不是管理过度，而是管理水平跟不上，不能适应保险经营的变化。"管理为经营服务，经营为客户服务。"魏华林教授如是说。

2019年12月19日，在北京举行的庆祝中国保险复业40周年恳谈会上，"中国保险40年40人"评选结果揭晓，魏华林教授榜上有名，组委会给出的颁奖主题词是"深耕保险研究40年，一部《保险学》天下闻"。进入榜单的还有刘鸿儒、龙永图、马明哲、陈东升、王梓木、段开龄等保险或与保险密切相关的人士。此时此景，既是一个时代的结束，又是一个时代的开始。

寇业富

保险数据文献中心主任

中央财经大学中国精算研究院·保险学院

2020年8月10日

前　言

本部著作是我们连续主编出版《保险蓝皮书——中国保险市场发展分析》（因为各种原因，今年暂用名《中国保险市场发展报告（2020）》）的第五部。

中国民族保险业开始于1885年在上海成立的"仁济和"保险公司。1949年前，中资保险业机构曾多达600余家，但其市场占有率仅为25%左右；外资保险公司虽然只有60多家，却拥有75%的市场份额，实际上是外国保险资本控制着中国保险市场。

中华人民共和国成立后，政府非常重视民族保险事业的发展，为适应社会主义经济建设的需要，1949年10月20日成立了国营的中国人民保险公司，总部设在北京。截至1956年，中国保险业社会主义国有化目标实现，无论是财产保险业务还是人身保险业务，无论是城市保险业务还是农村保险业务，无论是国内保险业务还是涉外保险业务，都出现了轰轰烈烈的发展局面。1958年10月，中央的西安财贸会议正式提出：人民公社化以后，保险工作的作用已经消失，除国外保险业务必须继续办理外，国内保险业务应立即停办。到了12月，武汉全国财政会议便正式作出决定：立即停办国内保险业务。1959年1月，中国人民保险公司召开第七次全国保险会议，贯彻落实国内保险业务停办精神，并布置了善后清理工作。

1978年12月召开的中共十一届三中全会，不仅挽救了频临破产的中国经济，同时也给中国保险业带来了勃勃生机。1979年4月，国务院批转《中国人民银行全国分行行长会议纪要》。《纪要》指出："开展保险业务，为国家积累资金，为国家和集体财产提供经济补偿。今后对引进的成套设备、补偿贸易的财产等，都要办理保险。凡需补偿外汇的保险业务，其保险费改收外币。保险公司所得的利润，不再上缴财政，留作国家发展保险事业的基金。……"1979年11月，中国人民银行召开全国保险会议，决定从1980年起，恢复停办了20余年的国内保险业务，同时在原有的基础上大力发展涉外保险业务。从此，中国的保险事业又翻开了崭新的一页！

保险事业的发展，急需大量的保险专业人才，中国保险专业人才的需求与供给之间形成了巨大的差距。

1980年，全国只有中央财政金融学院（现中央财经大学，当时隶属于财政部）率先开办保险专业，每年招生40名；1982年，中国人民银行金融研究生部开始招收保险专业研究生，所属金融专科学校也开设了保险专业。

1983年，为缩小保险专业人才需求与供给之间的差距，中国人民保险公司一方面建议教育部对保险专业进行抢救，尽快在有条件的高等学校开设保险专业，另一方面，决定投资高校办学。中国人民保险公司先后与南开大学、武汉大学、辽宁大学、四川财经学院（现西南财经大学）签订了委托协议，对这4所院校一次性投资920万元；以后又相继资助中央电大、中央财政金融学院（现中央财经大学）、上海财经学院（现上海财经大学）、北京财贸学院（首都经贸大学的前身之一）共160万元。为保证顺利实施委托办学的具体方案，中国人民保险公司牵头组织编写教材，1985年出版了第一本综合性的保险专业教科书——《社会主义保险学》，1987年组织了5个写作班子，编写出了供中央电大使用的5本教材：《保险学概论》《财产保险》《人身保险》《农业保险》和《海上保险》，促进了保险专业人才的培养。

2003年，依托中央财经大学雄厚的金融学科以及国民经济学、统计学等学科的综合优势，教育部成立中央财经大学中国精算研究院。中央财经大学中国精算研究院是保险精算领域唯一一所教育部人文社会科学重点研究基地，具有比较雄厚的科研实力和业界影响力，为精算科学在中国的普及应用以及中国精算师制度的建立和完善作出了重要贡献，培养了多位具有国际水平的精算和保险人才。

前言

根据教育部《普通高等学校人文社会科学重点研究基地管理办法》的要求，重点研究基地应该聚集和培养优秀学术人才，围绕国家发展战略，针对学科前沿和社会经济发展中的重大理论与实践问题，组织高水平研究的新型科研团队，在产出创新成果，形成学术交流开放平台，带动高校哲学社会科学发展创新等方面发挥着重要作用。

中国保险业作为最早对外开放的金融行业，从入世之初的备受争议、挑战，发展到保费收入居世界第二位的保险业大国，中国的保险业可以说走过了一段披荆斩棘、奋发有为的发展路程。

为了对中国保险产业的快速发展，特别是加入 WTO 以来中国保险业发展的经验教训进行整理总结，自 2010 年开始，中央财经大学中国精算研究院成立保险数据文献中心，于 2011 年主编出版《2011 中国保险公司竞争力评价研究报告》，以后每年出版一部，这一系列著作已经成为中国精算研究院的标志性成果。到今年 10 月出版《2020 中国保险公司竞争力评价研究报告》，正好是 10 周年。

我们在总结并继续出版"中国保险公司竞争力评价研究报告"的基础上，自 2016 年开始主编出版《保险蓝皮书——中国保险市场发展分析（2016）》，对保险业的发展状况进行梳理分析，希望能够对业界、学界和政府部门等有关单位的研究提供支持和参考。

保险蓝皮书主要从保险产业发展，保险经营主体分析，保险产品与服务，中国保险市场发展的技术、创新与监管，业界天地专家声音等五方面对中国保险产业的发展进行总结分析，并始终坚持"公开、客观、科学"的原则。

所谓"公开"包括两方面的含义：一是信息数据来源、评价方法等全部公开；二是指梳理分析或评价结果的有的放矢或可验证性。尽管在相关数据的可得性方面还存在不少问题，但是随着中国保险业的不断发展以及对信息数据的重视，无论是从信息公开的渠道、方式还是内容等方面，数据的公开性、可得性越来越好。

保险产业的发展离不开经济发展水平、经济制度、产业政策等各方面综合复杂因素的影响。所谓"客观",一是指分析的理论基础尽量符合中国的国情和发展道路;二是指评价过程、评价方法等尽量避免或者减少人为主观因素的干扰。我们尽量在分析中做到客观、公正。

所谓"科学",一是指能够历史、辩证地看待中国保险业的发展;二是指分析评价方法的科学。中国保险业的快速发展既得益于保险业的改革开放,也得益于中国经济的快速发展为保险业提供了健康发展的广阔空间。

《中国保险市场发展报告(2020)》(原《保险蓝皮书——中国保险市场发展分析(2020)》)主要包括五大部分及一个专题。其中五大部分分别是保险产业发展与政策,保险经营主体分析,保险产品与服务,中国保险市场发展的技术、创新与监管,业界天地 专家声音共十三章内容。全书主要内容和结构如下:

第一部分 保险产业发展与政策,包括第一章和第二章。

第一章 产业经济学与保险产业。从产业经济学的研究对象、研究内容和研究方法等几个方面,分析了保险产业的结构与发展、政策与市场机制之间的关系。第二章 中国与国际保险产业发展概况。主要分析中国、美国、英国保险产业的发展状况,包括市场特点、产业链、产业结构与发展以及保险产业政策等,希望对中国保险产业的发展能够有所借鉴。

第一部分主要是根据产业经济学和保险产业发展理论,从产业经济学、产业组织学等理论分析中国以及美国、英国等国家保险产业的发展现状、评价及发展展望等,并强调市场结构、市场行为、市场绩效之间的相互影响和关联性。通过西方发达国家的保险产业发展与政策分析,为中国保险产业发展方向和发展思路等提供借鉴和参考。

第二部分 保险经营主体分析。主要是根据各保险公司的年度信息披露报告、保险年鉴、保险公司官网以及保监会网站等公开信息数据,对中国中小型保险公司的价值成长性、中国保险中介结构的发展、中国保险资产管理业的发展等进行分析评价,包括第三章、第四章和第五章。

第三章 中国中小型保险公司的价值成长性分析。中小型保险公司占全部保险公司的90%左右，因此中小型保险公司的发展状况对中国保险业的发展具有重要影响。我们建立"保险公司价值成长性"概念，构建包括市场拓展能力、融资能力、盈利能力、风险管理能力和经营创新能力等一级指标和50多个二级指标的评价体系，采用定性和定量相结合的方法对中国中小型保险公司的各一级指标和价值成长性进行评价分析，促进中国保险业的长期健康可持续发展。第四章 中国保险中介机构的发展。保险中介是保险市场不可或缺的重要组成部分，对于保险产品创新、管理创新、服务创新和保险科技的快速发展与应用发挥着不可替代的重要作用。本章分别对保险代理公司、保险经纪公司和保险公估机构的发展进行了梳理和分析，并对发展中存在的问题和不足进行了探讨。第五章 中国保险资产管理机构的发展分析。主要从保险资产管理业制度建设、中国保险资产管理机构的经营状况、经营热点问题分析、中国保险资产管理的机遇与挑战等几方面对中国保险资产管理行业和机构发展进行了梳理总结。

第三部分 保险产品与服务。主要是对当前中国保险公司的产品、服务特别是消费者的投诉与处理进行分析，包括第六章、第七章。

第六章 中国人身保险产品和服务分析。主要对寿险、意外险、健康险的产品结构进行了分析，并对保险公司服务及消费者投诉进行了统计，阐述了其趋势和特点。第七章 中国财产保险产品和服务分析。主要内容包括对企业财产保险、农业保险、责任保险以及机动车辆保险的产品结构进行分析；对财产险公司的产品市场发展和服务情况及消费者投诉等方面进行统计分析。

第四部分 中国保险市场发展的技术、创新与监管。随着保险产业发展规模、市场监管的不断发展和完善，保险科技、创新和监管的技术与手段等对保险业的发展越来越重要，包括第八章、第九章和第十章。

第八章 中国互联网保险发展研究。从互联网保险发展情况、互联网保险市场及互联网保险未来发展趋势三个方面展开了深入的理论和实践研究。互联网保险不仅为客户创造了全新的生活方式和消费体验，也极大地影响和改变了现代企业的组织经营方式，不断催生出新的商业机会和商业模式，对传统保险市场的竞争格局和竞争方式产生深远的影响。第九章 中国保险业金融科技发展思考。主要从中国金融科技的发展现状与应用领域、中国保险科技的发展状况与应用领域以及保险科技创新的驱动力、主体及方法等几方面进行分析，并就保险科技创新对中国保险业的影响进行探讨。第十章 中国保险市场监管趋势研究。首先就 2019 年保险监管的总体思路、成效与变化，以及 2020 年保险监管的趋势研判进行分析，然后分别就财险市场和人身险市场监管的主要动态和发展趋势进行探讨，最后就保险资金运用监管情况进行了梳理和分析。

第五部分 业界天地 专家声音。随着中国保险业实践经验的不断丰富发展，保险机构的经营管理和社会责任也不断得到加强，保险公司、保险中介机构、保险资产管理公司等在风险管理、经济补偿、资金融通等方面发挥职能外，开始把企业的社会责任、社会服务等贯穿到公司的经营管理过程中去，很好地履行了社会责任。本部分共分三章，除了对 2019 年中国保险机构的社会责任进行评价外，还对在履行社会责任方面表现优秀的保险机构发展与社会责任事例进行了展示宣传，并就当前保险业界的热点问题，邀请部分专家学者对此进行了分析解读。

第十一章 中国保险公司的社会责任评价。本章主要基于"利益相关者原则"建立评价体系，包括股东责任、员工责任、客户责任、社区责任、政府责任 5 个一级指标和 40 多个二级指标；综合运用主成分分析、因子分析、正态分析等进行评价，得到 2019 年中国人身险公司和财产险公司的社会责任评价结果。第十二章 保险公司的发展与社会责任。本章主要对保险公司、保险中介机构和保险资产管理公司等履行社会责任的实践和事例进行宣传，发挥"展示保险业形象、传递社会正能量"的作用。本章节选了长城人寿、中邮人寿、北大方正人寿、百年人寿、大童保险销售服务有限公司等几家保险企业进行了相关内容的展示和宣传。第十三章 保险学界、业界专家学者热点问题解析。本章主要内容是邀请国内专家、学者就当前保险业发展中的热点、难点问题进行分析探讨，为相关研究内容、学术观点等提供一个互相交流、学习借鉴的平台。本专题中主要刊选了清华大学陈秉正教授，全国人大代表、湖南大学张琳教授，中央财经大学褚福灵教授，北京智方圆税务师事务所有限公司主管合伙人王冬生博士，中央财经大学寇业富教授的部分学术论文与实证研究内容，欢迎国内外学者、专家交流借鉴。

专题 出口贸易信用保险。

随着美国对华贸易战、国际新冠肺炎疫情等不利因素的影响，中国外贸外资面临的形势复杂严峻。出口信用保险对于稳住外资外贸基本盘、服务"一带一路"建设、为企业"走出去"提供风险保障等方面发挥重要的作用。因此，今年我们增设了专题栏目，邀请中国人民保险集团公司原副总裁、享受国务院"政府特殊津贴"的李玉泉博士，就其研究成果"出口贸易信用保险合同纠纷仲裁研究"和大家分享交流。

本报告的结构由寇业富提议，项目组成员讨论通过。各成员具体负责内容如下：寇业富负责第一章，周桦、陈辉负责第二章，寇业富负责第三、四、五、六、七章，陈辉负责第八、九、十章，寇业富负责第十一、十二、十三章和专题。

无论是保险资本的实力、保险管理与技术水平，还是国家对保险业的定位与要求，中国保险业面临快速发展与矛盾累积同时叠加的情况。保险业对国内的经济发展、经济结构的改善和供给侧改革，以及"一带一路"建设等方面都发挥着越来越重要的作用，也面临着更多的挑战。在保险业如何更好地保护广大消费者、保险公司的合法利益，发挥国有企业的核心竞争力，促进社会主义制度建设等方面还有很多问题亟待研究。本报告是项目组第五年的工作，限于能力、知识、精力和信息数据等各方面的因素，不足之处在所难免，望各位读者能够不吝指教，必将在以后的工作中有所补充改进，谢谢！

寇业富
保险数据文献中心主任
中央财经大学中国精算研究院·保险学院
2020 年 8 月 10 日

目 录

第一部分 保险产业发展与政策

第一章 产业经济学与保险产业 ………………………………………… 3
- 第一节 产业经济学的概念 …………………………………………… 3
- 第二节 产业政策 ……………………………………………………… 19
- 第三节 保险产业的特点与发展 ……………………………………… 23

第二章 中国与国际保险产业发展概况 ………………………………… 35
- 第一节 中国保险产业发展概况 ……………………………………… 35
- 第二节 美国保险产业发展研究 ……………………………………… 54
- 第三节 英国保险产业发展研究 ……………………………………… 79

第二部分 保险经营主体分析

第三章 中国中小型保险公司的价值成长性分析 ……………………… 97
- 第一节 保险公司价值成长性的概念 ………………………………… 97
- 第二节 保险公司价值成长性评价指标体系建设 …………………… 100
- 第三节 中国人身保险公司价值成长性评价结果与分析 …………… 104
- 第四节 中国财产保险公司价值成长性评价结果与分析 …………… 113

第四章 中国保险中介机构的发展 ……………………………………… 121
- 第一节 保险专业代理机构的发展 …………………………………… 122
- 第二节 保险经纪机构的发展 ………………………………………… 128
- 第三节 保险公估机构的发展 ………………………………………… 134

第四节　总结与展望 ································· 140
第五章　中国保险资产管理机构的发展分析 ················· 143
　　第一节　中国保险资产管理业制度建设 ··················· 143
　　第二节　中国保险资产管理业经营状况 ··················· 150
　　第三节　中国保险资产管理业热点 ······················· 155
　　第四节　中国保险资产管理的机遇与挑战 ················· 163

第三部分　保险产品与服务

第六章　中国人身保险产品和服务分析 ····················· 169
　　第一节　人身险保险公司市场份额分析 ··················· 169
　　第二节　人身险公司产品结构分析 ······················· 171
　　第三节　人身险保险公司服务及消费者投诉分析 ··········· 175
第七章　中国财产保险产品和服务分析 ····················· 181
　　第一节　中国财险市场份额分析 ························· 181
　　第二节　财产保险公司产品结构分析 ····················· 185
　　第三节　财产险公司保财险服务及消费者投诉分析 ········· 194

第四部分　中国保险市场发展的技术、创新与监管

第八章　中国互联网保险发展研究 ························· 201
　　第一节　互联网保险发展情况概述 ······················· 201
　　第二节　2019 年中国互联网保险市场发展分析 ············ 213
　　第三节　2020 年中国互联网保险发展趋势研判 ············ 229
第九章　中国保险业金融科技发展思考 ····················· 233
　　第一节　承前启后：科技创新引领金融业态的演变 ········· 233
　　第二节　继往开来：金融演变见证金融科技的发展 ········· 237
　　第三节　峰回路转：金融科技发展需要新金融文明 ········· 240

第十章　中国保险市场监管趋势研究 ……………………………… 252
第一节　保险监管整体情况 …………………………………… 252
第二节　财险市场监管情况 …………………………………… 257
第三节　人身险市场监管情况 ………………………………… 260
第四节　保险资金运用监管情况 ……………………………… 263

第五部分　业界天地　专家声音

第十一章　中国保险公司的社会责任评价 …………………………… 269
第一节　保险（集团）公司社会责任的概念与分析方法 …… 269
第二节　中国保险公司的社会责任评价 ……………………… 273
第三节　中国人身保险公司社会责任评价的结果与分析 …… 276
第四节　中国财产保险公司社会责任评价的结果与分析 …… 283

第十二章　保险公司的发展与社会责任 ……………………………… 289
白力　创新经营模式　彰显社会责任 ……………………… 289
党均章　勇担社会责任　践行国企担当 …………………… 298
李平　基石方成，正步未来 ………………………………… 304
单勇　提质增效，行稳致远 ………………………………… 312
蒋铭　推动行业变革升级　打造保险服务生态链 ………… 320

第十三章　保险学界、业界专家学者热点问题解析 ………………… 330
陈秉正　保险科技与保险业的重构 ………………………… 331
张琳等　网络互助应纳入银行保险监管体系实行统一监管 … 340
褚福灵　中国医保改革成就、问题与展望 ………………… 349
王冬生等　资管产品与金融业增值税问答 ………………… 365
寇业富　中国各省、自治区、直辖市保险开发度及保险开发潜力的分析 ………………………………………………… 379

专题　出口贸易信用保险 ……………………………………………… 385
李玉泉等　出口贸易信用保险合同纠纷仲裁研究 ………… 385
一、出口信用保险仲裁案件的特点和争议焦点 …………… 386

  二、出口信用保险纠纷产生的根源 …………………………………… 395
  三、几点建议 ……………………………………………………………… 407

附录 ………………………………………………………………………………… 419
  附录一 2019 年中国保险公司价值成长性的评价结果 ……………… 419
    表 1 2019 年中国人身险公司价值成长性的评价结果 …………… 419
    表 2 2019 年中国财产险公司价值成长性的评价结果 …………… 420
  附录二 2019 年中国保险公司综合竞争力的评价结果 ……………… 421
    表 3 2019 年中国人身险公司综合竞争力得分及排名 …………… 421
    表 4 2019 年中国财产险公司竞争力综合评价得分与排名 ……… 422
  附录三 中国保险资产管理业的政策与机构建设 ……………………… 423
    1. 中国保险资产管理业政策梳理 …………………………………… 423
    2. 保险资产管理公司一览表 ………………………………………… 439

参考文献 ………………………………………………………………………… 447

后记 ……………………………………………………………………………… 450

中国保险市场发展报告（2020）

（原《保险蓝皮书——中国保险市场发展分析（2020）》）

第一部分　保险产业发展与政策

第一章 产业经济学与保险产业

第一节 产业经济学的概念

一、产业和产业链

(一) 产业概念和产业分类

产业（Industry）是指具有某种相同属性经济活动的集合或系统，是指由利益相互联系的、具有不同分工的、由各个相关行业所组成的业态总称。产业是社会分工的产物，随着社会的分工产生和发展。尽管不同产业的经营方式、经营形态、企业模式和流通环节有所不同，但是，它们的经营对象和经营范围都是围绕着共同产品而展开的，并且可以在构成业态的各个行业内部完成各自的循环。

产业经济学是以产业作为专门的研究对象，在产业经济学意义上，产业具有自己特定的内涵与外延。从狭义上看，由于工业在产业发展中占有特殊位置，经济发展和工业化过程密切相关，产业有时指工业部门。产业经济学中研究的产业是广义的产业，泛指国民经济的各行各业。从生产到流通、服务以至于文化、教育，大到部门，小到行业都可以称之为产业。

产业的概念介于微观经济细胞（企业和家庭消费者）与宏观经济单位（国民经济）之间的若干"集合"。现代经济社会中，存在着大大小小的、居于不同层次的经济单位，企业和家庭是最基本的，也是最小的经济单位。整个国民经济又称为最大的经济单位；介于二者之间的经济单位是大小不同、数目繁多的，因具有某种同一属性而组合到一起的企业集合，又可看成是国民经济按某一标准划分的部分，这就是产业。简单地讲就是"生产物质产品的集合体，包括工业、农业和交通运输业等，一般不包括商业。

产业的分类法有：关联分类法、三次产业分类法、国家标准分类法、国际标准分类法、两大部类分类法、农轻重产业分类法、生产要素分类法等，以下介绍主要和常用的 4 种分类方法。

1. **关联方式分类法**

将具有某种相同或相似关联方式的企业经济活动组成一个集合的分类方法，有技术关联分类（如制造业、建筑业、运输业）、原料关联分类（如电力、煤气、采石、渔业）、用途关联分类（如单向关联产业、前向关联产业、横向关联产业、环向关联产业）、战略关联分类（如主导产业、支柱产业、重点产业、先导产业）等。

2. **三次产业分类法**

三次产业分类法由新西兰经济学家费歇尔创立。第二次世界大战以后，西方国家大多采用了三次产业分类法。在中国，三次产业的划分是：

第一产业为农业，包括农、林、牧、渔各业；

第二产业为工业，包括采掘、制造、自来水、电力、蒸汽、热水、煤气和建筑各业；

第三产业是广义上的服务业，包括运输业、通信业、金融业、房地产业、旅游业、文化、教育科学、新闻、公共行政、国防、生活服务等。

3. **国家标准分类法**

由中国国家标准局编制和颁布的《国民经济行业分类》将行业划分为 16 个门类、92 个大类、300 多个种类和更多的小类，16 个门类如下所列：

三次产业分类	《国民经济行业分类》（GB/T 4754—2011）		
	门类	大类	名称
第一产业	A		农、林、牧、渔业
		01	农业
		02	林业
		03	畜牧业
		04	渔业
第二产业	B		采矿业
		06	煤炭开采和洗选业
		07	石油和天然气开采业
		08	黑色金属矿采选业

续表

三次产业分类	《国民经济行业分类》（GB/T 4754—2011）		
	门类	大类	名称
第二产业		09	有色金属矿采选业
		10	非金属矿采选业
		12	其他采矿业
	C		制造业
		13	农副食品加工业
		14	食品制造业
		15	酒、饮料和精制茶制造业
		16	烟草制品业
		17	纺织业
		18	纺织服装、服饰业
		19	皮革、毛皮、羽毛及其制品和制鞋业
		20	木材加工和木、竹、藤、棕、草制品业
		21	家具制造业
		22	造纸和纸制品业
		23	印刷和记录媒介复制业
		24	文教、工美、体育和娱乐用品制造业
		25	石油加工、炼焦和核燃料加工业
		26	化学原料和化学制品制造业
		27	医药制造业
		28	化学纤维制造业
		29	橡胶和塑料制品业
		30	非金属矿物制品业
		31	黑色金属冶炼和压延加工业
		32	有色金属冶炼和压延加工业
		33	金属制品业
		34	通用设备制造业
		35	专用设备制造业
		36	汽车制造业
		37	铁路、船舶、航空航天和其他运输设备制造业
		38	电气机械和器材制造业
		39	计算机、通信和其他电子设备制造业

续表

三次产业分类	《国民经济行业分类》（GB/T 4754—2011）		
	门类	大类	名称
第二产业		40	仪器仪表制造业
		41	其他制造业
		42	废弃资源综合利用业
	D		电力、热力、燃气及水生产和供应业
		44	电力、热力生产和供应业
		45	燃气生产和供应业
		46	水的生产和供应业
	E		建筑业
		47	房屋建筑业
		48	土木工程建筑业
		49	建筑安装业
		50	建筑装饰和其他建筑业
第三产业（服务业）	A	05	农、林、牧、渔服务业
	B	11	开采辅助活动
	C	43	金属制品、机械和设备修理业
	F		批发和零售业
		51	批发业
		52	零售业
	G		交通运输、仓储和邮政业
		53	铁路运输业
		54	道路运输业
		55	水上运输业
		56	航空运输业
		57	管道运输业
		58	装卸搬运和运输代理业
		59	仓储业
		60	邮政业
	H		住宿和餐饮业
		61	住宿业
		62	餐饮业
	I		信息传输、软件和信息技术服务业

续表

三次产业分类	《国民经济行业分类》（GB/T 4754—2011）		
	门类	大类	名称
第三产业（服务业）		63	电信、广播电视和卫星传输服务
		64	互联网和相关服务
		65	软件和信息技术服务业
	J		金融业
		66	货币金融服务
		67	资本市场服务
		68	保险业
		69	其他金融业
	K		房地产业
		70	房地产业
	L		租赁和商务服务业
		71	租赁业
		72	商务服务业
	M		科学研究和技术服务业
		73	研究和试验发展
		74	专业技术服务业
		75	科技推广和应用服务业
	N		水利、环境和公共设施管理业
		76	水利管理业
		77	生态保护和环境治理业
		78	公共设施管理业
	O		居民服务、修理和其他服务业
		79	居民服务业
		80	机动车、电子产品和日用产品修理业
		81	其他服务业
	P		教育
		82	教育
	Q		卫生和社会工作
		83	卫生
		84	社会工作
	R		文化、体育和娱乐业

续表

三次产业分类	《国民经济行业分类》（GB/T 4754—2011）		
	门类	大类	名称
第三产业 （服务业）		85	新闻和出版业
		86	广播、电视、电影和影视录音制作业
		87	文化艺术业
		88	体育
		89	娱乐业
	S		公共管理、社会保障和社会组织
		90	中国共产党机关
		91	国家机构
		92	人民政协、民主党派
		93	社会保障
		94	群众团体、社会团体和其他成员组织
		95	基层群众自治组织
	T		国际组织
		96	国际组织

4. 国标标准分类法

联合国为了统一世界各国的产业分类，于1971年编制并颁布了《全部经济活动的国际标准产业分类索引》。国际标准产业分类法将全部经济活动分为大、中、小、细四个层次，并规定了统计编码。全部经济活动共分为10大项，再将每个大项细分为若干个中项，然后各中项细分为若干个小项，最后各小项细分为若干个细项。10个大项是：

（1）农、林、狩猎业、渔业；

（2）矿业和采石业；

（3）制造业；

（4）电力、煤气及供水业；

（5）建筑业；

（6）批发和零售业、餐馆和旅店业；

（7）运输业、仓储业和邮政业；

（8）金融业、不动产业、保险业和商业性服务；

（9）社会团体、社会及个人服务业；

（10）不能分类的其他活动。

（二）产业链

产业链是产业经济学中的一个概念，是各个产业部门之间基于一定的技术经济关联，并依据特定的逻辑关系和时空布局关系客观形成的链条式关联关系形态。产业链形成的动因在于产业价值的实现和创造。产业链是产业价值实现和增值的根本途径。

1. 产业链的四维调控机制

产业链包含价值链、企业链、供需链和空间链四个维度的概念。其中价值链是指企业创造价值的一系列生产经营活动，这些活动是企业设计、生产、销售、发送和辅助其产品的过程中进行种种活动的集合体，可以分为基本活动和辅助活动，基本活动包括内部后勤、生产作业、外部后勤、市场和销售、服务等；辅助活动则包括采购、技术开发、人力资源管理和企业基础设施等。这些相互不同但又相互关联的生产经营活动，构成了一个创造价值的动态过程，即价值链。

企业链是指由企业生命体通过物质、资金、技术等流动和相互作用形成的企业链条。组成企业链的企业彼此之间进行物质资金的交易实现价值的增值，又通过资金的反向流动相互联系，企业链是企业生命体与生态系统的中间层次。不同点上的企业对企业链的形成和稳定都有一定作用，企业的活力和优势决定了企业链的活力和优势，同时企业链也会对企业进行筛选，通过优胜劣汰，实现企业与企业链的协同发展。企业链中的企业也通过不同渠道与这条企业链以外的企业进行合作，不同企业链实际上是相互联系的，构成网状结构，优势企业会形成核心节点，占据优势。

供应链是由物料获取并加工成中间件或成品，再将成品送到顾客手中的一些企业和部门构成的网络。根据APICS的概念，供需链是一种具有生命周期的流程，包含物流、信息、资金和知识流，其目的是通过众多链接在一起的供应商提供产品和服务，满足最终用户的需求。

空间链是指同一种产业链条在不同地区间的分布。

这四个维度在相互对接的均衡过程中形成了产业链，这种"对接机制"是产业链形成的内在模式，作为一种客观规律，它像一只"无形之手"调控着产业链的形成。随着产业链的发展，产业价值由在不同部门间的分割转变为在不同产业链节点上的分割。

2. 产业链的本质

产业链的本质是用于描述一个具有某种内在联系的企业群结构，它是一个相对宏观的概念，存在两维属性：结构属性和价值属性。产业链中大量存在着上下游关系和相互价值的交换，上游环节向下游环节输送产品或服务，下游环节向上游环节反馈信息。产业链也是为了创造产业价值最大化，其本质是体现"1+1>2"的价值增值效应。这种增值往往来自产业链的乘数效应，它是指产业链中的某一个节点的效益发生变化时，会导致产业链中其他关联产业相应地发生倍增效应。产业链价值创造的内在要求是生产效率大于内部企业生产效率之和，同时，交易成本小于内部企业间交易成本之和。企业间的关系也能够创造价值，价值链创造的价值取决于该链中企业间的投资，不同企业间的关系将影响它们的投资，进而影响被创造的价值。

3. 产业链的内在规律

产业链形成的内在规律是：从供需链内部的需求链和技术链的对接开始，引起产业链的载体——企业链的有效对接并形成一定的空间布局。由于产业链内不同地区和形式的企业链实现价值不同，直接导致产业链的组织形式、空间布局、供需流动的特色和差异，这些差异会促使企业链之间不断竞争并推动产业链的不断演变，直到在"四维对接"机制作用下，产业链内部实现一种均衡并达到稳定状态时，产业链才最终得以形成。对于产业链的四个维度来说，是以价值链为主导，以企业链为载体，通过企业链在空间的分布来实现供需链的相互链接和价值链的实现。

4. 产业链的四大模式

产业链内在规律和作用机制下，在现实中形成了一些具体模式。划分模式的标准是看产业链中主要节点之间的主要企业与企业的关系。企业之间有三种主要关系及其契约形式，即纯粹的市场交易关系、产权关联式关系（体现为企业通过收购、并购、持股、控股、参股等形式对其他企业进行控制）、准市场式关系（即企业间通过关系型契约所建立的较稳固的关系）。相应的契约形式有：市场交易式契约（纯粹的商品买卖合同）、产权契约（企业持股或控股数量与质量的制度安排)、关系型契约(既非产权又非完全商品交易的契约关系)。按照上述关系和契约形式,可以把产业链的形成模式分为市场交易式(市场交易关系、市场交易式契约)、纵向一体化式(产权关联、产权契约)、准市场式(准市场关系、关系型契约)和混合式产业链四种。

二、产业经济学

产业经济学是现代经济学中用于分析现实经济问题的新兴应用经济理论。产业经济围绕企业、行业、市场这三个经济社会的基本层次,以产业内企业间垄断与竞争的关系结构为中心把不完全竞争的状态作为分析出发点,研究各种不完全的实证及规范含义,探讨市场结构、企业行为、市场绩效之间存在的内在关系,旨在提高市场绩效的各种公共政策效应。

为适应产业经济学的各个领域在进行产业分析时的不同目的和需要,可将产业划分成若干层次,这就是"产业集合"的阶段性。具体来说,产业在产业经济学中有三个层次:

(1) 第一层次是以同一商品市场为单位划分的产业,即产业组织,现实中的企业关系结构在不同产业中是不相同的。产业内的企业关系结构对该产业的经济效益有极其重要的影响,要实现某一产业的最佳经济效益须使该产业符合两个条件:首先,该产业内的企业关系结构的性质使该产业内的企业有足够的改善经营、提高技术、降低成本的压力;其次,充分利用"规模经济"使该企业的单位成本最低。

(2) 第二层是以技术和工艺的相似性为根据划分的产业,即产业联系。一个国家在一定时期内所进行的社会再生产过程中,各个产业部门通过一定的经济技术关系发生着投入和产出,即中间产品的运动,它真实地反映了社会再生产过程中的比例关系及变化规律。

(3) 第三层次是大致以经济活动的阶段为根据,将国民经济划分为若干大部分所形成的产业,即产业结构。产业结构是指各产业的构成及各产业之间的联系和比例关系。

(一)产业经济学的研究对象

产业经济学是应用经济学,它以"产业"为研究对象,研究产业组织、产业结构发展规律及其相互作用。产业经济学的研究对象是介于宏观经济领域与微观经济领域的中观经济领域的产业。中西方的产业经济学研究的对象是不同的。中国是社会主义国家且受到日本产业政策的影响，产业和经济受到国家的干预，所以中国的产业经济学以研究产业结构、产业关联、产业政策为主。而西方主要是受到马歇尔悖论（规模经济与垄断无效）的影响，其主要研究产业组织，就是企业与企业之间的关系与反垄断。

1. 欧美产业经济学的研究对象和学科内容

在欧美，经济学界将产业经济学等同于产业组织理论。尤其在美国，一般不提产业经济学，而是说"产业组织理论"。在欧洲，有"产业经济学"这一说法，但其研究的对象及学科内容与产业组织理论一致。

产业组织理论以产业内企业与企业之间的互动联系的经济规律为研究对象。

产业组织理论可追溯到亚当·斯密的劳动分工理论相关于市场机制的论述。比较完整的产业组织理论是 20 世纪 30 年代在美国以哈佛大学为中心逐步形成的，其标志是 SCP 范式的建立。

SCP 范式建立后，不同的产业组织理论流派相继发展起来，具有影响力的包括芝加哥学派、新奥地利学派、新制度学派。这些流派的研究对象及内容体系也不尽相同。

2. 日本产业经济学的研究对象及学科内容

日本产业经济学的学科内容体系中不仅包含产业组织理论，还包括产业关联理论、产业结构理论、产业布局理论和产业政策研究几个方面的内容。

产业布局理论：以产业的空间分布规律为研究对象；

产业政策研究理论：以产业政策制定及实施规律为研究对象。

日本的产业经济学，尤其是产业政策研究理论，在日本战后经济飞速发展的进程中发挥着重要作用。

（二）产业经济学的研究领域

理论界一般认为，产业经济学的学科领域包括以下六个方面。

1. 产业组织学

产业组织学研究产业内部各企业之间相互作用关系的规律。

产业组织学的起源可以追溯到亚当斯·密斯（Adam Smith，1776）的劳动分工理论和竞争理论。1959 年，贝恩（Bain，Joe S.）出版了第一部系统论述产业组织理论的教科书《产业组织》，在书中贝恩明确指出产业组织学所研究的产业指的是生产具有高度替代性的产品企业群，在一系列基本概念的基础上，完整提出了构成传统产业组织理论核心内容的结构（Structure）—行为（Conduct）—绩效（Performance）模式，简称 SCP 模式，奠定了产业组织学的理论体系。

SCP 模式理论的逻辑是市场结构是决定市场行为和市场绩效的基础；市场行为受市场结构制约，但又决定了市场绩效；市场绩效受市场结构和市场行为两方面的共同制约，是反映产业配置优劣的最终评估标志；市场行为和市场绩效又会反作用于市场结构，影响未来的市场结构。

在《产业组织》中贝恩指出产业组织学的研究范围不包括金融企业，也不涉及非金融企业作为生产要素市场上的买者的问题，其原因是"金融企业有着许多与非金融企业不同特点和所需要研究的问题。保险业作为金融业的一个分支，我们也不采用 SCP 模型进行研究分析。

2. 产业结构理论

产业结构即指在社会再生产过程中，一个国家或地区的产业组成即资源在产业间配置状态，国民经济各产业之间生产技术经济联系和数量比例关系。

产业结构这个概念始于 20 世纪 40 年代。产业结构可以从两个角度来考察：

一是从"质"的角度动态地揭示产业间技术经济联系与联系方式不断发生变化的趋势，揭示经济发展过程的国民经济各部门中，起主导或支柱地位的产业部门的不断替代的规律及其相应的"结构"效益，从而形成狭义的产业结构理论。

二是从"量"的角度静态地研究和分析一定时期内产业间联系与联系方式的技术经济数量比例关系，即产业间"投入"与"产出"的量的比例关系，从而形成产业关联理论。广义的产业结构理论包括狭义的产业结构理论和产业关联理论。

产业结构演变与经济增长具有内在联系。产业结构的高变换率会导致经济总量的高增长率，而经济总量的高增长率又会导致产业结构的高变换率。随着技术水平的进一步提高，这两者间的内在联系日益明显，社会分工越来越细，产业部门增多，部门与部门间的资本流动、劳动力流动、商品流动等联系也越来越复杂。这些生产要素在部门之间的流动对经济增长有什么影响，逐渐引起许多专家、学者的注意。他们开始重视研究生产要素在不同产业之间的这些变化与经济增长之间的内在联系。他们注意到，大量的资本积累和劳动投入虽然是经济增长的必要条件，但并非充分条件，因为大量资本和劳动所产生的效益在很大程度上还取决于部门之间的技术转换水平和结构状态，不同产业部门对技术的消化、吸收能力往往有很大不同，这在很大程度上决定了部门之间投入结构、产出结构的不同。

产业结构演变的规律，从工业化发展来看，产业结构的演变经历了前工业化时期、工业化时期、工业化中期、工业化后期和后产业化时期；从三大产业内部来看，体现为三大产业内部由低级向高级的发展；从市场结构导向来看，经历了封闭型—进口替代型—资本密集型—知识密集型的演变；从产业结构演变的顺序来看，产业结构由低级向高级发展是难以逾越的，但各阶段的发展过程可以缩短。

3. 产业关联理论

产业关联理论又称产业联系理论或投入产出理论，侧重于研究产业之间的中间投入和中间产出之间的关系，这些主要由里昂惕夫的投入产出法解决。

产业关联理论能很好地反映各产业的中间投入和中间需求，这是区别于产业结构和产业组织的一个主要特征。产业关联理论还可以分析各相关产业的关联关系（包括前向关联和后向关联等）、产业的波及效果（包括产业感应度和影响力、生产的最终依赖度以及就业和资本需求量）等。

里昂惕夫在1986年出版的《投入产出经济学》一书中，就将投入产出理论应用于国民经济核算、国内生产和国际贸易、地区结构、裁军对经济的影响、环境问题对经济的影响、人口增长与经济发展等的分析。（1）从应用范围看，涵盖了宏观、中观和微观经济领域，并扩展到国际经济范围。里昂惕夫早期将其用于一国经济的分析，目前已扩展至地区、部门、企业和地区间、部门间的经济活动；1977年里昂惕夫出版了《世界经济的未来》一书，研究了国际投入产出模型；1985年日本则编制了亚洲11个国家和地区的投入产出表。（2）应用的内容不断拓展。从最初的产品投入产出表到目前的固定资产、投资、环境、劳力占用及非物质的灰要素投入产出表；并运用投入产出的基本原理研究其他专门问题，如能源、环境保护、水资源、人口、人才、教育、银行、财会、信息等。为国民经济综合平衡和分析提供了更多信息。

4. 产业布局理论

产业布局是指产业在一国或一地区范围内的空间分布和组合的经济现象。产业布局在静态上看是指形成产业的各部门、各要素、各链环在空间上的分布态势和地域上的组合。在动态上看，产业布局则表现为各种资源、各生产要素甚至各产业和各企业为选择最佳区位而形成的在空间地域上的流动、转移或重新组合的配置与再配置过程。

产业布局理论的形成期是在19世纪初到20世纪中叶。

以后起国家为出发点的西方产业布局理论有增长极理论（法）和点轴理论。

增长极理论（法）：在一国经济增长过程中，由于某些主导部门或者有创新力的企业在特定区域或者城市聚集，从而形成一种资本和技术高度集中，增长迅速并且有显著经济效益的经济发展机制。由于其对临近地区经济发展同时有着强大的辐射作用，因此被称为"增长极"。根据增长极理论，后起国家在进行产业布局时，首先可通过政府计划和重点吸引投资的形式，有选择地在特定地区和城市形成增长极，然后凭借市场机制的引导，使增长极的经济辐射作用得以充分发挥，并从其临近地区开始逐步带动增长极以外地区经济的共同发展。

点轴理论：点轴理论是增长极理论的延伸。从区域经济发展的空间过程看，产业特别是工业等集中于少数几点，即增长极。随着经济的发展，工业的增多，点与点之间由于经济联系的加强，必然会建设各种交通线路使之相联系，这一线路即为轴。轴线一经形成，对人口和产业就具有极大的吸引力，吸引企业和人口向轴线两侧聚集，并产生新的增长点。从而由点到轴，由轴带面，最终促进整个区域经济的发展。

5. 产业发展理论

产业发展是指产业的产生、成长和进化过程，既包括单个产业的进化过程，又包括产业总体，即整个国民经济的进化过程。而进化过程既包括某一产业中企业数量、产品或者服务产量等数量上的变化，也包括产业结构的调整、变化、更替和产业主导位置等质量上的变化，而且主要以结构变化为核心，以产业结构优化为发展方向。因此，产业发展包括量的增加和质的飞跃，包括绝对的增长和相对的增长。

产业发展理论就是研究产业发展过程中的发展规律、发展周期、影响因素、产业转移、资源配置、发展政策等问题。

产业结构演变理论：产业结构同经济发展相对应而不断变动，在产业高度方面不断由低级向较高级演进，在产业结构横向联系方面不断由简单化向复杂化演进，这两方面的演进不断推动产业结构向合理化方向发展。

区域分工理论：从区域分工的角度确定城市产业发展定位是城市发展的客观要求。从区域角度分析城市在区域中的优势、劣势和发展潜力等，确定城市在区域中所发挥的作用、扮演的角色，进而确定城市产业，避免"就城市论城市"的产业确定方式。

发展阶段理论：美国经济学家 H. 钱纳里运用投入产出分析方法、一般均衡分析方法和计量经济模型，通过多种形式的比较研究考察了以工业化为主线的第二次世界大战以后 1950~1970 年间 101 个发展中国家的发展经历，构造出具有一般意义的"标准结构"，即根据国内人均生产总值水平，将不发达经济到成熟工业经济整个变化过程分为 3 个阶段 6 个时期：第一阶段是初级产品生产阶段（或称农业经济阶段），第二阶段是工业化阶段，第三阶段为发达经济阶段。不同阶段不同时期对应人均 GDP 不同。

6. 产业政策研究

产业政策是政府为了实现一定的经济和社会目标而对产业的形成和发展进行干预的各种政策的总和。产业政策的功能主要是弥补市场缺陷、有效配置资源、保护幼小民族产业的成长、熨平经济震荡、发挥后发优势和增强适应能力等。

产业政策由于研究的角度不同，在国际上尚没有统一的定义，主要有以下几种：其一将之理解为各种指向产业的特定政策，即政府有关产业的一切政策的总和。如"产业政策是与产业有关的一切国家法令和政策"。其二将其理解为弥补市场缺陷的政策，即当市场调节发生障碍时，由政府采取的一系列补救政策。如日本学者认为"产业政策是政府为改变产业间的资源分配和各种产业中私营企业的某种经营活动而采取的政策"。其三是将之理解为产业赶超政策，即工业后发国家为赶超工业先进国家而采取的政策总和。如中国有些学者定义为"产业政策就是当一国产业处于比其他国家产业落后状态，或者可能落后于其他国家时，为加强本国产业所采取的各种政策"。

产业经济学各研究领域与宏观经济学、微观经济学的关系如图 1-1 所示。

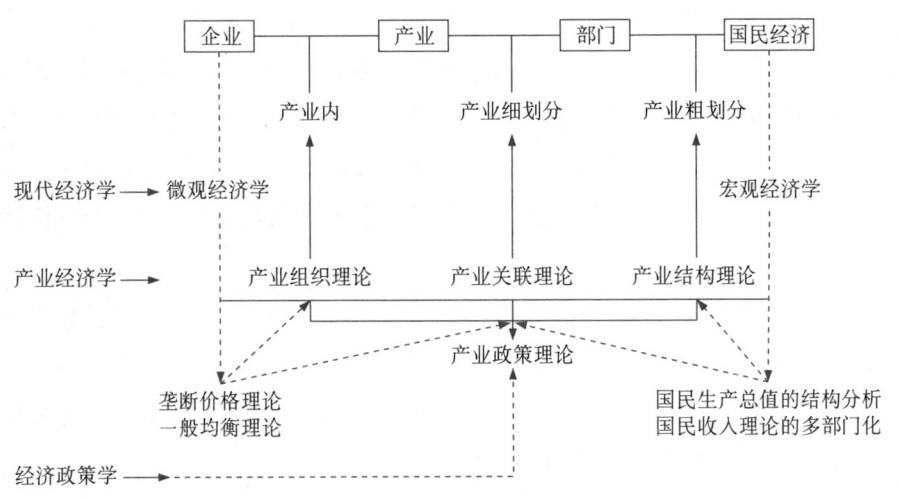

图 1-1 产业经济学研究领域示意图

（三）产业经济学研究方法

多年来，产业组织理论的研究方法通常被认为是一个既无规范理论又无规范计量手段、多少带有点理智色彩和经验主义的方法体系，涉及范围很广，实证方法也五花八门。在这个方法体系中，虽然无一个统一的理论主线加以概括，但是在发展过程中，已经逐步一致化，主要采用博弈论进行逻辑推理，实现整个产业组织理论的再造。产业结构理论，现在主要还是处在经验实证阶段，不过得益于现代计量经济学和计算机技术的快速发展，实证效果大大提高。

在产业经济的研究中一般采用以下具体研究方法。

1. 实证分析与规范分析相结合

实证分析就是用实际的证明和数据进行论证分析，产业经济研究用博弈论、矩阵代数等研究产业组织、产业关联规律为实证分析方法。而规范分析就是进行常规分析给以一定数据进行归纳总结分析，如市场分析，经济发展、社会福利和经济效率联系。实证分析必须要做规范分析，而规范分析可以不用实证分析，也可以实证分析。

产业经济研究中往往要将调查统计所得的各种经济变量的实际数值与理论规

律进行比较，用理论规律加以解释并探讨对实际产业运作规律的认识。

2. 定性分析与定量分析相结合

定性分析和定量分析是经济学研究的两种基本手段。前者是对经济事物本质及其属性的分析；后者是对经济事物进行量的考察。定性分析是用文字对现象和方法方略进行描述。主要是基于分析者主观上的直觉、经验对事物进行分析和判断，对研究对象的特点、性质和变化趋势进行预测和判断。定量分析是基于数学模型，在进行充分的统计调研之后，利用数学上的数字数据进行分析描述的方法。

产业是一个系统，涉及众多因素纷繁的联系和多个变量，要想从总体上得到优化结果，就需要将系统各方面的关系抽象化，用数学关系来表达真实的系统关系，然后建立模型，进行试验和计算，探讨系统规律。产业经济研究中的案例分析方法就是一种定性与定量相结合的方法。

3. 静态分析与动态分析相结合

静态分析，考察在既定的条件下某一经济事物在经济变量的相互作用下所实现的均衡状态。动态分析，是在引进时间变化序列的基础上，研究不同时点上的变量的相互作用在均衡形成和变化过程中所起的作用，考察在时间变化过程中的均衡状态的实际变化过程。

产业经济学的研究更着眼动态的、发展的观点，所以动态分析是产业研究的主要方法。

4. 统计分析与比较分析相结合

统计分析是以统计资料为依据，以统计方法为手段，定量分析与定性分析相结合去认识事物的一种分析研究活动，是统计工作的最后阶段，是充分发挥统计职能作用的高级阶段。

比较分析试图通过事物异同点的比较，区别事物，达到对各个事物深入的了解认识，从而把握各个事物。在调查资料的理论分析中，需要通过比较两个或者两个以上事物或对象的异同来达到对某个事物的认识。

5. 博弈论

产业组织理论主要研究产业内企业的相互作用及其规律，是最早应用博弈论进行研究的一个领域，现代博弈论常常用在研究寡头垄断、不完全竞争市场定价、企业兼并、反垄断规制的问题。

6. 投入产出分析法

投入产出分析，是研究经济系统各个部分间表现为投入与产出的相互依存关系的经济数量方法。投入产出法应用投入产出表和投入产出数学模型，将一国或一地区在一定时间内所从事的社会再生产过程中的各产业部门间通过一定的经济技术联系所发生的投入产出关系加以量化，以此分析该国或该地区在这一时期内社会再生产过程中的各种比例及特性。

7. 案例研究

案例研究法是以典型案例为素材，结合实际发生的经济案例，通过具体分析和解剖，定性或定量地阐明某一经济规律。案例分析研究方法还能揭示出普遍经济规律在不同的实际环境中所表现的不同形式，特别适用于无法精确定量分析的实际的复杂经济事例，在比较研究中一般要用到大量的案例研究方法。

8. 系统动力学方法

系统动力学方法是一种以反馈控制理论为基础，以计算机仿真技术为手段，通常用以研究复杂的社会经济系统的定量方法。系统动力学注重各经济变量之间的动态反馈结构，而对变量的精确数值要求不高，适合于产业经济学这种许多方面难以定量的复杂系统的研究。现在国内外已有许多学者用系统动力学来研究产业结构、产业布局、产业组织，取得了令人满意的效果。

第二节 产业政策

一、产业政策的内涵和特征

产业政策的构成要素包括：政策对象、政策目标、政策手段和措施、政策实施机构以及政策的决策程序与决策方式。

产业政策按其功能可以分为产业组织政策、产业结构政策和产业布局政策等。

（一）产业组织政策

产业组织政策是为了获得理想的市场绩效，国家根据国民经济运动规律调整产业组织形式和结构，从而提高供给总量的增长速度，使供给总量适应需求总量要求的所有政策措施及手段的总和。

产业组织政策的任务是协调生产者之间的关系及组织结构、规模结构，使之合理化和高效化，促进资源的有效分配和产业效率的提高，最终促进供给的增加。

产业组织政策的主要内容是通过规模经济、组织适度竞争秩序、提高产业技术等途径，实现产业组织的高效化和合理化。

产业组织政策的实施手段主要包括控制市场结构、调节市场行为和控制市场绩效，以达到直接改善不合理的资源配置状况这一目的。

（二）产业结构政策

产业结构政策是指一国政府依据本国在一定时期内的产业结构现状，遵从产业结构演进的一般规律，规划产业结构逐渐演进的目标，并分段确定重点发展的战略产业，实现资源的重点配置，引导国家经济向新的广度和深度发展的政策。

产业结构政策是根据经济发展的内在联系，揭示一定时期内生产结构的变化趋势及过程，并按照生产结构的发展规律规定各产业部门在社会经济发展中的地位和作用，同时提出协调生产结构内部比例关系及保证生产结构顺利发展的政策措施。

产业结构政策的核心是促进产业结构的合理化，提高产业结构的转换能力。从推动产业结构合乎规律的转换中求速度、求效益。

产业结构政策包括产业计划、经济立法、税收结构、预算分配结构以及价格政策、信贷政策。科学的产业结构政策反映生产结构协调性发展规律，反映生产结构的整体性发展规律，反映生产结构在时间组合上的有序发展规律，反映生产结构的企业规模结构合理化发展规律。

产业结构政策按照目标和措施的不同，可划分为多种不同的类型，主要包括主导产业选择政策、战略产业扶植政策、衰退产业撤让政策、产业的可持续发展政策等。

(三) 产业布局政策

产业布局政策是指政府机构根据产业的经济技术特性、国情、国力状况和各类地区的综合条件，对若干重要产业的空间分布进行科学引导和合理调整的意图及其相关政策措施。产业区域布局政策即产业空间配置格局的政策。这一政策主要解决如何利用生产的相对集中所引起的"积聚效益"，尽可能缩小由于各区域间经济活动的密度和产业结构不同所引起的各区域间经济发展水平的差距。

产业布局政策的内容：

1. 制定产业布局战略，完善产业投资环境，加速产业集中，优化区域产业结构

制定产业布局战略，规定战略期内重点支持发展的区域，同时设计重点发展区域的经济发展模式和基本思路；以直接投资方式，支持重点发展区域的交通、能源和通信等基础设施，及至直接投资介入当地有关产业的发展；利用各种经济杠杆形式，对重点地区的发展进行刺激，以加强该区域经济自我积累的能力；通过差别性的区域经济政策，使重点发展区域的投资环境显示出一定的优越性，进而引导更多的资金和劳动力等生产要素投入该区域的发展。

在产业集中发展战略方面，可供采用的产业布局政策大致包括：通过政府规划的形式，确立有关具体产业的集中布局区域，以推动产业的地区分工，并在一定意义上发挥由产业集中所导致的集聚规模经济效益；建立有关产业开发区，将产业结构政策重点发展的产业集中于开发区内，既使其取得规模集聚效益，又方便政府产业结构升级政策的执行。

2. 地区发展重点产业的选择政策

在经济不发达阶段，政府通常更强调产业布局的非均衡性。即强调优先发展某些地区，通过这些地区经济的超常规增长，带动其他地区以及整个国家经济的增长。并且，政府也往往倾向于以建立开发区或在某些地区实行特殊政策的方式，将某些在政府经济发展战略中负有重要功能的产业（如出口加工业）和高新技术产业相对集中，以令其有较快的增长，进而提高其对经济增长的贡献度。

而当经济较为发达之后，政府则从维护经济公平和社会稳定等目标出发，偏重于强调地区经济的均衡性。因此，除了个别特殊产业（如对环境保护有较大妨碍的产业）之外，政府已不倾向于通过重点扶持某一地区的经济发展来带动国民经济增长，而往往对不发达地区经济给予较多的支持，甚至在某些经济发达地区或产业高度集中地区实行一定程度的限制进入政策。

二、产业政策的手段和作用

产业政策的手段通常可分为直接干预、间接诱导和法律规制三大类型。

1. 直接干预

直接干预是指政府以配额制、许可制、审批制、政府直接投资经营等方式，直接干预某产业的资源分配与运行态势，以及纠正产业活动中与产业政策相抵触的各种违规行为，以保证预定产业政策目标的实现。

2. 间接诱导

间接诱导主要指通过提供行政指导、信息服务、税收减免、融资支持、财政补贴、关税保护、出口退税等方式，诱导企业在有利可图的情况下自主决定服从政府的产业政策。

3. 法律规制

法律规制是指以立法方式严格规范企业行为、政策执行机构的工作程序、政策目标与措施等，以保障预定产业目标的实现。法律规制通常适用于比较成熟和稳定的产业政策。随着法治原则的普及，越来越多的产业政策将以法律规制作为实现目标的主要手段。

产业政策的作用有以下5方面：

1. 弥补市场失灵的缺陷

通过推行产业组织政策和产业结构政策，政府可以限制垄断蔓延，促进有效竞争的形成。特别是在基础设施建设、环境污染、教育科技发展等公共产品、外部性等市场失灵的领域。

2. 实现超常规发展，缩短赶超时间

利用产业政策充当贯彻国家经济发展战略的工具。对于如基础设施（交通、电力、通信等）和基础工业等外部性较强且对整个经济发展具有重大促进作用的产业，其投资大、营利性低、资本回收期长，仅仅靠市场机制无法在短期内达到经济起飞所要求的条件。例如韩国效仿日本的做法，以产业政策为手段，运用政府的力量推动产业结构的优化，在二三十年时间里走完了老工业国用一二百年才

走完的历程。实践证明，产业政策是后发国家实现超常规发展，缩短赶超时间的重要工具。

3. 促进产业结构合理化与高度化，实现产业资源的优化配置

通过制定和实施产业结构政策，政府可以有效地支持未来主导产业和支柱产业的成长和壮大，可以有秩序、低成本地实现衰退产业的撤退和调整，从而加速产业结构的合理化和高度化，实现产业资源的优化配置。

4. 增强产业的国际竞争力

产业的国际竞争力是建立在本国资源的国际比较优势、骨干企业的生产力水平、技术创新能力和国际市场的开拓能力基础之上的。产业政策对增强企业创新能力和开拓国际市场能力等都有重要的作用。

5. 在经济全球化过程中趋利避害，保障国家经济安全

这是产业政策最近十几年间表现出来的新功能。经济全球化极有可能给没有任何防备的发展中国家造成严重的灾难，如1997~1998年的东南亚金融危机。在全球化进程中，各国政府会以产业政策为武器，尽可能趋利避害，确保国家经济安全。

第三节 保险产业的特点与发展

一、保险产业及其特点

（一）保险产业及相关概念

从产业本质来看，保险产业是保险商品经济活动发展到一定阶段的产物，是资本、劳动、知识等生产要素和非生产要素资源逐渐从其他行业部门中分离出来，以风险为中心，专职分散风险，提供保障功能的一种特殊行业。

保险产业属于第三产业中的金融业，简单来说，保险产业是指提供将通过契约形式集中起来的资金，用以补偿被保险人的经济利益业务的产业。从产业经济学的角度，保险产业就是专门生产保险及其相关产品的部门，也就是提供保险及其相关服务的部门。

保险产业一般有4个构成要素：为保险交易活动提供各类保险商品的卖方或者供给方，实现交易的各类保险商品的买方或需求方，具体的交易对象及各类保险商品和为供需双方提供服务的保险中介。

1. 保险商品的供给方

保险商品的供给方是指在保险市场上提供各类保险商品，承担、分散和转移他人风险的各类保险人，他们以各种保险组织形式出现在保险市场上，依其经营主体的不同，可分为4种类型：国家经营保险组织又称公营保险，指国家、地方政府或者其他公共团体所经营的保险机构；公司经营保险组织，属民营保险组织之一。根据责任形式，公司包括有限责任公司、股份有限公司、无限公司等形态。股份保险公司组织具有经营灵活、业务效率高的特点，但由于公司的控制权操纵在股东手中，被保险人的权益易受到限制和忽略，因而各国立法上均对公司经营保险组织进行监督管理；保险合作组织，属民营保险中非公司形式的一种，是一种由社会上需要保险保障的人或单位共同组织起来采取合作方式办理保险业务的组织。有相互保险合作社、相互保险公司、保险合作社等形式；最后一种是个人经营保险形式，世界上只有英国法律允许个人为主体作为保险承保保险业务。个人承保保险业务是通过劳合社这一组织开展的。劳合社是保险市场上的一种特殊现象，它自1871年以劳埃德公司的名义向政府注册以来存在至今。按中国原《保险企业管理暂行条例》的规定，中国保险事业的组织体制是由国家保险管理机关、中国人民保险公司、其他保险企业和农村互助保险合作社组成的。

现行《保险法》规定：保险公司的组织形式应当采取国有独资公司和股份有限公司。关于国有独资保险公司和股份有限保险公司，除保险法有特别规定的外，适用中国《公司法》的有关规定。至于保险公司的其他组织形式，如相互保险公司等，可以根据保险业改革和发展的情况，由法律、行政法规另行规定。

2. 保险商品的需求方

保险商品的需求方是指在一定时间、一定地点等条件下，为寻求风险保障而对保险商品具有购买意愿和购买力的消费者的集合。

3. 保险中介

保险中介是指介于供需方之间，专门从事保险业务咨询与销售、风险管理与安排、价值衡量与评估、损失鉴定与理算等中介服务活动，并从中依法获取佣金或手续费的单位或个人。

保险中介的主体形式多样，既包括活动于保险人与投保人之间，充当保险供需双方的媒介，把保险人与投保人联系起来并建立保险合同关系的人，即保险代理人和保险经纪人，也包括独立于保险人和投保人之外，以第三者身份处理保险合同当事人委托办理的有关保险业务的公证、鉴定、理算、精算等事项的人，如保险公证人或保险公估人、保险律师、保险精算师、保险理算师、保险验船师等。

4. 保险商品

具体的交易对象及各类保险商品为保险市场的客体。首先，保险是指投保人根据合同约定，向保险人支付保险费，保险人对于合同约定的可能发生的事故因其发生而造成的财产损失承担赔偿保险金责任，或者当被保险人死亡、伤残和达到合同约定的年龄、期限时承担给付保险金责任的行为。在保险市场中，保险的表现形式为可以进行交换的保险商品，实质是一种契约经济关系。保险商品是一种特殊形态的商品，从经济学角度看，保险市场的客体是一种无形的服务商品，具有无形性、非渴求性和灾难联想性的特点。

按照保险标的的不同，保险可分为财产保险和人身保险两大类。

财产保险是指以财产及其相关利益为保险标的的保险，包括财产损失保险、责任保险、信用保险、保证保险、农业保险等。它是以有形或无形财产及其相关利益为保险标的的一类补偿性保险。

人身保险是以人的寿命和身体为保险标的的保险。当人们遭受不幸事故或因疾病、年老以致丧失工作能力、伤残、死亡或年老退休时，根据保险合同的约定，保险人对被保险人或受益人给付保险金或年金，以解决其因病、残、老、死所造成的经济困难。

按照与投保人有无直接法律关系，保险可分为原保险和再保险。发生在保险人和投保人之间的保险行为，称之为原保险。发生在保险人与保险人之间的保险行为，称之为再保险。

按照保险经营性质不同，保险可分为政策性保险和商业保险。绝大多数保险都具有商业动机，由保险公司按商业管理经营，而政策性保险通常是按照政府有关法令或政策规定开办的，包括社会保险、财产保险和责任保险等，多为贯彻政府的某一项经济或社会政策服务。

按保险实施方式可分为自愿保险和强制保险。自愿保险是当事人在平等互利和自愿的基础上确立的合同关系，被保险人可自行决定是否投保、保险标的种类、金额和期限等，保险人也可以选择承保与否及其有关承保项目和内容。强制保险又称法定保险，是政府以法令或政策形式强制规定被保险人与保险人的法律关系，在规定范围内，不管当事人双方自愿与否，必须按规定办理保险。凡属法令规定必须保险的标的，其保险责任自动开始，保险金额按规定标准收取，被保险人不得自行选定。强制保险的另一种形式是政府规定某些行业或个人从事某种经营或其他活动是，必须参加保险，否则不准从业。

保险市场是保险产业产品的交易场所，是保险商品交换关系的总和或者是保险商品供给与需求关系的总和。它可以是集中的有形市场，如保险交易所，也可以是分散的无形市场。保险市场的交易对象是保险人为消费者所面临的风险提供的各种保险保障及其他保险服务，及各类保险商品。

（二）保险产业的特点

保险产业生产的保险产品就是保险服务，但是保险服务具有不同于其他产品或服务的特征，根据国外经济学家的总结，主要有以下9点。

1. 无形性。一项具体的保险服务不会对购买者的触觉、味觉、听觉等起作用，它是一种无形的、非实体化产品，并且也难以进行证明或展示。因此，有赖于保险机构告诉消费者服务的内容及特别的益处，以得到消费者的支持。

2. 不可分性。这是由于保险服务的生产和销售是同步进行的，这种"无库存性"是消费者更加关心保险机构提供的产品以及产品的价格、促销方式等是否恰当，可否满足需求。

3. 异质性。保险机构向不同区域的不同消费者提供范围广泛的服务，但是这些服务一般都不能被标准化。

4. 缺乏专门特性。在客户看来，不同保险机构提供的服务没有什么差异，他们选择保险机构的标准一般是基于便利原则。

5. 高度个体化的直销系统。保险服务的一项内容就是设立分支机构，直接、紧密的保险服务客户关系决定了保险服务的方式是直接销售渠道。

6. 地理分散性。即为满足国际、国内和地区的需要，保险机构必须建立分支网络，使服务既具有吸引力又能够广泛应用。

7. 风险性。在出售保险产品时，保险机构是在买入风险，因此必须在增长和风险之间保持一定的平衡关系。

8. 需求波动性。对某些特别的保险服务的需求一般受经济活动水平的影响波动非常大。

9. 劳动力密集。保险产业仍属于劳动力密集的产业，人工费用直接影响产品的价格。在这种条件下，为了节省人工费用成本，也为了方便消费者，科技在保险服务中的应用日益广泛。

二、保险产业链

从本质上来说，保险产业链是保险产品被创造并且不断增值的过程，既涵盖了保险公司内部产业创造流程，也包括了保险相关主体之间的产业增值过程。保险产业链根据不同种类的保险产品或者不同类型的保险标的可能有不同的模式。一般来说，保险产业链是由保险人、保险代理人、保险经纪人、保险公估人、保险营业服务中心、相关技术供应商、为保险公司专门印刷单证保单条款的印刷公司等组成，以风险管理为手段，通过相关利益主体的紧密联系、相互作用，实现协同效应、形成长效机制的一系列整体活动。

因为保险产业具有不可分性，保险产品的生产和消费同步产生，一般不存在中间产品，那么保险产业的价值增值主要存在于产品生产部分、产品销售部分和产品服务部分。

（一）生产部分

保险产业链中的保险公司处于保险产业链的上游，因为保险公司的产品研发部凭借其专业的风险管理技术和相关资讯可以进行保险产品的研发，也就是说保险公司扮演着生产部门的角色。随着信息技术和科技的发展，再加上保险产品基于大数法则的属性，大数据的发展和运用对保险业有着巨大的推动力和颠覆力。保险公司可以和独立的信息技术公司合作，或者培养自己的IT部门和技术人员，研发更加先进和符合消费者需求的保险产品。所以保险产业链中保险产品生产这一部分可能是以纵向一体化式或者市场交易式模式形成的。

(二) 销售部分

保险产业链中的保险代理人和保险经纪人是保险产品销售部分的主要节点。

保险代理人是指根据保险人的委托，在保险人授权的范围内代为办理保险业务，并依法向保险人收取代理手续费的单位或者个人。在现代保险市场上，保险代理人已成为世界各国保险企业开发保险业务的主要形式和途径之一。保险代理人分为专业代理人、兼业代理人和个人代理人三种。其中，专业保险代理人是指专门从事保险代理业务的保险代理公司。在保险代理人中，只有专业保险代理人具有独立的法人资格。兼业保险代理人是指受保险人委托，指定专用设备专人为保险人代办保险业务的单位，主要有行业兼业代理、企业兼业代理和金融机构兼业代理、群众团体兼业代理等形式。个人代理人是指根据保险人的委托，在保险人授权的范围内代办保险业务并向保险人收取代理手续费的个人。个人代理人展业方式灵活，为众多寿险公司广泛采用。按照保险代理人的种类可将保险代理人与保险公司对接模式分为市场交易式、准市场式和纵向一体化式三种。

保险经纪人是基于投保人的利益，为投保人与保险人订立保险合同提供中介服务，并依法收取佣金的机构。一般来说，保险经纪人有个人制、合伙制和公司制三种组织方式。大多数国家，如美、英、日、韩等都允许个人保险经纪人从事保险经纪业务活动。英国等一些国家允许以合伙方式设立合伙保险经纪组织，但要求所有的合伙人必须是经过注册的保险经纪人。公司制保险经纪人一般采取有限责任公司形式，这是所有国家都认可的保险经纪组织形式。各国对保险经纪公司的清偿能力都做了具体要求，要求最低资本金，缴存营业保证金，参加职业责任保险。保险经纪人虽然向保险人收取佣金，但却代表投保人的利益，不受保险人的约束。所以保险公司内部一般不会设立或建立保险经纪人。按照保险经纪人的种类可将保险经纪人与保险公司对接模式分为市场交易式、准市场式两种。

保险代理人和保险经纪人作为联系消费者和保险人的中介，能够有效地解决信息不对称问题，还能够利用规模优势降低交易成本，从而为保险产业创造价值。

(三) 服务部分

保险作为一种特殊商品，它的交易具有承诺性，而不是实物商品具有的交易即时性。当投保人决定购买某一险种，并缴纳了保费之后，商品的交易并没有完成，因为保险人只是向投保人做出一项承诺，该承诺的实质内容是：如果被保险人在保险期间发生了合同中所规定的保险事故，保险人将依照承诺做出保险赔偿或给付。可见，在保险产品交易的场合，投保人缴付了保费以后，该投保人与保险公司的关系不仅没有结束，反而是刚刚开始。

随着保险产业链的不断延伸，保险服务也更加完善。保险产品销售前期有风险咨询服务、风险检查服务等；保险产品销售后，有风险管理服务、理赔服务等。

保险公估人是指依照法律规定设立，受保险公司、投保人或被保险人委托办理保险标的的查勘、鉴定、估损以及赔款的理算，并向委托人收取酬金的公司。公估人的主要职能是按照委托人的委托要求，对保险标的进行检验、鉴定和理算，并出具保险公估报告，其地位超然，不代表任何一方的利益，使保险赔付趋于公平、合理，有利于调停保险当事人之间关于保险理赔方面的矛盾。保险公估人代替保险公司独立承担保险理赔领域的工作，从而实现了保险理赔工作的专业化分工。这种分工一方面有利于保险理赔技术的不断升级和横向交流，并能促进保险公估业整体执业水平的提高，从而促进整个保险行业的发展；另一方面，由于规模效应以及逆向选择和道德风险的减少，必然会大大降低保险理赔费用从而降低保险成本，从而最终提高整个社会的福利。

除了保险公估公司，保险产业链的服务部分还根据不同保险产品，有不同的企业参与进来。例如，健康保险产业链中，保险公司与医院、专业健康管理公司等机构都有合作与对接；汽车保险产业链中，保险公司与汽车制造商、汽车销售商和4S店等也进行了合作与交流。

另外，随着科技的进步和网络的普及，互联网技术也加入到保险产业链中，不仅能够在保险产品销售环节增加信息透明度，降低交易成本，还能够形成自身的互联网保险产业链。

（四）微笑曲线

保险产业价值链和一般产业价值链形成具有共性，从保险险种开发与销售、保险运营到保险品牌和服务提升的经营过程，是保险产业价值的创造过程。但在保险发展的不同时期，不同经营环节的价值创造呈现不同的特点。在保险发展的初期，各经营环节的附加值基本均衡。随着保险的发展，保险价值链中的附加值向产品开发与销售、保险品牌和服务两端聚集,中间运营环节的附加值开始下降,曲线向上弯曲,显现出笑脸——微笑曲线(见图1-2)。

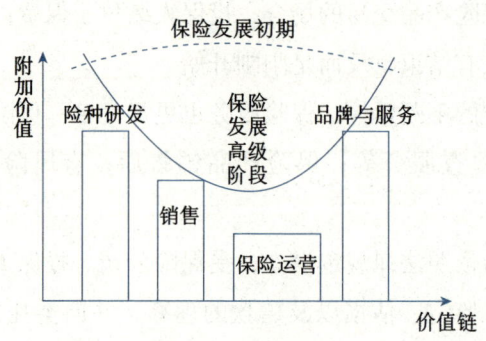

图1-2 微笑曲线

三、保险产业结构和发展

保险产业结构就是指保险产业内各公司间的关系,如资本规模、市场份额等。了解保险产业结构的发展历程,分析产业结构的现状,是研究保险业发展的基础。

保险产业结构是在产业的中观层面上研究所有保险经济活动以及相应的组织机构间的关系,探讨如何通过产业价值链的整合与重构来提升整个产业的组织化程度,拓展保险产业的功能,提高保险产业的经济与社会产出效率,引导合作竞争替代垄断竞争,形成运行效率较高的有竞争优势的保险产业组织结构。从这个角度上讲,保险产业结构是指构成保险产业总体或总量的各个组成部分的组成、规模、分布、运作与配合等方面在物质技术层次、组织制度层次和文化意识形态层次的各种联系、影响和制约关系的状态。具体来说,保险产业结构包括各种保险商品和保险经济活动组织机构的形式、功能、性质及其相对发展规模、区域分布、开放度等。保险产业结构体现着保险要素的组合配置与运行状态,反映了保险发展的程度及其在国民经济中的地位。

(一)保险产业结构衡量指标

审视保险产业结构的角度有两个方面,一是静态截面考察,表现为保险要素的种类、规模、比例和市场份额等指标;二是动态纵向角度考察,表现为发展变化的时间序列数据,例如,保费增长率、资金运用增长率、资产规模增长率和利税率等指标的变化。保险产业结构的变化源于保险需求结构的变化,又常常集中体现在其市场结构上,市场结构又体现在保险产品功能结构的创新上。这时的"产业"与"市场"常常是同义语,因此,保险产业结构状况就主要通过保险产业集中度 CRn 或 HHI 来反映。产业集中度越高,产业垄断程度越高;产业集中度越低,产业垄断程度也越低。

综上所述,保险业组织结构类型、经营主体数量、增长速度、市场份额、保费收入、保险密度、保险深度构成了研究保险产业结构的分析指标。

1. 保险业组织结构类型

保险业组织结构类型大致可以分为寿险企业、非寿险企业、再保险企业。

因为寿险产品承保的是与人身相关的生存风险、健康风险等,具有长期性、储蓄性和给付性,与财产保险等短期的保障型保险的经营策略、管理策略以及监管策略都不同,所以一般不允许保险公司兼业经营。非寿险公司是除了寿险公司以外的保险公司的总称,包括财产保险公司、信用保险公司、健康保险公司等。

另外,再保险是指保险人将其承担的保险业务,部分转移给其他保险人的经营行为。转让业务的是原保险人,接受分保业务的是再保险人。这种风险转嫁方式是保险人对原始风险的纵向转嫁,即第二次风险转嫁。再保险公司是指专门从事再保险业务、不直接向投保人签发保单的保险公司,也就是保险公司的保险公司。保险公司为了分散风险,把一些大的承保单位再分保给另一保险公司,接受这一保单的公司就是再保险公司,一般在财险中比较多。

2. 保费收入

保费收入是保险公司为履行保险合同规定的义务而向投保人收取的对价收入。

保费收入有两个方面的内涵:一方面,保费收入是由于投保人依据保险合同的约定向保险人缴付保险费而形成的,从经济角度观察,保险费是保户为形成共同风险保障而分摊的资金;从法律角度观察,保险费是保户为获得赔付请求而付出的代价。另一方面,保费收入是保险公司最主要的资金流入渠道,同时也是保险人履行保险责任最主要的资金来源。从资产层面看,保险费收取形成了保险资金的流入,是保险资产增长的主要动力;从负债层面看,由于保险资金的流入的前提是保险人要履行约定的保险责任，因此资金流入的结果造成了保险负债的增加。

3. 保险密度

保险密度是指按当地人口计算的人均保险费额。保险密度反映了该地国民参加保险的程度和保险普及度，体现了一国国民经济和保险业的发展水平的关系。

4. 保险深度

保险深度是指某地保费收入占该地国内生产总值（GDP）之比，反映了该地保险业在整个国民经济中的地位。保险深度取决于一国经济总体发展水平和保险业的发展速度。值得注意的是，在一些保险产业成熟、保险市场发达的国家，其保险深度排名并不靠前，例如中国台湾地区的保险深度就一直排在首位，而保险市场成熟的美国却排不进前十，这是因为美国等经济大国拥有复杂的产业结构，保险产业作为服务业的一个分支本身就占据很小的份额，而像中国台湾地区等只具有单一的产业结构，服务业本身占有很大比重，所以保险产业占GDP的比重自然相对比较高。所以在比较保险深度的时候应客观对待。

5. 市场集中度

市场集中度是对整个行业的市场结构集中程度的测量指标，它用来衡量企业的数目和相对规模的差异，是市场势力的重要量化指标。市场集中度是决定市场结构最基本、最重要的因素，集中体现了市场的竞争和垄断程度，经常使用的集中度计量指标有：行业集中率（CRn）、赫尔芬达尔－赫希曼指数（HHI）、基尼系数、洛伦兹曲线、逆指数和熵指数等，其中集中率（CRn）与赫尔芬达尔－赫希曼指数（HHI）两个指标被经常运用在反垄断经济分析之中。

行业集中率（CRn）是指该行业的相关市场内前N家最大的企业所占市场份额的总和。集中率的缺点是它没有指出这个行业相关市场中正在运营和竞争的企业的总数。

赫尔芬达尔－赫希曼指数（HHI）是指基于该行业中企业的总数和规模分布，即将相关市场上的所有企业的市场份额的平方后再相加的总和。赫尔芬达尔－赫希曼指数具有数学上绝对法和相对法的优点使它成为较理想的市场集中度计量指标，它可以衡量企业的市场份额对市场集中度产生的影响，成为政府审查企业并购的一个重要行政性标准。

(二) 保险产业结构与保险业发展的关系

一个国家或地区的保险产业结构是保险业发展过程中内在机制决定的、自然的、客观的结果或保险业发展的现实体现。在保险产业总量或总体发展的同时，保险产业结构也随之发生变动，这是一个互动的过程。保险业发展的重要标志是保险产业结构的变化。通过保险产业结构的变化，可以观察到保险产业发展是否存在问题，是否具有合理的效率，是否符合保险业发展的内在规律，是否与现实社会经济的发展需要相匹配。保险产业结构不仅是保险发展的具体体现，而且对一国或地区的保险发展具有重要的决定作用和影响力。

保险业发展是指保险经济活动的工具、规模、范围等量的扩大和保险产业结构优化带来的保险功能增多与保险产业绩效的持续提高。保险业发展表现在量的增多与质的提高两个方面，即保险总量的增长和保险结构的优化。量的增多是保险业总量扩张，表现为保险业机构数量、保险费收入总规模、保险资产规模、保险资金运用规模等的增加，以及风险管理与保险技术的不断提高，反映保险业发展的广度。质的提高是保险业结构优化，即通过持续不断的风险管理与保险创新促进保险业结构的变迁与升级，以及保险功能增多和效率的提高，表现为保险密度、保险深度、劳动力吸收率、利税率、保险业在金融服务业中的相关比率等指标的提高，反映保险业发展的深度，也是衡量一国保险业成熟和发达程度的重要尺度。从保险业总量指标和保险业结构指标两者的比较看，总量指标对于保险业发展一般只具有直观的表征意义，而通过一些结构指标的考察和比较，则往往能够透视出总量指标所反映不出来的保险业运行中更深层次的本质性东西或亟待解决的问题。较之总量指标，结构指标衡量保险业发展的功能和效率变化似乎更为重要。

保险产业总量的增长与保险产业结构的调整与优化密不可分，两者间存在着相互依存的辩证关系。

保险总量增长是与经济总量增长相适应的，是保险业发展的前提与基础。通常保险总量增长在先，保险结构调整在后。只有在保险总量不断增长的基础上，才能逐渐形成发达而完善的保险产业结构。显然，保险产业结构不能脱离保险总量而孤立存在，它只是保险总量在各构成要素分布的一个现实反映，保险产业结构任何方面的变化都会表现为保险总量与各总量构成要素的同方向或反方向的不同比率的增减。同时，保险产业结构对保险总量也有很强的影响力，一个合理而完善的保险产业结构可以促进保险总量进一步健康、快速地增长；相反，如果保险产业结构不合理，保险总量的增长必然失去持续的动力，甚至出现增长偏离正确方向的问题。从保险业发展来看，保险总量的持续增长是量的积累过程，而只有经过保险结构的不断优化之后才能实现不同保险业发展阶段质的飞跃。保险总量的增长和保险结构的优化是保险业发展的两个不可或缺的有机组成部分。因此，在保险总量持续增长的基础上进行保险产业结构的优化调整，而结构的优化调整又会促进保险总量的进一步增长，这个持续不断的动态过程便表现为保险业不断发展、不断深化的过程。

四、保险产业政策与市场机制

随着保险产业结构不断演化，组织结构类型不断增多，保险机构数量也在不断增多，它是由于集中在发达国家全球并购引起的保险机构数量减少和发展中国家迅速发展的保险业引起的保险机构数量增多共同作用的结果，也是发达国家近年来经济增长减缓而发展中国家增长强劲在保险业的体现，但这只是目前世界保险业发展过程中伴随着保险业组织结构演化而出现的暂时现象。可以预测，在今后很长一段时间内，随着经济金融一体化和自由化进程加快，世界经济发展的向好，发达国家保险业并购浪潮后保险机构数量略有下降和发展中国家保险主体数量增长迅速，全球保险主体数量增长的趋势不会改变，然而，总的增长势头会减缓。

从全球保险产业结构的演化与保险业发展趋势可以看出，世界保险业已进入了"寡头主导，大、中、小共生"的垄断竞争格局的快速发展时期。未来国际保险市场的发展模式将是一个保险资源与保险技术共享的业务融合性的统一的国际保险大市场。这种保险产业结构模式有利于保险市场垄断竞争结构的形成，有利于保险公司经营绩效的提高，有利于一国或地区保险业的繁荣与稳定。

中国保险业随着科学发展观的贯彻落实，保险增长的数量与质量不断提高，增长方式逐步从粗放型向集约型转变，中国保险产业结构不良引起的增长与发展相背离的现象将逐渐缓解。中国保险业应主动顺应世界经济金融化和金融自由化，以保险资源重组为核心进行战略性结构调整。积极引导建成一个既能满足日益多样化的消费需求，又适应社会经济发展，又有利于在开放背景下持续、快速、协调、健康发展的保险产业结构。

第二章　中国与国际保险产业发展概况[①]

第一节　中国保险产业发展概况[②]

一、保险市场概况

中国自 1805 年成立第一家保险公司以来，中国保险业已经走过了 200 多年的历史。自 1949 年中华人民共和国成立以来，中国保险也经历了初步发展（1949~1958 年）、停办（1958~1979 年）、恢复发展（1979 年至今）三个大的阶段。中国保险业自 1979 年恢复以来，获得了快速发展。尤其是近年来，党中央国务院十分重视保险业发展，在多份重要文件中提出要大力发展保险业，出台了一系列促进保险业改革发展的政策措施，中国保险业实现了长足发展。

2019 年，全行业共实现保费收入 42645 亿元（除特别说明之外，本书中的保费收入指原保险保费收入），同比增长 12.17%（本书中的增长或下降除特别说明以外，都表示同比变化情况）；赔付支出 12894 亿元，同比增长 4.85%；保险业总资产 205645 亿元，较年初增长 12.18。具体看，市场运行呈现以下特点：

一是业务发展稳中向好，风险保障水平快速提高。2019 年，保险业保持较快发展，分险种看，财产保险业务实现保费收入 11649 亿元，同比增长 8.17%；寿险业务 22754 亿元，同比增长 9.80%；健康险业务 7066 亿元，同比增长 29.70%；意外险业务 1175 亿元，同比增长 9.26%。

与国计民生密切相关的责任保险和农业保险业务继续保持较快增长，分别实

[①] 本章主要讨论美国、英国国际保险产业发展概况。关于德国、意大利、日本、澳大利亚等国的保险产业发展状况，请参考寇业富等主编的《保险蓝皮书——中国保险市场发展分析（2019）》《保险蓝皮书——中国保险市场发展分析（2017）》等。

[②] 本节的部分内容来源于《2020 中国保险公司竞争力评价研究报告》，中国财政经济出版社，2020。

现保费收入 750 亿元和 672 亿元，同比增长 27.51% 和 17.43%。2019 年，保险业提供保险金额 6470 万亿元，同比下降 6.20%。其中，产险公司保险金额 5369 万亿元，下降 7.07%；寿险公司保险金额 1101 万亿元，下降 1.69%。寿险公司期末有效保险金额 953 万亿元，增长 14.93%。

二是资金运用配置更趋优化，投资收益稳步增长。2019 年，保险公司资金运用余额为 185271 亿元，较年初增长 12.92%。其中，银行存款 25227 亿元，占资金运用余额的比例为 13.62%；债券 64032 亿元，占比 34.56%；证券投资基金 9423 亿元，占比 5.09%；股票 14942 亿元，占比 8.06%。

三是保险科技应用日益广泛，创新业务快速发展。保险科技投入力度加大，大数据、人工智能、区块链、移动互联网、物联网等前沿技术广泛运用于产品创新、保险营销和公司内部管理等方面。依托于互联网保险对部分标准化传统保险的快速替代以及场景创新型产品带来的增量市场，互联网保险创新业务保持高速增长。

2019 年，保险行业积极助力经济社会发展的重点领域和薄弱环节，推动科技创新，维护社会稳定，不断提升保险服务实体经济的效率和水平。

表 2-1 对 1980~2019 年间中国保费名义增长率与世界保费名义增长率进行了对比，图 2-1 直观地显示了两者之间的对比。

表 2-1   1980~2019 年中国和世界名义保费增长率

年份	中国保费 （人民币：亿元）	名义增长率 （%）	世界保费 （美元：亿元）	名义增长率 （%）
1980	5	—	4671	—
1981	8	60.00	4789	2.53
1982	10	25.00	4933	3.01
1983	13	30.00	5176	4.93
1984	20	53.85	5564	7.50
1985	33	65.00	6460	16.10
1986	46	39.39	8773	35.80
1987	71	54.35	10575	20.54
1988	109	53.52	12353	16.81
1989	142	30.28	12692	2.74
1990	178	25.35	14074	10.89

续表

年份	中国保费 （人民币：亿元）	名义增长率 （%）	世界保费 （美元：亿元）	名义增长率 （%）
1991	236	32.58	15155	7.68
1992	368	55.93	16728	10.38
1993	500	35.87	18183	8.70
1994	600	20.00	19653	8.08
1995	683	13.83	21572	9.76
1996	788	15.37	21323	−1.15
1997	1087	37.94	21490	0.78
1998	1247	14.72	21903	1.92
1999	1393	11.71	23662	8.03
2000	1595	14.50	24917	5.30
2001	2109	32.23	24551	−1.47
2002	3053	44.76	26710	8.79
2003	3880	27.09	29954	12.15
2004	4318	11.29	33069	10.40
2005	4927	14.10	34604	4.64
2006	5641	14.49	36987	6.89
2007	7036	24.73	41325	11.73
2008	9784	39.06	41964	1.55
2009	11137	13.83	40881	−2.58
2010	14528	30.45	43100	5.43
2011	14339	−1.30	45740	6.13
2012	15688	9.41	46145	0.89
2013	17222	9.78	46145	0.00
2014	20235	17.50	47837	3.67
2015	24283	20.00	46024	−3.79
2016	30959	27.49	46948	2.01
2017	36581	18.16	49575	5.60
2018	38017	3.93	51932	4.75
2019	42645	12.17	52555	1.20

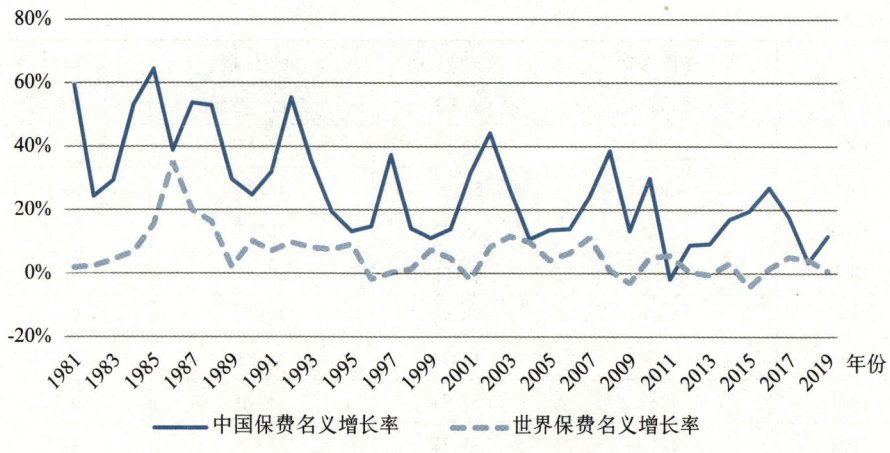

图 2-1 1980~2019 年中国和世界保费实际增长率

从图 2-1 中可以看出几个特点：第一，中国保费收入增长呈现周期波动的特点，30 年间大约存在 5 个周期；第二，自 1980 年以来的多数年份，中国保费收入增长率基本都以高于世界保费一倍到两倍的速度在增长。

由于过去 40 年间中国保险业基本保持了一个比世界明显更快的增长速度，因此，中国保费收入占世界份额逐年提高。中国保费收入的增长离不开中国经济的快速发展与保险经营管理水平的提高。（见表 2-2）。

表 2-2　　　　1980~2019 年中国 GDP 与世界 GDP 的发展比较

年份	中国 GDP（美元，亿元）	世界 GDP（美元，亿元）	中国 GDP 占世界 GDP 的比值（%）
1980	1911.49	112275.51	1.70
1981	1958.66	116237.93	1.69
1982	2050.90	115144.75	1.78
1983	2306.87	117470.30	1.96
1984	2599.47	121798.88	2.13
1985	3094.88	127933.44	2.42
1986	3007.58	151185.14	1.99
1987	2729.73	172009.88	1.59
1988	3123.54	192441.41	1.62
1989	3477.68	200874.31	1.73
1990	3608.58	226263.69	1.59

续表

年份	中国 GDP （美元，亿元）	世界 GDP （美元，亿元）	中国 GDP 占世界 GDP 的比值（%）
1991	3833.73	239665.56	1.60
1992	4269.16	254528.81	1.68
1993	4447.31	258578.62	1.72
1994	5643.25	277707.01	2.03
1995	7345.48	308865.65	2.38
1996	8637.47	315726.30	2.74
1997	9616.04	314580.73	3.06
1998	10290.43	313932.88	3.28
1999	10939.97	325617.73	3.36
2000	12113.47	336186.16	3.60
2001	13393.96	334265.77	4.01
2002	14705.50	347098.10	4.24
2003	16602.88	389448.09	4.26
2004	19553.47	438671.39	4.46
2005	22859.66	475172.27	4.81
2006	27521.32	515020.22	5.34
2007	35503.42	580315.35	6.12
2008	45943.07	636755.54	7.22
2009	51017.02	603955.40	8.45
2010	60871.65	661131.19	9.21
2011	75515.00	734483.41	10.28
2012	85322.31	751459.97	11.35
2013	95704.06	773020.23	12.38
2014	104756.83	794508.08	13.19
2015	110615.53	751987.58	14.71
2016	112332.77	763357.95	14.72
2017	123104.09	812291.83	15.16
2018	138948.17	863570.73	16.09
2019	143429.03	876975.19	16.35

图 2-2 直观地显示了这一变化趋势。

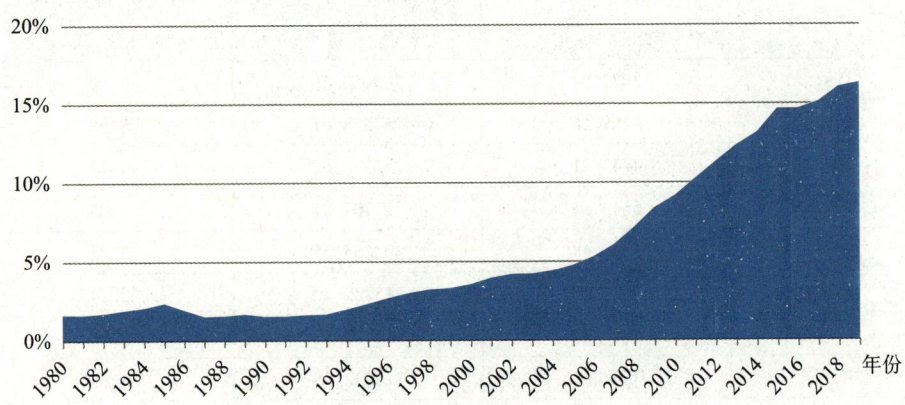

图 2-2　中国 GDP 与世界 GDP 的比值分析

二、1980~2019 年保险密度与保险深度

表 2-3 显示了 1980~2019 年间中国和世界保险密度的对比，图 2-3 直观地显示了两者的增长状况。

表 2-3　　　　　　　　1980~2019 年中国和世界保险密度

年份	中国保险密度 （人民币，元/人）	世界平均保险密度 （美元/人）	中国保险密度增长率 （%）	世界平均保险密度 增长率（%）
1980	0.47	103	—	—
1981	0.78	104	65.96	0.97
1982	1.01	106	29.49	1.92
1983	1.28	109	26.73	2.83
1984	1.92	115	50.00	5.50
1985	3.13	132	63.02	14.78
1986	4.26	176	36.10	33.33
1987	6.51	208	52.82	18.18
1988	9.86	239	51.46	14.90
1989	12.64	242	28.19	1.26
1990	15.56	264	23.10	9.09

续表

年份	中国保险密度（人民币，元/人）	世界平均保险密度（美元/人）	中国保险密度增长率（%）	世界平均保险密度增长率（%）
1991	20.35	279	30.78	5.68
1992	31.39	302	54.25	8.24
1993	42.16	323	34.31	6.95
1994	49.00	344	16.22	6.50
1995	56.39	372	15.08	8.14
1996	64.38	363	14.18	-2.42
1997	87.93	361	36.56	-0.55
1998	99.91	364	13.63	0.83
1999	110.58	388	10.68	6.59
2000	127.7	403	15.48	3.87
2001	168.98	391	32.33	-2.98
2002	237.60	420	40.61	7.42
2003	348.95	464	46.86	10.48
2004	377.67	505	8.23	8.84
2005	425.39	522	12.64	3.37
2006	481.43	550	13.17	5.36
2007	593.67	603	23.31	9.64
2008	816.35	605	37.51	0.33
2009	919.49	581	12.63	-3.97
2010	1187.03	604	29.10	3.96
2011	1159.87	636	-2.29	5.30
2012	1256.95	633	8.37	-0.47
2013	1367.81	625	8.82	-1.26
2014	1598.56	637	16.87	1.92
2015	1902.65	607	19.02	-4.71
2016	2410.14	614	26.67	1.15
2017	2830.76	641	17.45	4.40
2018	2924.65	663	3.32	3.43
2019	3261.42	671	11.51	1.21

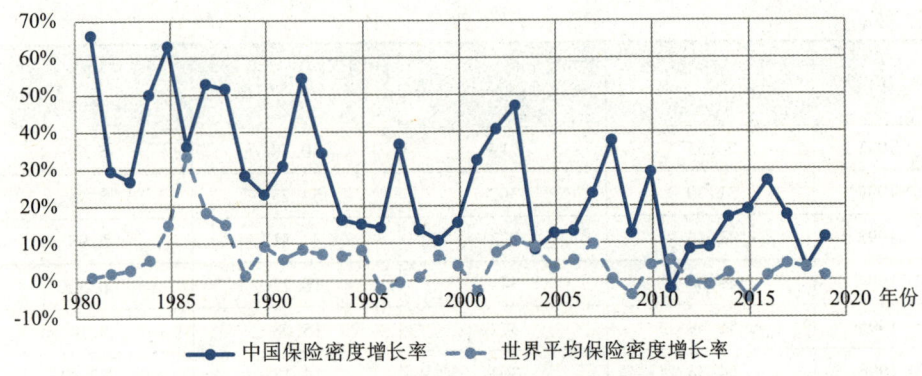

图2-3　1980~2019年中国和世界保险密度增长率

从图2-3中可以看出，世界保险密度在1984年和2011年之后两次呈现较快增长势头，中国保险密度在过去30年间一直保持增长势头，2006年之后增长更为明显。2008年国际金融抑制了世界保险密度的增长，2009年甚至比2008年有所下降，但中国保险密度仍然保持了快速增长的态势，这对于中国这样一个人口大国而言是十分不易的。根据2019年数据，中国保险密度相当于世界平均水平的65.1%。

表2-4显示了1980~2019年间中国和世界保险深度的对比，图2-4直观地显示了两者的增长情况。

表2-4　　　　　　　　1980~2019年中国和世界保险深度

年份	中国保险深度（％）	世界平均保险深度（％）
1980	0.11	4.16
1981	0.16	4.12
1982	0.19	4.28
1983	0.22	4.41
1984	0.27	4.57
1985	0.36	5.05
1986	0.44	5.80
1987	0.58	6.15
1988	0.72	6.42
1989	0.83	6.32

续表

年份	中国保险深度（%）	世界平均保险深度（%）
1990	0.94	6.22
1991	1.07	6.32
1992	1.35	6.57
1993	1.40	7.03
1994	1.23	7.08
1995	1.11	6.98
1996	1.10	6.75
1997	1.36	6.83
1998	1.46	6.98
1999	1.54	7.27
2000	1.59	7.41
2001	1.90	7.34
2002	2.51	7.70
2003	2.82	7.69
2004	2.67	7.54
2005	2.63	7.28
2006	2.57	7.18
2007	2.61	7.12
2008	3.06	6.59
2009	3.20	6.77
2010	3.53	6.52
2011	2.94	6.23
2012	2.91	6.14
2013	2.90	5.97
2014	3.16	6.02
2015	3.54	6.12
2016	4.18	6.15
2017	4.46	6.10
2018	4.22	6.01
2019	4.30	5.99

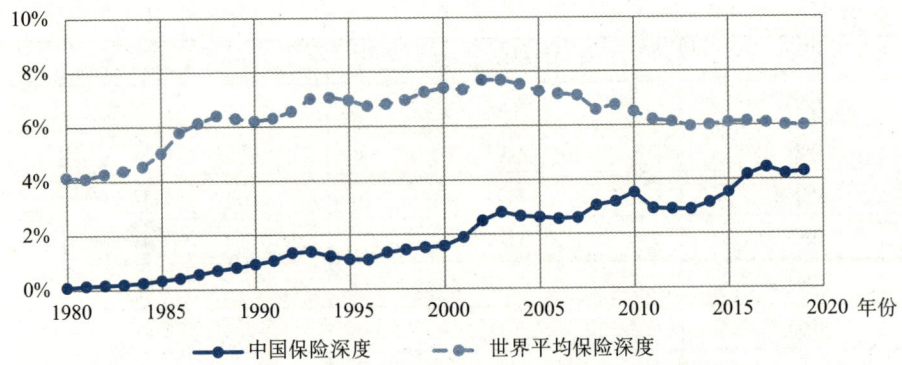

图 2-4 中国保险深度与世界平均保险深度的比较

从图 2-4 中可以看出，世界保险深度在 20 世纪 80 年代呈现较为明显的上升趋势，自 1993 年到 2007 年基本保持在 7%~8% 的水平；随着世界经济危机的影响，自 2008 年到 2012 年呈现下降趋势，自 2013 年以来世界保险深度基本稳定在 6% 左右。中国保险深度整体呈现上升趋势，但自从 2003 年到 2015 年，随着中国 GDP 的高速增长，保险深度进入一个相对平稳的时期；自 2016 年以来又出现一个上升期。根据 2019 年数据，中国保险深度相当于世界平均水平的 71.8% 左右。

三、保险业经营情况

2019 年，保险业实现保费收入 42645 亿元，同比增长 12.17%。寿险公司未计入合同核算的保户投资款和独立账户本年新增交费 9087 亿元，同比增长 9.66%（见表 2-5）。

表 2-5　　　　　2018~2019 年保险业经营情况对比　　　　　单位：亿元

项目	2019 年	2018 年	增长
保费收入	42645	38017	12.2%
1. 财产险	11649	10770	8.2%
2. 人身险	30995	27247	13.8%
（1）寿险	22754	20723	9.8%
（2）健康险	7066	5448	29.7%
（3）人身意外伤害险	1175	1076	9.3%
保户投资款新增交费	8711	7954	9.5%
投连险独立账户新增交费	376	333	13.0%
赔付支出	12894	12298	4.8%
1. 财产险	6502	5897	10.2%

续表

项目	2019 年	2018 年	增长
2. 人身险	6392	6401	-0.1%
（1）寿险	3743	4389	-14.7%
（2）健康险	2351	1744	34.8%
（3）人身意外伤害险	298	268	11.2%
业务及管理费	5491	4718	16.4%
银行存款	25227	24363	3.5%
资金运用余额	185271	164073	12.9%
资产总额	205645	183309	12.2%

（1）从产寿险公司来看，产险公司13016亿元，同比增长10.72%；寿险公司29628亿元，同比增长12.82%。从业务类型来看，产险业务11649亿元，同比增长8.17%；寿险业务22754亿元，同比增长9.80%；健康险业务7066亿元，同比增长29.70%；意外险业务1175亿元，同比增长9.26%。

（2）保险金额6470万亿元，同比下降6.20%；新增保单件数495.38亿件，同比增长70.45%。其中，产险公司保险金额5369万亿元，同比下降7.07%，签单件数487.41亿件，同比增长72.51%。寿险公司保险金额1101万亿元，同比下降1.69%，新增保单7.97亿件，同比下降1.44%。

（3）赔款和给付支出12894亿元，同比增长4.85%。其中，产险业务赔款6502亿元，同比增长10.25%；寿险业务给付3743亿元，同比下降14.70%；健康险业务赔款和给付2351亿元，同比增长34.81%；意外险业务赔款2978亿元，同比增长11.19%。

（4）再保险公司分保费收入1578亿元，同比增长15.05%；分保赔付支出678亿元，同比增长23.94%。

（5）资金运用余额为185271亿元，较年初增长12.92%。其中，银行存款25227亿元，占比13.62%；债券64032亿元，占比34.56%；证券投资基金9423亿元，占比5.09%；股票14942亿元，占比8.06%；投资性房地产1894亿元，占比1.02%。资金运用收益共计8824亿元，资金运用平均收益率4.94%。

（6）总资产205645亿元，较年初增长12.18%；净资产24808亿元，较年初增长23.09%；经营活动产生的现金流量净额8789亿元，同比增长117.73%；预计利润总额3133亿元，同比增长15.61%。

（7）应收保费2520亿元，较年初增长26.36%。其中，产险公司1864亿元，较年初增长30.46%,平均应收保费率11.52%;寿险公司668亿元,较年初增长13.43%。

(8)寿险公司退保金5841亿元,同比下降18.98%;退保率4.97%,同比下降1.86个百分点。

(一)保费收入

2019年保险业保费收入42645亿元,同比增长12.17%。从业务类型来看,产险业务11649亿元,同比增长8.17%;寿险业务22754亿元,同比增长9.80%;健康险业务7066亿元,同比增长29.70%;意外险业务1175亿元,同比增长9.26%。

(二)赔付支出

2019年,保险赔付支出12894亿元,同比增长4.85%。其中,产险业务赔款6502亿元,同比增长10.25%;寿险业务给付3743亿元,同比下降14.70%;健康险业务赔款和给付2351亿元,同比增长34.81%;意外险业务赔款2978亿元,同比增长11.19%。

(三)险种结构

表2-5显示了2019年中国保险市场的险种结构及同比变化,图2-5直观地显示了这一险种结构。

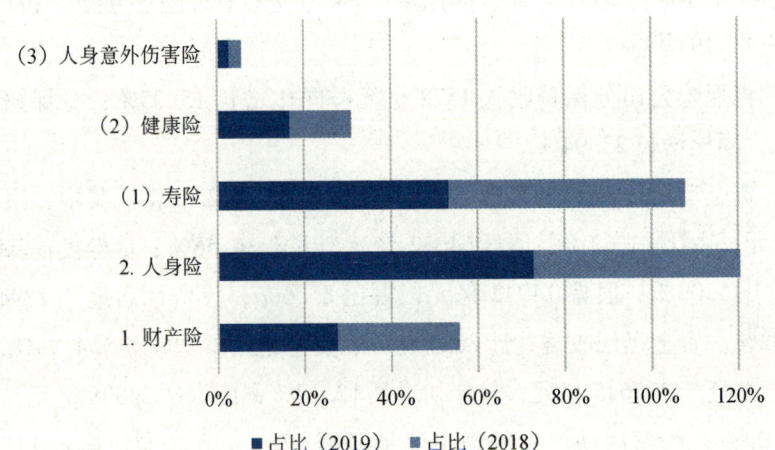

图2-5 2018~2019年中国保险市场的险种结构

四、2019 年中国保险业资金运用回顾

(一) 保险业资产概况

中国保险业总资产从 2002 年的 0.65 万亿元增加到 2019 年的 20.56 万亿元，年均增长 22.54%；总负债从 2002 年的 0.65 万亿元增加到 2019 年的 18.08 万亿元，年均增长 21.65%；净资产从 2002 年的 333 亿元增加到 2019 年的 2.48 万亿元，年均增长 47.55%（见表 2-6 和图 2-6）。

表 2-6　　2002~2019 年保险业总资产、总负债和净资产情况表　　单位：万亿元

年份	保险业总资产	保险业总负债	保险业净资产	保险业总资产增长率	保险业总负债增长率	保险业净资产增长率
2002	0.65	0.65	0.00	—	—	—
2003	0.91	0.89	0.03	40.5%	37.0%	718.6%
2004	1.19	1.16	0.03	29.9%	30.7%	6.2%
2005	1.52	1.49	0.03	28.4%	29.2%	-3.1%
2006	1.97	1.79	0.19	29.6%	19.6%	561.4%
2007	2.90	2.47	0.43	47.0%	38.0%	133.5%
2008	3.34	3.06	0.28	15.2%	23.9%	-34.4%
2009	4.06	3.67	0.39	21.6%	20.1%	37.5%
2010	5.05	4.54	0.51	24.2%	23.6%	30.6%
2011	6.01	5.46	0.56	19.1%	20.3%	9.1%
2012	7.35	6.56	0.79	22.3%	20.3%	42.3%
2013	8.29	7.44	0.85	12.7%	13.4%	7.0%
2014	10.16	8.83	1.33	22.6%	18.7%	56.4%
2015	12.36	10.75	1.61	21.7%	21.7%	21.4%
2016	15.12	13.39	1.72	22.3%	24.6%	7.2%
2017	16.75	14.86	1.88	10.8%	11.0%	9.3%
2018	18.33	16.32	2.02	9.4%	9.8%	7.0%
2019	20.56	18.08	2.48	12.2%	10.8%	23.0%

总体来看，2002 年以来保险业总资产增长率、总负债增长率、净资产增长率在银行、保险、证券中是最高的，一直在领跑金融业的发展，如图 2-7 所示。

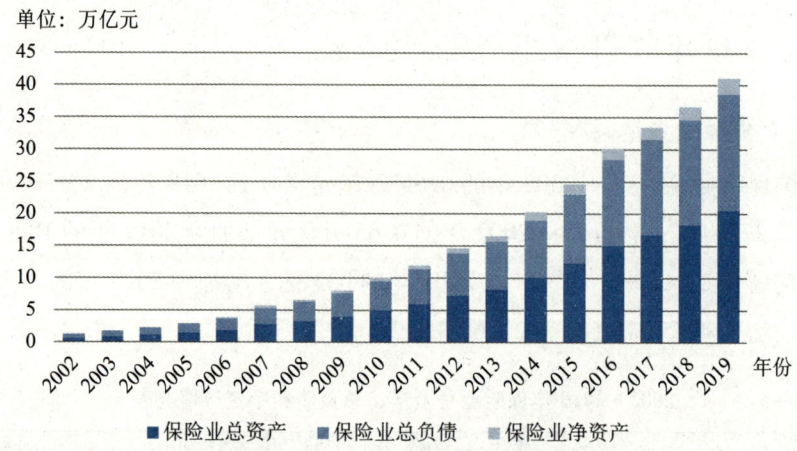

图 2-6　2002~2019 年保险总资产、总负债和净资产情况

图 2-7　2002~2019 年保险总资产和净资产增长情况

2019 年中国保险业虽然总资产仅占金融业的 6.45%，但是为全社会提供风险保障 6470 万亿元，是 GDP 的 65.30 倍，是金融业总资产的 20.30 倍。因此，相对于银行业，保险业更要关注社会保障问题，是社会宏观风控效率、微观风控效率和风控市场效率的重要决定力量。

2019 年，根据美国保险监督官协会（NAIC）公布的初步数据显示，美国保险业总保费收入达到 16511 亿美元（约合人民币 11.56 万亿元），同比增长 5.75%。中国作为全球第二大保险市场，中国与美国保费收入比例为 36.90%；同期，中国作为全球第二大经济体，中国与美国 GDP 比例为 65.23%。可见，中国的保险密度（4.14%）约为美国保险密度（7.61%）的 54.4%。

（二）保险资金运用概况

2019年年末，中国保险业总资产达到20.56万亿元，保险资金运用余额达到185271亿元，较年初增长12.92%。其中，银行存款25227亿元，占资金运用余额的比例为13.62%；债券64032亿元，占比34.56%；证券投资基金9423亿元，占比5.09%；股票14942亿元，占比8.06%（见表2-7）。

表2-7　　　　　　　　2019年年末保险资金运用情况表　　　　　　　　单位：亿元

项目	资金运用余额	同比增长	占比	收益额	收益率
一、银行存款	25227	3.6%	13.6%	986	3.7%
二、债券	64032	13.6%	34.6%	2613	4.4%
1. 国债	20672	47.4%	11.2%	675	4.0%
2. 金融债	20658	2.2%	11.2%	942	4.6%
3. 企业债	21463	2.2%	11.6%	995	4.6%
三、证券投资基金	9423	8.9%	5.1%	551	6.1%
四、买入返售金融资产	2047	-34.1%	1.1%	53	2.5%
五、股票	14942	41.4%	8.1%	1203	9.2%
六、长期股权投资	19739	15.6%	10.7%	1084	5.5%
七、投资性房地产	1894	5.7%	1.0%	51	2.8%
八、保险资产管理公司产品	7979	6.5%	4.3%	300	3.7%
九、金融衍生工具	5		0.0%	29	1523.6%
十、贷款	29397	13.8%	15.9%	1385	5.0%
十一、拆借资金	1	0.0%	0.0%	0	3.1%
十二、其他投资	10584	20.3%	5.7%	568	5.8%
合计	185271	12.9%	100.0%	8824	4.9%

2019年年末，保险资金运用余额中交易性金融资产7215亿元，占比为3.93%；持有至到期投资37071亿元，占比20.19%；可供出售金融资产60824亿元，占比33.13%。

（三）保险资金运用收益

2019年，保险资金运用收益达到8824亿元，资金运用平均收益率4.94%。

1. 从保险资金所述账户属性来看，独立账户资金运用收益348亿元，资金运用平均收益率22.33%；非独立账户资金运用收益8476亿元，资金运用平均收益率4.79%。

2. 从保险资金收益来源来看，利息收入（活期存款、定期存款、存出保证金、存出资本保证金、结算备付金、其他货币资金利息收入）为982亿元，占资金运用收益的11.59%；投资收益7415亿元，占资金运用收益的87.47%；公允价值变动损益280亿元，占资金运用收益的3.30%；资产减值损失392亿元，占资金运用收益的4.62%；其他收益41亿元，占资金运用收益的0.49%。

3. 从持有意向分类看，交易性金融资产资金运用收益859亿元，占比10.13%；持有至到期投资资金运用收益1527亿元，占比18.01%；可供出售金融资产资金运用收益2397亿元，占比28.28%；长期股权投资资金运用收益1083亿元，占比12.77%。

在投资渠道逐步放宽的同时，保险资金的投资收益率整体有所提升（见图2-8）。2002~2007年，国内保险资金的投资收益率基本呈单向上升的形态，2007年保险金的投资收益达到历史高峰，首次达到了10%以上的收益率，这主要是中国股票价格一路走高所引致。在2008年金融危机后，国内保险资金投资收益率随着资本市场的波动，也出现比较大的起伏，2019年国内保险资金投资收益为4.94%，较上年上升0.61%。

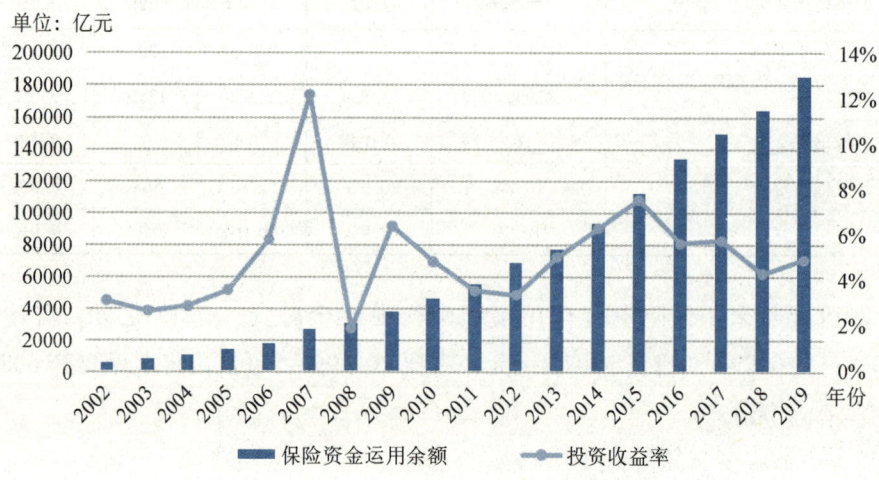

图2-8 2002~2019年保险资金投资收益率

(四) 保险资金运用结构

2019 年年末，中国保险资金运用余额达到 185271 亿元，表 2-7 给出了 2019 年的资金运用结构，为了对比分析近年来保险资金运用结构的变化，表 2-8 给出了 2014~2019 年保险资金运用结构的变化情况。

表 2-8　　　　　　　2014~2019 年保险资金运用结构情况表

项目	2019 年	2018 年	2017 年	2016 年	2015 年	2014 年
一、银行存款	13.6%	14.9%	12.9%	18.6%	21.8%	27.1%
二、债券	34.6%	34.4%	34.6%	32.2%	34.4%	38.2%
1. 国债	11.2%	8.6%	6.8%	5.8%	5.2%	5.4%
2. 金融债	11.2%	12.3%	12.8%	12.1%	13.6%	16.2%
3. 企业债	11.6%	12.8%	13.0%	13.9%	15.5%	16.6%
三、证券投资基金	5.1%	5.3%	5.0%	6.4%	7.9%	5.1%
四、买入返售金融资产	1.1%	1.9%	2.5%	4.4%	1.8%	0.8%
五、股票	8.1%	6.4%	7.3%	6.9%	7.3%	6.0%
六、长期股权投资	10.7%	10.4%	9.9%	9.2%	8.0%	6.9%
七、投资性房地产	1.0%	1.1%	1.2%	1.1%	0.8%	0.8%
八、保险资产管理公司产品	4.3%	4.6%	5.7%	3.6%	2.2%	0.9%
九、金融衍生工具	0.0%	0.0%	0.0%	0.0%	0.0%	0.0%
十、贷款	15.9%	15.8%	15.5%	13.2%	12.3%	11.6%
十一、拆借资金	0.0%	0.0%	0.0%	0.0%	0.0%	0.0%
十二、其他投资	5.7%	5.4%	5.4%	4.6%	3.6%	2.7%
合计	100.0%	100.0%	100.0%	100.0%	100.0%	100.0%

根据表 2-8 的资金运用结构，从保险资金运用比例来看，2019 年银行存款同比上升 0.3%，债券基本维持 2018 年水平，股票和证券投资基金同比下降 0.7%，其他投资同比上升 2%，保险资金运用结构发生变化，银行存款逐年下降，保险资金银行存款占比下降到 13.6%，其他投资所占比则上升到 86.4%。由于保险资金投资的不断松绑，保险公司资产呈现多元化，投资工具不断创新。

从 2002~2019 年中国保险资金运用结构表 (见表 2-9 和图 2-9) 看出，自 2002 年开始，保险资金在银行存款比例呈下降趋势，2019 年下降至 13.6% 的历史新低。

表2-9　　　　　　　　2002~2019年中国保险金运用结构

年份	银行存款	债券	股票和证券投资基金	其他投资
2002	54.7%	20.0%	5.6%	19.7%
2003	52.1%	16.0%	6.2%	25.7%
2004	46.5%	24.8%	6.3%	22.4%
2005	36.7%	52.7%	9.0%	1.7%
2006	33.7%	53.2%	10.0%	3.2%
2007	24.4%	44.0%	27.1%	4.5%
2008	26.5%	57.9%	13.3%	2.3%
2009	28.1%	51.0%	18.5%	2.4%
2010	30.2%	49.9%	16.7%	3.2%
2011	32.0%	47.1%	15.7%	5.3%
2012	34.2%	44.7%	11.8%	9.4%
2013	29.5%	43.4%	10.2%	16.9%
2014	27.1%	38.2%	11.1%	23.7%
2015	21.8%	34.4%	15.2%	28.7%
2016	18.6%	32.2%	13.3%	36.0%
2017	12.9%	34.6%	12.3%	40.2%
2018	14.9%	34.6%	13.9%	36.7%
2019	13.6%	34.6%	13.2%	38.7%

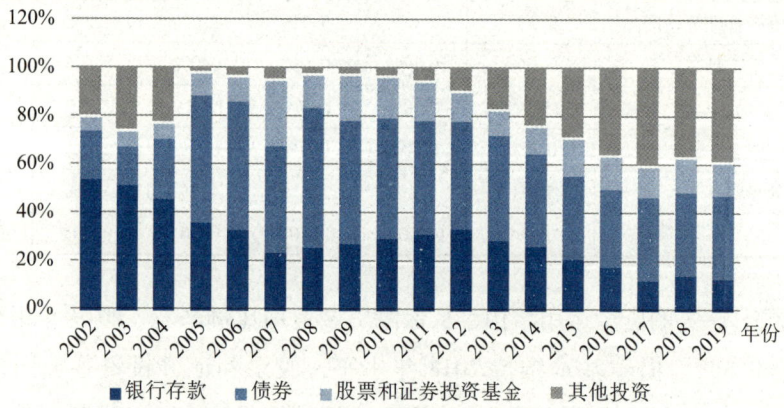

图2-9　2002~2019年保险资金运用结构

（五）保险资金运用效率

保险承保业务（承保业务）与保险资金运用业务（投资业务）一起被喻为保险业发展的"两个轮子"，而承保业务和资金运用业务并重是现代保险业的重要特征。其中，承保业务是保险风险管理价值的体现，资金运用业务是保险投资管理价值的体现，二者构成了保险价值的所有。

图 2-10 给出了 2002~2019 年保险业总资产、总负债、资金运用余额、投资收益和保险利润之间的关系。

图 2-10 2002~2019 年保险业历年投资情况

为了进一步说明保险投资与利润的关系，我们先做一个假设：保险投资业务与保险承保业务之间的风险是隔离的。基于此，图 2-11 给出了历年保险利润与投资收益比、保险业盈亏平衡所需要的投资收益率；2015 年盈亏平衡所需的投资收益率达到 4.81%，2016 年以来有所下降，2016~2019 年分别为 4.05%、4.00%、2.62%、3.19%，可见 2019 年又有所反弹。

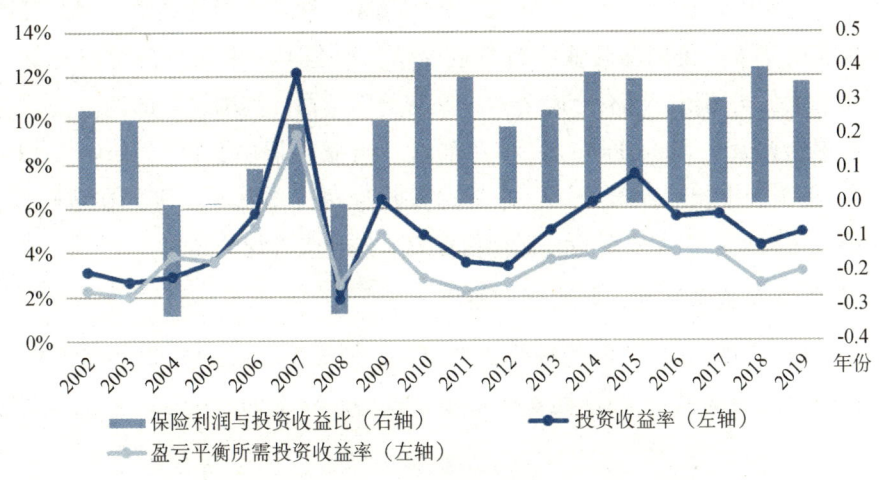

图 2-11 2002~2019 年保险业投资与利润的关系

第二节　美国保险产业发展研究

一、美国保险产业及保险市场特点

1721年5月，约翰·科普森在费城开办了美国第一家海上保险组织，开启了美国保险业的历史。经过近300年的发展壮大，美国保险业现已成为全球规模最大、机制最成熟的保险产业，无论是保险公司的数量、业务种类还是业务量都首屈一指。美国保险市场可分为寿险市场和非寿险市场：非寿险市场主要包括财产保险、意外保险市场等保险市场；寿险公司由股份公司和相互公司组成，其中绝大多数寿险公司是股份公司，相互公司一般历史较长、规模较大。美国的再保险市场也是世界上最大的保险市场之一。美国的保险产业价值链符合微笑曲线，即附加价值主要集中在险种的研发、销售以及品牌与服务上。这一点在美国保险市场的特点中可以很容易看出来。

（一）垄断竞争型的保险市场模式

在美国的保险市场上，存在着大量的保险公司，其中既有大型的公司，也有众多的中、小型公司。少数的大型公司在保险市场中处于优势地位，但由于整个保险市场力量分配在保险公司、经纪人和代理人之间，任何一家或几家公司无法对市场进行操纵，且所有保险公司又在一个市场中展开激烈的竞争，因此美国保险市场高度竞争。美国保险业实行分业经营，但是不少大保险公司都是集体企业，在集团公司旗下，既有产险公司，又有寿险公司。美国最大的产险公司有国家农业保险集团（State Farm）、伯克希尔-哈撒韦保险集团（Berkshire Hathaway）、美国利宝相互保险公司、好事达保险集团（Allstate）等；在寿险方面，最大的公司有大都会人寿保险、保德信保险、纽约人寿保险等。

（二）市场竞争激烈，并购速度加快

近年来，国际市场虽存在各种利空因素，但保险行业的并购大潮仍势不可挡。2019年，全美共发生60起并购交易（Merger & Acquisition），涉及总交易价

值 424 亿美元，美国作为最大的保险市场，竞争激烈、并购升温。① 自 1988 年 11 月，加利福尼亚州通过"103 提案"，开拓了允许银行经营保险业务的先河，美国市场便逐渐形成了保险与银行混业经营的局面，促进了保险业务的创新和发展。1998 年 4 月，美国花旗银行与旅行者集团合并，所涉及的金额达 700 亿美元，不仅创下了规模的历史纪录，更意味着美国保险业与银行战略联盟迈出了重要的一步。1999 年，美国又出台《金融服务法案》，允许保险和银行集团化经营，主要大型金融机构开始综合提供银行、保险、投资等多种金融服务。现在，美国保险业正在努力采取新的战略战术，寻求扩大新的保险市场，努力满足特殊的市场要求，并采取各种积极措施，解决所面临的问题，如责任险赔偿数额过高而带来的责任险危机，力图继续保持世界头号保险市场的地位。

（三）保险产品种类繁多、不断创新

作为历史悠久、发展成熟的保险市场，美国保险市场上存在着种类繁多、能够满足多样化需求的保险产品，人寿保险、汽车保险、健康保险、责任保险等应有尽有，创新型保险产品也不断涌现。保险已覆盖人们生活的方方面面，成为生活中不可或缺的要素。

1. 得天独厚的人寿保险

美国的人寿保险产品种类繁多，概括起来主要有临时人寿保险、终身储蓄寿险、普通人寿保险 3 种。

美国寿险业的繁荣发展主要得益于两个方面：一是美国经济高度发达、总体生活水平较高，居民普遍有较强的保险意识；二是社会法律大环境推动了保险业特别是寿险业的强劲发展。以美国法律中关于遗产转让税的相关规定为例，如果个人将钱存入银行或购买地产、房产等，其去世后，首先律师和会计师等相关人员要依法清查其遗产情况，接着将清查结果通知税务部门，向遗产继承人征收包括遗产税、收入所得税、增值所得税在内的多项赋税，此外，还要支付遗嘱法庭费、财产评估费、行政费、执行费、律师费、联邦财产税等，税费合计将达到遗产价值的 15%~60%。但与此相对，美国法律却对人寿保险公司的赔款有税收豁免：当投保人死亡时，人寿保险公司的赔款或给付金不用付所得税。因此，美国

---

① 数据来源于德勤会计师事务所（Deloitte Touche Tohmatsu Limited）。

人当然愿意购买人寿保险，以保全继承人财产。这种法律环境无疑为寿险业的发展提供了得天独厚的有利条件。

2. 强制执行的汽车保险

美国的汽车保险也非常发达，其原因主要有以下几个方面：

首先，美国机动车拥有量居世界首位，汽车保险市场容量大、市场潜力十分广阔。

其次，美国的法律规定，不论任何原因，不参加汽车保险都是违法行为，并且对于无保险车辆将会采取严厉的惩罚措施，如：吊销驾驶执照；发生碰撞事故的损失由个人承担全部赔偿责任；受害者律师有权清查肇事者的全部财产额，并据此提出赔偿要求等。

再次，对于保险车辆出险赔偿优厚。除赔偿基本赔偿费外，有的保险公司还负责车祸受伤后的工资损失、法庭和车祸调查人员的费用、汽车内部遭到的盗窃以及汽车抛锚拖车费等。

最后，美国车险市场相对成熟，已形成有效的风险控制机制。例如，保险费因投保人的年龄、职业、领取驾驶执照的时间以及居住地区的不同而不同；18岁或25岁以下的人、初领驾驶执照者、有违章记录者、住家地区安全状况恶劣者、有抽烟习惯者以及价格昂贵的车辆等，在投保时须缴纳较高的保险费；车辆一旦出险致损，无论驾驶者为何人，法院只追究车主的责任等。

这一系列措施，使得美国的汽车保险市场规范有序，为社会和家庭生活的稳定起到了保障的作用。总而言之，满足消费者需求的产品设计和完善的服务使得汽车保险非常发达。

3. 特色鲜明的专门化保险

这一点更加体现了美国保险产业价值链高附加值的特点。鉴于客户保险需求的多样性和复杂性，美国涌现出许多以专业化为特色的保险公司。例如，美国的医疗费用高昂，导致人们对健康保险的需求非常强烈，但由于健康保险具有技术复杂、风险控制难度大、涉及方面错综复杂等特点，美国出现了很多专门从事健康险业务的保险公司，以提高健康保险的管理和服务水平。如恺撒医院保险是恺撒医院办的医药保险，投保人到此家医院就医时，可享受免费治疗；西部人保险公司是专为工人、公司职员设置的医药保险公司；等等。这种专业化或专门化的营销管理办法，进一步提高了产品质量和服务水准，使美国保险市场得到了深入、健康的发展。

4. 广泛普及的房屋保险

美国住房商品化程度较高，住房自有化水平也在日益提升。因此，美国个人住房面临的诸多风险威胁，如难以预料的自然灾害、各种与自家房屋相关的因第三者受到伤害而引起的法律纠纷等，构成了房主对住房保险保障的迫切需求。为此，美国有很多保险公司开展了房屋保险业务。客户购买房屋保险后，各种天灾人祸引起的房屋损失，如房屋失火、积雪压坏屋顶、小偷破坏门窗家具、顽童踢球打破玻璃等，都可以及时得到保险公司的赔偿，减轻居民负担，使人们安居乐业。

5. 发展完备的责任保险

西方保险界称责任保险是继海上保险、火灾保险和人寿保险后，整个保险业发展的第三个阶段，即保险业由承保物质利益损失扩展到承保人寿风险后，又扩展到了承保各种法律风险。由此可见，责任保险的地位非同一般。责任保险产生于19世纪的欧美国家，20世纪70年代就占整个非寿险业务的45%~50%。在美国，医生、设计师、工程师、会计、律师等责任风险较大的职业必须参与职业责任保险，否则无法开业；产品的生产商如果没有投保产品责任险或其他形式的信用保证，也难以将自己的产品投入市场。从1975年起，美国责任险支出逐年上升，这也与广泛应用的无过错责任原则密不可分。该原则的应用，提高了侵权责任成本，进而使得对责任险的需求增加。美国的责任保险发达，除了成熟的经济环境等要素外，也得益于其法律体系的完备以及民众的较强法律风险意识。

（四）保险科技发展促进行业变革、创新

"InsurTech""Fintech"等词语是当今时代大潮中不可忽视的关注点，全球各保险市场在"保险科技"领域的投入逐渐增多，2018年，全球保险科技领域投入总额已达到415亿美元。2019年春夏交际，美国联邦保险办公室与30余家保险行业巨头探讨美国发展保险科技的相关事宜并形成完整报告，报告中对保险科技发展非常重视，并指出区块链技术、AI智能、可视化、大数据机器学习等新兴应用应当与保险领域结合，促进产业发展。美国保险科技（InsurTech）战略布局具体如图2-12所示。

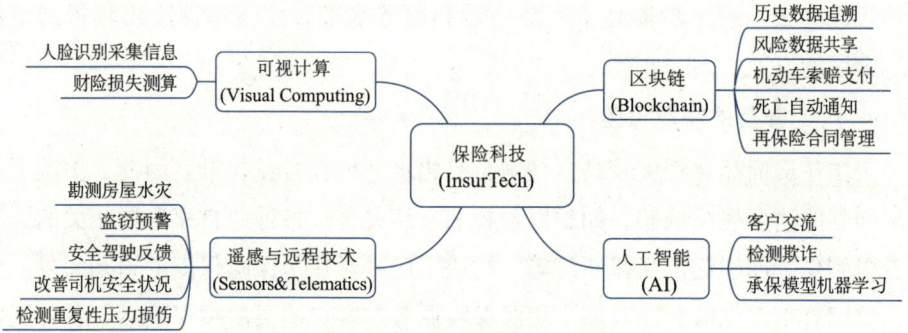

图 2-12 美国 InsurTech 战略布局

二、美国保险产业链

美国发达的保险产业自然少不了成熟的保险产业链作为支撑。

首先，美国保险产业价值链相当发达，如前文所述，美国保险产业集中于拥有高附加价值的险种研发、销售和服务等方面。保险市场的竞争日益激烈，也进一步推动了保险产品的创新研发。例如，财产责任保险方面开发出诸如核责任保险等针对特殊危险的保险产品，人寿保险方面也推出了创新型新产品。美国的保险创新已渗透到保险经营的各个环节和领域。比如，在美国保险营销体系的核心是代理制，表现为总代理、分公司代理、独立代理人、专属代理人等多种形式，这本身就是对传统的直销模式的突破，也表明了保险专业分工的发展趋势。再如，在美国出现了风险管理与保险业的融合，许多保险公司设有风险管理部或工程部，通过对保险标的的风险识别、风险评估，一方面向投保人提出防灾防损的建议和指导；另一方面向承包人提供相关信息，提出承保时应采取的措施，以避免盲目承保。此外，美国各大保险公司都通过附属的投资公司，参与了信用活动，通过保险投资，为公司带来丰厚的利润，增强了公司的竞争力。

其次，保险业的创新活动，推动了美国保险业组织结构的创新，从而促进了企业链的延伸。美国保险业组织结构创新的表现是银行和保险公司的结合倾向。在美国的银行柜台上已能够出售保险单，而一些保险公司也提供许多非保险的金融业务。这种银保联合的形式，是一种"双赢"的选择。它一方面使银行拓展了业务的新空间；另一方面也使保险公司利用银行的传统优势和资源，扩大了自己的业务领域，增强了自己的竞争能力。银保结合的组织形式和储蓄性等新险种的开发，使保险公司的职能由单纯的危险转移、组织经济补偿，开始向综合性的金融公司转化。

再次，美国保险产业、保险市场激烈的竞争有利于充分挖掘保险市场上消费者的需求和潜在消费者的需求，市场需求扩大的基础上也能够吸引更多的供给方进入市场和产业中。

最后，随着社会整体科技水平的发展，美国保险业也紧跟时代潮流，积极与互联网、人工智能等高新领域合作，不断探索保险市场的潜在可能性。例如，利用大数据和 AI 检测保险报案的形式，以此快速发现保险欺诈的案例；美国联合服务汽车协会 USAA 也将人寿保险索赔过程数字化，极大地简化了索赔过程，提高了服务效率。

这就是美国保险产业链在不断向利用更小的成本创造更大的价值的方向演化的过程。

三、美国保险产业结构与发展

（一）保险产业总量指标

1. 保费收入

研究一个产业的发展首先要对行业的市场有一个清晰的了解和把握。对于保险产业来讲，保费收入无疑是一个不可忽略的重要要指标。图 2-13 为 2000~2019 年美国保险市场的保费收入情况，回顾 20 世纪 80 年代至 21 世纪起始，美国非寿险保费（P/C）始终高于寿险保费（L/A），且在 1980~2000 年间差距逐渐缩小，而图中所示的 2000 年之后非寿险保费增长趋势高于寿险，从 2005 年开始寿险保费成平稳波动趋势，而非寿险保费持续增长，二者之间的差距不断扩大，2001~2017 年寿险净保费收入始终高于非寿险，仅 2018 年一年非寿险净保费高于寿险。2019 年寿险净保费收入增长率高于非寿险，二者又重新恢复寿险净保费高于非寿险的格局。

除此之外，从图 2-13 中可以看到，近 20 年，非寿险业净保费收入呈现平稳上升的趋势；而寿险业则波动较大，呈现出波动上升趋势；总体净保费收入波动趋势与寿险业基本保持一致。

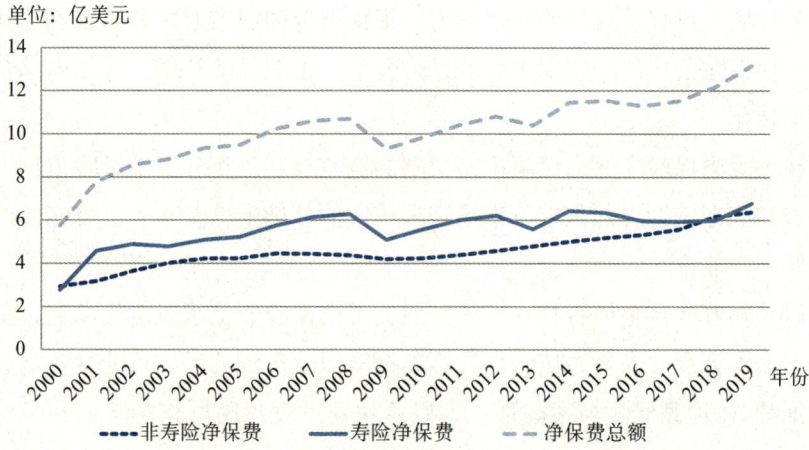

资料来源：美国保险监督官协会（NAIC，National Association of Insurance Commissioners）。

图 2-13 2000~2019 年美国净保费收入

2. 保险业机构数量

2018 年美国保险市场上共有 5965 家保险公司，其中财产和意外险公司有 2507 家，人寿和年金公司有 841 家，健康险公司有 931 家，相互保险公司（Fraternal）有 82 家，产权保险公司（Title）有 60 家，风险自留组织（Risk Retention Groups）有 239 家，其他保险公司有 1305 家。①

3. 保险业劳动人口

根据 Insurance Information Institute 的报告，美国保险市场从业者的趋势具体如图 2-14 和图 2-15 所示。

图中灰色部分表示经济衰退时期。图 2-16 显示 2010 年 3 月至 2011 年 3 月财产和意外险从业人员有一个急剧的增加，这是美国劳工统计局将保险行业的从业者进行了重新划分导致的。图 2-17 显示 2004 年 3 月至 2005 年 3 月美国寿险从业人员有一个突然的下降，这是因为美国劳工统计局在对保险从业者重新分类时，将一部分劳动者移到了健康医疗支出部门，从而也解释了图 2-18 中 2004 年 3 月至 2005 年 3 月健康医疗险从业人员数量的骤增。可以看出，财产和意外险从业人员数量呈现大幅度波动趋势，2015~2016 年有较大增长后，近两年趋

---

① 数据来源于美国保险监督官协会（NAIC，National Association of Insurance Commissioners）。

资料来源：美国劳工统计局。

图2-14 1990~2018年财产和意外险从业人员数量变化趋势图

资料来源：美国劳工统计局。

图2-15 1990~2018年寿险从业人员数量变化趋势图

于稳定；寿险从业人员数量波动较财产和意外险小，但总体处于下降趋势，自2016年以来几乎稳定在350000人；而健康医疗险从业者数量呈直线上升趋势，与此形成鲜明对比的是呈直线下降趋势的再保险从业者数量（见图2-17）；保险代理人和保险经纪人数量的增长趋势受到2008年经济危机的影响很明显，但

2014年以后仍然持续了危机前的增长态势（见图2–18）。

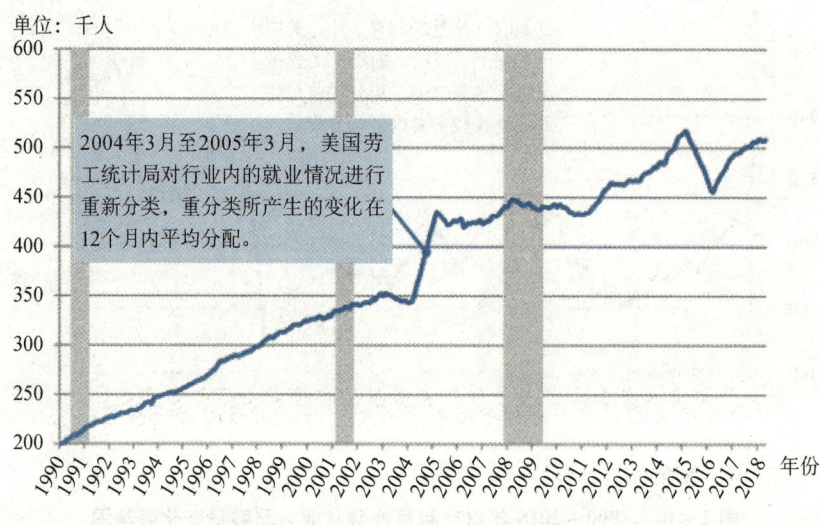

资料来源：美国劳工统计局。

图2–16　1990~2018年健康医疗保险从业人员数量变化趋势图

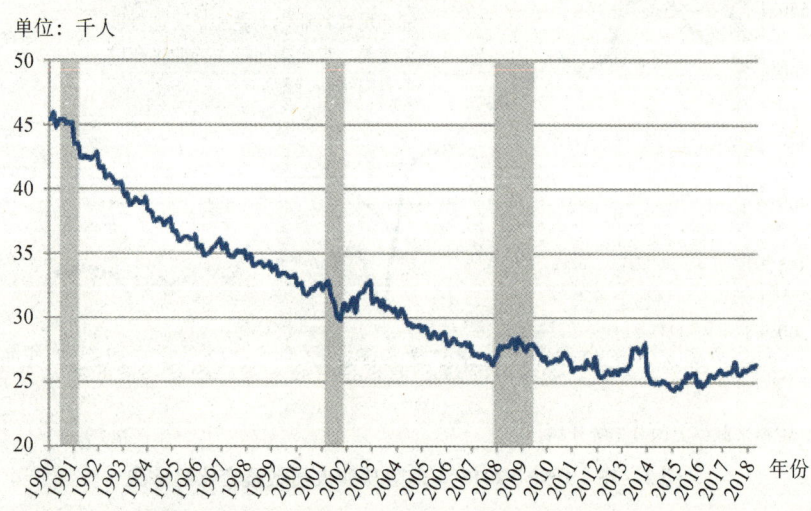

资料来源：美国劳工统计局。

图2–17　1990~2018年再保险从业人员数量变化趋势图

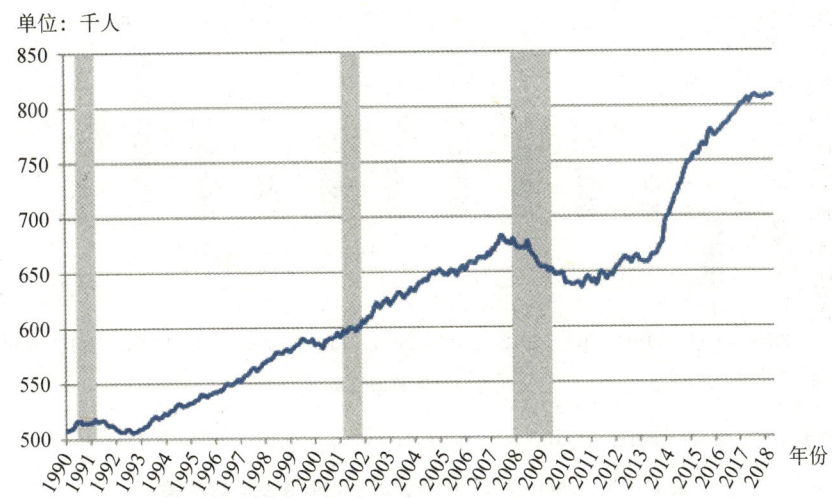

资料来源：美国劳工统计局。

图 2-18　1990~2018 年保险代理人和经纪人数量变化趋势图

（二）保险产业结构衡量指标

研究一个产业就必定要研究它的结构变化和发展情况，而和该产业有关的结构指标可以直观地刻画出一个产业的发展过程和发展潜力。

1. 保费收入变化率

保费收入作为衡量保险产业规模的首要指标，其增长速度的变化可以向我们展示出保险产业的发展过程，其趋势可以显示出保险产业的发展潜力。

如图 2-19 所示，经济危机后美国财险与意外险市场保费连续两年负增长，近 10 年美国财险与意外险市场保费规模持续增长，多数年度保费增长率在 3%~4% 之间，2018 年出现 10.8% 的超高增长。

2. 保险密度和保险深度

保险密度和保险深度也是衡量保险产业发展情况的重要指标。保险密度是指一个国家或地区的人均保费；保险深度是指一个国家或地区在该年度保费收入占 GDP 的比重。

从图 2-20 我们可以看到，1980~2018 年这 39 年间，美国的非寿险深度一直高于寿险深度，但在 2000 年左右二者达到相当的水平。值得注意的是，大体上美国的非寿险深度与寿险深度的变化趋势是一致的，例如，1980~1988 年都

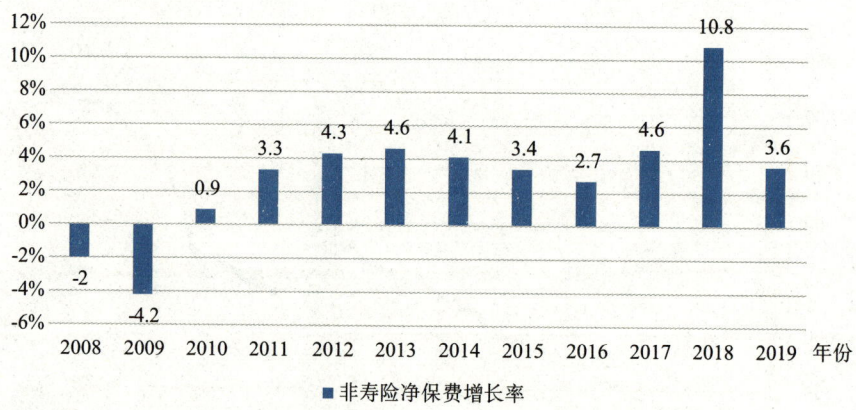

资料来源：美国保险服务办公室（ISO, Insurance Services Office）。

图 2-19　2008~2019 年美国保费增长率变化趋势图

是先小幅下降后又极速上升，2004~2018 年二者整体上都是呈现下降趋势，但是在 1990~2000 年这 10 年间，非寿险深度明显下降而寿险深度明显上升。另外，整体来看，非寿险深度一直在 4~5.5 波动，而寿险深度波动范围为 2~4.5，远高于非寿险，并且波动频率也高于非寿险深度。

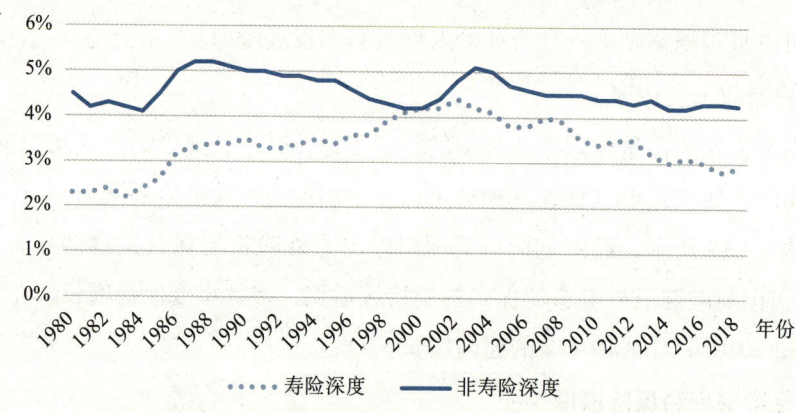

资料来源：美国保险监督官协会（NAIC, National Association of Insurance Commissioners）。

图 2-20　1980~2018 年美国保险深度变化趋势图

从图 2-21 我们可以看到，美国非寿险密度从 1980 年至今始终高于寿险密度，只有在 1999 年左右持平过一次。整体上看美国非寿险密度与寿险密度都随时间而增长，但非寿险密度增长趋势较为平坦，波动较小，寿险密度则相反。2010 年后，非寿险密度增长势头旺盛，但寿险密度则处于波动平稳态势。

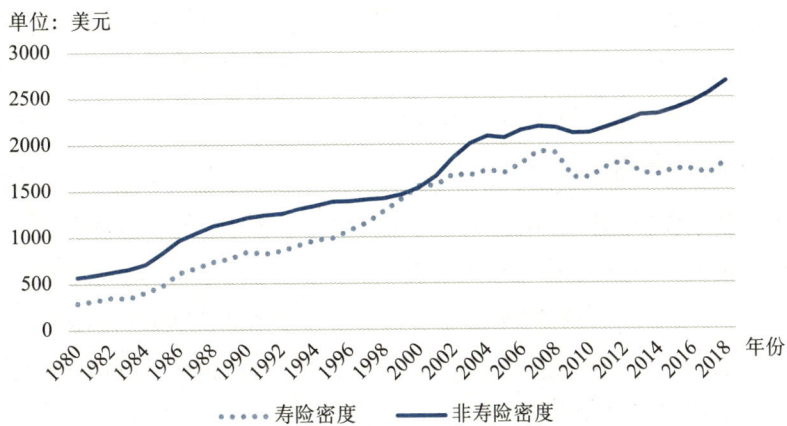

资料来源：美国保险监督官协会（NAIC，National Association of Insurance Commissioners）。

图2-21　1980~2018年美国保险密度变化趋势图

3. 保险市场细分

美国作为世界第一大经济体，拥有最成熟和完善的保险市场。所以美国的保险市场不仅有丰富多样的保险产品、划分细致的保险经营范围，还有多种组织形式的保险公司。如前所述，2018年美国保险市场上共有5965家保险公司，其中财产和意外险公司有2507家，人寿和年金公司有841家，健康险公司有931家，相互保险公司（Fraternal）有82家，产权保险公司（Title）有60家，风险自留组织（Risk Retention Groups）有239家，其他保险公司有1305家。在经营范围方面，美国的保险市场不仅覆盖一般意义上的承保风险，而且有很多根据特殊风险而设计的保险单甚至成立的专门公司。另外，由于美国各州的法律法规有所不同，会出现在本州不可承保而其他州或许可以承保的风险，而且注册地在本州的保险公司不受其他州法律法规的约束和监管，这时就出现了Surplus Lines Market，就是说即使在本州没有营业执照但拥有Surplus Line特殊执照的保险人也可以为投保人提供某些风险保障。

按照美国保险市场行业惯例，可以将保险分为商业线（Commercial Line）和个人线（Personal Line）。其中，财产和意外险市场的Commercial Line又可分为13种甚至更多的保险产品，Personal Line可分为6种。

另外，美国的保险人从组织形式上分为6类，即股份保险公司、互助保险公司、互惠交易组织、劳合社、蓝十字蓝盾计划组织和健康维护组织。

其中产险业以股份公司为主，寿险业以互助公司为主。互助公司的所有者就是保险持有人，而不是股东，互助公司一般每年向其保单持有者付一次利息，互助公司的经营管理者由全体保单持有人投票选举，但近年来，一些互助公司纷纷改为股份公司以此增强资金实力。

互惠交易组织是一种没有公司化的互助保险机构。其特征是参加该组织的成员互相提供保险，即各自支付保费，形成保险基金；这类组织的经营管理通常由某一代理机构承担；大多数的互惠交易组织指从事某种特殊险种的保险。

蓝十字蓝盾计划是非营利性的提供医疗健康保险的组织。健康维护组织也是一种成本低廉的健康保险机构。

（三）竞争状况衡量指标

行业盈利水平的变化可以反映不同行业间的竞争状况，与之相关的综合成本率指标还可以反映出行业竞争力。而产业中的竞争情况可以根据行业集中度、保险公司所占市场份额等指标来衡量。另外，企业间的收购和兼并情况也反映出行业的竞争状况。

图2－22是美国寿险和健康险市场（Life and A&H）2010～2019年的利润率，是用ROE指标即净资产收益率刻画的。从图中可以看出2008年金融危机时期，寿险及健康险市场收益率跌至谷底，随后波动上升，在2013年达到峰值后，其后几年呈现出波动下降的趋势，2019年市场ROE为9%，相比前一年有所上升。

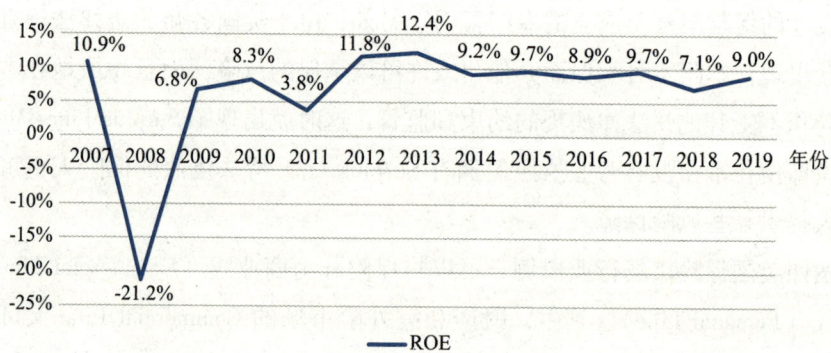

资料来源：美国保险监督官协会（NAIC，National Association of Insurance Commissioners）。

图2－22　2007～2019年美国寿险与健康险市场利润率变化趋势图

图 2-23 描绘了美国财产和意外险市场近 16 年来投资收入的变化，2012 年、2013 年、2014 年投资收入的持续下降归因于持续的低利率，2015 年投资收入增加了 1.9%，2016 年稍有下降后，2017 年、2018 年投资收入连续增加；2019 年，投资收益有所下降，但仍保持 544 亿美元的高位。

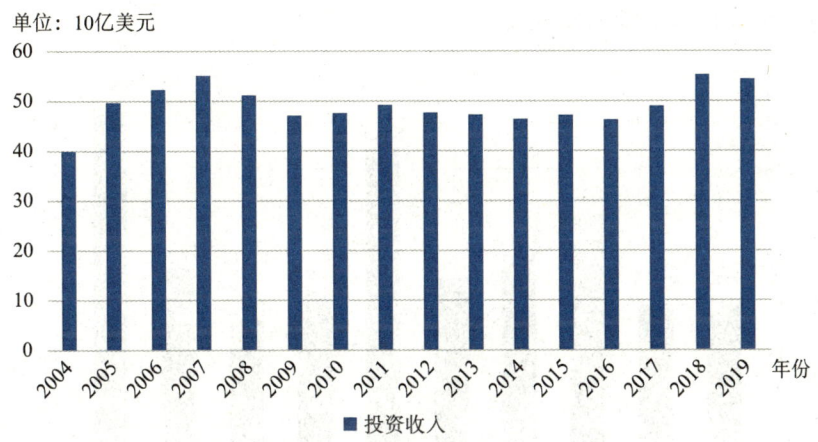

资料来源：美国保险信息研究所（III, Insurance Information Institute）。

图 2-23　2004~2019 年美国 P/C 市场投资收入柱状图

图 2-24 显示了 2009 年以来美国寿险和健康险市场的投资资产收益率，可以发现 2008 年经济危机后，L/H 市场投资资产收益率呈现每况愈下的趋势，尤其是 2010 年后，投资资产收益率更是屡创新低，并在 2018 年达到了 4.57% 的历史最低点。联邦政府在 2015 后半年试图提高利率以增加收益，但收效并不明显。

资料来源：美国保险监督官协会（NAIC, National Association of Insurance Commissioners）。

图 2-24　2009~2018 年美国寿险与健康险市场投资资产收益与投资资产收益率组合图

与此同时，图 2-25 显示了 2009 年以来美国产险和意外险市场的投资资产收益率，与寿险与健康险市场（L/H）相比，非寿险市场（P/C）的净投资收入、净投资资产收益率均低于同期寿险与健康险市场（L/H）表现；且各年间投资资产收益率总体呈现出下降趋势，2018 年虽有所上涨，但 3.35% 的收益率与经济危机前收益水平难以相差甚多。

资料来源：美国保险监督官协会（NAIC，National Association of Insurance Commissioners）。

图 2-25 2009~2018 年美国 P/C 市场投资资产收益与投资资产收益率组合图

图 2-26 显示了 2000~2019 年美国 P/C 市场的综合成本率，可以看出 2013~2015 年财产和意外险的综合成本率均低于 100%，说明美国财产和意外险市场总体上是承保盈利的，但 2016 年和 2017 年综合成本率重新高于 100%，保险公司再次承受亏损；其后，2018 年、2019 年两年 P/C 市场综合成本率连续下降。

表示市场集中度的 HHI、CRn 等指标以及市场的退出进入机制可以很好地反映保险产业和市场竞争格局。

表 2-10 中第一个指标市场份额是用保费收入排名前 4 位的保险公司所占市场份额之和所得到的，这个表示市场集中度的传统方法通常被认为是表示市场竞争的粗略指标，一般来说，大于 50% 就意味着该市场有集中的倾向。第二个指标赫尔芬达尔-赫希曼指数（HHI）由各个公司所占市场份额平方和计算得到。根据美国司法部关于公司合并的规定和指南，HHI 高于 1800 说明市场是高度集

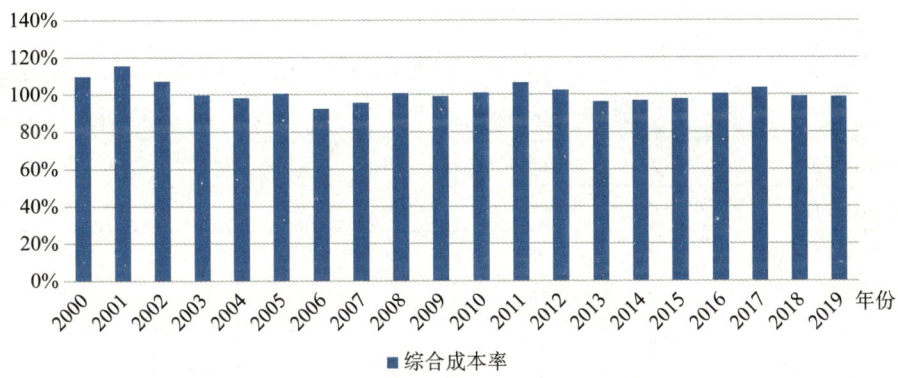

资料来源：美国保险监督官协会（NAIC，National Association of Insurance Commissioners）。

图 2-26　2000~2019 年美国非寿险市场（P/C）综合成本率柱状图

中的；HHI 在 1000~1800 之间，市场被认为是适度集中的；HHI 低于 1000 则市场是不集中的。但这些数字仅作为指南，具体的含义还要根据特定的市场来诠释。第三个指标卖方数量是指非寿险市场中保险集团的数量，之所以把这个指标纳入考虑，是因为一个市场的卖方数量在一定程度上可以反映市场的整体竞争力。第四和第五个指标是指在 2012~2016 年这 5 年内保险公司进入或退出保险市场的数量。市场中卖方的进入或退出可以为我们提供市场质量的信息：卖方进入的比退出多意味着一个健康的市场，反之，则说明该市场可能已经处于非健康状态了。

表 2-10　　　　　　　　2018 年美国非寿险市场竞争状况报告

	市场份额	HHI（基于保费）	卖方数量	5 年内进入市场保险公司数量	5 年内退出市场保险公司数量
商业保险条线					
商业汽车责任险	26.17%	305	320	62	71
商业车损险	24.19%	273	278	48	65
商业车险总和	25.56%	293	333	65	73
商业综合保险	24.48%	292	314	59	70
火险	22.88%	252	443	56	80
相互保险部分	22.65%	267	382	55	85
内河航运险	41.58%	617	359	58	91

续表

	市场份额	HHI（基于保费）	卖方数量	5年内进入市场保险公司数量	5年内退出市场保险公司数量
抵押担保保险	78.40%	1765	10	0	1
财务担保保险	95.37%	4598	9	3	8
医疗职业责任保险	34.76%	495	206	42	83
其他责任险	24.89%	305	610	115	133
职工补充保险	22.79%	276	267	60	69
产品责任险	26.56%	378	125	24	36
个人条线					
私家车责任险	51.38%	797	282	51	67
私家车损失险	49.40%	762	280	50	68
私家车险总和	50.59%	781	289	58	71
房屋综合险	39.74%	596	383	64	70
农场主综合险	30.69%	383	156	16	18
地震保险	31.48%	409	155	34	39
总和					
财险/责任险总和	26.44%	300	1047	167	239

资料来源：美国保险监督官协会（NAIC，National Association of Insurance Commissioners）。

从表中的数据可以看出，整体上来说美国非寿险市场处于一个非集中的良性竞争状态。但是把非寿险细分为不同的产品线来看，会发现一些险种的竞争状态并不是很理想。比如抵押贷款保证保险和金融担保保险的集中度非常高，市场进入和退出也相对持平。

(四) 企业并购

20世纪90年代以来，全球保险业经历了一场前所未有的并购风潮。国际保险业并购浪潮此起彼伏，可谓一浪高过一浪。资料显示，1996年，全球有382家保险公司完成了兼并和收购工作，总金额达到410亿美元。1997～2001年的5年间，全球保险业的并购达5114宗，涉及金额达1100亿美元。并购浪潮不但迅速改变了世界保险业的地区和业务格局，而且对今后保险业的发展方向有着重大而又深远的影响。

首先，值得关注的是北美发生的最为频繁的直接保险领域的并购重组。一般来说，北美的公司所注意的目标主要在它们的国内市场，收购公司来自国外市场的寿险保费收入仅占11%。这说明北美本土市场的规模巨大。美国《国家保险商报》1997年7月号报道：近年来，美国保险业前景大好。1997年，美国保险总收入达3888亿美元，比1996年增长了8.4%，法定净收入增长了26%，为244亿美元。统计报告指出，排名居前的几家寿险公司业务量稳定，最新排名前10位的寿险公司中有7家分别在1987年和1977年都已位居前10名。同时，据标准普尔最新公告，尽管仍面临一些风险与挑战，美国国内的寿险业目前在资本化管理经验、工作效率、信贷声誉及资产结构方面都达到了前所未有的优良程度。

美国寿险业还有一个重要特点是股份化改组，因此其并购重组的规模和范围比世界其他地区更为广泛，这为全球各地的投资者带来了大量的投资机会。这股浪潮是自1986年缅因州的UNUM公司股份化之后开始的，接踵而来实行股份化的有西北国民和麦柯比公司（1989年）、纽约公平公司（1992年）、俄亥俄州米德兰公司（1994年）、保证公司和州立相互公司（1995年）。1998年年底，纽约相互公司也步其后尘。事实上，美国的前十大保险公司有七家是相互保险公司，它们中的大部分都已宣布在今后两三年里要向某种形式的股份制转变。这些变化背后的理由是：

（1）不仅同业间竞争激烈，来自其他金融机构之间的竞争也日益加剧，从相互机制转向股份所有制可以更好地利用资本市场。这是一条发展规模经济和开辟新市场的举措。

（2）为参与业内合并购置准备基金。

（3）为公司资深管理人员提供非现金的鼓励手段（送股票）。

（4）将公司业务扩展到一些新的领域，开辟新的国内外市场和销售渠道。

其次，北美再保险市场的并购重组案也屡见不鲜。美国的通用再保险公司收购德国科隆再保险公司后不久，美国通用再保险公司又被美国著名财团BERK - SHIREHATHWAY INC所并购。这次并购涉及560亿美元资金以及市值1200亿美元的股票。同样，在美国保险中介领域也多次发生并购重组事件。其中著名的包括美国怡安（AON）对美国 ALEANER&ALEXANDER 以及美国 MARSH &

MCLENNAN 对美国 JOHNSON&HIGGINS 的收购。

图 2-27 至图 2-29 描绘了 2008 年以来美国保险市场、寿险（L/H）、非寿险（P/C）保险公司（Underwriter）的并购活动。2015 年保险市场的企业并购交易价值是 2000 年以来的最大值，此后 2018 年出现高达 427 亿并购总价值。除此之外，美国市场中保险代理商的并购价值、并购交易笔数也呈现出上涨的趋势。2019 年美国保险市场中，保险公司并购交易总价值 139 亿美元，其中，L/H 市场并购总价值为 81 亿美元，P/C 市场并购总价值为 58 亿美元，代理商并购交易总价值 156 亿美元。

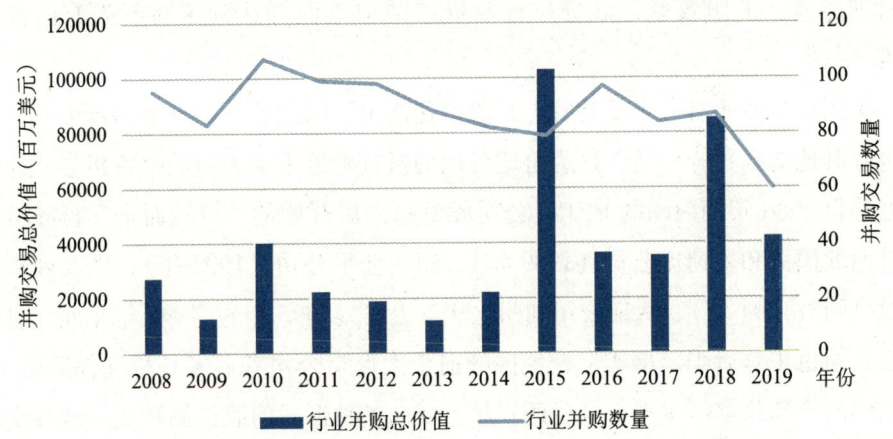

资料来源：瑞再研究院 Swiss Re；2020 Insurance M&A Outlook。

图 2-27 2008~2019 年美国保险市场企业并购活动图

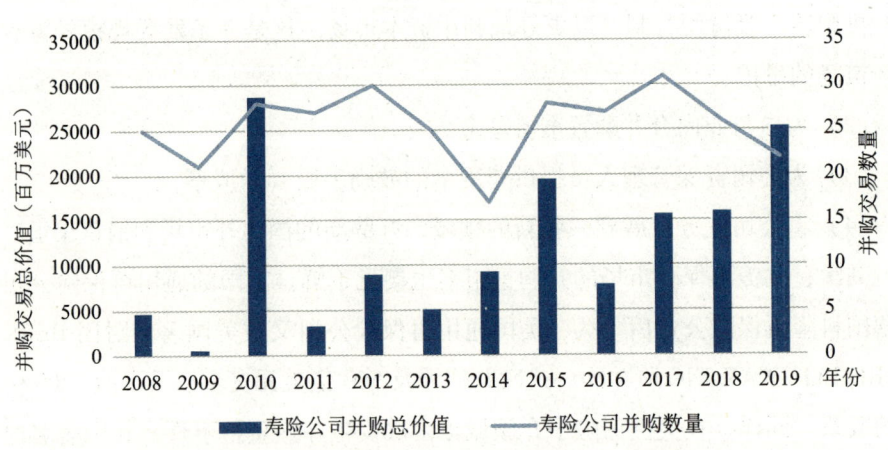

资料来源：瑞再研究院 Swiss Re；2020 Insurance M&A Outlook。

图 2-28 2008~2019 年美国寿险与健康险市场企业并购活动图

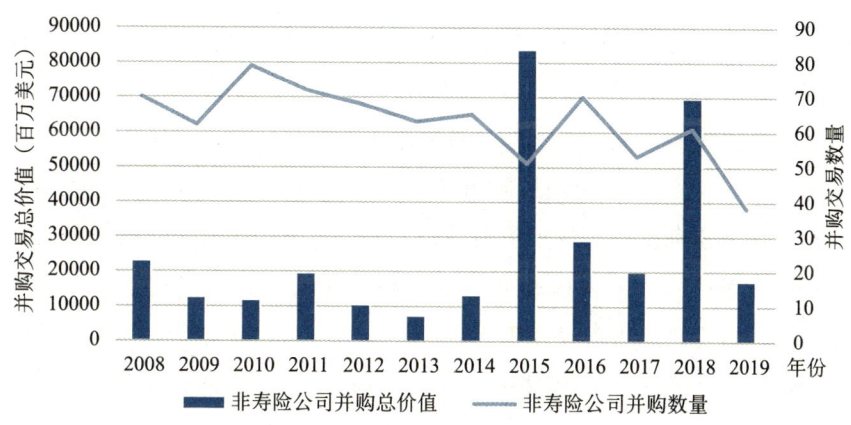

资料来源：瑞再研究院 Swiss Re；2020 Insurance M&A Outlook。

图 2-29 2008~2019 年美国非寿险市场企业并购活动图

（五）巨灾保险市场

1. 美国巨灾保险计划

巨灾通常是指由于自然灾害或人为事故引起的大面积财产损失或人员伤亡事件。虽然目前各国和一些研究机构对巨灾尚未确立统一的认识、规范及衡量标准，但巨灾一般都呈现出以下几个特点：具有一系列财产损失和人员生命伤亡的风险事件；发生频率低于一般的灾害事故；灾害的精准预测比较困难；引起的损失十分巨大。对于巨灾损失的分担，政府往往采取积极的态度，就主要自然灾害和人为巨灾推出各种保险计划。美国面对巨灾风险主要建立了政府主导推出巨灾保险计划和巨灾风险与资本市场相结合两种方式。

首先，政府主导推出巨灾保险计划。

一是国家洪水保险计划（NFIP）。NFIP 由于受到联邦财政政策的支持，享受联邦政府的免税待遇，具备较强的灾后偿付能力。商业保险公司能够参与 NFIP 且不承担风险，从而提高了 NFIP 对投保人的服务质量。

二是联邦农作物保险计划（MPCI）。美国农业也易遭受各种自然灾害的侵袭，为了减少巨灾风险，1938 年美国建立了联邦农作物保险公司（FCIC）。FCIC 的 MPCI 为由自然情况引发的但超过农场主控制能力的全部损失提供保障，要求凡参加美国农业部各种支持计划的农场主都必须签订强制性 MPCI 保险，否则将丧失未来的援助。

三是人为巨灾保险计划。在人为巨灾保险计划中，美国政府主要推出了核责任保险和公众担保保险计划等。其中公众担保保险计划是强制性的半社会保险计划，主要与持有大众资产的金融机构相关。

其次，巨灾风险与资本市场相结合。巨灾保险比普通保险的风险大得多，一般可以通过再保险把巨灾保险风险分散出去。然而，在美国巨灾再保险供给不足，而市场需求不断提高，导致价格急剧上升，于是保险公司开始借助美国强大的资本市场分散巨灾风险。1992年芝加哥期权交易所首次发行了巨灾期权。随后，市场上出现了许多保险衍生商品，如巨灾债券、巨灾期货、巨灾互换等。一种新的巨灾风险分散机制即巨灾风险证券化形成，该机制将保险市场的巨灾风险打包转化为能在资本市场上流通的金融工具，在资本市场上筹集保险资本，解决巨灾发生时保险市场上资金不足的难题。在美国，这种巨灾风险与资本市场的结合，不仅将保险市场上的风险向资本市场转移，同时也融通了资金，推动了资本市场的发展。

2. 美国巨灾保险体系优势

首先，多层次的风险分摊机制。为了提高巨灾发生后的融资能力，加州地震保险制度、佛州飓风保险制度、全国洪水保险计划等都构建了多层次的风险分摊机制，不仅在保险市场上分散风险，必要时还能通过政府的财政支持进行融资，甚至可以利用风险证券化等形式谋求在资本市场分散风险。多层次的风险分摊机制为从时间上跨期分散巨灾风险创造了相对有利的条件，更维持了巨灾保险经营的持续性。

其次，政府介入并积极发挥作用。巨灾保险市场失灵的存在提供了政府介入其中的依据，美国政府对巨灾保险市场的介入体现在多方面：其一，使巨灾保险带有一定的强制性，以解决逆选择和需求不足的问题。其二，利用政府在融资方面的优势，或者在系统建立的初期由政府提供资金，或者对可能发生的巨额损失提供融资渠道，以保证巨灾保险项目运营的稳定性。其三，各类巨灾保险项目基本都享受政府税收减免的优待，个别甚至有财政的补贴，这有利于加快系统基金的积累。其四，政府利用其行政优势，整合资源在风险评估和管理、条款费率的制定等方面发挥积极作为。

最后，单一险种为主的巨灾保险体系符合证券化的要求。美国在构建巨灾保险体系时，一般是根据本国所面临的最主要的巨灾风险，构建相应的巨灾风险保险体系，如美国构建的洪水保险体系、美国地震保险及佛罗里达州飓风保险体系。而且美国巨灾风险证券化，也是以单一险种为证券化发展的对象。将多种风险捆绑在一起，虽然具有扩大巨灾风险覆盖面，增加巨灾保险保费收入的优点，也有很多的缺点，因为巨灾风险的覆盖面加大，必然会提高巨灾风险的费率，从而加大被保险人的保险成本；而将多种风险捆绑在一起，迫使被保险人接受许多自己不乐意投保的巨灾风险，从而降低被保险人投保巨灾风险的意愿。

美国巨灾保险的发展积累了很多成功的经验，但由于巨灾发生的不可测性，不排除在个别年份其发展会遭遇波动和挫折，这反映出在风险评估、费率厘定、风险分摊等方面，这些制度尚有改进的余地。而且，虽然美国巨灾保险项目众多，内容丰富，但各项目各自独立运作，缺乏完整的规划与整合，极易造成资源的重复及浪费，从而也成为美国巨灾保险制度的一个令人感到遗憾的缺陷。

保险市场可以利用大数法则将风险在不同个体、不同时间和不同空间进行分散和转移，但是巨灾风险作为一个具有系统性质的风险隐患则需要保险市场更加谨慎和积极地去面对和处理。图2-30 是2010 年以来美国保险市场承担的巨灾损失柱状图。2013~2016 年保险市场承受了相对来说比较小的损失，而2017 年的保险损失则高达1110 亿美元（经2019 年美元通胀调节），是正常年份4 倍，甚至5 倍；经过2017 年损失高峰后，2018 年与2019 年巨灾损失逐渐下降。与此同时，可以看到巨灾事件发生次数呈现出上涨的趋势，自2012 年以来，每年发生巨灾风险次数均高于上年。在所有导致损失发生的风险中，与天气（Severe Thunderstorm）有关的海啸灾害占据绝对主体部分。

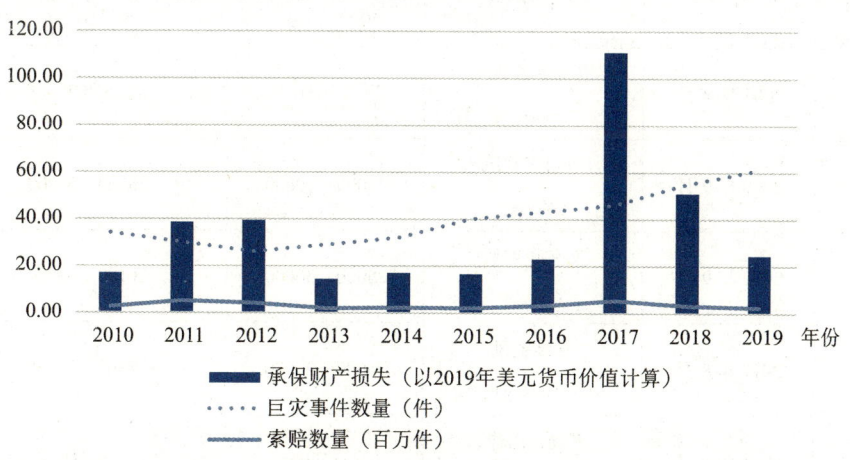

资料来源：美国保险信息研究所（III, Insurance Information Institute）。

图2-30 2010~2019 年美国巨灾保险损失柱状图

图 2-31 描绘了 2009 年以来美国巨灾损失中已承保损失占比。由图可以看出，近 10 年来，因自然因素所造成的巨灾损失中，多数年内巨灾保险所承保损失在全部巨灾损失中占比高于 50%，甚至超过 60%。

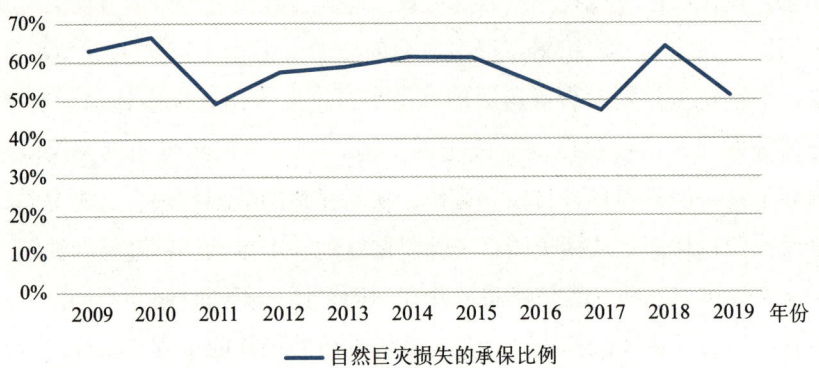

资料来源：美国保险信息研究所（III，Insurance Information Institute）。

图 2-31　2009~2019 年美国巨灾损失承保占比折线图

从表 2-11 中可以看出，美国历史上造成损失最大的灾害前 10 名中有 8 个都发生在 2000 年之后；4 个发生在 2016 年之后，且多数源于飓风灾害。

表 2-11　　　　　　　美国前 10 名造成重大损失的灾害　　　　单位：百万美元

排序	日期	危险事故	测算承保财产损失（百万美元）	
			发生时金额	2019 年货币价值金额
1	2005 年 8 月	卡特里娜飓风（Katrina）	41100	52828
2	2017 年 9 月	玛丽亚飓风（Maria）	25000~30000	26100~31300
3	2017 年 9 月	艾尔玛飓风（Irma）	25000~30000	26100~31300
4	2017 年 8 月	哈维飓风（Harvey）	18000~20000	18800~20800
5	2001 年 9 月	火灾，爆炸，五角大楼恐怖事件	18779	26431

续表

排序	日期	危险事故	测算承保财产损失（百万美元）	
			发生时金额	2019年货币价值金额
6	2012年10月	桑迪飓风（Sandy）	18750	21065
7	1992年8月	安德鲁飓风（Andrew）	15500	25867
8	1994年1月	北岭，加州地震	12500	19952
9	2008年9月	飓风	12500	14898
10	2018年10月	迈克尔飓风（Michael）	9000~20000	9200~12200

资料来源：美国保险信息研究所（III，Insurance Information Institute）。

四、美国保险产业政策

（一）长期推行的对外开放政策

传统上美国属于内向型的保险市场，但由于第二次世界大战后美国在经济和军事上称雄，美国希望将自己建成世界再保险中心，保险资本也希望随实业资本和金融资本对外扩张，而且自然灾害的频发对美国的产险业造成了一定威胁，因此美国采用了充分的对外开放政策，促进了保险业的发展。

（二）注重保险市场体系的建设、组织形式的完善和竞争机制的培育

美国十分注重保险市场体系的建设，既建立了商业保险体系，又建立了政策性保险体系，如设立了政府洪水保险制度和加利福尼亚州的地震保险制度，并由联邦保险局负责联邦洪水保险、联邦农作物保险、联邦犯罪保险等特定险。美国的再保险市场也极为发达，为世界六大再保中心之一；保险中介业也得到了巨大的发展。ISO（Insurance Service Office）等保单和费率设计的服务机构，A. M. Best、Duff & Phelps、摩迪、标准普尔和Weiss等保险评级机构，Morning Star、T. RowePrice Investment Service等证券评级机构闻名全球，同时还建立了美国保险监督官协会（NAIC）、州保险监督机构、保险协会、中介协会和消费者协会等严密的保险监管网络。

在保险组织的类型上，美国允许股份保险公司、相互保险公司、保险交易

所、劳合社型协会和健康费用协会及专业自保公司 6 种保险组织形式，充分地以低成本满足了社会保障对保险业的需求并缓解了社会保障给政府带来的沉重压力，同时自保公司的发展解决了 20 世纪 70 年代中期以来，由于消费者意识的抬头而导致的对侵权责任的判决（含赔偿金额）越来越偏向于受害者而产生了工商业是否付得起保费和传统保险市场是否愿意提供保障的问题。另外美国允许保险组织形式的转化，如相互保险公司的股份化和股份公司的相互化以适应社会经济环境的变化，以加强保险组织的竞争力，目前具有竞争力的保险组织主要为股份有限公司、相互保险公司和自保公司，其他保险组织形式在一定程度上出现衰退。

（三）有效的竞争机制加速了保险业内的并购，促进资源的优化

美国的保险市场是一个开放的市场，竞争也十分激烈，进入美国保险市场除以设立机构的方式外，还可争取列入 NAIC 许可经营的无证保险人名单。一方面保险公司不断成立，另一方面不断有保险公司由于被购并或破产等原因退出保险市场。激烈的竞争加速了保险业的兼并重组，提高了保险产业组织的竞争力，促进了保险业的发展。

（四）实施专业化分工基础上的混业经营

由于意外伤害和健康保险兼具损失补偿和人身险的特点，为促进竞争和符合国际保险业惯例，从 20 世纪 40 年代末起，美国对于意外伤害和健康保险业务（即第三保险领域），既允许产险公司兼营，也允许寿险公司兼营。从 20 世纪 60 年代开始，部分州即允许产、寿险公司通过附属的控股公司的形式去经营寿险或产险业务，即在专业化分工的基础上实行混业经营，这既是保险业内部竞争激烈之后的必然结果，又是保险业对银行业在 20 世纪 60 年代通过购并介入保险业的应对措施，使保险业能与银行业有效竞争。

《金融服务法》在 1999 年 11 月 4 日获美国参众两院通过，彻底结束了银行、证券、保险分业经营与分业监管的局面，允许银行、证券公司和保险公司以控股公司的方式进行业务渗透。该法还为控股公司提供了适应市场变化的灵活空间，它规定金融控股公司要进入银行、证券和保险领域，应达到一定的自有资本比率以及相应的有关资格，在此基础上允许它们在没有事先向美联储申请的情况下，进入新的金融业务领域，这种建立在专业化分工基础上的混业经营增强了美国保

险业的国际竞争力。

（五）政府实施优惠的保险税收政策

美国对保险业尤其是个人寿险的税收优惠是比较明显的，有力地促进了寿险业的发展，另外自保公司的发展也与税收政策的优惠有极大的关系。

第三节　英国保险产业发展研究

一、英国保险产业及保险市场特点

总体而言，英国的保险和长期储蓄产业（The UK Insurance and Long Term Savings Industry）规模，在欧洲排名第一，世界排名第四。目前，该产业有1200余家公司机构，管理着近乎1.7万亿英镑的投资资产，每年向英国政府的纳税额接近120亿英镑，行业内部从业人员超过30万。足以见得，这一产业是英国经济实力的重要组成部分，在英国的经济发展中占据重要地位，是国家经济增长的重要推动力。

历史上，伦敦是全球保险业的发源地。1688年，世界第一个保险公司——伦敦劳合社宣布诞生。按照英国保险商联ABI（Association of British Insurers）的说法，随着保险逐渐演变成为一项国际业务，伦敦也慢慢成为国际保险和再保险交易的领先市场，其中，航空和海上保险险种在伦敦市场上表现强势，业务总量约占全球同类保险业务的30%。近年来，在全球并购风潮席卷下，英国保险业也"并购迭起"，其中引发最大关注的当属商联保险并购案：1998年6月，英国商联保险（Commercial Union，CU）和保众保险（General Accident，GA）合并成立了商联保险（CGU plc）。2000年5月30日，CGU又与Norwich Union保险公司合并成立了现在的商联保险集团（CGNU）。目前CGNU已是英国最大的保险公司。另外，虽然大部分英国保险公司的控制权仍属于英国当地企业，但事实上有相当一部分公司早已被外国企业掌控。

英国保险市场是一个历史悠久，而且高度竞争的市场，其特点表现在：

一是注重保险企业的经营效率，强化市场竞争意识。

二是完善的保险经纪人制度是保险营销的主要途径，投保人往往通过经纪人来选择和购买适合自己的保险产品，使得英国保险市场上近乎50%的业务都是通过经纪人的参与完成的，大约90%的人寿和养老保险以及几乎全部的海上、航空、外贸运输保险业务都是经纪人安排的。

三是建立了全面的保险企业财务报告制度。通过各类内容详尽的财务报告文件，保险业监督管理机构可以及时了解保险公司的财务状况和偿付能力，作为进行监管的依据。

四是英国保险市场上发达健全的保险行业自律组织，对于维持市场经营秩序具有重要的作用。

二、英国保险产业链

英国作为现代保险业的起源地，同样拥有较为发达和成熟的保险产业及产业链。激烈的市场竞争刺激产品研发创新和企业发展模式及组织结构的创新，从而促进空间链、企业链、供需链的延伸，提高价值创造。

目前，英国保险公司大致可分成三大类：公司（保险公司和再保险公司，以及经纪人公司）、劳合社和保赔协会。保险业主要有以下营销渠道：保险经纪人、直接经销、保险代理以及独立金融顾问等。长期以来，保险经纪人一直是推销保险产品的主力军。

在全英保险市场中，劳合社可谓独树一帜。它不仅是全世界最大的保险市场，而且是国际航空和海上保险业务的龙头。现代伦敦劳合社是1871年根据议会法案建立的。伦敦劳合社不是一家保险公司，它是个人会员和法人会员构成的保险市场，它不经营保险，只是给经营者提供场所、服务和帮助。

（一）伦敦劳合社保险市场的结构

伦敦劳合社市场由劳合社会员、承保辛迪加、管理代理人、劳合社经纪人构成。

劳合社会员提供市场需要的资本。会员提供的资本用于承保风险。

承保辛迪加是劳合社个人会员和法人会员组织。承保辛迪加在劳合社市场内作为独立的经营单位进行运作，它由管理代理人管理，主要承保海上保险、航空保险、巨灾保险、职业保险和汽车保险。

管理代理人管理辛迪加，通过聘用承保小组代表承保辛迪加来承保风险。这是 2003 年年初开始实行的一种新的管理方式。管理代理人被授予特权在劳合社市场内进行管理。一些管理代理人是股票交易所的上市公司；另一些是私营公司。对辛迪加来说，管理代理人是资本提供者。他们作为市场的法人会员在多方面起作用。

劳合社经纪人必须通过劳合社理事会注册，在专业知识、道德品质和财务状况方面必须满足理事会的要求。其作用与普通经纪人一样，如果某人想要在劳合社投保，通常必须找劳合社经纪人办理。只有劳合社经纪人能够进入劳合社大厅办理保险业务，同时也可以像其他保险经纪人一样与保险公司进行业务往来。

劳合社承保人以个人名义对劳合社保险单的承保责任单独负责，其责任绝对无限，会员之间没有相互牵连的关系。劳合社从成员中选出委员会，劳合社委员会在接受新会员入会之前，除了必须由劳合社会员推荐之外，还要对他们的身份及财务偿付能力进行严格审查。如劳合社要求每位会员具有一定的资产实力，并将其经营保费的一部分（一般为 25%）提供给该社作为保证金，会员还须将其全部财产作为其履行承保责任的担保金。另外，每位承保人还将其每年的承保账册交呈劳合社特别审计机构，以证实其担保资金是否足以应付他所承担的风险责任。根据劳合社委托书，承保人所收取的保险费由劳合社代为管理。

劳合社的承保代理人不与保险客户直接联系，而只接受保险经纪人提供的业务。保险经纪人是受过训练的专家，他们精通保险法和业务，有能力向当事人建议何种保险单最能符合其需要。保险客户不能进入劳合社的业务大厅，只能通过保险经纪人安排投保。经纪人在接受客户的保险要求以后，准备好一些投保单，上面写明被保险人的姓名、保险标的、保险金额、保险险别和保险期限等内容，保险经纪人持投保单寻找到一个合适的辛迪加，并由该辛迪加的承保代理人确定费率，认定自己承保的份额，然后签字。保险经纪人再拿着投保单找同一辛迪加内的其他会员承保剩下的份额。如果投保单上的风险未"分"完，他还可以与其他辛迪加联系，直到全部保险金额被完全承保。最后，经纪人把投保单送到劳合社的保单签印处。经查验核对，投保单换成正式保险单，劳合社盖章签字，保险手续至此全部完成。

(二) 伦敦劳合社保险市场的安全管理措施

劳合社有一套独特的安全管理系统，以保护保单持有人的利益。第一层是保费信托基金。保费信托基金是最初交纳的所有保费,由辛迪加的管理代理人管理。该基金只用来支付赔款、再保险保费或承保费用,3 年以后才能进行利润分配。保费信托基金有严格的投资规定。第二层是劳合社基金,它由劳合社会员的个人财产组成,也包括他们的私有住宅。该基金由劳合社信托部管理。第三层是劳合社中央基金。它是所有会员交纳的年度会费。在会员不能承担承保责任的情况下,才能动用该基金支付保单持有人的赔款。该中央基金也得到了世界著名保险及再保险集团承保,期限为 5 年,保额为 5 亿英镑。

(三) 伦敦劳合社保险市场管理结构的变化

劳合社在现代化及改革的进程中有一项新的发展,那就是创建了一个特权机构。劳合社机构是授予者,劳合社的承保代理人是被授予者。这种结构在 2003 年年初开始实施,其目的就是要提高市场的营利能力,得到被授权者的监督和帮助。作为授权者,劳合社将能够起到比以前更积极的作用。新的特权委员会由劳合社市场内外的 11 个成员组成,管理着市场的监管事务和商务。

进入 20 世纪 90 年代以来,由于世界保险市场竞争加剧,加上劳合社本身经营方式的影响,劳合社的经营陷入了困境。从 1993 年开始,劳合社大力进行改革,实施了"重建更新计划"。改革的一个令人瞩目的措施便是向劳合社引入了公司会员,允许公司资本进入劳合社,打破了劳合社会员只允许是自然人的传统惯例。劳合社的公司会员承担有限责任,自 1994 年 1 月 1 日被准入劳合社以来,公司会员的数目及其承保能力连年增长。劳合社目前还在酝酿更多的改革计划,包括打破只接受劳合社经纪人招揽业务的传统做法,尝试从世界上其他保险经纪人处直接获得业务。

除此之外,保险科技化也是英国保险产业近年来一个重要的发展趋势。随着技术的不断发展,英国许多产业也开始将交易转移到线上,保险业也不例外。这一趋势从英国近 10 年来 E 金融(E - commerce)与信息互联技术 ICT(Information and Communication Technology)活动的发展壮大且创造的经济价值不断增长的事实中就可见一斑。另外,据英国数据伦理与创新中心 CDEI(Centre for Data Ethics and Innovation)表示,他们已经在加深对 AI Barometer 技术、人脸识别技术等相关科技手段的针对性研发,并着手推动其在包括金融保险服务行业在内的 5 大行业中不断推广。可以预见,随着科技与保险行业融合的程度越来越深,英国保险产业的运营效率会有极大的提升，运营方式也可能会随之发生改变。

三、英国保险产业结构与发展

(一) 保险产业总量指标

1. 保费收入

图 2-32 描绘了 2000~2019 年英国的保费收入情况，和美国不同的是，英国寿险保费和非寿险保费经历了早期的相差无几到 1988 年拉开差距之后，寿险保费收入一路领先于非寿险保费收入，一些年份，寿险保费收入甚至能达到非寿险保费的 3 倍左右。就各自的发展趋势来看，寿险保费在 2007 年达到巅峰，之后受经济危机影响骤降，之后发展趋于平缓，而从 2017~2019 年的数据可以看出其又呈现出较猛的增长势头；非寿险保费自 2003 年至今一直处于平稳发展状态，受经济危机影响也没有很大。同样的，其在 2015~2019 年这段时间内也呈现出了较为明显的增长趋势。可见英国未来的保费收入可能会继续保持增长的势头。

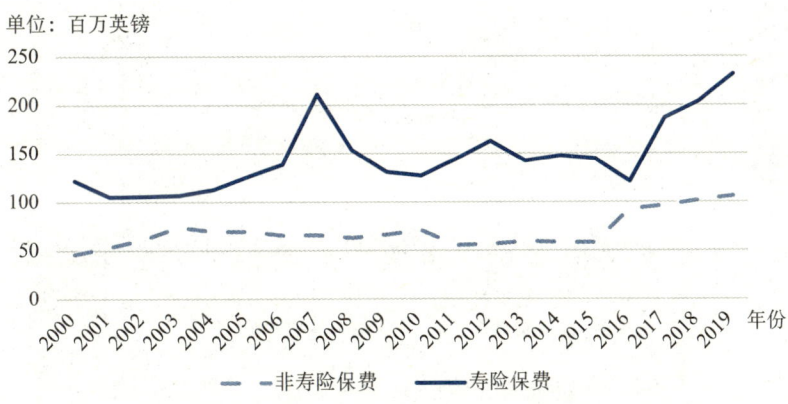

资料来源：OECD；Office for National Statistics (UK)。

图 2-32 英国 2000~2019 年保费收入

2. 保险从业人员

据 2018 年的统计数据，英国保险产业吸纳的就业人数达 30.7 万人，其中 113600 人直接受雇于保险产品供应方，剩余 193400 名从业人员则主要负责提供保险辅助服务，例如，保险经纪人、第三方服务等。

3. 保险机构数量

截至 2018 年，英国共有 332 家寿险公司，其中英国本地的有 149 家，总部在其他欧洲国家的有 183 家；927 家非寿险公司，其中 255 家英国本土的公司，672 家总部在其他欧洲国家的保险公司。

（二）保险产业结构衡量指标

1. 保费增长率

图 2-33 刻画了 2000~2019 年英国总保费增长率、寿险保费增长率、非寿险保费增长率以及 GDP 增长率的变化趋势。从图中可以看出，总保费增长率与寿险保费增长率变化一致，而非寿险保费增长率与总保费增长率和寿险保费增长率呈相对而言相反的变化趋势。英国的实际 GDP 增长率变化没有保费增长率幅度那么大，始终较为平缓，但是还是可以看出非寿险保费增长率变化趋势与 GDP 相反，即英国非寿险市场保费增长率是逆周期的。

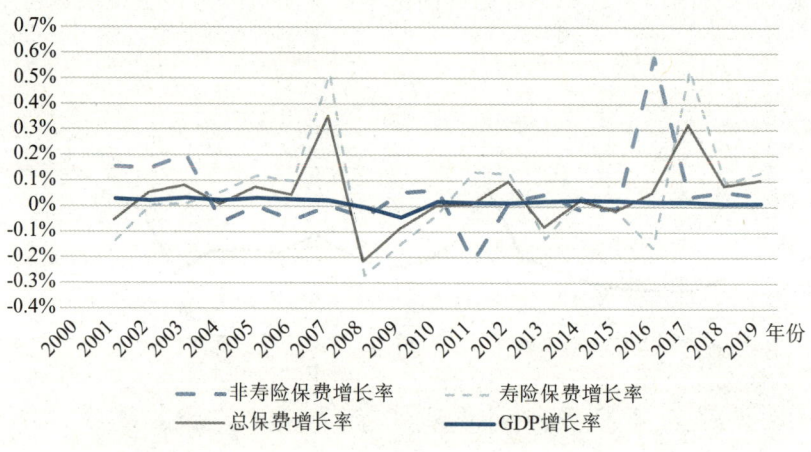

资料来源：OECD；Office for National Statistics (UK)。

图 2-33 2000~2019 年英国保费增长率变化趋势图

2. 保险深度和保险密度

图 2-34 刻画的是 2000~2009 年间英国的保险深度，可以看出寿险占 GDP 的分量比非寿险大得多，并且波动也较大，其中 2007 年达到最高峰，后来受经济危机影响迅速下降了近 4 个百分点，并且截至 2017 年，寿险保险密度一直在下降，而在 2017 年之后才逐渐转为上升趋势；非寿险保险深度则与之相反，

2016 年之前一直相对较为平缓，2016～2017 年出现了较大的飞跃，之后就一直呈平缓上升趋势。另外，与美国保险市场相比，英国的寿险深度远高于美国，但非寿险深度却低于美国。举例来说，美国寿险深度从 1988 年以来的最大值也就是 4.4%，而英国自从 1988 年以来，寿险深度就从来没有低于过 4.4%。而美国的非寿险密度最低也在 4.1% 的水平上，英国则很少超过 4%。

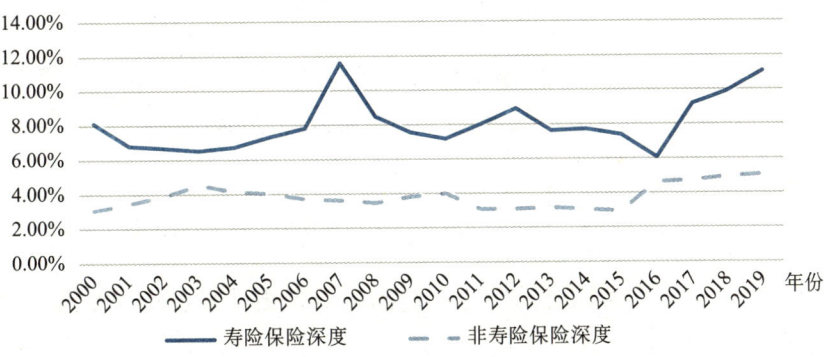

资料来源：OECD；Office for National Statistics（UK）。

图 2－34 2000～2019 年英国保险深度变化趋势图

图 2－35 刻画了英国人均保费水平，即保险密度。英国保险密度的变化趋势与整体保费收入变化趋势一致。寿险保险密度相对波动较大，自 2007 年出现峰值之后，经历了一段时间的平稳期，而在 2016 年之后又有崛起之势；非寿险保险密度则始终较为平稳，但也在 2016 年时出现了较为明显的增长，并且截止到 2019 年，也一直呈现平缓增长的趋势。值得注意的是，近 20 年来英国寿险密度与非寿险密度之间的差异远大于美国。

3. 保险投资构成

在英国，提供长期储蓄和人寿保险产品的保险公司，往往通过投资不同类型的资产来获得收益，以确保他们长期负债的偿还能力。据英国保险商联 ABI（Association of British Insurers）统计的数据显示，2018 年年底，英国保险公司共持有 1.74 万亿英镑的资产，其中，1.6 万亿英镑来源于人寿保险公司。

图 2－36 表明了 2008～2018 年英国保险公司投资不同类型资产比例变化情况。可以看出在过去的 10 年中，英国股权从 2009 年的 15% 下降到了 2018 年的仅 4%，降幅最为明显。海外股权同样呈现出下降趋势，在这 10 年之间下降了

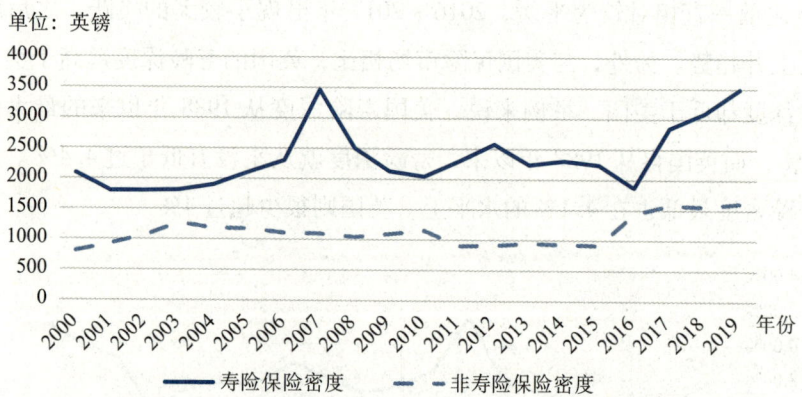

资料来源：OECD；Office for National Statistics（UK）。

图 2-35　2000~2019 年英国保险密度变化趋势图

3%。与之相反，单位信托业务在这一期间则呈现出明显的增长趋势，到 2018 年，其规模已达 5020 亿英镑。

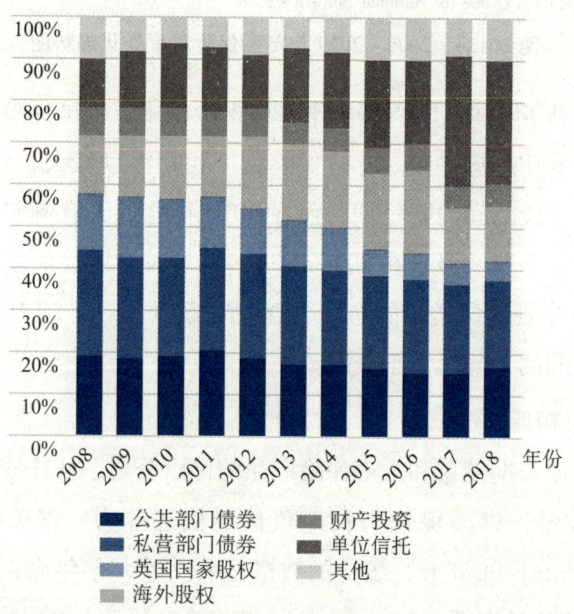

资料来源：Association of British Insurers。

图 2-36　2008~2018 年英国保险投资分解图

4. 保险市场细分

与美国将保险市场划分为财产与意外险市场（P/C Insurance Market）、寿险与健康险市场（L/A Insurance Market）不同，英国的保险市场划分更为简单，仅有保险（Insurance）和长期储蓄（Long Term Savings）两大类。市场中的业务主要分为两大部分：寿险和非寿险。寿险业务一般包括：人寿险、养老金、长期健康保险（也称收入保险）；非寿险业务包括：航海、航空、车辆、地产、意外事故及健康、债务风险等。目前，英国保险市场中寿险业务的保费收入是非寿险业务保费收入的近3倍。同世界保险业发展的趋势一样，英国的保险业在寿险方面创新要多于在非寿险方面的创新，寿险产品市场上也出现了分红寿险、万能寿险以及投资连结保险等投资型产品，这些产品在市场上占据的比重也越来越大。

具体而言，据英国保险商联 ABI（Association of British Insurers）统计数据显示，2018 年英国共有 2650 万个家庭，在非寿险方面，有 1930 万个家庭购买了家庭财产保险，2000 万个家庭拥有汽车保险，1650 万个家庭购买了房屋住宅保险，160 万个家庭拥有私人医疗保险，280 万个家庭拥有抵押保障。在寿险方面，有 480 万个家庭购买了终身寿险，230 万个家庭拥有个人养老保险，60 万个家庭购买了定期寿险，20 万个家庭拥有收入保障保险（见图 2-37）。

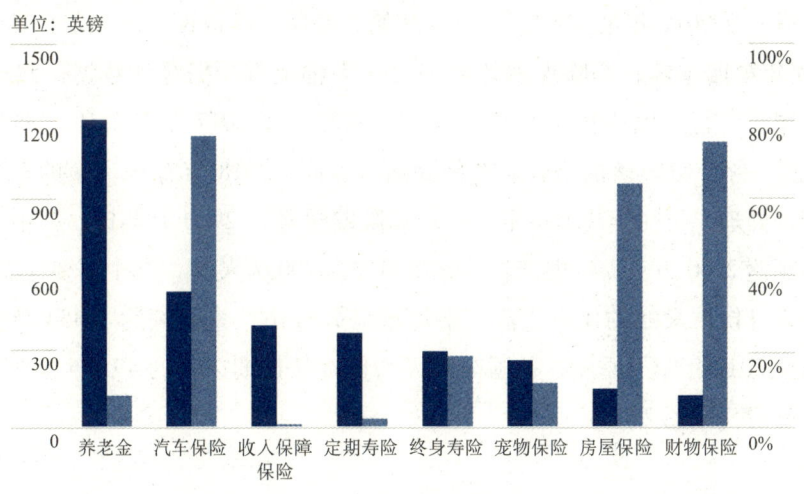

资料来源：Association of British Insurers.

图 2-37 2018 年英国家庭保险产品持有图

(三) 保险市场不同产品线分析①

1. 汽车保险

英国是汽车保险历史最悠久的国家，世界上第一张汽车保险单便诞生于此，同时，英国也是汽车保险非常发达的国家。根据险种使用对象不同，英国汽车保险分为私用汽车保险和商用汽车保险；按保险标的种类的多少，又可分为汽车综合险和单一险种（比如车身险等）。英国的汽车综合险因综合了第三者责任险与其他汽车保险险种，因此受到投保人欢迎并且热销。英国自 1930 年实施汽车第三者责任强制保险，任何人要在公路上使用或让他人使用或准许他人使用汽车，必须依法投保责任险或提供一定数额的保证金，否则视为违法行为。因此，多数汽车使用者都投保了第三者责任保险。但实际上，法定第三者责任保险的保障并不充分，为了开拓市场、满足投保人的需求，保险人通常将强制第三者责任险与其他汽车保险险种，如车身险、驾驶员意外伤害险、随身携带物品损失险等险种结合起来。这类综合性险种受到了投保人的普遍欢迎。

英国的汽车保险自从 1994 年以来长期亏损，直到 2015 年才首次承保盈利 3300 万英镑，之后的 2016 年虽然再次亏损 1.94 亿英镑，但上升的趋势基本稳固。事实上，从有数据记载开始，英国平均每年的车险保费收入就经历了长期的下降阶段，从 2012 年第一季度至 2014 年第三季度，保费收入就下降了 15%，直至 2014 年第四季度，车险保费才迎来首次大幅上升。据统计数据，截至 2018 年，英国车险行业创造利润 5.15 亿英镑，这相比于 2017 年的 2.58 亿英镑利润可以说是一个十分显著的增长。在保险赔付方面，2018 年有 98.4% 的车险索赔都得到了处理，与往年基本持平。日均车险赔付额达 2900 万英镑，其中人身伤害索赔额达 2200 万英镑，财产相关索赔额仅为 700 万英镑，其中需要注意的是，车险中人身伤亡索赔的比例很高，平均车险人身伤亡索赔额达 10454 英镑。另外，截至 2019 年第三季度，英国车险平均保费从长期以来的 491 英镑，下降至了 468 英镑（见图 2-38）。

---

① 数据来源于 Association of British Insurers。

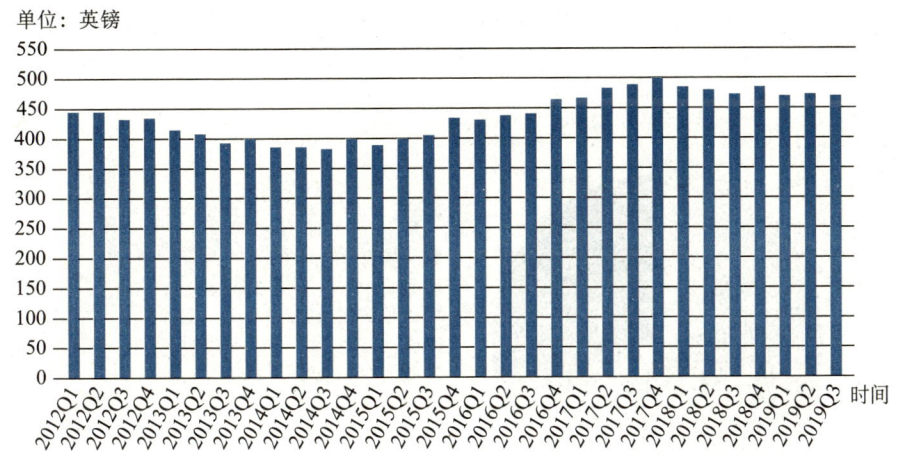

图 2-38　英国车险平均保费

2. 财产保险

总体上来讲，2018 年英国财产保险遭遇了其自 2010 年以来的第三次承销损失，损失额达 3.16 亿英镑。

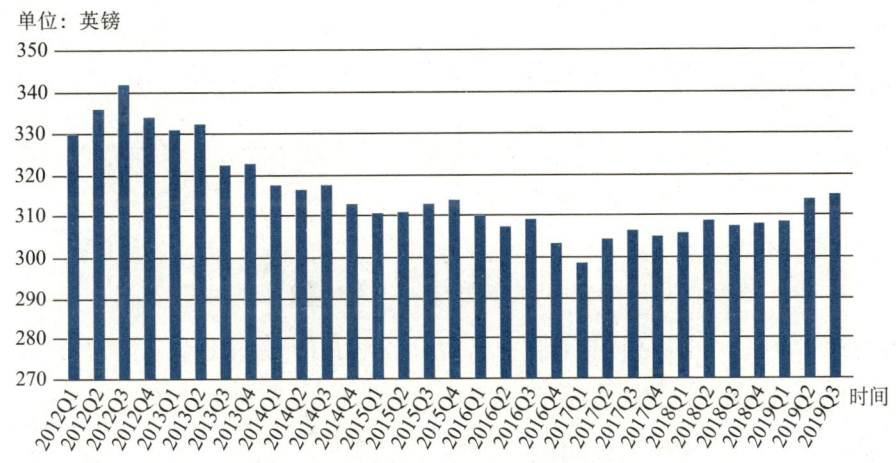

图 2-39　英国国内财产险平均保险金支付

图 2-39 显示了英国国内财产保险的平均保费收入，可以看出 2014 年第一季度到 2017 年第一季度，保费收入减少了 6.3%。虽然 2018 年有所回升，但总体还是无法和前几年相比。具体而言，截至 2019 年第三季度，人均保费为 315 英镑，与上年同期的 307 英镑相比略有增长。

2018年,英国国内的财产保险索赔处理率为82.8%,比上年同期略有增长。保险公司平均每天支付1700万英镑的财产索赔,其中,900万英镑为房屋损失索赔,800万英镑与财产损失有关(见图2-40)。

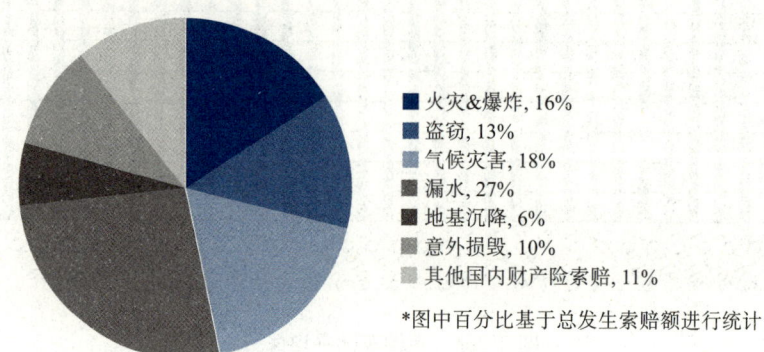

火灾&爆炸,16%
盗窃,13%
气候灾害,18%
漏水,27%
地基沉降,6%
意外损毁,10%
其他国内财产险索赔,11%

*图中百分比基于总发生索赔额进行统计

图2-40　2018年英国国内财产保险索赔分类

3. 责任保险

2018年,从总量上看,英国责任保险市场实现了4.22亿英镑的盈利,相比于2017年5700万英镑的利润,可以说是实现了飞跃式的增长。同时,这一盈利额也达到了英国责任保险业近10年来的最高峰。从个体值来看,2018年英国责任保险的日均赔付额为590万英镑,为国内各类商业信用活动提供了良好的保障。

4. 旅行保险

2018年,英国旅游险共为49.8万起索赔事件支出了3.99亿英镑,保险索赔处理率达87.6%,与上年同期相比有所增长,为在出行途中遇到风险需要帮助的旅行者提供了保障。在支付的保险金之中,有2.09亿英镑用于支付急诊医疗费用,还有1.45亿英镑用于支付退保费用,相当于每天支付约109万英镑。

5. 意外和健康险

2018年英国意外和健康险市场仍然保持强健有力。医疗费用保险的净保费收入超过47亿英镑,其中私人医疗保险的日均赔付额达700万英镑。保障保险日均赔付额达1450万英镑,其可以为意外经济损失、疾病、死亡等风险提供保障。

6. 商业信用保险

2018年，英国商业信用保险共推出产品13727种，日均赔付额达68.9万英镑。其能够为在市场之中从事商业活动的主体提供应对因交易伙伴财务困境而导致自身损失风险的良好方式。

7. 宠物保险

2018年在英国，有360万人为他们的宠物投保，其中近95%的投保宠物是猫和狗。宠物保险平均每天赔付支出215万英镑，其中针对患病和受伤的宠物的赔付额达200万英镑，平均每单宠物保险的赔付为793英镑。

8. 养老金

2018年英国有效个人养老金保单共有2510万份，其中54%的个人养老保险为职业养老金。在全部就业人口之中，有76%的劳动人口拥有企业年金，占比较2017年的73%有所增长，而另外24%的劳动人口则选择了购买私人年金。

另外，由于2013年英国国家统计局估计，女性的预期寿命将在2062年达到100岁，但在2015年这一结果被提前至2057年，这表明英国将面临日趋严重的老龄化问题，老龄化社会给英国的资金和养老风险管理提出了不小的挑战。因此，英国计划在2012～2018年，将那些没有归入企业年金计划中的劳动人口自动纳入某一企业年金计划。截至2018年7月底，已经有2170万员工参与进入了具有资质的企业年金计划，其中1010万人是被自动纳入的。2018年英国新售出的养老金保单达470万份。

在2014年宣布的养老金改革中，有关部门赋予了个人购置养老保险更多的灵活性，允许人们以现金购买他们的养老资金，而不是购买年金。在2018年4月到2019年5月之间，有68亿英镑以现金取出或拖欠款项的形式从养老金池中撤出。

9. 年金

2018年，共有149亿英镑被投资于年金，一年内出售的有效年金份数达到7万份，比2017年的69000份有所增长。而售出年金的总价值依旧基本保持在44亿英镑，其中49%来自已有年金持有人。

10. 收入保障产品

收入保障产品可以从养老金中为顾客提供一个可调节的收入，剩下的资金则用于投资。在 2018 年，有 94.6 亿英镑的资金投资了收入保障产品，其中有 111600 份新产品售出，平均每份投资额约为 84800 英镑。相比于上年同期的 92.2 亿英镑投资、102200 份产品出售，可以说有较为明显的增长。

11. 长期护理保险

2018 年英国有 24000 份长期护理有效保单，相比于 2016 年、2017 年呈现出上升趋势。

12. 保障型产品

保障型产品包括定期寿险、终身寿险、团险、收入保障保险、重疾险等。2018 年包括定期寿险、终身寿险、收入保障保险和重疾险在内的有效保单共有 2370 万份，团体寿险共有 442000 份。个人和团体保障型保险在 2018 年共有 250 万份新保单。2018 年，保障型保险的索赔成功率为 98%，其中定期寿险的索赔成功率为 97%，重疾险为 92%，总体来讲，2018 年保障型保险共向 189000 位投保人支付了 53 亿英镑的索赔额，日均赔付额达 1450 万英镑。

13. 投资于储蓄型产品

投资与储蓄型产品包括投资基金与捐赠基金。2018 年，共有 580 万份相关保单，其中全年新签发保单 77000 份，日均支付额达 4000 万英镑。

（四）英国保险业发展的三条主线

英国保险的成功建立在发展承保、提供一系列产品、成功地实行多元化营销的管理模式方面。事实证明这是非常有效的。局限于某个模式中，公司很难提供更广泛的、富有弹性的风险管理服务，这样也会限制公司的业务能力。在国际市场上，来自劳合社的压力使得英国公司比其他大多数政权地区的公司更富有竞争力和弹性。除了提供保障条款，英国保险还提供了其他福利，海外业务给英国带来了无形的收益，通过盈余和投资收益增加了国际储备。

在两次世界大战中，英国的海外资产提供了至关重要的战略支持，国内，保险基金是政府支出的资金来源，私人资产的形成提高了市场的流动性、稳定性和有效性。专业技术可以有效降低风险，很多保险产品成为政府福利的有益补充。有三条主线贯穿英国保险业发展历史，很有可能会继续影响其以后的发展。

1. 竞争与合作之间的关系

合作为公司和消费者带来了大量的好处，包括：稳定的市场，再保险、承保和费率信息的交换，海上救助服务和索赔处理，与风险相关的技术研发，通过诸如研究所和精算师为员工和技术发展提供支持等。

然而，同样的联系也会引起勾结行为，很有可能产生自满现象，缺少成本意识，对消费者的利益不敏感，这样一来对竞争非常不利。即使看起来是最复杂的合作，通过竞争也能够重振产品和服务。保险人不仅要懂得竞争，也要知道与成功的企业相互合作。

2. 通过商业最大化信息流整合保险程序

19世纪的公司通过总部和代理机构及分支机构之间联合承保以降低市场的低效率，在承保人寻求控制和分支经理人成长过程中，也存在一些困难。

20世纪保险公司试图更有效的管理，复合型公司转向消费者为主的管理思想，但是有些承保人仍然抵制该策略，很少有激励政策予以整合。

另一个措施是1980年对个人和商业生产部门采取的，然而，根本性变化之一是1990年对直接市场采取的允许定制化服务以避开标准保单和费率的激励措施。

3. 整合与市场之间的关系

现代保险以大公司创新整合多种活动为主导，这往往意味着经济规模和机会，在规模和分布广泛比较大的保险公司中特别重要，但是规模效益也能为市场提供机会。全球的市场吸引全球的保险人，这些保险人同样产生了他们这个阶段的效率和市场能力之间的紧张关系。

跨国公司虽然会获得国内参与者难以获得的效率，但是它们也会尝试建立全球垄断以替代原来的全国垄断。市场产生了新的规则方式，大型的承保人日益重视检查风险管理中的负债情况。

四、英国保险产业政策

在英国没有脱欧之前，英国保险产业政策很注重与欧盟区政策的关联一致性。主要体现在以下3个方面：

（1）注重单一保险市场和市场竞争。第一，不再限制银行和保险公司之间的相互渗透和交叉业务；第二，允许欧盟区内其他国家的保险经纪人和代理人自由进入，对保险机构实行母国控制的单一执照自由进出的制度。

（2）注重立法和对偿付能力监管的统一性。为了促进欧盟统一保险市场的形成，欧盟第三号法令还推动保险立法和偿付能力监管标准的一致性。

（3）对外实行有限度的开放政策，对内实行充分开放政策。在统一保险平台建立之前，包括英国在内的欧盟对外按WTO特定承诺表中的规定，强制保险只能由欧共体内的公司承保，对内统一开放，建立统一的保险市场。

英国脱欧后，英国保险市场致力于向非欧盟国家拓展业务。ABI表示，对英国保险业而言，中国和印度这两个未与欧盟达成贸易协定的新兴保险市场将是其下一步重点发展的目标。同时也提出以下3点：

（1）放宽对外国企业的限制，允许其最低占股51%以保证控制权。

（2）放宽对数据传输的监管，保证公司可以实现跨境数据传输，以便评估风险、承保风险。

（3）确保同时开拓养老金和储蓄产品，使得英国保险业能够进一步扩大长期储蓄型产品的市场。

中国保险市场发展报告（2020）

（原《保险蓝皮书——中国保险市场发展分析（2020）》）

第二部分 保险经营主体分析

第三章　中国中小型保险公司的价值成长性分析

第一节　保险公司价值成长性的概念[①]

"成长"的定义最早来源于生物学的研究，表现在两个方面：一是体积或重量的由小到大；二是能力的由弱到强，生命力的由成熟到衰老的过程。经济管理学中的成长是一种变化和趋势，在经济学中，成长表现在数量的增加，往往用增长代替，如"国民经济增长""消费指数增长"等；管理学中的成长表现了一种趋势或者过程，如"企业成长""成长战略""素质成长"等。

公司成长是指公司的生存和发展，生存是发展的前提，发展是生存的目的。公司成长的外在表现是企业规模的由低到高，内在表现是企业素质的提高。公司成长性是质和量相互作用的过程，是两者的有机统一。

随着中国经济的快速发展和企业主体数量的大量增加，研究企业成长或成长力的文献越来越多。

王钦和贺俊（2008）定义企业成长力是企业成长所依赖的资源和能力。他们将企业成长力分解为企业家抱负、企业家能力、企业制度与治理以及组织战略与能力四个要素，对中国的企业成长理论基础和指标体系构建进行了探讨。但是，该文的理论分析与指标构建针对性不足，第二产业的企业与第三产业的企业成长力显然有明显的区别；另外，指标过于粗糙、依赖于调查问卷的设计和分析，评价结果的客观性容易引起怀疑。

梁毕明（2012）认为企业的成长性包括两方面的内容：一方面，包括可以量

[①] 在《保险蓝皮书——中国保险市场发展分析（2019）》中，我们主要基于中国保险公司2017年和2018年的经营数据，对中国中小型保险公司进行价值成长性分析，有兴趣的读者可以作为参考。

化的财务指标朝好的方向发展,如企业规模的扩大、销售收入的增长;另一方面,包括不可量化的非财务指标也向好的方向发展,如创新能力的增强。企业的成长性是可以量化的财务指标和不可量化的非财务指标共同作用的结果。

宋鹏(2012)认为企业的成长性是企业未来有效配置资源的能力,这种能力是企业的创新能力、市场能力、管理能力等各方面能力的综合体现。

梁博(2013)通过因子分析法对中小板上市公司成长性进行评价,选取2007年12月31日前上市的201家中小企业板上市公司为样本,实证检验了股权结构与公司成长性之间的关系。本书分别分析了第一大股东持股比例与公司成长性关系、第二至第五大股东持股比例与公司成长性关系、股权制衡度指数与公司成长性关系。

龚福和和高娟(2013)以2011年前上市的30家中小制造企业为例,运用因子分析法对企业成长进行了评价。文中设立了偿债能力、盈利能力、营运能力、成长能力、抗风险能力和科技创新能力6个一级指标,每个一级指标下,设立数量不等的二级指标,共设立了14个二级指标。最后,对现阶段中国中小制造企业的成长提出了建议措施。

钱佩华(2013)从增长能力、盈利能力、资金运营效率、核心能力、市场预期能力、规模能力等方面构建了企业成长性评价指标体系。其中,在增长能力方面,主要选取主营业务增长率、股东权益平均增长率等财务指标;在资金运营效率方面,主要选取每股经营性现金流量、现金满足投资比等财务指标;在核心能力方面主要选取的是应收账款周转率、总资产周转率等指标;在市场预期能力方面主要选取净资产倍率、利润增长率与市盈率之比等指标。

夏宁和董艳(2014)认为除了高管薪酬对于企业成长的速度至关重要之外,员工薪酬对于企业成长同样具有激励作用。该文通过对深交所上市公司2007~2011年的数据进行实证分析,研究员工薪酬激励与企业成长性之间的关系。结果表明,员工薪酬与高管薪酬在国有中小上市公司中具有激励作用,可以提高其成长性;该文认为企业在设计员工薪酬时要考虑企业所处的具体情境和高管团队协作需要、财务风险、技术复杂性等多种因素。

郝臣、王旭和丁振松(2016)通过上市公司的薪酬和财务数据来检验高管薪酬与保险公司成长性之间的关系,以探讨保险公司高管薪酬激励的有效性。他们指出，成长性作为企业努力追求的目标之一，以主营业务收入增长率、净资产增长率、总资产增长率三个指标衡量保险公司成长性；利用固定效应模型检验了高管薪酬和保险公司成长性之间的关系。实证结果表明，中国保险公司高管薪酬和成长性呈现显著正相关关系，高管薪酬激励机制有效发挥了作用。

魏文兰和黄佑军（2017）认为企业成长性是企业各利益相关者共同追求的目标，是企业生存和发展的前提。通过选取深交所上市公司中的42家成长性最高的企业为样本和13个财务指标，对样本企业2014年的财务数据进行了因子分析，结果表明企业成长性与流动比率、速动比率、总资产增长率、主营利润增长率、现金债务总额比、销售现金比率、代理成本率有显著的相关性，并对分析结果进行了检验，检验结果具有较高的一致性。但是，该文以营业收入增长率代表企业成长性的依据并不充分，因子分析结果对企业成长力的说明作用值得商榷。

虽然研究企业成长性的文献较多，但是针对某个具体行业的经营特点和发展规律的相关研究，并提出具有针对性的分析方法和指标体系的研究文献并不多见。

寇业富等在《保险蓝皮书——中国保险市场发展分析（2019）》中，对中国保险公司的价值成长性建立了比较系统、科学的评价体系，对中国保险公司的价值成长性进行了比较全面的分析。

2016年5月，中央财经大学中国精算研究院组建"中国保险公司价值成长性分析"项目组，并与原中国保险报业股份有限公司组成专家组，对中国保险公司的价值成长性进行分析评价。项目组根据保险公司和中国保险市场的经营特点，以及保险监管政策和保险业发展规律，从多方面、多角度探寻中小险企的内涵价值、成长规律和动力逻辑，发现可能创造行业未来的新生力量；专家组对于项目组提出的评价指标、评价方法提供建议，并对于评价指标的权重给出了建议。项目组根据每年的保险业发展状况，结合专家组的建议给予部分指标加权，代入运算公式。

我们认为，保险公司的价值成长性不以成立营业时间长短和经营规模作为判断优劣的标准。

我们根据多年的相关研究，以及对保险行业发展规律的认识，构建了保险公司价值成长性的定义。

保险公司价值成长性的定义如下：由于自身的某些优势（如行业领先技术、管理高效和经营创新等）而可能在将来迸发出潜力，获得相对于竞争对手所表现出来的更强的生存能力、创新能力、抵御风险能力和持续发展能力的总和。

保险公司的价值成长性，至少包含如下的含义：公司的成长性、长期可持续性、符合国家监管政策和保险业发展规律、注重服务理念和新技术，并平衡对股东、客户、员工、政府和社区环境的社会责任等。

一般研究公司的价值成长性往往主要针对中小型经营主体，并根据各国保险业发展及其市场结构状况制定标准，我们也将遵循这一原则。

价值成长性研究将在解决市场信息不对称、提高市场运转效率和透明度、加强风险管理能力等方面发挥重要作用，并将利于保险行业的长期可持续发展。

我们对于保险公司价值成长性的评价基本遵循了 2016 年的评价指标、评价方法和评价思路，使得历年来的评价结果具有可比性。

第二节　保险公司价值成长性评价指标体系建设

一、保险公司价值成长性指标的构建原则

保险公司价值成长性是反映公司生存能力、成长能力和持续发展能力的一个综合性指标。因此，在构建指标时，必须根据保险公司的经营特点，进行综合分析平衡，能够比较全面地反映保险公司的价值成长性。

（一）可得性原则

可得性原则即是指具体指标的可量化和可计算性，又是指具体数据的可得性。

在进行保险公司价值成长性分析时，各种指标的建立和定义不可避免。此时既要考虑各种指标的具体量化和计算方法，又要考虑各种数据的可获得性。近些年来，虽然中国的信息化建设取得了飞速发展，原中国保监会于 2010 年 6 月 12 日颁布施行了《保险公司信息披露管理办法》；中国银行保险监督管理委员会于 2018 年 4 月重新修订并颁布的《保险公司信息披露管理办法》，为中国保险公司

制定了比较具体、具有可操作性的信息披露管理办法，就披露的内容、方式、时间等做了明确的规定。

中国银保监会、保险行业协会、各公司自己的官网等为相关研究提供了比较权威和系统的数据。

（二）客观性原则

在构建指标时，既要客观反映人身险公司和财产险公司在经营模式、发展思路、监管要求等方面的区别，又能够体现出保险业的发展特点，并真实反映保险公司竞争力的各个不同方面。

（三）均衡性原则

课题组把二级指标分为3类：规模性指标、结构性指标和比率性指标。

规模性指标是指保费收入、资产规模等反映公司经营规模的指标。

结构性指标是指反映公司当年的经营思路和发展水平的指标，它是由公司自己当年的经营业绩指标计算得到，与公司往年的表现对比和其他公司无关，例如，综合费用率、综合赔付率、退保率等指标。

比率性指标是反映公司经营业绩的年度变化情况的指标，例如，保费收入增长率、净利润增长率等指标。

毋庸讳言，以上各类指标对于不同规模、经营策略和风险管理能力的保险公司的评价影响是不同的。规模性指标的设立对于股本、资产规模较大的保险公司的价值成长性评价结果比较有利；比率性指标对于成立时间较短、发展比较迅速的保险公司价值成长性的评价结果有利。因此，在设立指标时，需要考虑各类指标间的均衡性问题，均衡性原则尤其重要。

值得欣慰的是，中央财经大学"保险公司价值成长性分析研究"课题组注意到了相关问题。我们在指标设立时，综合考虑各项因素，并加以综合均衡。

二、保险公司价值成长性的指标

基于保险公司价值成长性的定义，并根据保险公司的发展规律和负债经营的特征，我们构建了包括一级指标和二级指标的指标体系。其中，一级指标包括市场拓展能力、融资能力、盈利能力、风险管理能力和经营创新能力。

项目组根据人身险公司和财产险公司的经营特点和规律，每一个一级指标下构建数量不等的二级指标。其中，2020年人身险公司的价值成长性分析包括57个二级指标；财产险公司的价值成长性分析包括57个二级指标。二级指标可分为规模性指标、比率性指标和结构性指标3类，随着保险市场不断地发展变化，项目组对保险业经营规律认识的加强，以及研究的不断深化，指标体系和评价方法都或有改善。

（一）人身险公司的二级指标

市场拓展能力主要从市场份额及其变化、分支机构数目、资产管理效率等方面考察评价。

二级指标包括：净资产周转率、总资产周转率、手续费及佣金占比、综合费用率的增长率、报告期营业收入、保险业务收入增长率、保费收入费用增长比、应收保费率、发展系数、退保率、分支机构数目、认可资产增长率，共12个二级指标。

融资能力主要从公司的所有者权益的规模及变化、资金融通能力、资金管理、资本负债比等角度进行分析评价。

二级指标包括：所有者权益、所有者权益增长率、资金融通能力、资本管理系数、盈余缓解率、资本利用率、负债净资产比、资本回报率、融资风险率、现金流满足率、资本金增长率，共11个二级指标。

盈利能力主要从公司的净利润变化、投资收益、承保收益等方面进行分析评价。

二级指标包括：总资产收益率、净资产收益率、净投资收益率、承保利润率、投资资产占总资产的比率、人均综合收益、净利润、人均利润、净利润增长率、综合收益率，共10个二级指标。

风险管理能力主要从公司的偿付能力、流动性管理、准备金提取以及自留保费等角度进行分析评价。

二级指标包括：偿付能力充足率、流动性比率、肯尼系数、自留保费增长率、自留保费系数、准备金安全率、保险负债占总资产比、现金盈余保障倍数、付现比、资产杠杆率、收现比、净利润赔付支出覆盖率，共12个二级指标。

经营创新能力主要从公司的产品创新、技术创新和管理创新等方面进行分析评价。

二级指标包括：险种集中度系数、综合费用率、综合费用率的增长率、两年期平均赔付率、应收分保率、业务及管理费占比、资金运用效率、人均产能、综合收益增长率、总资产增长率、自留保费率、资产报酬率，共12个二级指标。

（二）财产险公司的二级指标

市场拓展能力主要从市场份额及其变化、分支机构数目、资产管理效率等方面考察评价。

二级指标包括：净资产周转率、总资产周转率、手续费及佣金占比、人均产能、人均产能增长率、报告期营业收入、保险业务收入增长率、保费收入费用增长比、资产增量保费比、发展系数、综合费用率、分支机构数目，共12个二级指标。

融资能力主要从公司所有者权益的规模及变化、资金融通能力、资金管理、资本负债比等角度进行分析评价。

二级指标包括：所有者权益、所有者权益增长率、融资风险率、资本管理系数、资本利用率、可运用资金、负债净资产比、现金流满足率、准备金充分率、资本运用效率，共10个二级指标。

盈利能力主要从公司的净利润变化、投资收益、承保收益等方面进行分析评价。

二级指标包括：总资产收益率、净资产收益率、净投资收益率、承保利润率、投资资产占总资产比率、净利润增长率、净资产利润率、人均综合收益、财务收益率、综合收益率，共10个二级指标。

风险管理能力主要从公司的偿付能力、流动性管理、准备金提取以及自留保费等角度进行分析评价。

二级指标包括：偿付能力充足率、流动性比率、肯尼系数、自留比率、未决赔款准备金充足率、保险负债占总资产比、现金盈余保障倍数、收现比、付现比、资产杠杆率、净利润赔付支出覆盖率、应收保费率，共12个二级指标。

经营创新能力主要从公司的产品创新、技术创新和管理创新等方面进行分析评价。

二级指标包括：险种集中度系数、综合赔付率、分出率、应收分保率、业务及管理费占比、资金运用效率、认可资产增长率、资本管理绩效增长率、总资产增长率、再保险亏损率、资产报酬率、自留保费增长率、可运用资金收益率,共13个二级指标。

(三) 指标的处理

为突出中小型保险公司的成长性和发展潜力,相对于《中国保险公司竞争力评价研究报告》的有关内容,在一级指标上,项目组更看重市场拓展能力、融资能力和经营创新能力对公司价值成长性的影响;在二级指标上,比率性指标权重较大。

从公司角度来看,有的指标是正向的,即取值越大越好,称为正向指标;有的指标取值是逆向的,即取值越小越好,称为逆向指标;有的指标取值取中间值为好,太大或太小都会带来不利影响,我们称之为均衡指标。

首先根据指标的正向或逆向或均衡性,进行数据的预处理,使得处理后的全部指标数据为正向,即其数值愈大愈好;其次,指标中有些是比率指标、有些是数值指标,为避免"以大欺小"以及避免指标单位对评价结果的影响,我们假设每个指标下所有公司的数据服从正态分布,进而对全部指标进行标准化处理,使全部指标数据取值范围在 0~1。

特别说明:

(1) 本研究分析尽量采用可获得的披露数据进行分析,并根据实质重于形式的原则,对发现个别公司披露数据存在错误或异样的年报信息进行调整或者在涉及该指标时进行批注说明。

(2) 本研究分析采用的数据皆来源于已公开的资料或课题组成员的个人分析,但我们不保证上述信息的完整和正确性,中央财经大学保险学院·中国精算研究院不因使用本报告而产生的一切后果承担责任,只作为学术研究以及学界和业界的信息交流与参考,同时本研究分析为课题组成员的个人观点,并不代表中国精算研究院的观点。

对有关问题的讨论与争议,请使用电话或电子邮件的方式与我方联系。

第三节 中国人身保险公司价值成长性评价结果与分析

中小型保险公司占行业内经营主体的90%左右。因此,中小险企的健康快速发展直接影响着中国保险行业的未来。项目组成员主要根据保险公司2019年度及其过去的相关数据,通过精算模型、大数据平台和现代统计分析方法对中国保险公司的价值成长性进行综合分析评价。

建立指标体系后,确定中小型保险公司的标准、评价方法等,得到中小型人身险公司的价值成长性评价结果。

一、研究对象的选择

目前,国内学术界、业界尚没有公认的关于"中小型保险公司"的划分标准;项目组基于人身险和财产险不同的市场经营特点,以及中国保险业的发展规律,给出了自己的划分标准。

根据中国银行保险监督管理委员会网站,截至2019年12月31日,中国共有91家人身险公司,其中中资公司63家,外资保险公司共有28家。

为了划分大型保险公司与中小型保险公司,根据各保险公司2019年度信息披露报告的数据以及中国银保监会披露的有关数据对总资产排名前20名的人身险公司进行分析,得到表3-1。

表3-1　　　　2019年总资产排名前20名的中国人身险公司

序号	公司	2019年期末总资产(亿元)	总资产占全部人身险公司资产的比例(%)	2019年原保费收入(亿元)	市场份额(%)
1	国寿股份	36673.6	21.63	5670.8	19.14
2	平安人寿	29539.7	17.42	4939.1	16.67
3	太保寿险	12879.1	7.59	2123.6	7.17
4	新华人寿	8751.2	5.16	1381.3	4.66
5	泰康人寿	8187.6	4.83	1308.4	4.42
6	太平人寿	5977.5	3.53	1404.6	4.74
7	华夏人寿	5852.0	3.45	1828.0	6.17
8	人保寿险	4404.0	2.60	981.4	3.31
9	富德生命	4363.0	2.57	513.1	1.73
10	前海人寿	2711.7	1.60	765.4	2.58
11	阳光人寿	2610.6	1.54	481.2	1.62
12	国华人寿	1966.6	1.16	377.0	1.27

续表

序号	公司	2019年期末总资产（亿元）	总资产占全部人身险公司资产的比例（%）	2019年原保费收入（亿元）	市场份额（%）
13	中邮人寿	1923.9	1.13	675.4	2.28
14	天安人寿	1910.3	1.13	520.9	1.76
15	恒大人寿	1875.8	1.11	420.2	1.42
16	建信人寿	1759.1	1.04	291.9	0.99
17	友邦人寿	1753.6	1.03	331.3	1.12
18	君康人寿	1612.3	0.95	362.1	1.22
19	工银安盛	1607.6	0.95	527.1	1.78
20	百年人寿	1270.1	0.75	456.4	1.54

从表3-1中可以看出，公司保费收入市场份额在5%以上的，只有国寿股份、平安人寿、太保寿险、华夏人寿4家公司，其中国寿股份占比最高，为19.14%；公司总资产占全部人身险公司总资产的比例在5%以上的有国寿股份、平安人寿、太保寿险、新华人寿这4家公司，其中，国寿股份占比最高，为21.63%。

整体来看，中国人身险公司基本上是处于一个完全充分竞争的市场，没有一家保险公司能够在市场上占有明显的优势，处于绝对垄断或支配地位。

对保险公司进行大小分类，一般基于总资产或保费收入市场份额进行分析。在本书中，我们按照总资产规模对中国人身险公司的规模进行分类。

我们把总资产在4000亿元（含）以上的人身保险公司称为大型保险公司，总资产不足4000亿元的称为中小型保险公司。依据表3-1的数据，大型人身险保险公司是国寿股份、平安人寿、太保寿险、新华人寿、泰康人寿、太平人寿、华夏人寿、人保寿险、富德生命人寿共9家，其余的82家人身险公司都属于中小型保险公司，占全部人身险公司总量的90.11%。

我们将对82家中小型保险公司进行价值成长性评价分析。

在这82家中小型人身险公司中，国寿存续、和谐健康、大家人寿、华汇人寿、大家养老，这5家公司没有披露2019年度信息披露报告，不予评价；

国寿养老、长江养老、新华养老、人保养老仅经营养老保障管理业务、企业年金、职业年金等业务，暂不经营负债型的人寿保险业务，不适用偿付能力的监管要求，这4家养老保险公司不予评价。

中法人寿、瑞泰人寿、幸福人寿、新光海航、德华安顾、天安人寿、中韩人寿、君龙人寿，这8家公司部分指标数据异常，不予评价。

瑞华健康、北京人寿、海保人寿、国富人寿、国宝人寿这5家公司是2018年1月1日以后成立营业，距2019年年底不到两周年，不予评价。

最后，我们共对60家人身保险公司进行价值成长性分析。

对上述公司如果有任何问题、建议或者意见，请与课题组联系。

二、人身险保险公司价值成长性的评价方法

（一）数据处理

为了避免被评价分析的各公司指标数据的单位不同，对结果造成影响，首先假设各指标的数据取值符合正态分布，然后，对每个指标数据进行正态标准化，从而每个二级指标的取值范围在0～1之间。

（二）评价方法

参评的公司共有60家保险公司，即对于每一个评价指标，我们可以得到60个样本数据。因此，我们可以假设这些样本数据服从正态分布。

首先，对每项指标的数据进行正态化分布处理，每家公司对应的指标数据即为该公司在该项指标上的得分。

其次，在计算各公司一级指标得分时，赋予各项二级指标相同的权重，通过加总，得到该公司该项一级指标的评价得分。

最后，赋予各项一级指标相等的权重，通过加总得到公司的价值成长性评价。

（三）评价结果的处理

根据公司的评价得分，进行百分制化。即根据最高分与最低分之间的差距大小，分别设定最高分为100分，最低分为40分，从而得到各公司的评价得分。

三、人身险保险公司价值成长性的评价结果

根据上述指标和评价方法，得到主要基于各保险公司2019年、2018年数据进行价值成长性评价，具体结果如表3－2所示。该表给出了中国人身险公司价

值成长性排名前20的公司与得分。

表3-2 价值成长性排名前20的中国人身险公司

公司	排名	得分	公司	排名	得分
中邮人寿	1	100.0	平安养老	11	85.7
复星联合健康	2	97.7	平安健康	12	85.7
民生人寿	3	95.8	工银安盛	13	85.1
人保健康	4	94.7	利安人寿	14	84.2
阳光人寿	5	90.6	农银人寿	15	84.1
交银康联	6	89.2	招商信诺	16	83.4
北大方正	7	87.9	中信保诚人寿	17	81.9
友邦人寿	8	87.0	国华人寿	18	81.5
百年人寿	9	86.4	和泰人寿	19	80.7
长城人寿	10	86.4	中华人寿	20	79.9
前10名的均值		91.6	第11~20名的均值		83.2
前10名的标准差		4.8	第11~20名的标准差		2.0

（一）价值成长性排名前10的中国人身保险公司概况

从图3-1中可以看出，价值成长性排名前10的寿险公司的评价得分有一定的差距，占有比较明显优势的是中邮人寿和复星联合健康。

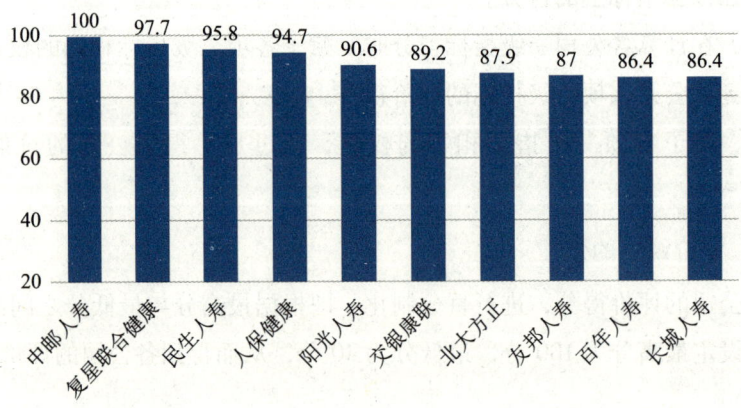

图3-1 价值成长性排名前10的公司得分比较

为了更好地对这些公司做进一步的了解，表3-3给出了价值成长性排名前10的人身险公司的一级指标的排名与得分。

表 3-3　价值成长性排名前 10 的人身险公司的一级指标排名与得分

公司	一级指标的定量评价结果									
	盈利能力		市场拓展能力		融资能力		风险管理能力		经营创新能力	
	得分	排名	得分	排名	得分	排名	得分	排名	得分	排名
中邮人寿	92.6	2	99.6	2	84.6	4	66.1	35	82.3	16
复星联合健康	50.0	56	82.1	16	100.0	1	91.8	3	94.4	3
民生人寿	85.3	12	71.8	34	94.7	2	82.7	15	78.6	19
人保健康	70.6	37	83.1	14	91.6	3	79.7	18	84.4	12
阳光人寿	91.5	3	77.2	24	82.2	5	75.3	25	71.6	31
交银康联	78.5	25	76.2	28	66.1	29	85.1	9	85.2	10
北大方正	69.0	41	53.2	57	78.8	7	90.4	5	88.2	7
友邦人寿	100.0	1	62.6	49	81.2	6	75.8	24	67.7	35
百年人寿	74.5	30	87.2	11	63.4	38	45.9	54	94.0	4
长城人寿	68.5	43	65.5	44	75.8	12	86.7	7	87.8	8

（二）价值成长性排名前 10 的中国人身保险公司的发展分析

对排名前 10 的人身险公司的评议分析（排名不分先后）如下：

中邮人寿保险股份有限公司（"中邮人寿"）是由中国邮政集团公司与各省（区、市）邮政公司共同出资设立的国有全资寿险公司，成立于 2009 年 9 月 9 日，总部位于北京，注册资本金 215 亿元。2019 年公司总资产 1923.95 亿元，实现原保费收入 6754062.45 万元，市场占比约 2.28%。

中邮人寿的各项一级指标表现优秀，其中，融资能力排名第 4 位，市场拓展能力排名第 2 位，盈利能力排名第 2 位，其他各项一级指标表现优良。

民生人寿在承保利润率、净利润、人均利润、净利润增长率、人均综合收益、应收保费率、所有者权益、所有者权益增长率、资本金增长率、综合费用率的增长率等二级指标上表现突出，综合费用率、资本管理系数、净利润增长率、手续费及佣金占比、报告期营业收入、业务及管理费占比、人均产能在 10 家公司中排首位。

复星联合健康保险股份有限公司（"复星联合健康"）成立于 2017 年 1 月 23 日，总部位于广州，注册资本金 5 亿元，总资产为 19.89 亿元。2019 年实现原保费收入 181938.32 万元，市场占比约 0.06%。

复星联合健康作为一家新兴的寿险公司，各项一级指标表现堪称优秀，其中，融资能力排名第 1 位，经营创新能力排名第 3 位，其他各项一级指标表现优良。复星联合健康在综合费用率的增长率、保险业务的收入增长率、发展系数、两年期平均赔付率、自留保费率等二级指标上表现突出，总资产周转率、退保率、认可资产增长率、所有者权益增长率、盈余缓解率、负债净资产比、流动性比率、现金流满足率、资本金增长率、准备金安全率、资产杠杆率、总资产增长率、资本管理绩效增长率、资产报酬率在 10 家公司中排首位。

民生人寿保险股份有限公司（以下简称"民生人寿"）成立于 2003 年 6 月 18 日，总部位于北京。注册资本 60 亿元，总资产为 1128.53 亿元。2019 年实现原保费收入 1233340.26 万元，市场占比约 0.42%。

民生人寿的各项一级指标表现优秀，其中，融资能力排名第 2 位，其他各项一级指标表现优良。民生人寿在净利润、人均利润、净利润增长率、分支机构数目、资金融通能力、现金流满足率、偿付能力充足率、净利润赔付支出覆盖率等二级指标上表现突出，资本管理系数、肯尼系数、险种集中度系数、资金运用效率在 10 家公司中排首位。

中国人民健康保险股份有限公司（以下简称"人保健康"）成立于 2005 年 3 月 31 日，总部位于北京。注册资本 85.68 亿元，总资产为 414.29 亿元。2019 年实现原保费收入 2242341.86 万元，市场占比约 0.76%。

人保健康的各项一级指标表现较为优秀均衡，其中，融资能力排名第 3 位，经营创新能力排名第 12 位，其他各项一级指标表现优良。人保健康在总资产周转率、分支机构数目、盈余缓解率、资金运用效率、自留保费率等二级指标上表现突出，净资产周转率、资金融通能力、资本利用率、现金盈余保障倍数、付现比在 10 家公司中排首位。

阳光人寿保险股份有限公司（以下简称"阳光人寿"）成立于 2007 年 12 月 17 日，注册资本金 183.425 亿元。其是阳光保险集团股份有限公司组建的第一家控股子公司，是阳光保险集团股份有限公司旗下的全国性专业寿险公司，主要经营人寿保险、健康保险和意外伤害保险等一切人身险业务，注册地位于海南，总资产为 2661.62 亿元。2019 年，阳光人寿实现原保费收入 4811811.02 万元，市场占比约 1.62%。

阳光人寿的各项一级指标表现优秀，其中，盈利能力排名第 3 位，融资能力排名第 5 位，其他各项一级指标表现优良。阳光人寿在总资产收益率、净资产收益率、人均综合收益、净利润、人均利润、报告期营业收入、资金融通能力、资本金增长率、自留保费系数、净利润赔付支出覆盖率、两年期平均赔付率等二级指标上表现突出，承保利润率、投资资产占总资产的比率、分支机构数目、所有者权益在 10 家公司中排首位。

交银康联人寿保险有限公司（以下简称"交银康联"）成立于 2000 年 6 月 16 日，是交通银行控股的中外合资保险机构，前身为中保康联人寿保险有限公司。注册资本金 51 亿元，总资产为 552.97 亿元。2019 年实现原保费收入 1228108.85 万元，市场占比约 0.41%。

交银康联的各项一级指标表现优秀，其中，经营创新能力排名第 8 位，风险管理能力排名第 9 位，其他各项一级指标表现优良。交银康联在承保利润率、手续费及佣金占比、保费收入费用增长比、资本管理系数、融资风险率、偿付能力充足率、流动性比率、自留保费系数、综合费用率、收现比等二级指标上表现突出。

北大方正人寿保险有限公司（以下简称"北大方正人寿"）是由北大方正集团有限公司（以下简称"方正集团"）、明治安田生命保险相互会社（以下简称"明治安田生命"）和海尔集团旗下的海尔集团（青岛）金融控股有限公司联合组建的一家中外合资保险机构（原名：海尔人寿保险有限公司），经原中国保险监督管理委员会批准，于 2002 年 11 月 28 日正式成立，总部设立在上海，专为社会大众提供各类人寿、健康和人身意外伤害保险等产品。方正集团、明治安田生命与海尔集团分别持有北大方正人寿 51%、29.24% 和 19.76% 的股份。

北大方正人寿的各项一级指标表现优秀，其中，风险管理能力排名第 5 位，经营创新能力排名第 7 位，融资能力排名第 7 位，其他各项一级指标表现优良。北大方正人寿在资本回报率、资本管理系数、负债净资产比、肯尼系数、自留保费增长率等二级指标上表现突出，综合费用率的增率、保险业务收入增长率、发展系数、资本回报率在 10 家公司中排首位。

友邦保险控股有限公司控股的中国区分支公司（以下简称"友邦人寿"）包括友邦上海、广东、深圳、北京、江苏分公司和东莞、江门支公司，总资产为

1753.56亿元，成立时间最早的上海分公司成立于1992年9月29日。2019年实现原保费收入3413392.58万元，市场占比1.15%。

友邦人寿的各项一级指标表现优秀，其中，盈利能力排名第1位，融资能力排名第6位，其他各项一级指标表现优良。友邦人寿在投资资产占总资产的比率、退保率、所有者权益、报告期营业收入、盈余缓解率、险种集中度系数、人均产能等二级指标上表现突出，总资产收益率、净资产收益率、人均综合收益、净利润、人均利润、融资风险率、偿付能力充足率、净利润赔付支出覆盖率在10家公司中排首位。

百年人寿保险股份有限公司于2009年6月3日正式开业，总部选址大连，是东北地区首家中资寿险法人机构。公司注册资本77.948亿元，10年累计实现保费收入超过1400亿元，总资产突破千亿元，价值与规模、品质和效益同步提升，连续4年实现盈利，从寿险到资管，健康而快速的发展备受行业瞩目。

百年人寿的各项一级指标表现优秀，其中，经营创新能力排名第4位，市场拓展能力排名第11位，其他各项一级指标表现优良。百年人寿在应收保费率、自留保费系数、自留保费增长率、险种集中度系数、业务及管理费占比等二级指标上表现突出。

长城人寿保险股份有限公司是始建于2005年的全国性人寿保险公司，是北京市西城区国资委重要子企业，是北京金融街投资（集团）有限公司旗下金融板块控股公司。公司总部设于北京，注册资本55.31亿元，总资产超过430亿元，已在北京、山东等省市设立12家分公司，机构总数超过230家，旗下拥有长城财富保险资产管理股份有限公司、北京金融街保险经纪股份有限公司两家控股子公司。

长城人寿的各项一级指标表现较为优秀均衡，其中，风险管理能力排名第7位，经营创新能力排名第8位，盈利能力排名第12位，其他各项一级指标表现优良。长城人寿在投资资产占总资产的比率、应收保费率、退保率、资本管理系数、资本回报率、肯尼系数、自留保费增长率、收现比、险种集中度系数、应收分保率、业务及管理费占比等二级指标上表现突出，其中，应收分保率、收现比两指标在这10家公司中排首位。

第四节　中国财产保险公司价值成长性评价结果与分析

近 10 年来，在中国保险市场上，财产保险公司的保费收入占保险行业全部保费收入的 40% 左右，其中，中小型财产保险公司占财险市场经营主体的 90% 左右。因此，中小险企的健康快速发展直接影响着中国财产保险行业的未来。项目组成员主要根据保险公司 2019 年度及其以前的有关数据，通过精算模型、大数据平台和现代统计分析方法对中国保险公司的价值成长性进行综合分析评价。

建立指标体系后，确定中小型财产保险公司的标准、评价方法等，得到中小型财产保险公司的价值成长性评价结果。

一、研究对象的选择

目前，国内学术界、业界尚没有公认的关于"中小型保险公司"的划分标准；项目组基于人身险和财产险不同的市场经营特点，以及中国保险业的发展规律，给出了自己的划分标准。

根据原中国保险监督管理委员会网站数据，截至 2019 年 12 月 31 日，中国共有 88 家财产险公司，其中，中资 66 家，外资 22 家。

为了划分大型保险公司与中小型保险公司，根据各保险公司 2019 年度信息披露报告的数据以及中国银保监会披露的有关数据对总资产排名前 20 名的财产险公司进行分析，得到表 3-4。

表 3-4　　　　2019 年总资产排名前 20 名的中国财产险保险公司

序号	公司	总资产（亿元）	总资产份额（%）	原保费收入（亿元）	保费收入市场份额（%）
1	人保股份	5952.5	25.9	4317.2	33.2
2	平安财险	4053.0	17.7	2709.3	20.8
3	太保财险	1657.5	7.2	1322.3	10.2
4	国寿财险	924.9	4.0	770.2	5.9
5	大地财产	789.5	3.4	484.2	3.7

续表

序号	公司	总资产（亿元）	总资产份额（%）	原保费收入（亿元）	保费收入市场份额（%）
6	中华联合	685.0	3.0	485.5	3.7
7	天安财险	605.1	2.6	156.2	1.2
8	阳光财险	591.9	2.6	395.0	3.0
9	太平保险	324.9	1.4	269.1	2.1
10	众安财险	248.8	1.1	146.3	1.1
11	英大财险	209.8	0.9	85.4	0.7
12	华安财险	184.4	0.8	141.4	1.1
13	华泰财险	151.4	0.7	77.6	0.6
14	永安财险	147.3	0.6	118.0	0.9
15	中石油专属	134.4	0.6	5.0	0.0
16	中银保险	133.2	0.6	65.8	0.5
17	安盛天平	107.0	0.5	63.2	0.5
18	鼎和财险	101.9	0.4	49.1	0.4
19	诚泰财险	93.7	0.4	14.8	0.1
20	泰康在线	93.6	0.4	51.3	0.4

从表3-4中可以看出，无论是从公司总资产还是保费收入规模来看，人保财险、平安财险、太保财险都占有明显的优势，并且所占份额均超过5%，属于大型保险公司的范围。但是，为了促进中小型保险公司的发展、扩大中小型保险公司的社会影响力和知名度，我们结合中外文献并根据中国财产保险业的发展实际，决定以2019年总资产规模500亿元作为划分大型与中小型财险公司的标准，总资产超过500亿元（含）的为大型财产保险公司，总资产小于500亿元的为中小型财产保险公司。

人保财险、平安财险、太保财险、国寿财险、大地财险、中华联合、阳光财险、天安财险这8家为大型财产保险公司。

剩余的80家公司为中小型财产保险公司，占全部财产保险公司的90.0%。

出口信用、大家财险、永诚财险、长江财险、华海财险，这5家公司没有披露2019年信息披露报告，不予评价。

太平科技、黄河财险、融盛财险均为2018年成立营业，距离2019年年底还不到两年，不予评价。

珠峰财险、富邦财险、易安财险数据异常，不予评价；劳合社经营业务特殊，不予评价。

这样，我们最终共对68家财产保险公司进行价值成长性分析。

对上述公司如果有任何问题、建议或者意见，请与课题组联系。

二、财产保险公司价值成长性评价方法

（一）数据处理

为了避免被评价分析的各公司指标数据的单位不同，对结果造成影响，首先假设各指标的数据取值符合正态分布，然后，对每个指标数据进行正态标准化，从而每个二级指标的取值范围在0~1之间。

（二）评价方法

参评的公司共有68家保险公司，即对于每一个评价指标，我们可以得到68个样本数据。因此，我们可以假设这些样本数据服从正态分布。

首先，对每项指标的数据进行正态化分布处理，每家公司对应的指标数据即为该公司在该项指标上的得分。

其次，在计算各公司一级指标得分时，赋予各项二级指标相同的权重，通过加总，得到该公司该项一级指标的评价得分。

最后，赋予各项一级指标相等的权重，通过加总得到公司的价值成长性评价。

（三）评价结果的处理

根据公司的评价得分，进行百分制化。即根据最高分与最低分之间的差距大小，分别设定最高分为100分，最低分为40分，从而得到各公司的评价得分。

三、财产保险公司价值成长性的评价结果

根据上述指标和评价方法，得到主要基于2019年数据的中国财产保险公司价值成长性的评价结果。表3-5给出了中国财产保险公司价值成长性排名前20的排名与得分。

表 3-5　　价值成长性排名前 20 的中国财产保险公司

公司	排名	得分	公司	排名	得分
鼎和财险	1	100.0	众诚保险	11	84.0
英大财险	2	100.0	汇友互助	12	83.6
华泰财险	3	93.9	亚太财险	13	83.3
中远海自保	4	90.6	中银保险	14	83.2
国泰财险	5	90.1	众安财险	15	83.0
太平保险	6	89.4	众惠相互	16	82.8
中石油专属	7	88.9	泰山财险	17	82.6
华安财险	8	88.6	紫金财险	18	82.2
鑫安汽车	9	88.4	泰康在线	19	82.1
永安财险	10	85.5	美亚保险	20	81.6
前 10 名的均值		91.5	第 11~20 名的均值		82.8
前 10 名的标准差		4.7	第 11~20 名的标准差		0.7

（一）价值成长性排名前 10 的中国财产保险公司概况

从图 3-2 中可以看出，价值成长性排名前 10 的财产险公司的评价得分有一定差距但并不十分明显，占有比较明显优势的是鼎和财险、英大财险和华泰财险。

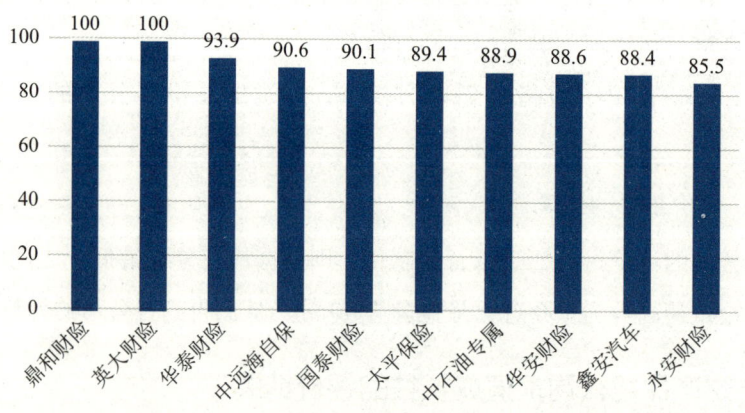

图 3-2　价值成长性排名前 10 的财产险公司

为了更好地对这些公司做进一步的了解，表 3-6 给出了价值成长性排名前 10 的财产险公司的一级指标的排名与得分。

表 3-6　价值成长性排名前 10 的财产险公司的一级指标排名与得分

公司	一级指标的定量评价结果									
	市场拓展能力		融资能力		盈利能力		风险管理能力		经营创新能力	
	排名	得分	排名	得分	排名	得分	排名	得分	排名	得分
鼎和财险	29	81.4	19	74.1	1	100.0	40	59.9	1	100.0
英大财险	24	82.7	1	100.0	3	91.9	39	59.9	13	80.7
华泰财险	40	78.0	4	89.1	4	89.3	44	58.5	9	84.3
中远海自保	14	87.6	49	60.7	5	85.9	2	84.3	41	72.1
国泰财险	1	100.0	12	80.0	32	69.3	34	62.2	22	77.7
太平保险	4	98.7	3	93.5	17	77.6	62	49.4	48	68.2
中石油专属	59	63.3	15	77.8	6	84.5	5	81.1	16	79.1
华安财险	7	95.4	2	97.9	20	77.3	60	51.9	53	62.8
鑫安汽车	34	80.2	47	61.0	9	82.6	14	72.8	6	88.2
永安财险	3	98.7	6	83.1	8	83.5	59	52.2	58	59.5

（二）价值成长性排名前 10 的中国财产保险公司的发展分析

对排名前 10 的财产险公司的评议分析（排名不分先后）如下：

鼎和财产保险股份有限公司（以下简称"鼎和财险"）成立于 2008 年 5 月 22 日，是一家全国性财产保险公司，总部位于深圳。注册资本金 30.18 亿元，总资产为 101.87 亿元。2019 年实现原保费收入 495559.77 万元，市场占比 0.38%。

鼎和财险的各项一级指标表现优秀，其中，经营创新能力排名第 1 位，盈利能力排名第 1 位，经营创新能力排名第 1 位，其他各项一级指标表现优良。鼎和财险在总资产收益率、净资产收益率、承保利润率、净利润、报告期营业收入、综合费用率（逆向）、所有者权益、所有者权益增长率、险种集中度系数（逆向）、业务及管理费占比（逆向）、资产报酬率等二级指标上表现突出，净投资收益率、财务收益率、综合收益率、应收保费率（逆向）、资金运用效率、可运用资金收益率在 10 家公司中排首位。

英大泰和财产保险股份有限公司（以下简称"英大财险"）成立于 2008 年 10 月 28 日，由国家电网公司资产管理有限公司等 31 家国有大型骨干企业发起成立，总部位于北京。注册资本金 31 亿元，总资产为 209.83 亿元。2019 年实现原保费收入 861173.63 万元，市场占比 0.66%。

英大财险的各项一级指标表现优秀，其中，融资能力排名第 1 位，盈利能力排名第 3 位，其他各项一级指标表现优良。英大财险在综合费用率（逆向）、分支机构数目、所有者权益、业务及管理费占比（逆向）、人均综合收益等二级指标上表现突出，总资产收益率、净资产收益率、净利润、融资风险率、资本运用效率、所有者权益增长率、资本管理绩效增长率在 10 家公司中排首位。

华泰财产保险有限公司（以下简称"华泰财险"）成立于 2011 年 7 月 29 日，是华泰保险集团股份有限公司全资设立的子公司，总部位于上海。注册资本金 10 亿元，总资产为 151.35 亿元。2019 年实现原保费收入 811548.19 万元，市场占比 0.62%。

华泰财险的各项一级指标表现较为优秀均衡，其中，盈利能力排名第 4 位，融资能力排名第 4 位，经营创新能力排名第 9 位，其他各项一级指标表现优良。华泰财险在总资产收益率、净资产收益率、净利润、融资风险率、财务收益率、综合收益率、报告期营业收入、所有者权益、资本运用效率等二级指标上表现突出，净资产增长率、分支机构数目、融资风险率、资本管理绩效增长率、自留保费增长率（逆向）在 10 家公司中排首位。

中远海运财产保险自保有限公司（以下简称"中远海自保"）成立于 2017 年 2 月 8 日，是由中国远洋海运集团有限公司独立出资发起设立的集团二级子公司，注册地位于上海。注册资本金 20 亿元，总资产为 34.85 亿元。2019 年实现原保费收入 54904 万元，市场占比 0.04%。

中远海自保的各项一级指标表现优秀，其中，风险管理能力排名第 2 位，盈利能力排名第 5 位，市场拓展能力排名第 14 位，其他各项一级指标表现优良。中远海自保在总资产收益率、投资资产占总资产的比率、净利润、人均综合收益、人均产能、发展系数、收现比、应收分保率（逆向）、认可资产增长率等二级指标上表现突出，承保利润率、手续费及佣金占比（逆向）、资产增量保费比、综合费用率（逆向）、负债权益比率（逆向）、流动性比率、逆向肯尼系数、自留比率（逆向）、未决赔款准备金充足率、资产杠杆率（逆向）、分出率、业务及管理费占比（逆向）、总资产增长率、资产报酬率在 10 家公司中排首位。

国泰财产保险有限责任公司（以下简称"国泰财险"）成立于 2008 年 8 月 28 日，总部位于上海。注册资本金 26.3 亿元，总资产为 38.90 亿元。2019 年实现原保费收入482383.20万元，市场占比0.37%。

国泰财险的各项一级指标表现优秀，其中，市场拓展能力排名第1位，融资能力排名第12位，其他各项一级指标表现优良。国泰财险在手续费及佣金占比（逆向）、融资风险率、资本利用率、付现比（逆向）、再保险亏损率、可运用资金收益率等二级指标上表现突出，净资产周转率、总资产周转率、所有者权益增长率、现金流满足率、现金盈余保障倍数在10家公司中排首位。

中国太平保险集团有限责任公司（以下简称"太平保险"）成立于1982年2月13日，是中国第一家跨国金融保险集团公司，其品牌历史源远流长，可以追溯至1929年创立的太平水火保险公司、1931年创立的中国保险股份有限公司和1949年成立的香港民安保险有限公司，总部位于北京。注册资本金252.61亿元，总资产为8250.13亿元。2019年实现原保费收入19571011.0万元，市场占比15.04%。

太平保险的各项一级指标表现优秀，其中，融资能力排名第3位，市场拓展能力排名第4位，其他各项一级指标表现优良。太平保险在净资产收益率、净利润、净资产周转率、总资产周转率、所有者权益增长率、资本运用效率、付现比（逆向）、认可资产增长率等二级指标上表现突出，人均产能增长率、报告期营业收入、分支机构数目、所有者权益、资本利用率、可运用资金/净资产、应收分保率（逆向）在10家公司中排首位。

中石油专属财产保险股份有限公司（以下简称"中石油专属"）成立于2013年12月26日，注册地位于新疆克拉玛依市。注册资本金60亿元，总资产为134.41亿元。2019年实现原保费收入93138.31万元，市场占比0.07%。

中石油专属的各项一级指标表现优秀，其中，风险管理能力排名第5位，盈利能力排名第6位，其他各项一级指标表现优良。中石油专属在总资产收益率、净利润、综合费用率（逆向）、所有者权益、可运用资金/净资产、肯尼系数、未决赔款准备金充足率、收现比、分出率、业务及管理费占比（逆向）等二级指标上表现突出，投资资产占总资产的比率、人均综合收益、人均产能、准备金充分率、保险负债占总资产比（逆向）、再保险亏损率在10家公司中排首位。

华安财产保险股份有限公司（以下简称"华安财险"）成立于1996年12月3日，总部位于深圳。注册资本金21亿元，总资产为184.36亿元。2019年实现原保费收入 1266742.92 万元，市场占比 0.97%。

华安财险的各项一级指标表现优秀，其中，融资能力排名第 2 位，市场拓展能力排名第 7 位，其他各项一级指标表现优良。华安财险在净投资收益率、净利润、净资产周转率、总资产周转率、报告期营业收入、分支机构数目、所有者权益、融资风险率、资本利用率、资本运用效率等二级指标上表现突出，净利润增长率、收现比、自留保费增长率（逆向）、现金盈余保障倍数在 10 家公司中排首位。

鑫安汽车保险股份有限公司（以下简称"鑫安车险"）成立于 2012 年 6 月 15 日，是一家创新型汽车保险公司，总部位于长春。注册资本金 10 亿元，总资产为 28.25 亿元。2019 年实现原保费收入 86382.10 万元，市场占比 0.07%。

鑫安车险的各项一级指标表现优秀，其中，经营创新能力排名第 6 位，盈利能力排名第 9 位，风险管理能力排名第 14 位，其他各项一级指标表现优良。鑫安车险在总资产收益率、净资产收益率、承保利润率、净利润、人均综合收益、财务收益率、手续费及佣金占比（逆向）、保险业务收入增长率、资产增量保费比、发展系数、综合费用率（逆向）、偿付能力充足率、流动性比率、收现比、业务及管理费占比（逆向）、总资产增长率、再保险亏损率等二级指标上表现突出，保费收入费用增长比、净利润赔付支出覆盖率、险种集中度系数（逆向）、认可资产增长率在 10 家公司中排首位。

永安财产保险股份有限公司（以下简称"永安财险"）成立于 1996 年 9 月 13 日，是一家国有资本控股保险公司，总部位于西安。注册资本金 30.09 亿元，总资产为 146.97 亿元。2019 年实现原保费收入 1182423.80 万元，市场占比 0.91%。

永安财险的各项一级指标表现优秀，其中，市场拓展能力排名第 3 位，融资能力排名第 6 位，盈利能力排名第 8 位，其他各项一级指标表现优良。永安财险在净投资收益率、净利润、净资产周转率、总资产周转率、人均产能增长率、报告期营业收入、分支机构数目、所有者权益、资本运用效率、资金运用效率、可运用资金收益率等二级指标上表现突出，付现比（逆向）在 10 家公司中排首位。

第四章 中国保险中介机构的发展[①]

保险中介是保险市场不可或缺的重要组成部分，是保险业市场化改革的必然结果，是保险业走向成熟的标志。2018年，保险中介渠道实现保费收入3.37万亿元，占全国总保费收入的87.4%。近5年保险中介渠道保费占比几乎均超过80%，是保险销售的重要渠道。

保险中介市场的快速发展增强了保险业服务经济社会的能力。保险中介的价值在于使保险产品更有竞争力，保险更能发挥风险保障作用。保险中介市场提高了保险市场的运行效率，完善了保险市场结构，提高了保险业服务能力。例如，大童保险服务作为国内首家全国性保险服务机构，提出"需求导向型、解决方案式"的专业化保险咨询服务模式，并始终坚持以科技创新提升服务效率、改善服务体验。伴随着国民经济特别是保险业的发展，保险中介的地位将越来越突出，作用也将越来越重要。

目前，保险中介通常分为三大主体，分别是保险专业中介，保险兼业代理和保险专属代理。其中，保险专业中介包含保险专业代理机构、保险经纪机构和保险公估机构。保险中介机构是联系保险公司与广大投保人的桥梁和纽带，在保险产品创新、销售渠道创新和服务方式创新等方面有着自己的独特优势，保险中介机构的发展能够进一步完善保险产业结构，实现产业分工的科学化、合理化。

自2002年实行市场化准入以来，中国保险专业中介机构迅速增加。截至2019年6月底，共有2652家保险专业中介机构，其中，保险中介集团5家、保险专业代理公司1769家、保险经纪公司497家、保险公估公司381家。全国共有约871万名个人保险代理人，保险兼业代理机构约3.2万家，代理网点22万

[①] 本章数据资料主要来自历年中国保险年鉴、各公司年度信息披露报告及其他公开资料等。

余家①。

本章主要分析中国保险专业中介的发展状况。

第一节　保险专业代理机构的发展

一、保险代理人

（一）保险代理人的定义

中国《保险法》（2015年修订）第一百一十七条规定："保险代理人是根据保险人的委托，向保险人收取佣金，并在保险人授权的范围内代为办理保险业务的机构或者个人。"保险代理人与保险人之间是委托—代理的关系，代理人在授权范围内以保险人名义进行保险相关的代理活动，并由保险人承担法律后果。

（二）保险代理人的分类

根据中国保险代理人的相关规定，保险代理人包括专业代理人、兼业代理人和个人代理人（即保险营销员）。专业代理人是专门从事保险代理业务的保险代理公司，其组织形式主要为有限责任公司。兼业代理人是受保险公司委托，在从事自身业务的同时，指定专人为保险公司代办保险业务的单位，兼业代理人只能代理与本行业直接相关且能为投保人提供便利的保险业务。个人代理人则是指接受保险公司委托，由保险公司支付代理手续费，并在其授权的范围内代为办理保险业务的个人。本节所介绍的专业代理机构就是指专业代理人。

（三）保险代理人的业务范围

保险代理人因类型不同，业务范围也有所不同。保险代理公司的业务范围是：代理推销保险产品，代理收取保费，协助保险公司进行损失的勘察和理赔等。兼业代理人的业务范围是：根据保险兼业代理许可证批准的代理险种，代理销售保险产品，代理收取保费。个人代理人的业务范围是：财产保险公司的个人代理人可以代理家庭财产保险、运输工具保险、责任保险和被代理保险公司授权

---

① 数据来源：依据中国银保监会发布的《保险专业中介机构法人名单》统计得出。

的其他险种。人寿保险公司的个人代理可以代理个人人身保险、个人人寿保险、个人人身意外伤害保险和个人健康保险等业务。

（四）保险代理人的作用

第一，促进保险企业经营模式的转变。保险代理人的产生与发展冲击了中国保险企业采用的"大而全、小而全"的传统经营模式，使各公司能够专注于产品研发、风险控制等核心业务，促进保险公司向知识密集型的专业公司转型。

第二，有利于保险行业的创新发展。在产品方面、渠道方面和保险服务方面的创新始终是行业关注的创新重点，保险代理人等保险中介的发展极大地促进了保险业的创新发展。

第三，有效拓宽保险业的服务领域。随着保险市场的不断发展与完善，中国保险代理人等中介数量快速扩张，更加便利地为消费者提供保险咨询与服务，扩大保险深度和密度，有效拓宽中国保险服务领域。

第四，促进保险资源优化配置。作为连接保险交易双方的纽带，保险代理人等中介方可为消费者提供完善的保险服务，又可提高保险人的承保能力和市场份额，不断刺激保险需求，促使保险业务向更高层次发展。

二、保险专业代理机构的发展现状

中国的保险代理起步较晚，但是发展迅猛，以下主要对保险专业代理机构进行分析。

（一）保险专业代理机构数量

中国的保险专业代理机构总量与其他两类专业机构（保险经纪公司和保险公估公司）相比具有绝对的优势。2001年年底，保险专业代理机构仅121家，但是到了2007年年底便增长到了1755家。随后保险专业代理机构发展状况具体如表4-1和图4-1所示。

表4-1　　　　　　　　保险专业代理机构数目变化　　　　　　　　单位：家

年份	2009	2010	2011	2012	2013	2014	2015	2016	2017	2018	2019
数量	1903	1853	1823	1770	1767	1764	1719	1549	1784	1790	1779

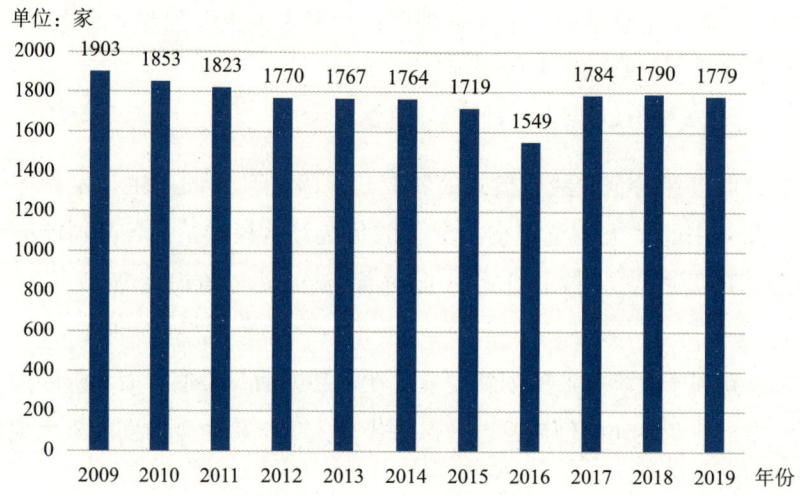

图4-1 保险专业代理机构数量

保险专业代理机构数量持续增长到2009年达到顶峰。截至2009年年底,全国保险代理机构总数突破1900多家。然而,在2009第一季度末,全国共有保险专业代理机构2439家,之后,当年一季度退出43家,其中,24家因为经营不善等原因主动解散,与此同时,市场出现明显的整合迹象。随后,多年来持续上升的保险专业代理机构数量开始出现下滑,2010~2016年,保险专业代理机构数目持续下降,但是基本维持稳定的发展状态。2016年之后又开始逐渐增加。到2019年年底,中国保险专业代理机构数目达到1779家。

(二)保险专业代理机构保费收入

从保费收入来看,随着中国保险业的发展,通过保险专业代理机构实现的保费收入也有了大幅增长,并且其占全国总保费收入的比值也有了逐步提高。2017年,保险专业代理机构实现保费收入2450.5亿元,同比增长59.1%,占2017年全国总保费收入的6.7%,同比增加1.8个百分点。其中,实现财产险保费收入2270.8亿元,同比增长60%;实现人身险保费收入179.7亿元,同比增长48.6%。2008~2017年的保险专业代理机构保费收入情况如表4-2和图4-2所示。

2008年以来,通过保险专业代理机构实现的保费收入有着明显的增加。2017年实现的保费收入规模达到2450.5亿元,接近2008年的10倍。但应该看到,保险专业代理机构的迅速发展可能也受益于中国保险全行业的高速发展。

表4-2　　　　　　　保险专业代理机构保费收入及占比情况　　　　　单位：亿元

年份	2008	2009	2010	2011	2012	2013	2014	2015	2016	2017
保费收入	269.7	328.9	481.7	529.7	586.6	718.1	967.9	1151.7	1540.4	2450.5
同比增长（%）	41.5	21.9	46.5	10.0	10.8	22.4	34.8	19.0	33.8	59.1
全国保费收入占比（%）	2.8	3.0	3.3	3.7	3.8	4.2	4.8	4.7	4.9	6.7

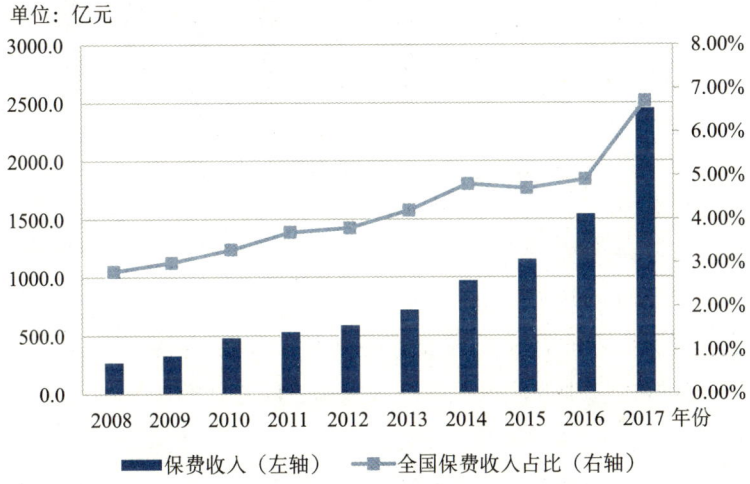

图4-2　保险专业代理机构保费收入及占比情况

（三）保险专业代理机构业务收入

2017年，中国保险专业代理机构实现主营业务收入638.2亿元，同比增长65.3%。实现净利润11.4亿元，同比增长32.6%。2008～2017年，中国保险专业代理机构的业务收入情况具体如表4-3和图4-3所示。

表4-3　　　　　　　保险专业代理机构业务收入情况　　　　　　单位：亿元

年份	2008	2009	2010	2011	2012	2013	2014	2015	2016	2017
业务收入	33.5	44.8	63.1	81.5	102.1	131.0	283.6	249.9	386.0	638.2
同比增长（%）	55.8	33.7	40.8	29.2	25.3	28.3	116.5	-11.9	54.5	65.3

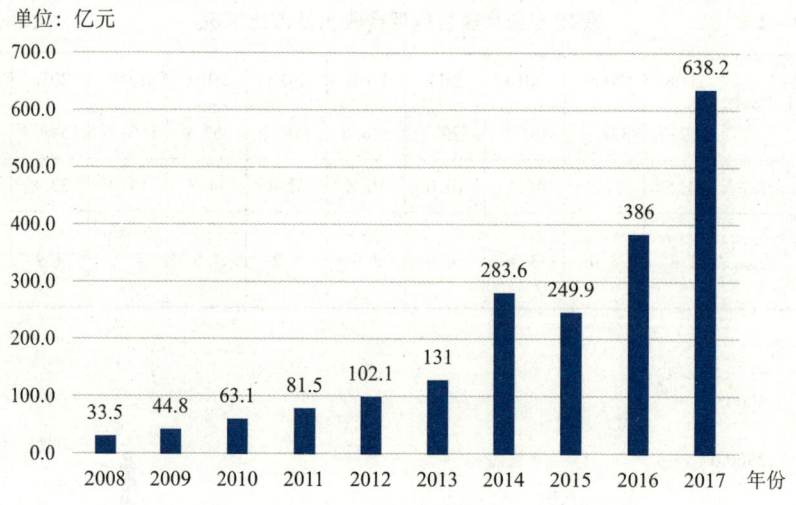

图4-3 保险专业代理机构业务收入情况

图4-3显示，2008年以来保险专业代理机构的业务收入总体呈上升趋势。2013年以前，经历了一段比较缓慢的上升阶段，2014年全国保险专业代理机构业务收入实现了突破性的增长，这主要是因为2013年年初，原中国保险监督委员会大幅提高保险专业中介法人机构准入门槛，同时在暂停一年后，恢复对区域性保险专业代理分支机构的审批，政策的总体从严和局部释放导致分支机构数量在短时间内激增，进而导致2014年保险专业代理机构业务收入激增。虽然2015年的业务收入有所下滑，但是2016年和2017年实现了大幅回升，2017年保险专业代理机构业务收入超过了638亿元。

（四）保险代理市场集中度

从市场集中度来看，我们考虑保险代理市场中业务排名前4家（CR4）和前8家（CR8）机构的业务收入在整个市场中的占比程度，分析结果具体如表4-4所示。

表4-4 保险代理市场中业务排名前4家和前8家机构的业务收入占比 单位:%

年份	2008	2009	2010	2011	2012	2013	2014	2016	2017
CR4	10.8	9.5	14.1	13.9	13.2	74.1	28.6	6.8	22.5
CR8	16.3	15.8	19.2	18.0	18.2	81.6	35.8	11.9	32.5

分析近 10 年来的发展状况（除 2013 年数据异常，2014 年保险年鉴中将平安保险代理有限公司 2013 年的业务收入作为整体统计，不区分各地分公司）可见，这两项数据不存在明显的趋势变化，尤其是 2013～2017 年的市场集中度变化幅度剧烈，一方面与数据统计口径不一致有关，另一方面也表明中国保险代理机构的发展水平不高，尚未形成合理的竞争格局。

（五）保险代理机构区域发展状况

保险中介的发展与当地的经济状况、保险市场的发展程度以及社会环境密切相关。中国幅员辽阔，东部与西部、城市与农村的经济发展水平差距极大，社会习惯、观念等也有较大的差异。区域性差异的客观存在，带来了保险中介发展的不均衡。

2017 年，中国保险专业代理机构数量最多的省份是广东，达到 207 家，其次是北京和山东，分别达到 172 家和 152 家。数量最少的是西藏，只有 6 家，接着是甘肃和青海，分别有 9 家和 10 家。各省和直辖市的具体数据如表 4-5 所示。

表 4-5　　　　2017 年中国各省份保险专业代理机构数量　　　　单位：家

省份	安徽	北京	福建	甘肃	广东	广西	贵州	海南	河北	河南
数量	30	172	49	9	207	28	62	15	20	71
省份	黑龙江	湖北	湖南	吉林	江苏	江西	辽宁	内蒙古	宁夏	青海
数量	43	37	16	28	129	16	99	36	20	10
省份	山东	山西	陕西	上海	四川	天津	西藏	新疆	浙江	重庆
数量	152	65	60	36	71	46	6	33	136	25

如图 4-4 所示，目前中国将近半数的保险专业代理机构位于京津冀、长三角和珠三角地区。这 3 个区域，保险代理业务较发达，制度的运转效率较高，而其他地区保险中介业务则相对落后，制度运转效率也较低。

三、保险专业代理机构的发展趋势分析

目前，中国保险专业代理机构正在逐渐发展壮大。2019 年，中国银保监会出台了《关于加强保险公司中介渠道业务管理的通知》《保险中介市场乱象整治工作方案》等一系列监管文件，对保险中介的审查和管理日益严格。2020 年 5 月，银保监会出台《关于切实加强保险专业中介机构从业人员管理的通知》，进

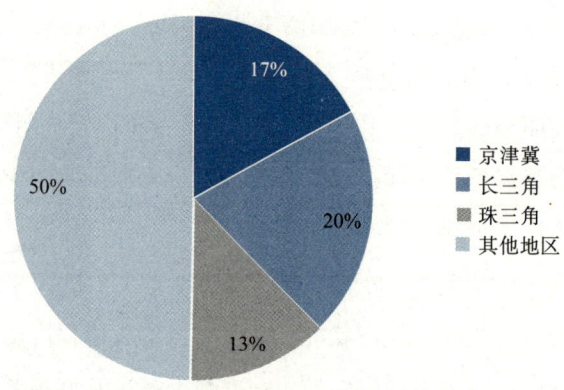

图4-4 2017年中国保险专业代理机构区域分布情况

一步压实保险专业机构从业人员的主体责任。

与此同时,进一步开放是市场发展的必然,也是行业国际化的需要。未来,可以预期保险中介领域竞争势必加剧,但同时机遇也会显现,竞争会体现在产品优化升级、科技辅助的服务效率提高、客户整体消费体验提升等方面,保险专业代理机构将迎来发展的新契机。

未来,专业代理人将不断调整升级,个人代理人将加快向更专业化转型,传统的销售模式和服务模式将加速变革,以能够积极应对保险市场的变化和实际需求。从保险代理市场看,保险公司越来越重视中介渠道的作用,越来越多的保险公司将优势产品和各种资源投入到中介渠道,这将使保险代理行业与保险公司的合作更紧密,也将推动保险代理市场的发展。

第二节 保险经纪机构的发展

一、保险经纪人

(一)保险经纪人的定义

中国《保险法》(2015年修订)第一百一十八条规定:"保险经纪人是基于投保人的利益,为投保人与保险人订立保险合同提供中介服务,并依法收取佣金的机构。"保险经纪人是指代表被保险人在保险市场上选择保险人或保险人组合,同保险方洽谈保险合同条款并代办保险手续以及提供相关服务的中间人。

(二) 保险经纪人的分类

根据委托方的不同,保险经纪人可以分为狭义的保险经纪人(专指原保险市场的经纪人)和再保险经纪人。

狭义的保险经纪人是指直接介于投保人和原保险人之间的中间人,直接接受投保客户的委托。按业务性质的不同,狭义的保险经纪人可分为寿险经纪人和非寿险经纪人。寿险经纪人是指在人身保险市场上代表投保人选择保险人、代办保险手续并为此从保险人处收取佣金的中间人。非寿险经纪人是安排各种财产、利益、责任保险业务,在保险合同订约双方之间斡旋,促使保险合同成立并为此从保险人处收取佣金的中间人。

再保险经纪人是促成再保险分出公司与接受公司建立再保险关系的中间人。他们把分出公司视为自己的客户,在为分出公司争取优惠条件的前提下,选择接受公司并收取由后者支付的佣金。再保险经纪人不仅介绍再保险业务、提供保险信息,而且在再保险合同有效期间对再保险合同进行管理,继续为分保公司服务,例如,合同的续转、修改、终止等问题,并向再保险接受人及时提供账单并进行估算。

(三) 保险经纪人的业务和作用

保险经纪人通过向投保人提供保险方案、办理投保手续、代投保人索赔并提供防灾、防损或风险评估、风险管理等咨询服务,使投保人充分认识到经营中自身存在的风险,并参考保险经纪人提供的全面的专业化保险建议,使投保人所存在的风险得到有效控制和转移,达到以最合理的保险支出获得最大的风险保障,降低和稳固了经营中的风险管理成本,保证了企业的健康发展。

另外,因为保险经纪人的业务最终还是要到保险公司进行投保,保险经纪公司业务量的增加会引起保险公司整体业务量的增加,从而降低了保险公司的展业费用;在保险市场上,保险经纪人把保险公司的再保险份额顺利地推销出去,消除了保险公司分保难的忧虑,大大降低了保险公司的经营风险;而且保险经纪人代为办理保险事务,减少了被保险人因不了解保险知识而在索赔时给保险人带来的不必要的索赔纠纷,提高了保险公司的经营效率。

因此,保险经纪人的发展不管是对投保人还是对保险公司都是有利的,其发展是保险市场不断完善的结果。

二、保险经纪机构的发展现状

(一)保险经纪机构数量

20世纪80年代,国外保险经纪公司开始进入中国市场,并逐步与国内保险公司建立业务合作关系,但初期多限于三资企业和再保险经纪业务,并未对中国保险市场产生深远影响。2000年,北京江泰、上海东大和广州长城3家保险经纪机构成立,标志着中国保险经纪业务正式起步。经过10余年的发展,保险经纪机构的渠道作用越来越受到保险公司尤其受到新成立的保险公司的重视。

从保险经纪机构数目来看,如表4-6和图4-5所示,中国的保险经纪机构自2009年以来一直处于稳步增加的状态,但2019年有所回落。截至2019年6月,保险经纪机构数目已达到497家。不过就当前的情况来看,保险经纪领域有序的市场格局逐渐形成,保险经纪机构进入相对稳定的发展时期,后续监管将更注重市场运行的规范与稳定。

表4-6　　　　　　　　　保险经纪机构数目变化　　　　　　　　　单位:家

年份	2009	2010	2011	2012	2013	2014	2015	2016	2017	2018	2019年6月
数量	378	392	416	434	438	445	445	483	487	499	497

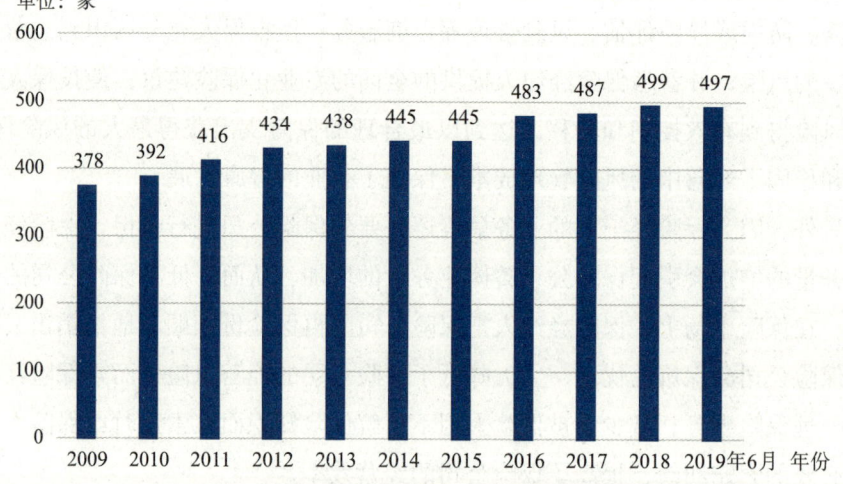

图4-5　保险经纪机构数量

(二) 保险经纪机构保费收入

如表4-7和图4-6所示,2008年,通过保险经纪机构实现保费收入245.3亿元,此后各年保费收入总体呈增长趋势,但增幅不够稳定。2017年,通过保险经纪机构实现保费收入918.1亿元,是2008年的3.74倍。同时,通过保险经纪机构实现的保费收入在全国保费收入中的占比始终维持在2.5%左右。尽管该渠道的保费收入实现了较大幅度的增加,但全国保费收入占比相对稳定,可见这种保费收入的增长主要依靠全国保险行业的发展,而保险经纪机构在保险市场中的地位并没有得到很大提升。

表4-7　　　　　　　保险经纪机构保费收入及占比情况　　　　　　单位:亿元

年份	2008	2009	2010	2011	2012	2013	2014	2015	2016	2017
保费收入	245.3	244.7	313.1	380.1	421.1	430.3	504.5	559.0	692.1	918.1
同比增长(%)	47.0	-0.2	28.0	21.4	10.8	2.2	17.2	10.8	23.8	32.7
全国保费收入占比(%)	2.5	2.2	2.2	2.7	2.7	2.5	2.5	2.3	2.3	2.5

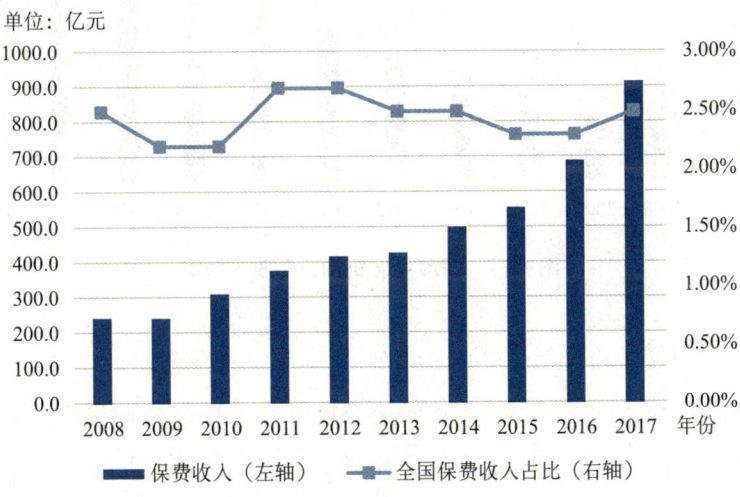

图4-6　保险经纪机构保费收入及占比情况

(三) 保险经纪机构业务收入

从保险经纪机构业务收入来看,如表4-8和图4-7所示,自2008年以来,保险经纪机构的业务收入一直保持着两位数以上的较高增速，增长原因与保费收入类似，均依靠全国保险行业自身的发展。目前，有效的竞争体系尚未形成，主要表现在：一是关联方业务占有较大的比重，二是存在着大量小规模、低效益的保险经纪机构。

表4-8　　　　　　　　保险经纪机构业务收入情况　　　　　　　　单位：亿元

年份	2008	2009	2010	2011	2012	2013	2014	2015	2016	2017
业务收入	26.5	33.1	44.0	55.5	63.7	78.1	94.2	106.3	135.1	194.1
同比增长（%）	31.3	24.9	32.9	26.1	14.8	22.6	20.6	12.8	27.1	43.7

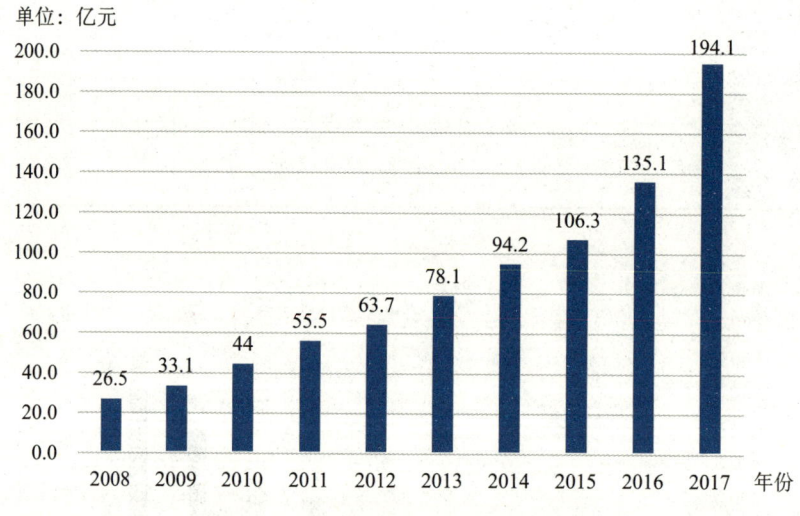

图4-7　保险经纪机构业务收入情况

（四）保险经纪市场集中度

在市场集中度方面，如表4-9所示，2017年保险经纪市场中业务排名前4家（CR4）和前8家（CR8）机构的业务收入在整个市场的占比分别为23.6%和36.3%。分析过去10年的发展情况可以发现，经纪市场的市场集中度在整体上呈下降趋势。随着市场集中度的下降，多极化竞争格局日益明显，但是目前的市场集中度仍处于较高水平，中国保险经纪市场的结构特征是较低垄断性和较高竞争性，并且随着时间的推移，竞争性特征越来越明显。

表4－9　保险经纪市场中业务排名前4家和前8家机构的业务收入占比　　　　单位:%

年份	2008	2009	2010	2011	2012	2013	2014	2015	2016	2017
CR4	30.8	30.7	28.2	28.3	27.3	31.1	21.0	32.5	25.0	23.6
CR8	45.8	45.5	42.3	40.1	41.6	45.0	38.4	43.9	41.5	36.3

（五）保险经纪机构区域发展状况

从2017年的数据来看，北京的保险经纪机构数量达到195家，远远高于其他省市。地区发展不平衡的情况仍然十分严重。北京、广东、浙江和上海的保险经纪机构的数量排名位于前四。保险经纪机构最少的省份是广西、山西、西藏、吉林和河南，均不超过2家，广西甚至没有保险经纪机构。具体数据如表4－10所示。

表4－10　　　　　2017年中国各省份保险经纪机构数量　　　　　单位：家

省份	安徽	北京	福建	甘肃	广东	广西	贵州	海南	河北	河南
数量	9	195	9	13	60	0	29	4	7	2
省份	黑龙江	湖北	湖南	吉林	江苏	江西	辽宁	宁夏	青海	山东
数量	4	10	11	2	6	4	7	11	10	18
省份	山西	陕西	上海	四川	天津	西藏	新疆	云南	浙江	重庆
数量	1	12	36	8	12	2	24	4	43	3

与保险专业代理机构对比，保险经纪机构的区域发展显得更为不平衡。如图4－8所示，2017年，京津冀、长三角和珠三角地区的保险经纪机构数量占比高达77%，更加有力地说明了保险中介区域发展的不均衡。

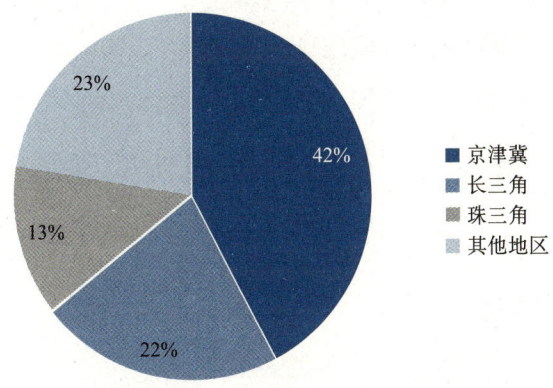

图4－8　2017年中国保险经纪机构区域分布情况

三、保险经纪机构的发展趋势分析

2018 年 6 月底,中国银保监会发布通知,放开外资保险经纪公司的经营范围,同时允许外资经营保险代理和公估业务,保险中介三大领域(经纪、代理、公估)的开放力度及速度,超出市场预期。2018 年 7 月 10 日公布的"上海扩大开放 100 条"亦称,放开外资保险经纪公司经营范围,支持外资来沪经营保险代理和公估业务,不设股比限制。

实际上,保险经纪在国内市场规模和认知度都还较低。目前,国内保险经纪机构保费收入仅占全国保费收入 2.5% 的市场份额,而较为发达的保险经纪市场占比较高,如美国保险经纪占比超过 50%,中国保险经纪市场的发展空间巨大。从目前中国保险发展水平以及相关政策导向综合来看,未来 10 年将是专业保险经纪大发展的关键期。在产销分离趋势明朗化的当下,消费者关注更多的将是保险服务而非保险产品推销。

在当前的保险业转型发展和进一步对外开放阶段,保险经纪市场的结构、规模、功能将继续发生变化,消费者对保险产品的多元化需求及全面保障需求,是任何一家保险公司都难以满足的,这愈加凸显保险经纪行业在该方面的价值。保险经纪行业将积极应对这一形势,在已具备一定的发展基础上,加快适应保险业转型发展和改革开放的需要,提高专业素质,更好地帮助客户选择最适合的保险公司、最适宜的保险产品、最合理的价格、最优越的承保条件及提供全面的风险管理服务和各项增值服务,提升服务品质和服务质量,注重发挥在一些单一业务量较小、业务面较广的分散性险种上的独特优势,更要在基本业务基础、产品、渠道、服务等诸方面进行创新,实现科学发展。

第三节 保险公估机构的发展

一、保险公估人

(一)保险公估人的定义

保险公估人是指依照法律规定设立,受保险公司、投保人或被保险人委托办理保险标的的查勘、鉴定、估损以及赔款的理算，并向委托人收取酬金的公司。公估人按照委托人要求，对保险标的进行检验、鉴定和理算，并出具保险公估报告，不代表任何一方的利益，使保险赔付趋于公平、合理，有利于调停保险当事人之间关于保险理赔方面的矛盾。

（二）保险公估人的分类

按照不同的分类标准，可以将保险公估人进行不同的分类。

根据义务性质的不同，可分为保险型公估人、技术型公估人和综合型公估人，保险型公估人和技术型公估人分别侧重于解决保险、技术方面的问题，而综合型公估人可解决两方面结合的问题。

根据保险公估人从事活动范围的不同，可分为海上保险公估人、汽车保险公估人和火灾及特种保险公估人。海上保险公估人主要处理海上、航空运输保险等方面的业务，此类业务一般为国际保险且较为复杂，通常由处于独立地位的保险公估人进行处理。汽车保险公估人主要处理与汽车保险有关的业务，有利于减少保险公司与被保险人之间的冲突，有效制止汽车保险理赔中的不正当行为，促进保险公司平等竞争。火灾及特种保险公估人主要处理火灾及物质特种保险等方面的业务，近年来，财产保险承保范围的扩大和理赔技术含量的提高，使得拥有专业技术的保险公估人愈发重要。

根据委托方的不同，可分为接受保险公司委托的保险公估人和只接受被保险人委托的保险公估人。

根据公估方与委托方的关系不同，可分为雇佣保险公估人和独立的保险公估人。前者长期受聘于某一家保险公司，按该公司的委托或指令处理各项理赔业务，这类公估人一般不能接受其他保险公司的委托业务；后者可以同时接受数家保险公司的委托处理理赔事务，其间的委托与被委托关系是暂时的，一旦公估人完成了保险公司的委托业务，他们之间的委托关系也就相应结束。

（三）保险公估人的业务和作用

保险公估人的主要职能就是按照委托人的委托要求，对保险标的进行检验、鉴定和理算，并出具保险公估报告，其使保险赔付趋于公平、合理，有利于调停保险当事人之间关于保险理赔方面的矛盾。

保险公估人的业务职能主要体现在以下 3 个方面：

第一，评估职能。保险公估人所具有的是一种广义的（保险）评估职能，包括评估职能、勘验职能、鉴定职能、估损职能和理算职能。保险公估人对保险标的进行公估，得出公估结论，并说明得出结论的依据和推理过程。评估职能是保险公估人的关键职能。

第二，公证职能。保险公估人是保险合同当事人之外的第三方，完全站在中间、公正的立场上。公证职能对结案具有督促作用。另外，公证职能虽然不具备法律效力，但是可以接受法律的考验。这是因为保险公估人的公估结论确定后，必须经保险关系当事人双方接受才能结案。

第三，中介职能。保险公估人作为保险中介人，为保险双方提供服务，具有鲜明的中介职能。保险公估人以保险关系当事人之外的第三方身份，独立地开展保险公估，得出公估结论，促成保险关系当事人接受该结论，为保险关系当事人提供中介服务。

保险公估机构的重要作用体现在，保险公司从经营成本考虑，不可能配备众多、门类齐全的专业技术人员。而保险公估人的存在，实现了保险理赔工作的专业化分工，降低了保险理赔成本，提高了整个社会的福利。

二、保险公估机构的发展现状

（一）保险公估机构数量

截至 2019 年 6 月，中国共有保险公估机构 381 家。近 10 年，保险公估机构数量呈现缓慢增加的趋势。其中，2013 年，由于原保监会大幅提高保险专业中介法人机构准入门槛，保险公估机构数有所下降。2014 年是整个保险市场包括保险中介市场在内充满活力、快速发展的一年，保险业市场化改革加之监管思路的转变，使得包括保险公估机构在内的保险中介市场规模有了较大程度的扩大。2015 年，原保监会修订了《保险公估机构监管规定》，保险公估市场扩张的势头有所压制。2018 年 2 月，中国银保监会发布了《保险公估人监管规定》，在机构设立方面，"新规"将保险公估机构划分为全国性保险公估机构和区域性保险公估机构。

2009 年至 2019 年 6 月，中国保险公估机构数量及增长率具体如表 4 - 11 和图 4 - 9 所示。

表4-11　　　　　　　　　　保险公估机构数量　　　　　　　　　　单位：家

年份	2009	2010	2011	2012	2013	2014	2015	2016	2017	2018	2019年6月
数量	289	305	315	325	320	337	333	300	325	353	381

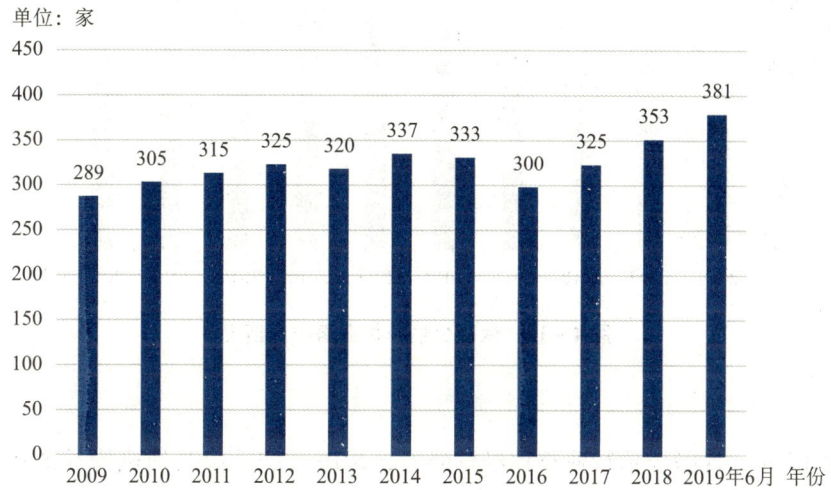

图4-9　保险公估机构数量

（二）保险公估机构业务收入

2017年，保险公估机构实现业务收入26亿元，同比增长13.5%。保险公估市场的业务收入一直处在稳定增长的过程，2008~2017年的年均复合增长率为9.57%，同时，只有2009年和2015年的同比增长率出现小幅下降。结合保险公估机构数量的波动，总体来看，这与保险公估市场尚不成熟有着很大关系。对于专业保险中介，市场已经逐步从最初的争夺牌照资源，转变为较为理性的市场进入与退出，保险公估市场的新陈代谢和优胜劣汰也实属正常。随着保险市场的转型和社会认知度的提高，保险公估市场在近几年也实现了较快发展，但由于保险受监管制约较大，因此监管力度和开放程度也影响着保险公估市场的发展规模。具体如表4-12和图4-10所示。

表4-12　　　　　　　　　保险公估机构业务收入情况　　　　　　　　　　单位：亿元

年份	2008	2009	2010	2011	2012	2013	2014	2015	2016	2017
业务收入	11.4	11.3	12.2	13.6	15.7	19.4	22.6	22.4	22.9	26.0
同比增长（%）	58.6	-1.0	7.5	12.2	15.0	23.6	16.5	-0.9	2.2	13.5

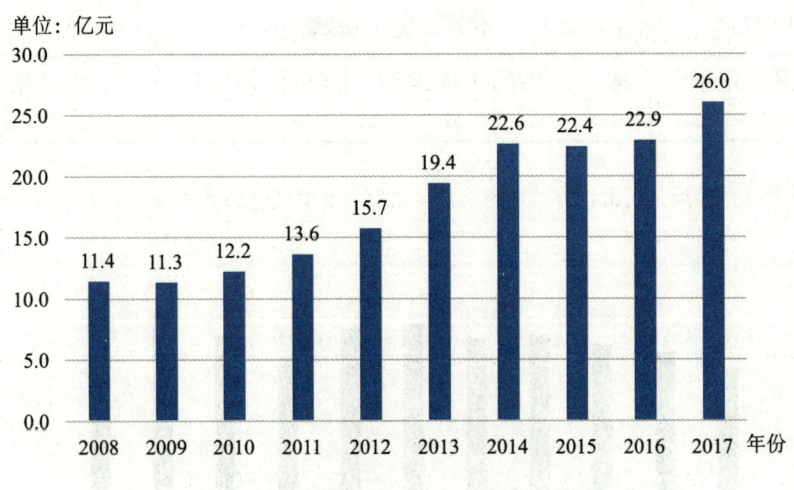

图 4-10　保险公估机构业务收入情况

（三）保险公估净利润与估损金额

2017 年，保险公估行业整体经营略亏；2016 年，保险公估机构亏损 0.48 亿元。从可获取的数据来看，2007~2013 年保险公估机构净利润处于稳步上升状态，但 2014 年、2016 年和 2017 年均为亏损经营，这是多种原因造成的结果。其一，大多数保险公司拥有自己的理赔团队，可自行完成大部分评估业务，仅少数业务委托公估机构处理，导致绝大多数区域性或小型公估机构经营困难；其二，保险公估行业的马太效应明显，大型保险中介机构开始打造中介闭环，延展公估业务，进一步挤压中小公估公司的生存空间；其三，公估行业自身的利润率较低，资本实力较弱，监管管理力度不足，这些先天条件与外部因素也是导致利润下滑的原因。

2008~2017 年，保险公估机构的估损金额持续上涨，但并不能说明公估行业的发展水平和公估机构的职业能力相应提高，这更多地依赖于中国保险行业的整体发展。

（四）保险公估市场集中度

根据可获取的数据，与保险代理和保险经纪市场相比，保险公估市场的市场垄断程度较高（见表 4-13）。一方面，专业程度和业务能力是制约中小公估机构发展的重要因素，车险公估专业门槛较低，但激烈竞争引发的价格战导致恶性循环，而其他财产险的专业领域涉足面广，人才缺乏和开拓市场的高昂费用进一步限制了中小公估机构的发展;另一方面,多数保险公司不借助公估机构,自行完成查勘、定损,占据了市场的主体地位,也是保险公估行业发展受限的重要原因。

表4-13 保险公估市场中业务排名前4家和前8家机构的业务收入占比 单位:%

年份	2008	2009	2010	2011	2012	2016
CR4	32.7	31.9	37.6	34.1	44.0	40.7
CR8	43.9	44.2	49.5	46.2	53.5	57.6

(五)保险公估机构区域发展状况

2017年,北京和广东在保险公估机构数量方面仍占领绝对优势,其次是山东和浙江。数量最少的是广西、甘肃、西藏等地区。地区发展不均衡的情况仍然严重。具体情况如表4-14和图4-11所示。

表4-14　　　2017年中国各省份保险公估机构数量　　单位:家

省份	安徽	北京	福建	甘肃	广东	广西	贵州	海南	河北	河南
数量	9	50	13	2	62	1	10	2	15	4
省份	黑龙江	湖北	湖南	吉林	江苏	江西	辽宁	内蒙古	青海	山东
数量	3	7	6	8	15	2	16	4	3	30
省份	山西	陕西	上海	四川	天津	西藏	新疆	云南	浙江	重庆
数量	2	9	6	4	9	2	5	4	25	5

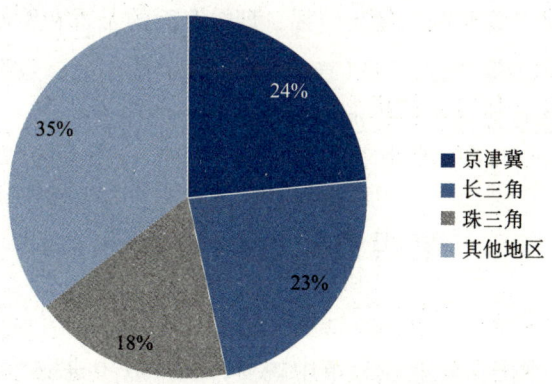

图4-11　2017年中国保险公估机构区域分布情况

三、保险公估机构的发展趋势分析

2017年6月30日,原中国保监会印发《关于做好保险公估机构业务备案及监管工作的通知》,从4个方面明确了保险公估机构业务备案的要求和程序,进一步细化了保险公估机构业务备案工作。中国保险公估行业增长速度迅猛,但仍处于发展初期。目前,中国保险公估企业由于受机构规模小、技术水平低、法律地位不明确等因素限制,造成实力相对弱小、公信力相对缺乏,因此受保险公司的控制较为突出,很难实现独立性,且机构数量、业务规模、营销产能与规模收益都不稳定。国内保险专业公估机构和专业人才均滞后于市场的要求,机构和专业人员的技术水平、管理水平等都还跟不上市场发展的需要。

目前,中国对外资保险的进入限制正在逐步放宽。外资保险的进入将加快国内保险公估行业与国际规则、国际惯例接轨,促进国内保险公估行业科学技术手段的运用和专业知识的增长,使得对保险标的的评估、勘验、鉴定、估损、理算等业务能力有更大提升,起到使保险理赔更加透明化、减少理赔过程中当事人之间的摩擦、降低保险市场营运成本、净化保险市场等作用。保险公估机构以公正和专业的形象、高效率的办案能力和协调能力以及较高的服务水平树立起信誉和权威,保证保险业的健康发展。

中国的保险公估市场有巨大的提升空间,保险公估如何开辟新的服务领域,是保险公估接下来的发展要务。在车险查勘、理赔方面,保险公估可以尽最大可能发挥自己的职能替保险公司解决定损、理赔方面的矛盾和不便;在反保险欺诈领域,保险公估作为第三方,可以通过关联共享风险信息、数据,有效地调查取证,推动保险行业反欺诈的发展进程。

第四节 总结与展望

过去40年,中国保险业在改革中蜕变,在开放中进取,走过了辉煌历程,取得了辉煌成就。作为中国保险业改革开放的重要标志,中国保险中介伴随着保险业市场化进程应运而生、顺势成长,发展成效有目共睹,有力地促进了保险业的发展，有效推动着保险业发挥保障人民生活、服务实体经济、服务中国经济社会建设的功能作用。

然而，由于中国保险中介领域起步较晚、发展时间较短，与保险业发展和经济社会需要还有不小的差距。目前，中国保险中介行业仍存在一些问题：

第一，竞争格局失衡，发展结构不够合理。保险代理市场和保险经纪市场竞争相对充分，保险公估市场呈现两极分化局面（因保险公估市场的收购、兼并、重组等活动，市场资源向少数大公司集中）。从地区分布情况看，保险专业中介机构多集中于北京、上海、广东等经济发达地区，越是经济不够发达的地区保险中介市场越相对落后。

第二，业务水平较低，专业能力存在差异。保险中介市场各类主体实现的保费收入（或估损金额）和业务收入的增速虽然也有起伏，但总体向上的趋势十分强劲。然而，中国保险中介市场的自主创新能力和专业水平还十分欠缺，以公估业为例，行业资源快速聚集于车险公估低端市场，一方面同质竞争引发价格搏杀，另一方面没能预见保险公司结构调整及改变与公估合作模式的重大影响，行业市场萎缩并使经营资源深度套牢。

第三，去中介化情势显现。互联网保险的崛起，使去中介化情势愈来愈显现，保险中介的转型升级愈来愈紧迫。专业保险代理机构增速不断减缓，而保险经纪机构和保险公估机构在增速放缓过程中又略有加速。对于专业保险中介市场，已经从最初的争夺牌照资源转变为较为理性的市场进入与退出。保险中介市场的新陈代谢和优胜劣汰，既是保险中介市场主体的活力所在，又说明中介市场尚不成熟。

2018年，监管机构发布了《保险经纪人监管规定》和《保险公估人监管规定》，并于2018年5月1日起实施；2018年7月，中国银保监会对《保险代理人监管规定（征求意见稿）》向社会公开征求意见，并于2020年5月，再次向社会公众征集意见。可以预见，随着下一步《保险代理人监管规定》的出台，保险中介监管将形成《保险法》和《保险代理人监管规定》《保险经纪人监管规定》《保险公估人监管规定》为主体的监管体系，标志着全面深化保险中介市场改革迈出重要一步，保险中介监管将进入新时代。

针对保险中介固有的问题以及时代带来的新问题，保险中介应在专业和高效的路径上探求出路。保险业新一轮对外开放，将极大促进保险中介行业升级提效，使行业的体制更顺、素质更高、业务更专业化、业内外合作更广泛和深化、创新机制和环境更优化、全国性服务网络建设更快、服务效率和服务品质有更大提升、提供的保障水平更高。保险中介市场更趋活跃也更具发展张力、开拓性更强、新型保险产品更多、服务化将更有力地驱动市场业务增长和持续发展。

第五章　中国保险资产管理机构的发展分析

第一节　中国保险资产管理业制度建设

随着经济和保险业的快速发展，中国的保险资金运用在经历过一段探索、认识和不断总结经验的过程后，相关制度建设也逐渐走出一条符合自身规律的改革发展之路（本报告附录3梳理了中国保险资产管理行业制度建设的历程）。

1985年3月，国务院颁布《保险企业管理暂行条例》，从法规角度明确了保险企业可以自主运用保险资金，从此保险公司开始进入了投资阶段，保险资金运用有了银行存款以外的更多选择。但是，由于国内恢复保险业时间不长，业界、学界和有关政府部门对于保险的投资认识不到位；同时，伴随着经济增长的波动和经济过热，在1987~1995年间，保险资金开始进入房地产、有价证券、信托，甚至借贷市场从而形成大量不良资产，保险资金经历了一段无序投资阶段，出现了很多盲目投资。

1995~2002年间，《中华人民共和国保险法》等一系列法规颁布实施，以及1998年11月中国保险监督管理委员会成立，保险资金运用的混乱局面从根本上得以扭转，保险资金运用逐步进入规范发展阶段；2003~2011年间，中国保监会逐渐放宽了保险资金的投资范围，增加了企业债券、基金、股票、境外投资、基础设施项目、不动产等多项保险资产投资渠道，并出台与各项业务有关的新规范政策，如2004年中国保监会与中国人民银行联合颁布《保险外汇资金境外运用管理暂行办法》、2005年与中国银监会下发《保险公司股票资产托管指引（试行）》、2006年颁布《保险资金间接投资基础设施项目试点管理办法》等。与此同时，保险资金运用的安全性也渐渐引起保监会的重视，有关保险资金风险管理、信用评级等政策相继出台。

2012年是中国资产管理业"风起云涌"的一年，保监会等中国监管机构高密度地出台各项创新政策。随着监管限制的逐步放开和金融创新的步伐加快，越来越多的机构有能力参与到资产管理的队列之中，中国资产管理业进入一个群雄逐鹿的年代。"保险投资13条"出台以后，保险资金资产配置策略组合越来越丰富，过去投资集中于高信用等级的各类债券、债券型基金、货币市场工具等，如今逐渐可以扩展到各种久期的投资组合，期限和信用的运用更加灵活，风险对冲工具和参与利率市场化的工具成为其中最大的亮点（见表5-1）。同时，《保险资金委托投资管理暂行办法》等资金委托政策的出台，清晰了保险资金与其他资管机构的合作路径，推动保险公司利用保险资产管理公司平台向全面资产管理进军。随着《保险资金委托投资管理暂行办法》允许基金公司和券商资管成为保险资金的管理人，外部竞争机制对保险资金管理形成压力，倒逼其管理机制不断改善。

表5-1　　　　　　　　　保险资金投资运用历史沿袭

时间	投资范围
1995~1998年	银行存款、政府债券、金融债券
1999~2003年	银行存款、政府债券、金融债券、企业债券、基金
2004~2005年	银行存款、政府债券、金融债券、企业债券、基金、股票、境外投资
2006~2008年	银行存款、政府债券、金融债券、企业债券、基金、股票、境外投资、基础设施项目、不动产、商业银行股权
2009~2011年	银行存款、政府债券、金融债券、企业债券、基金、股票、境外投资、基础设施项目、不动产、企业股权
2012~2018年	银行存款、政府债券、金融债券、企业债券、基金、股票、境外投资、基础设施项目、不动产、企业股权、股指期货、金融衍生产品、商业银行理财产品、信贷资产支持证券、集合资金信托计划、专项资产管理计划、基础设施投资计划、不动产投资计划和项目资产支持计划等金融产品
2019年	国债、地方政府债券、中央银行票据、政府机构债券、金融债券、银行存款、大额存单、同业存单、公司信用类债券，在银行间债券市场或者证券交易所市场等经国务院同意设立的交易市场发行的证券化产品，公募证券投资基金、其他债权类资产、权益类资产和银保监会认可的其他资产

注：截至2019年12月31日。

资料来源：中国银保监会官网。

2013年投资新政进入完善和观察期,政策的积极作用不断显现出来。原中国保监会不断丰富和细化投资新政内容,进一步提高保险资金运用市场化程度,如拓宽债权投资计划的行业范围,简化申请流程,引导保险资金进入地方市政基础设施建设项目及新兴战略产业中去;整合比例监管政策,重新整合定义大类资产,取消一些不适应市场发展要求的比例限制,按照投资品种风险属性不同,纳入到大类资产配置比例中,不再单独设置具体比例,大幅增加保险公司的投资灵活性;积极鼓励创新投资方式,探索股债结合形式,满足保险资金对接实体经济的实际需求等。

2014年1月23日,原中国保监会颁布《关于加强和改进保险资金运用比例监管的通知》,重新将投资资产划分为流动性资产、固定收益类资产、权益类资产、不动产类资产和其他金融资产五大类资产,针对五类资产制定了保险资金运用上限比例和集中度监管比例,不再对各大类资产包含的具体品种设限(见表5-2)。2014年8月13日,国务院下发《国务院关于加快发展现代保险服务业的若干意见》(简称新"国十条"),明确了现代保险服务业在经济社会发展全局中的定位,提出由保险大国向保险强国转变的目标。新"国十条"的出台将推动保险业快速发展,提升保险业的行业定位,拓宽保险业的服务领域;同时,将充分发挥保险资金长期投资的独特优势,进一步发挥保险公司的机构投资者作用,为股票市场和债券市场长期稳定发展提供有力支持。

表5-2　　　　　保险资金各投资标的允许投资的最高比例要求

类别	可投资品种	最新监管规定
流动性资产	境内品种主要包括现金、货币市场基金、银行活期存款、银行通知存款、货币市场类保险资产管理产品和剩余期限不超过1年的政府债券、准政府债券、逆回购协议,境外品种主要包括银行活期存款、货币市场基金、隔夜拆出和剩余期限不超过1年的商业票据、银行票据、大额可转让存单、逆回购协议、短期政府债券、政府支持性债券、国际金融组织债券、公司债券、可转换债券,以及其他经中国保监会认定属于此类的工具或产品	投资比例不低于本公司上季末总资产的5%

续表

类别	可投资品种	最新监管规定
固定收益类资产	境内品种主要包括银行定期存款、银行协议存款、债券型基金、固定收益类保险资产管理产品、金融企业（公司）债券、非金融企业（公司）债券和剩余期限在1年以上的政府债券、准政府债券，境外品种主要包括银行定期存款、具有银行保本承诺的结构性存款、固定收益类证券投资基金和剩余期限在1年以上的政府债券、政府支持性债券、国际金融组织债券、公司债券、可转换债券，以及其他经中国保监会认定属于此类的工具或产品	投资比例无明确限制
权益类资产	境内上市权益类资产品种主要包括股票、股票型基金、混合型基金、权益类保险资产管理产品，境外上市权益类资产品种主要包括普通股、优先股、全球存托凭证、美国存托凭证和权益类证券投资基金，以及其他经中国保监会认定属于此类的工具或产品。境内、境外未上市权益类资产品种主要包括未上市企业股权、股权投资基金等相关金融产品，以及其他经中国保监会认定属于此类的工具或产品	1. 投资权益类资产的账面余额，合计不高于本公司上季末总资产的30%，且重大股权投资的账面余额，不高于本公司上季末净资产。账面余额不包括保险公司以自有资金投资的保险类企业股权 2. 投资单一蓝筹股股票的余额占上季度末总资产的监管比例上限由5%调整为10%；投资权益类资产的余额占上季度末总资产比例达到30%的，可进一步增持蓝筹股股票，增持后权益类资产余额不高于上季度末总资产的40% 3. 投资创业投资基金的余额纳入权益类资产比例管理，合计不超过保险公司上季度末总资产的2%，投资单只创业投资基金的余额不超过基金募集规模的20%

续表

类别	可投资品种	最新监管规定
不动产类资产	境内品种主要包括不动产、基础设施投资计划、不动产投资计划、不动产类保险资产管理产品及其他不动产相关金融产品等，境外品种主要包括商业不动产、办公不动产和房地产信托投资基金（REITs），以及其他经中国保监会认定属于此类的工具或产品	投资不动产类资产的账面余额，合计不高于本公司上季末总资产的30%。账面余额不包括保险公司购置的自用性不动产。保险公司购置自用性不动产的账面余额，不高于本公司上季末净资产的50%
其他金融资产	境内品种主要包括商业银行理财产品、银行业金融机构信贷资产支持证券、信托公司集合资金信托计划、证券公司专项资产管理计划、保险资产管理公司项目资产支持计划、其他保险资产管理产品，境外品种主要包括不具有银行保本承诺的结构性存款，以及其他经中国保监会认定属于此类的工具或产品	投资其他金融资产的账面余额，合计不高于本公司上季末总资产的25%

注：截至2018年12月31日。

资料来源：中国银保监会官网。

2015年，原中国保监会继续推行各种保险新政，不断释放政策红利。政策红利主要体现在两个方面：保险资金运用和保险行业监管方面。2015年2月，原中国保监会发布关于印发《保险公司偿付能力监管规则（1－17号）》的通知，自此，保险业进入了"偿二代"的实施准备期。"偿二代"体系监管规则的出台有助于提高保险业的资本使用效率，防范风险。2015年7月，原中国保监会颁布《关于提高保险资金投资蓝筹股股票监管比例有关事项的通知》，规定保险公司投资单一蓝筹股股票的余额占上季度末总资产的监管比例上限由5%调整为10%，投资权益类资产的余额占上季度末总资产比例达到30%的，可进一步增持蓝筹股股票，增持后权益类资产余额不高于上季度末总资产的40%。

2016年，原中国保监会加强对保险资金运用监管，主要涉及保险资金对大额未上市股权和大额不动产投资的规范、组合类保险资产管理产品业务监管以及保险资金股票投资监管规范。在1984~2015年长达30多年的时间里，原中国保险资金在运用的业务范围上不断拓宽。保险资产管理经历了从传统的银行存款、债券向股票、基金，再向另类投资品种的逐步转变。特别是在2012年，伴随"十三条新政"的出台，保险资金投资范围迅速开放，资产配置的空间和弹性不断扩大，打破了行业壁垒，实现了与银行、信托、证券等金融平台的同台竞技，保险投资覆盖了从公募领域到私募领域、从传统产品到另类工具、从境内市场到境外市场、从实体经济到虚拟经济的广阔领域，实现全面拓展，政策红利的不断释放促进了保险行业的飞速发展，但是也伴随着问题的出现，因此2016年原中国保监会加强了保险资金运用的监管，这也给市场释放一个信号："红利释放+规范发展"的监管思路将会成为今后保险行业以及保险资金运用的常态。

2017年，原中国保监会针对目前经济发展趋势，拓展投资渠道，创新投资方式，完善监管标准，同时加强风险管控，防范投资风险。面对2015~2016年保险业频频举派的热潮，2017年1月，原中国保监会发布《关于进一步加强保险资金股票投资监管有关事项的通知》，落实"财务投资为主，战略投资为辅"的保险资金运用监管导向。纵观2017年，原中国保监会对于保险标的资金运用一直着眼于政府与保险资金的结合并对PPP项目公司给予充分的政策创新支持。2017年5月，原中国保监会在《关于保险业服务"一带一路"建设的指导意见》和《关于保险业支持实体经济发展的指导意见》中提出，要创新保险资金运用方式，大力引导保险资金服务国家发展战略。支持保险资金通过债券、股权、股债结合、股权投资计划、资产支持计划和私募资金等方式，直接或间接投资实体经济及投资项目。《关于保险资金投资政府和社会资本合作项目有关事项的通知》《保险资金参与深港通业务试点监管口径》等一系列监管文件的出台，从委托投资、资管计划、参与PPP项目、股票投资、沪深港通业务等方面进行政策规范，同时对风险资本、业务规模及投资品种等严格把控，引导稳健的价值投资，行业监管日渐规范，推动保险资管走向大资管平台。

2018年，银保监会针对保险资金投资环境主要出台了两项政策。第一项是2018年1月26日，保监会发布新版保险资金监管"基本法"《保险资金运用管理办法》，首发于2010年7月并于2014年修改的《保险资金运用管理暂行办法》，在近8年之后，在汇总了历年保险资金运用和监管的经验后，摘掉了"暂行"的帽子。其中的亮点包括对股票和股权投资实施差别监管，赋予险企资金运用工作的独立性，明确保监会对违规险企的监管处罚权限。整体来看，该办法对于2014年版和2016年征求意见稿版既有保留，又有新的增减部分，其主要内容有纳入新品种，股票、股权投资实施差别监管；对接"大资管"新政，严管另类投资；赋权资管独立性，增加高管职责；明确监管职责，增加处罚权限。2018年10月25日，银保监会发布《关于保险资产管理公司设立专项产品有关事项的通知》，允许保险资产管理公司设立专项产品，发挥保险资金长期稳健投资优势，参与化解上市公司股票质押流动性风险。银保监会鼓励保险公司使用长久期账户资金，增持优质上市公司股票和债券，拓宽专项产品投资范围，加大专项产品落地力度；更好发挥保险公司机构投资者作用，维护上市公司和资本市场稳定健康发展。

2019年，银保监会主要加强对保险公司资产负债管理的监督。银保监会依托保险资金负债属性、保险资金运用过程中必须满足资产负债相匹配的特点，于2019年7月24日发布《保险资产负债监管暂行办法》。《保险资产负债监管暂行办法》的发布，除对保险公司建立健全资产负债管理体系提出了相应要求，规范了资产负债管理监管评估的方式之外，还明确了依据资产负债管理能力和匹配状况对保险公司实施差别化监督的监管措施。中国银保监会将对保险公司的资产负债管理分别做出能力评估和量化评估，并根据评估结果实施差别化监管，对于评估结果好的公司，给予资金运用范围、模式、比例以及保险产品等方面的政策支持，对于评估结果差的公司，将会采取严格的监管措施。从政策上来看，《保险资产负债监管暂行办法》反映出银保监会准备着手解决过去监管规则"一刀切""差公司生病，好公司跟着吃药"的情况，有利于进一步深化保险资金运用市场化改革，赋予保险公司更多的投资自主权。2019年11月22日，银保监会发布《保险资产管理产品管理暂行办法（征求意见稿）》，以作为资管新规在保险资管行业下的配套细则。《保险资产管理产品管理暂行办法（征求意见稿）》明确了保险资管产品的投资范围，鼓励发挥保险资金长期、稳定的优势，支持实体经济的发展；其明确了保险资管产品非标投资比例限制，对保险资金投资做出规范；明确了保险资管产品与外部投资管理机构的合作要求等诸多方面。其推动了保险资管产品的市场化发展。

第二节　中国保险资产管理业经营状况

一、市场主体多样化

当前，中国保险资产管理行业发展日趋多元化、专业化。保险资产管理机构在立足保险主业的基础上，积极参与大资管竞争，逐渐拓展第三方业务并向综合性资产管理公司转变。2003年7月16日，国内第一家保险资产管理公司中国人保资产管理股份有限公司成立。2006年9月1日，太平资产管理有限公司批准筹建。此后，安邦资产管理有限责任公司、生命保险资产管理有限公司等公司相继成立。截至2019年年底，成立的保险资产管理公司共26家（详见附录3），总资产达到641亿元，同比增长约15.01%。2019年全年共实现营业收入超过250亿元，同比增长3.84%，较2017年增速减幅17.09%；净利润为76.57亿元，同上年减少约27%（详见附录3）。

除了综合性保险资产管理公司，中国保险资产管理行业市场主体还包括9家专业性保险资产管理机构、10家保险资产管理公司香港子公司、6家养老基金管理（或养老保险）公司、2家私募股权投资管理（GP）公司、1家财富管理公司。此外，还有202家保险公司的保险资产管理中心或保险资产管理部门。2018年获中国银保监会批准筹备的工银安盛资产管理有限公司、交银康联资产管理有限公司和中信保诚资产管理有限公司3家合资保险资管公司已于2019年获批开业。同时，2019年招商信诺资产管理有限公司也已获批筹备。

整体来看，保险资产管理业投资模式包括委托投资和自主投资，其中，委托投资占比75.03%，自主投资占比24.97%。在委托投资中包括委托关联方保险资管、委托非关联方保险资管和委托外部管理人三种模式，其中委托关联方保险资管占比达到71.72%，委托非关联方保险资管占比0.65%，委托外部管理人占比2.64%。在自主投资中，保险资金的投资模式包括直投购买保险资管产品，投资公募基金、信托、私募股权基金或者投资其他资产。

从保险资产管理机构上看，2019年年底35家保险资产管理机构所披露的总资产管理规模达到 18.11 万亿元，相比 2018 年总资产管理规模增长率达 16.45%。截至 2019 年年底，行业管理系统内保险资金占比 73.95%，管理第三方保险资金占比 6.16%，管理银行资金占比 3.32%，管理养老金及企业年金占比 7.84%，管理其他资金占比 8.73%。增速上，保险行业管理的保险资金同比增长 16.08%，管理的养老金及年金同比增长达 43.92%，已连续两年实现超过 30% 的增长，行业资金来源中，养老金与年金占据日益重要的地位。

二、行业规模不断扩大

近年来，中国保险业总资产逐年增长，年增长率均高于 10%，而且大多数年份增长率高于 20%。到 2019 年年底，中国保险业总资产已达 20.56 万亿元，相比 2018 年增长 12.16%（见图 5-1）。可见中国保险行业总规模不断扩大，且整体保持良好平稳的增长态势，这为保险资产管理业的快速发展提供了有力的支撑。

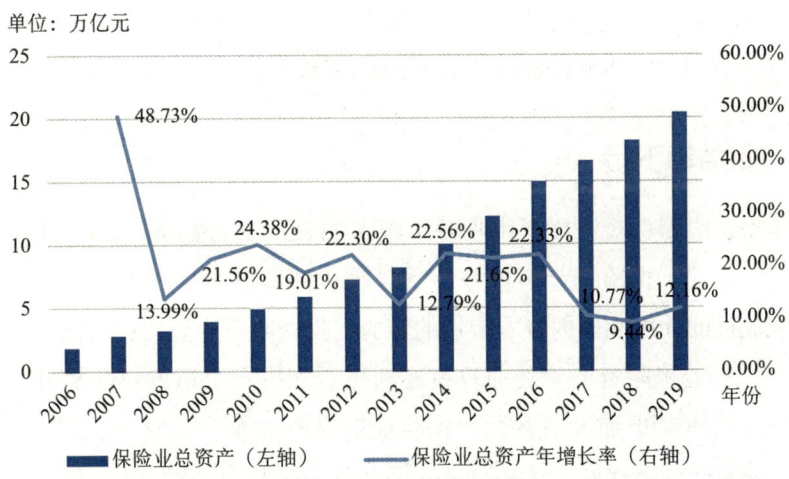

资料来源：中国保险业协会官网、《中国保险年鉴（2007~2017）》。

图 5-1 中国保险业总资产及年增长率（2006~2019 年）

近 10 年来，中国保险资金运用余额逐年递增，2019 年年底保险资金运用余额比 2012 年翻一番有余，达到 18.52 万亿元，较前一年增长 12.91%；保险业可用于投资的资金与保险总资产发展规模息息相关，保险资金可运用余额的不断快速增长将为保险资金投资提供动力和支持。但在规模扩大的同时，我们应该意识到，相对于2014~2016年保险业资金运用余额和保险业总资产高达20%的年增长率，2017~2019年保险业资金运用余额和保险业总资产增速放缓，保险业资产将进入稳定增长的时期（见图5-2）。

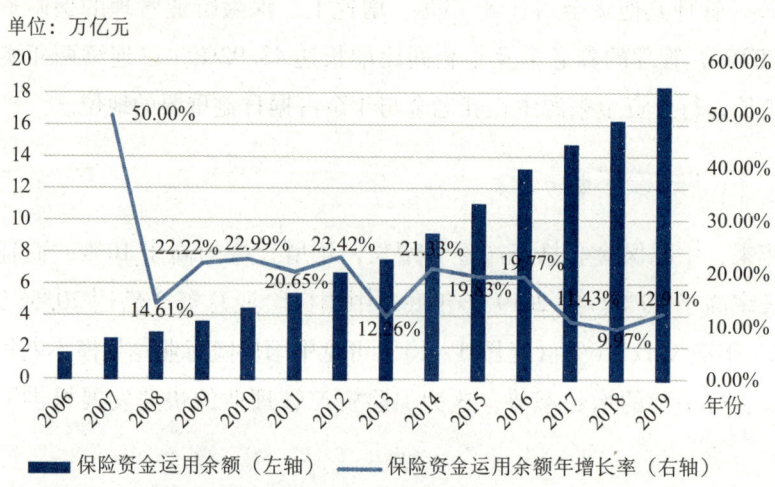

资料来源：中国保险业协会官网、《中国保险年鉴（2007~2017）》。

图5-2 中国保险业资金运用余额及年增长率（2006~2019年）

三、收益率下行

近年来，中国保险资金运用收益出现了明显的下行趋势。2007年资本市场的高速发展成就了保险资金运用平均收益率达到高点（12.17%），2008年遭受全球金融危机的冲击和国内资本市场的转弱，投资收益出现历史新低（3.38%）。2010年后，随着保险资产管理的政策逐渐出台、投资渠道的不断放开，中国保险资金的运用模式更加灵活多元，保险业的投资收益率也逐年上升。2016年，保险行业受宏观经济探底、年初股灾、年末债灾的多重不利影响，保险资金运用收益较2015年明显下降，而2017年保险资金因为债券市场的遇冷，资金投资收益率为5.77%，到了2018年，上证指数累计下跌24.59%，深证成指期间累计下跌34.42%，创业板指期间累计跌幅为28.65%，股票型基金全线亏损。2018年全年保险业资金运用平均收益率仅为4.30%。在2019年，保险资金运用收益达到8824.13亿元，同比增加29.08%，投资收益率也达到4.94%。其中，投资仅占8.06%的股票收益率达到9.16%，对保险资金整体投资收益率起到了提振作用，但随着债券收益率和货币市场利率下行的影响，在未来一段时期内，中国保险资金运用收益率将很难达到高值（见图5-3）。

资料来源：中国保险业协会和中国保险资产管理业协会官网、《中国保险年鉴（2007~2017）》。

图5-3 中国保险业资金运用收益及平均收益率（2006~2019年）

四、资产配置结构趋于稳定

中国保险资金的投资资产可分为3个部分，即固定收益类资产、权益类资产、包含另类资产的其他资产，资产配置的结构逐渐趋于稳定（见图5-4）。2019年，固定收益类资产中，银行存款25227.42亿元，占比13.62%，债券64032.00亿元，占比34.56%，综合占比48.18%；股票和证券投资基金24365.23亿元，占比13.15%，相较于2018年增加1.44个百分点；包含另类投资在内的其他类资产71646.35亿元，占比38.67%，其中长期股权投资1.97万亿元，占比10.65%。固定权益类资产所占比重明显高于其他两类资产，但比例逐年降低，从2011年年底的78.96%降到2017年年底的48.18%。保险公司为了保证资金运用的收益性，投资重心逐渐转移到权益类投资和以另类投资为主的其他投资。从图5-4中可以看出，相较于2018年权益类投资占比11.71%，2019年由于股票市场的回暖，其投资比例也上升至13.15%，带动了整个保险资金运用收益的提升；以房地产、对冲基金、股权债券投资计划等另类投资为主的其他投资的占比从2011年的8.93%提升到2019年的38.67%。总体来看，目前保险资金配置的另类资产质量较为优良,其中基础设施和不动产项目多为国家或省市重点项目,绝大部分有国家级专项基金、国开行、符合条件的大型商业银行或大型国有企业(集团)提供本息全额不可撤销连带担保责任,少部分辅以资产抵押作为增信措施,兑付风险较低。长期股权投资多为金融、消费、医药等行业,分红水平较高,潜在投资价值较大。

资料来源:中国保险业协会和中国保险资产管理业协会官网、《中国保险年鉴(2012~2017)》。

图 5-4 2011~2019 年中国保险资金投向

值得一提的是,相对于 2017 年,2018 年保险资金投资比例中,其他资产和权益类资产均有所下降,而银行存款及债权的投资比例有所上升。相对于 2017 年年底 40.19% 的高占比,2019 年保险资金投资于"其他投资"的资产占比有所下降。限制其他投资增速的原因为非标资产投资增速受限,其保险资管非标产品难以满足日益增长的非标投资需求。根据中国保险资产管理业协会数据显示,2019 年全年,26 家保险资产管理公司注册债权投资计划和股权投资计划共 2 项,合计注册规模 4636.65 亿元,仅比上年增长 1.96%。其中,基础设施债权投资计划 154 项,注册规模 3358.44 亿元;不动产债权投资计划 97 项,注册规模

1225.81亿元；股权投资计划4项，注册规模52.40亿元。相对于2018年，其股权投资注册规模大幅缩水。

第三节 中国保险资产管理业热点

一、权益类市场变动明显

（一）险资入市

2019年，在金融供给侧改革稳步推进、各项基础性制度建设推陈出新的时代背景下，中国资本市场特别是股票市场取得了非常不错的成绩。自2019年1月4日，央行发布公告下调金融机构存款准备金率1个百分点起，整个2019年，上证指数上涨22.3%，深证成指全年上涨44.1%。在资本市场稳步发展的同时，监管对险资入市资金监管重点也已发生改变，由原来的"警惕"，变为当前鼓励险资入市。

2019年1月，银保监会新闻发言人肖远企表示，鼓励保险公司使用长久期账户资金，增持优质上市公司股票；在7月的国新办发布会上，银保监会副主席梁涛透露，银保监会正在积极研究提高保险公司权益类资产的监管比例事宜；9月，证监会在京召开的全面深化资本市场改革工作座谈会再度呼吁"推动更多中长期资金入市"。12月20日，银保监会保险资金运用监管部主任袁序成明确表示，一是支持保险资金投资科创板上市公司股票；二是鼓励保险公司增持优质上市公司股票；三是支持保险资产管理公司设立专项产品，参与化解上市公司股票质押流动性风险，并在产品投资范围和权益类资产比例上给予一定政策支持。

在政策、市场和监管的支持下，2019年年末，险资股票和证券投资基金余额为24365.23亿元，占整个保险资金运用余额比例的13.15%，其余额较上年同期增长5145.36亿元，同比增长约26.77%。截至2019年11月末，保险资金投资股票规模1.81万亿元，约占A股流通市值的3.31%。险资目前作为A股市场第二大机构投资者的地位并未动摇。

虽然2019年度保险资金中股票和证券投资基金比例有所上升，但是由于保险资金的根本属性虽然是长期资金，却对每年的稳定分红和收益有更高的要求，符合险资投资的上市公司并不多，对稳定性的要求使得市场上符合险资投资的标的有限，影响了保险资金对于股票和证券投资基金的更多投入，尽管监管层多次表态，但目前险资权益投资距离监管上限还有很大的空间。

（二）险资举牌或将卷土重来

2015年下半年保险公司掀起举牌上市公司的热潮，以前海人寿、国华人寿、安邦保险为代表的险资连续举牌多家上市公司引起市场强烈关注，其激进的交易策略和"赚快钱"的套利方式一度让市场动荡。对于大出风头的保险资金，监管风向已经明确，保监会强调，险资运营中，保险资金一定要做长期资金提供者，而不是短期资金炒作者，并提出要从严从重加强保险资金运用监管。受股市杀跌和保监会监管加强影响，2016年上半年未出现险资集中举牌。2016年险资举牌共有12例，而2017年险资举牌现象进一步减少，仅有7例险资举牌信息。同时，在2017年的险资举牌中，通过二级市场集中竞价交易而达到举牌线的仅有1例，其余6个均为险资参与定增、认购新股而构成举牌的情况。

2018年，曾在资本市场上频频出现的"险资举牌"在沉寂两年后有所回温，受股市低迷的影响，银保监会于2018年10月发布《关于保险资产管理公司设立专项产品有关事项的通知》，鼓励保险公司参与和支持资本市场发展，鼓励保险公司增持优质上市公司股票。受监管松绑的影响，险资在2018年共有10例险资举牌案例。

2019年，险资举牌再也不是一个让人联想到"野蛮人"的词汇。"价值发现""长期投资""财务投资"成为险资举牌的新标签。变化源于保险行业监管环境与险企保费结构变化、市场利率下行、新的会计准则等一系列原因的推动与催化，险资举牌始被正名。本年度举牌上市公司的险资，呈现出以平安、国寿、太保等大型险企为主的特点。其中，中国人寿举牌了申万宏源、中广核电力、中国太保、万达信息（被3次举牌）；平安人寿举牌了华夏幸福、中国金茂；太保寿险举牌了上海临港。

与此同时，由于"资产驱动负债"模式的没落，此前资产驱动负债型险企纷纷开始转型，大幅削减万能险保费，并降低万能险结算利率，增加中长期的万能型年金保险产品，以拉长负债久期，负债端资金特性的改变传导至投资端，中小险企的投资也更趋稳健，不再举牌。

往年险资举牌上市公司，更倾向于财务投资，主要通过在二级市场买卖股票，在半年甚至一个季度内完成操作以获取差价。2019年的险资举牌则集中在自身产业的上下游，通过参与定增、认购新股，进行中长期的投资和战略布局。这种方式往往涉及大量资金动向，对标的公司本身已具有深入的了解和长期且明确的投资意向。

二、另类投资

所谓另类投资，是指公开交易平台外的投资，在中国主要是指除银行存款、债券、股票等传统投资以外的投资品种，主要包括基础设施债权投资计划、不动产投资计划、股权投资计划以及信托金融产品等。事实上，近年来，国家出于支持实体经济发展的目的，一直在政策层面鼓励保险资金另类投资，例如基础设施项目、不动产项目、长期股权等。可以预见的是，国家还会陆续出台相关优惠政策，比如关于保险资金投资实体经济项目的税收问题、不动产抵押登记手续问题等，对保险资金给予更大支持力度。本报告将按照监管现状—发展现状—政策建议的逻辑进行分析。

（一）另类投资监管现状

2012年，《关于保险资金投资有关金融产品的通知》首次提出"项目资产支持计划"，以满足保险资金配置需求，但该项规定仅允许保险资金投资信托公司集合资金信托计划、证券公司专项资产管理计划，并没有放开对于基金子公司设立的资产管理计划的投资限制。2014年，《项目资产支持计划试点业务监管口径》将保险项目资产支持计划引入试点阶段。该项规定限定了基础资产范围为信贷资产、金融租赁应收款、股权资产，禁止简易结构两层或多层嵌套，确立了逐单审批制度。2015年，《资产管理计划业务管理暂行办法》正式颁布标志着保险资产管理公司的资产支持计划步入常态发展阶段。2016年，中国保监会印发《保险资金间接投资基础设施项目管理办法》，更是在监管层面对另类投资给予大力度的支持。

（二）另类投资成为保险资金配置占比最大的资产类别

随着2012年下半年保险投资领域逐渐放开，另类资产因其风格稳健、规模大、期限长的特点，投资占比从2012年起不断攀升，从投向数据分析可以看出，起初债券所占比重明显高于其他3类资产，但比例逐年降低，从2012年年底的44.90%降到2018年年底的34.36%，而另类资产投资占比则从2012年的9.5%持续上升至2016年的36.02%，年均增速超过6%，2016年首次成为保险资金投向占比最大的资产类别（见图5-5）。

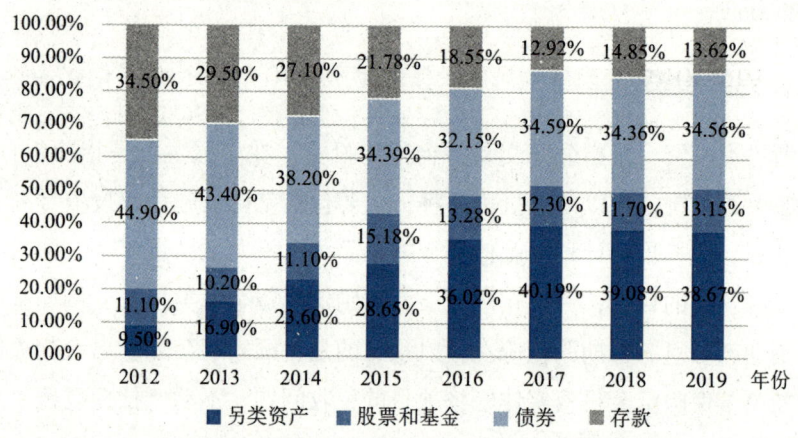

资料来源：中国保险业协会和中国保险资产管理业协会官网、《中国保险年鉴（2012～2017）》。

图5-5　2012～2018年中国保险资金投向

从趋势上明显可以看出保险结构加大了对另类资产的配置力度，继2017年其他投资占比达到峰值后，近两年其另类资产投资比例呈现略微下降的局势情况，其重要原因就是另类资产中非标产品难以满足保险资管日益增长的非标投资需求。2019年年末，保险资金运用余额达18.53万亿元，同比增速12.92%，其中除存款、债券、股票和基金外的另类资产7.14万亿元，同比增速为11.09%。而2019年债权投资计划与股权投资计划总体注册规模为4636.65亿元，同比增速仅为1.97%。目前监管对于此类非标产品在融资主体、增信措施、信用评级、风险管理等多个方面设定了严格的要求，除了交易场所和信息披露公开性差别上与标准化产品有所差异外，债权计划本身体现了很高的标准化程度，产品发行与定价缺乏市场化的空间，已注册的产品交易结构千篇一律。这也影响了另类投资的发展前景。

(三）国内外保险资金另类投资的比较分析及相关建议

1. 另类投资配比已趋于国际水平

中国保险资金另类投资尚处于初期，2006年保监会才正式发文开展间接投资基础设施项目试点，2007~2010年陆续出台境外投资、股权投资等试行办法。2010年保监会颁布《保险资金运行管理暂行办法》，扩大了保险资金的投资范围及非标资产的投资比例，另类投资自此才开始成为保险（资管）机构投资的关注对象。2010年中国保险资金另类投资占比不足10%，而2018年此比例已高达39%，成为保险资金投向占比最大的资产类别。虽然OECD国家保险另类投资业务开展的时间相对较早，但2008年的美国次贷危机使得另类投资的端口收紧，2010年仅占总投资的10.5%，是近10年来最低。2010年后国际资本市场开始复苏，2013年此比例达到了22.53%，以平均每年2.58%的增长率保守估计，2015年达28.41%。如此看来，中国保险资金在另类投资配比方面已趋于国际水平。但由于中国保险资金另类投资的发展历程较短且发展速度过快，若无相应多元化产品支撑巨大的资金配比，投资风险与收益将难以合理匹配。所以建议保险资管机构在现有的另类投资配比下优化投资产品结构增加其多样性，在另类投资比例的稳健增长中寻求更高的投资收益。

2. 监管逐渐放开但不应极宽松

2014年2月保监会发布的《关于加强和改进保险资金运用比例监管的通知》进一步拓宽了保险资金投资非标资产的比例。不动产类资产、权益类资产、境外投资、其他金融资产的账面余额分别不得高于上季末保险公司总资产的30%、30%、15%、25%。与2010年的规定相比，权益类资产方面，由之前的"股票及股票型基金不得超过20%，未上市公司股权投资不得超过10%"变为"权益类资产不得超过30%"，这使得私募股权的投资比例更加灵活；固定资产方面由之前的"投资基础设施及不动产债权投资计划不得超过20%"上调至30%，比例进一步放开。

2013年保监会批准成立了保险资产管理业协会，将资管产品的审核制改为注册制。保险资管协会作为行业自律组织不仅可以起到规范保险投资行业的作用，还使企业与监管层的沟通更加方便灵活。除此之外，协会大大提升了产品的发行速度，由原来的30天审核变为了7天注册。

与发达国家及地区对比可以发现（见表5-3），中国保险资金另类投资的宏观策略较美、日等国更为开放，趋于英国及中国台湾。但分析各国及地区的资本市场不难发现，美国之所以更倾向于投资债券是因为其债券市场品种多样、收益灵活、监管得当，保险资金投资债券市场可以使资产负债得到更有效的匹配。此外较为谨慎的监管可抵御市场的系统性风险。而日本则由于长期处在低利率和严密的市场监管环境下，其整体的风险偏好较低。与日美监管风格不同的是英国的监管极为宽松，政府只针对保险公司制定偿债能力指标并定期考核，而保险资金的运用更多依赖于行业自律组织及保险公司自身的风险防范。英国保险投资的低监管高收益得益于成熟的资本市场及从业人士较高的专业素养，未必适用于中国保险资金投资现阶段的发展，但有一定的借鉴意义。

表5-3　　　　　　　　　　中外保险资金监管比例对比

国家或地区	规定的主要投资方式	比例
美国	股票、债券、抵押贷款、其他投资	股票和公司债不得超过20%，海外投资10%，不动产10%
英国	无具体规定	无具体规定
日本	银行存款、信贷、信托、有价证券、黄金债券、不动产、金融衍生品等	国内股票不得超过5%，债券贷款不得超过10%，不动产20%，其他投资不得超过15%
中国台湾	银行存款、股票、贷款、有价证券、不动产、境外投资、与保险相关事业、专项资金运用和公共投资、金融衍生品等	贷款35%，有价证券不得超过35%，海外投资45%，不动产39%，专项资金不得超过10%
中国	流动性资产、权益类资产、固定收益类资产、不动产、其他金融投资	不动产类资产、权益类资产、境外投资、其他金融资产的账面余额分别不得高于上季末保险公司总资产的30%、30%、15%、25%

资料来源：保险资产管理行业协会。

3. 加快另类投资产品研发

投资组合多元化可使配置的资产在原有的风险范围内扩大投资收益，国内外的保险业资产配置都遵循了这一基本的投资规律。但如何进行非标资产的配置，怎样进行风险防范则是实际应用中每个保险资产管理机构运营的核心问题。

通过国内外保险资金运用的现状对比可以发现，中国保险资金的配置特别是在另类投资方面，由于政策的开放引导正处于活跃的整合期，整个保险投资市场对金融创新产品的需求强烈。尤其对能够提供较高的稳定收益及可匹配长期负债的产品的需求更加强烈。但这种需求需要各种资本市场（证券、基金、信托等）新渠道的有效对接方可实现保险业资金的合理配置。而当前，中国保险资产管理机构自行开发的资管产品仅局限于债权计划、股权计划、项目资产支持计划，相对于英国、中国台湾等国家及地区其投资渠道较窄，投资类型较为单一。保险资管机构应积极研发创新型资管产品以丰富另类投资的品种。

三、大资管时代下的统一监管

2017年11月，中国人民银行发布《中国人民银行、银监会、证监会、保监会、外汇局关于规范金融机构资产管理业务的指导意见（征求意见稿）》，2018年4月27日，央行、银保监会、证监会、外汇局正式颁布了资管新规，自此包括保险资管在内的百万亿元的资管业务的监管靴子终于落地，该资管新规将从打破刚性兑付、规范资金池、净值化转型等角度产生直接影响。2019年11月22日，中国银保监会发布《保险资产管理产品管理暂行办法（征求意见稿）》（以下简称《保险资管暂行办法（征）》）。作为资管新规在保险资管行业的配套细则，《保险资管暂行办法（征）》包括总则、产品当事人、产品发行设立、产品投资与管理、信息披露与报告、风险管理、监督管理以及附则共八章。银保监会在制定《保险资管暂行办法（征）》时，遵循坚持保险资管产品的私募定位、坚持严控风险的底线思维、坚持保险资管产品的中长期特色以及坚持原则导向和规则细化相结合的原则。

（一）资管新规政策原则梳理

1. 打破刚性兑付

新规明确刚性兑付行为：违反真实公允确定净值原则的保本保收益产品，滚动发行使本金、收益、风险在不同投资者间转移，自筹资金偿付或委托其他机构代偿。监管在处置资管风险问题时的角色也从传统观念中的"求稳"改为加强责任认定，首次提出对刚性兑付行为进行处罚，包括自行筹集资金偿付或者委托其他金融机构代为偿付均被认定为刚性兑付行为。而且对刚性兑付行为采取投诉举报奖励制度，本质上是引导市场对资管产品认知的转变，使其回归代客理财本源。

2. 消除多层嵌套

金融机构不得为其他金融机构的资产管理产品提供规避投资范围、杠杆约束等监管要求的通道服务。当前资管行业存在通过多层嵌套、通道、分级产品加杠杆的方式投向底层资产的运作模式，新规对底层资产分散度提出更高要求，现行模式可行性大打折扣。规范资金池运作，禁止资金池业务，要求资管产品资金和底层项目期限匹配。过去资管产品通过借短贷长的操作，实现在表外滚动融入短期资金，新规要求金融机构应当做到每只资产管理产品的资金单独管理、单独建账、单独核算，不得开展资金池运作。

3. 降低期限错配风险

投资非标资产其终止日不能晚于封闭产品到期日和开放产品最近一次开放日，继续要求强化久期管理。

（二）资管新规对保险业的影响

1. 统一监管标准，抓住大资管发展新机遇

目前中国金融机构资管规模已达百万亿元，相较于银行、信托、基金等金融机构，保险资管产品整体规模较小，据保险资产管理业协会数据披露，截至2018年年底中国保险资管计划余额为2.08万亿元。新规将保险资管正式纳入大资管监管范畴，确立主体地位。保险资管计划属私募类产品，发行范围限合格投资者，主要包括债权投资计划、股权投资计划和组合类产品等，目前整体规模有限，我们认为新规影响不大。此外新规中特意提到养老金产品不适用，投资范围相较普通资管产品将更为灵活。

2. 打破刚性兑付，凸显保险产品优势

资管新规要求产品实行净值化转型，去通道去杠杆背景下，结合打破刚性兑付的监管要求，我们预计理财产品收益率下行，保险产品提供稳定的预定利率兼顾保障功能，竞争力提升。我们认为随着保险产品竞争力的增强，保险需求有望进一步释放，部分理财资金流向稳定收益与风险的保险产品，优势凸显将为保险资管提供更多可能。

3. 保险资管行业发展迎来上位法

《保险资管暂行办法（征）》放开了保险资管产品对个人销售，意味着保险资管产品正式开始参与个人财富管理，在财富管理行业转型中为居民提供更全面丰富的投资标的选择，奠定了保险资管机构的市场化发展路径；明确了保险资管产品的投资范围，鼓励发挥保险资金长期、稳定的优势，支持实体经济的发展；明确了保险资管产品非标投资比例限制，对保险资金投资做出规范；明确了保险资管产品与外部投资管理机构的合作要求等诸多方面。保险业资管新规的发布，弥补了保险资管产品统一监管规则的空白，对保险资产管理产品的业务发展进行了规范，促进引导保险机构服务实体经济，有效防范金融风险；推进保险资管产品更加市场化的发展，提升了保险资管机构参与财富管理行业的机遇空间。

第四节　中国保险资产管理的机遇与挑战

一、中国保险资产管理的机遇

（一）政策"松绑"，投资渠道多元化

随着市场化改革进程的不断深化，中国保险资金运用渠道不断多元化。从2012年至今，监管机构高密度地出台各项创新政策，确立了"简政放权、放管结合""放开前端、管住后端"的监管思路，保险资产管理市场化改革稳步推进。"保险投资13条"、《保险资金运用管理办法》出台以后，保险资金投资渠道不断拓宽、资产配置策略组合越来越丰富，固定收益类资产仍是保险资金投资取向的主流，但股票、基金、信托等更多权益型资产的政策放开开辟了保险资产管理发展的新局面。

（二）保险资金运用余额不断增加

截至2019年年底，中国的保险总资产首次突破20万亿元的大关，达到了20.56万亿元，资金运用余额达18.53万亿元，按照《关于加快发展现代保险服务业的若干意见》明确的目标，2020年全国保费收入将达到5.1万亿元。2014~2020年，7年间保险资金可运用规模预计将超过20万亿元。虽然2018年保险业

发展一度陷入停滞状态，但保险资金运用余额规模不断扩大，需求端的资金极度充裕，投资管理的空间充足，随着投资渠道的不断放开，合适的投资机会涌现，保险资产管理将迎来更加快速的发展。

（三）保险资金优势更加凸显

保险的资金来源是保费收入，这种负债收入具有长期稳定性，与其他一些金融机构的短期性收入相比，保险资金在长期投资和实体投资上具有独特的优势。此外，"新国十条"明确提出了要充分发挥保险资金长期投资的独特优势，以及利用债券投资计划和股权投资计划等方式，来支持重大基础设施建设、棚区改造、城镇化建设等民生工程和国家重大工程。

二、中国资产管理的挑战

（一）面临更高的风险管理要求

随着保监会等相关部门陆续出台新政放宽投资限制，保险资金将有更多的资产配置组合，各家险企将面临更多的选择。过去集中投资于低风险高信用等级的各类债券、基金、银行存款等标的将逐渐转向期限较短但收益、风险均相对较高的权益类资产，投资的系统性风险、流动性风险、利率风险等各类风险将随之增加。因此，保险公司应及时调整风险管理策略，建立更加适时的风险管理体系。

（二）自身资产管理水平有待提高

2012年，《保险资金委托投资管理暂行办法》的出台标志着保险资金可以委托证券公司和基金公司进行投资管理。这有利于减轻保险资金运用的压力，并且券商等同业机构的参与将对保险资产管理公司的管理水平提出更高的要求，逼迫其加快提升自身能力。

（三）保险资产投资收益率有待稳步提升

近几年来，由于经济下行压力加大，优质资产收益率不断降低，这对于部分负债成本较高的保险机构来说，固定收益类资产收益已经难以覆盖保单的获取价格，从而严重影响保险机构的持续经营。部分中小型保险公司走出的"资产驱动负债"的道路，在高额的资产负债匹配风险、监管层强化金融监管的政策下，也被认为已经失灵，风光不再。保险资产投资，仍有很长的路要走。

（四）监管面临新挑战

近几年来，保险公司纷纷尝试新的投资模式，举牌上市公司、海外投资等行为逐渐常态化，营销模式也从单一的线下模式转为线上线下混合销售。中国保监会相继出台有关保险公司资金运用信息披露准则的文件，尽量让险资的运用透明化、公开化。2015 年 12 月出台的《关于加强保险公司资产配置审慎性监管有关事项的通知》，通过压力测试的方式加强对于短债长投带来的流动性风险的监管。2018 年 1 月出台的《保险资金运用管理办法》对现有制度进行了系统性的梳理，明确了监管机构的责任。中国资产管理行业在创新改革的同时会面临众多的挑战，相关监管部门应及时调整监管政策，完善监管体系，跟上新时代产业发展的速度。

中国保险市场发展报告（2020）

（原《保险蓝皮书——中国保险市场发展分析（2020）》）

第三部分 保险产品与服务

第六章 中国人身保险产品和服务分析

第一节 人身险保险公司市场份额分析

我们将基于原保费收入口径分析寿险公司的市场份额占比。原保险保费收入执行企业准则解释公告 2 号下的保费收入确定准则。

一、原保费收入口径下的市场份额占比

在中国人身险市场上,中资保险公司市场占有率为 90.5%,占有绝对优势。外资保险公司市场占有率为 9.5%。

其中,国寿股份、平安人寿、太保人寿在中资保险市场份额中又占有优势。根据相关资料数据,在中资保险市场份额中,2019 年市场占有率前 10 名的保险公司分别是国寿股份、平安人寿、太保人寿、华夏人寿、太平人寿、新华人寿、泰康人寿、人保寿险、前海人寿、中邮人寿。具体如图 6-1 所示。

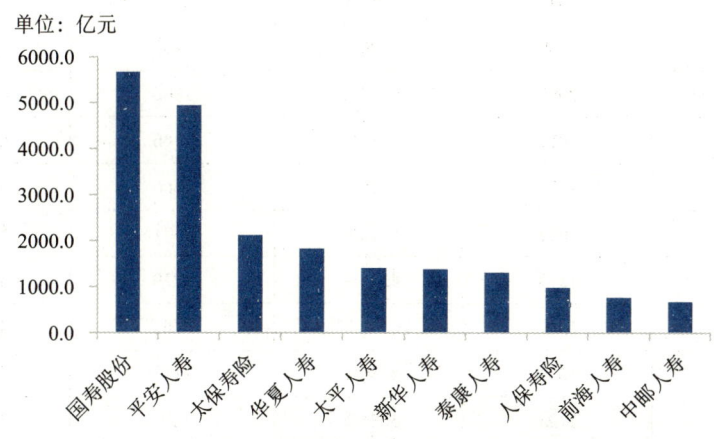

图 6-1 2019 年原保费收入前 10 名的中资保险公司

2019年，中国人寿和平安人寿在中资保险公司的市场占有率分别为21.20%和18.46%，成为第一梯队，远高于排名第3的太保人寿，太保人寿的市场占有率为7.94%。排名第4~10位的保险公司的市场占有率在2.5%~7%之间。与2018年人身险原保费收入排名相比，富德生命人寿、天安人寿此次排名未列入前10，前海人寿、中邮人寿名次分别由第12、11位升至第9、10位。保费收入前10名的保险公司的原保费收入占市场总额的71.3%，说明市场集中程度较高。

外资保险公司在中国保险市场的市场占有率为9.5%。市场占有率前3名的外资保险公司分别是工银安盛（1.78%）、恒大人寿（1.42%）、友邦人寿（1.12%）。

二、分地区人身险保费占比

银保监会对中国各省市的保费进行了统计和排名，各省市保费收入排名显示，中国人身险保费收入排名前10的省市分别为广东、江苏、山东、河南、四川、北京、浙江、河北、湖北、上海。表6-1和图6-2为2018年和2019年各省市人身保险市场份额前10名地区保费收入及其占比。

表6-1　　2018年和2019年各省市人身保险市场份额
前10名地区保费收入及其占比

单位：亿元

地区	2019年	占比	2018年	占比
广东	3041	9.81%	2545	9.34%
江苏	2809	9.06%	2458	9.02%
山东	2087	6.73%	1900	6.97%
河南	1899	6.13%	1766	6.48%
四川	1635	5.28%	1466	5.38%
北京	1622	5.23%	1371	5.03%
浙江	1517	4.90%	1279	4.70%
河北	1417	4.57%	1261	4.63%
湖北	1331	4.30%	1119	4.11%
上海	1195	3.86%	921	3.38%

资料来源：中国银保监会统计数据。

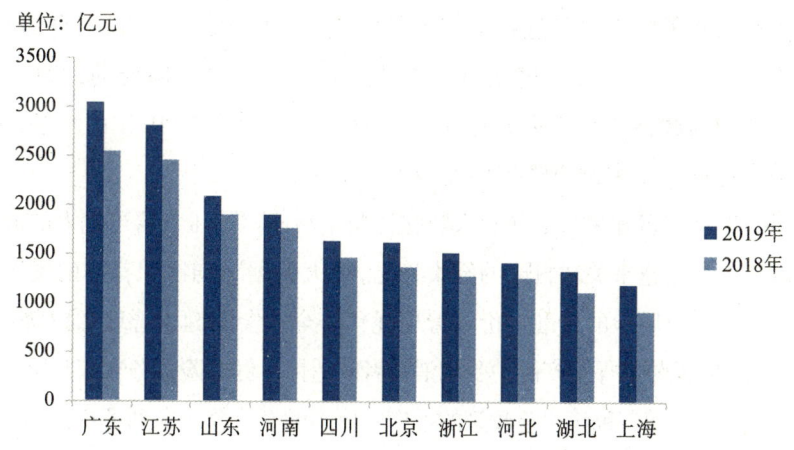

图 6-2　2018 年和 2019 年各省市人身保险市场份额前 10 名地区保费收入

如表 6-1 和图 6-2 所示，2019 年人身险保费收入排名前 10 的地区与 2018 年一致，且排名没有变化，主要包括北上广、江浙等经济较发达的地区和河南、四川等人口基数较大的地区。与 2018 年相比，这十个地区 2019 年人身险原保费收入均有所上升。其中，涨幅排名后两位的是河南和山东，分别为 7.56% 和 9.85%，它们也是涨幅低于 10% 的地区。原保费收入最高的广东涨幅为 19.47%，居涨幅第二。涨幅最高的是上海，达到了 29.79%。2018 年和 2019 年前 10 名的地区保费收入之和占比分别为 59% 和 60%，变化不大。

第二节　人身险公司产品结构分析

一、人身险保费收入增速上升，健康险市场发展迅速

2019 年人身险公司原保险保费收入 29628 亿元，同比增长 12.82%；2018 年人身险公司原保险保费收入 26260.87 亿元，同比增长 0.85%，人身险保费增速出现了明显的上升。按照寿险产品的保障范围分，寿险原保费结构（或产品结构）可以划分为寿险、人身意外险和健康险。2019 年寿险、意外险和健康险的增速分别为 9.80%、9.25%、29.70%。从产品结构来看，人身意外险，健康险和寿险占人身险保费的比例分别为 2.19%、21.01% 和 76.80%。人身意外险占

人身险保费的比重较小,并且相对 2018 年下滑。寿险保费的占比仍然较高,且占比略有增长。2010 年之后健康险保费与寿险保费占比反向变动,表明保险公司对产品结构的调整。健康险保费占比在 2019 年达到了 21.01% 的水平,与成熟市场已十分接近,说明健康险市场发展十分迅速。

急促的生活节奏和来自工作、人际交往与生活成本的压力给当代人的健康带来许多威胁。人们也越来关注自己的健康状况。"大数据"与医疗科技的发展也推动了保险公司对健康风险的精准定价和管理优化。全社会的健康管理意识增强,健康保险在人身风险保障类保险产品中受到消费者的追捧,健康险业务在人身险业务中的份额也逐渐增大。随着税优保险政策的推广,更多的寿险公司拿到了税优健康险的牌照,健康险将成为各大寿险公司发展的重要方向。具体如图 6-3 和图 6-4 所示。

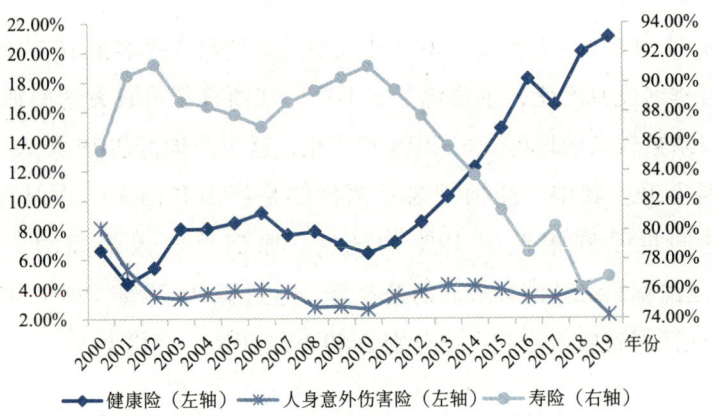

图 6-3　2000~2019 年寿险各险种占比

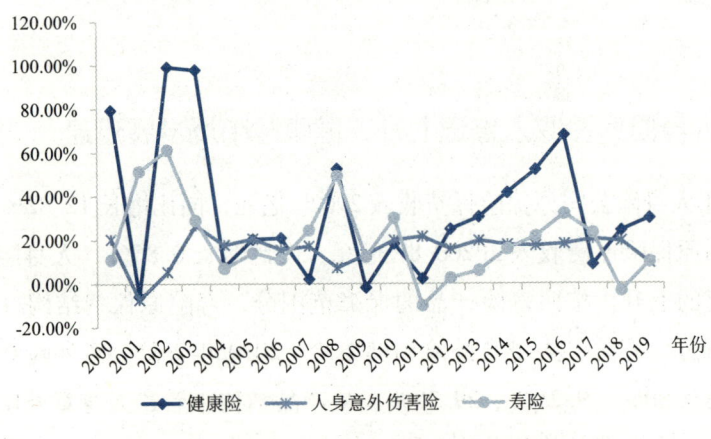

图 6-4　2000~2019 年各险种保费同比增速

按照党中央、国务院决策部署，由银保监会牵头商相关部门研究制定的《关于促进社会服务领域商业保险发展的意见》（以下简称《意见》），已于2019年12月30日经国务院常务会议审议通过。《意见》中提出要完善健康保险产品和服务，研究扩大税优健康保险产品范围，鼓励保险机构提供医疗、疾病、照护、生育等综合保障服务。力争到2025年，健康险市场规模超过2万亿元。支持商业保险机构参与医保服务和医保控费，完善大病保险运行监管机制。探索健康险与国家医保信息平台对接。加快发展商业长期护理保险，建立寿险赔付责任与护理支付责任转换机制。推动健康保险与健康管理融合发展。

"以客户为中心"的经营理念已成为各险企的共识，但不同类型险企的经营策略逐步分化。大型金融保险集团将向产业链突破，积极打造大健康生态圈。在"大健康"领域，中国人寿成立大健康基金和产业投资有限公司，在大健康板块多个领域进行全产业链布局。平安、泰康等险企已开始打造线上线下相结合的"保险+健康医疗"生态圈。中小险企将不断探索"特色化经营、差异化竞争"的发展路径，专注细分客户群和场景，推出简单化、碎片化、高性价比产品，打造自身差异化特色。

二、保险产品结构改善，中小险企转型道路艰巨

各大寿险公司调整产品结构，采取"回归保障"的市场策略，加大保障型产品的比重，其原因在于：第一，老龄化、城镇化和居民可支配收入上升等因素导致居民对保障型保险产品的需求增加。第二，为了促进万能险的健康发展，防范保险期限错配风险和流动风险，原保监会下发《关于规范中短存续期人身保险有关事项的通知》，提高寿险企业销售中短存续期的偿付能力要求以及销售规模。第三，政策层推进供给侧改革，去"杠杆"、去"产能"、去"资产泡沫"、"严监管"等一系列政策加剧了"资产荒"的局面，保险公司资产端收益率下滑，而负债端成本难以下降，其中中短存续期产品成本负债很高，进一步压缩利润甚至会面临亏损。

一方面，以平安人寿为代表的大型寿险公司，已经有长期保障型产品及个险渠道，凭借其稳定成熟的客户和市场份额，采取稳健的"回归保障"的市场策略，新政策环境下未来发展将更为顺利；另一方面，寿险行业集中程度较高，在

与传统大型寿险公司竞争时,中小型寿险公司短时间内难以逾越大型公司在长期保障型产品上的优势,因而,只能先通过销售银保渠道,发展理财型业务,迅速扩张规模,实现弯道超车。

非保障型业务占比=(保户储金及投资款+独立账户负债)/(原保费收入+保户储金及投资款+独立账户负债)。如图6-5所示,前10名均为中小型人身险公司,说明它们对于非保障型产品的依赖性依然很强。然而,如今行业回归长期保障,中小险企转型道路艰巨。

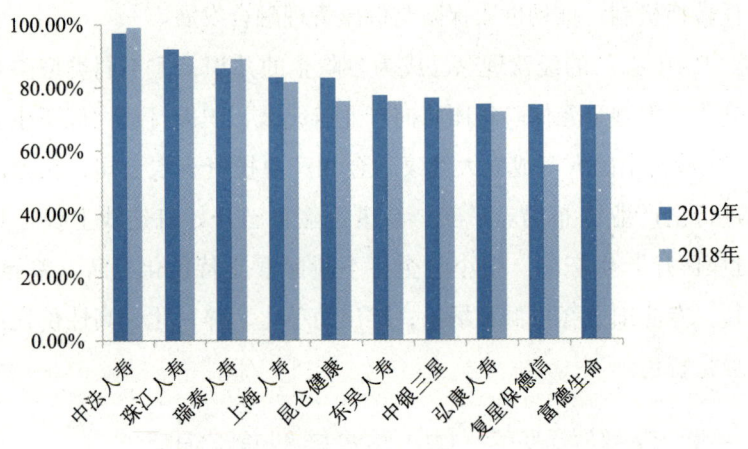

图6-5 2019年非保障型产品占比前10名的人身险公司

三、对于大多数险企而言,分红险是吸金利器

汇总2019年人身险公司原保险保费收入前5位的保险产品信息,发现对于大多数险企而言,分红险扮演了吸金利器的角色。表6-2至表6-4展示了处于原保费收入上位圈的太保寿险、泰康人寿,中位圈的弘康人寿、中德安联,下位圈的汇丰人寿、新光海航这些险企原保费收入前5位的保险产品信息,可以看出分红险的地位至关重要。

表6-2 2019年太保寿险、泰康人寿原保费收入前5位的保险产品信息

太保寿险	泰康人寿
金佑人生终身寿险(分红型)A款(2014版)	泰康鑫福年金保险(分红型)
金诺人生重大疾病保险(2018版)	泰康鑫享人生年金保险(分红型)

续表

太保寿险	泰康人寿
金佑人生终身寿险（分红型）A 款（2017 版）	泰康幸福享佑年金保险（分红型）
东方红满堂红年金保险（分红型）	泰康幸福人生 B 款年金保险（分红型）
利赢年年年金保险（分红型）(2018 版)	泰康汇赢年金保险（分红型）

表 6-3　2019 年弘康人寿、中德安联原保费收入前 5 位的保险产品信息

弘康人寿	中德安联
弘康安康赢两全保险（分红型）	安联逸升优享年金保险（分红型）
弘康常稳赢两全保险（分红型）	安联超级随心（D 款）两全保险（分红型）
弘康安弘赢两全保险（分红型）	安联超级随心两全保险（分红型）
弘康安立赢两全保险（分红型）	安联逸升丰赢终身年金保险（分红型）
弘康多倍保重大疾病保险	安联安裕如意（Ⅲ）年金保险（分红型）

表 6-4　2019 年汇丰人寿、新光海航原保费收入前 5 位的保险产品信息

汇丰人寿	新光海航
汇丰鸿利月月盈 B 款年金保险（分红型）	新光海航福享今生两全保险（分红型）
汇丰鸿利月月盈 C 款年金保险（分红型）	新光海航康乐相伴两全保险（分红型）
汇丰鸿禧年年年金保险（分红型）	新光海航福寿连年年金保险（分红型）
汇丰鸿利年年盈年金保险（分红型）	新光海航附加康乐相伴提前给付重大疾病保险
汇丰汇盈逸生终身寿险（分红型）	新光海航六福两全保险

第三节　人身险保险公司服务及消费者投诉分析

2019 年，中国银保监会及其派出机构共接收涉及保险公司的保险消费投诉 93719 件，同比增长 5.95%。其中，保险合同纠纷投诉 88745 件，同比增长 2.61%，占投诉总量的 94.69%；涉嫌违法违规投诉 4974 件，同比增长 153.39%，占投诉总量的 5.31%。

一、涉及保险合同纠纷投诉情况

2019 年，中国银保监会及其派出机构接收并转保险公司处理的保险合同纠

纷投诉88745件。其中，涉及财产保险公司48789件，较上年增长1.02%，占比54.98%；涉及人身保险公司39956件，较上年增长4.61%，占比45.02%。

人身保险公司合同纠纷投诉量居前的为：平安人寿8476件，同比增长70.03%；中国人寿4685件，同比下降34.33%；太平洋人寿4349件，同比增长15.60%；新华人寿3017件，同比下降17.18%；泰康人寿2958件，同比下降0.80%。具体如图6-6所示。

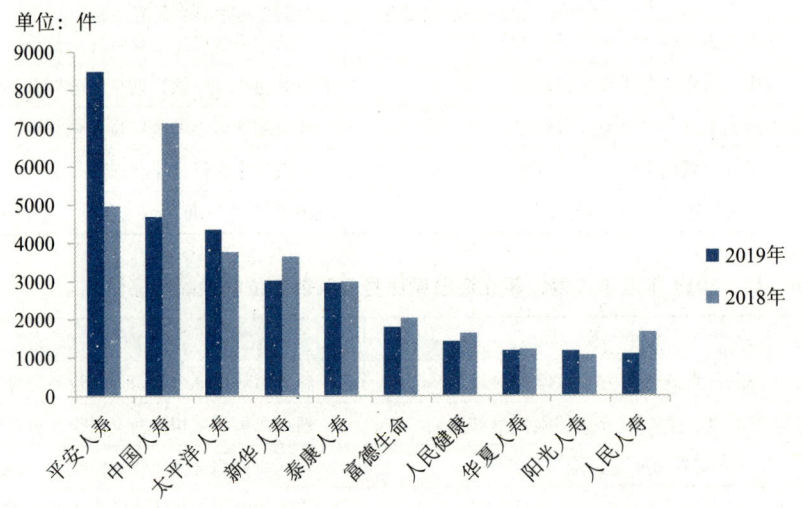

图6-6　保险合同纠纷投诉量前10位的人身保险公司

二、涉嫌违法违规投诉情况

2019年，中国银保监会及其派出机构接收由监管机构负责处理的保险公司涉嫌违法违规投诉4974件。其中，涉及财产保险公司974件，占比19.58%；涉及人身保险公司4000件，占比80.42%。其中，人身保险公司涉嫌违法违规投诉量居前的为：平安人寿2180件，同比增长701.47%；中国人寿320件，同比下降1.23%；太平洋人寿218件，同比增长68.99%；泰康人寿146件，同比增长17.74%；招商信诺142件，同比增长1083.33%。具体如图6-7所示。

三、投诉与业务量对比情况

2019年，人身保险公司亿元保费投诉量中位数为1.41件/亿元。其中，亿元

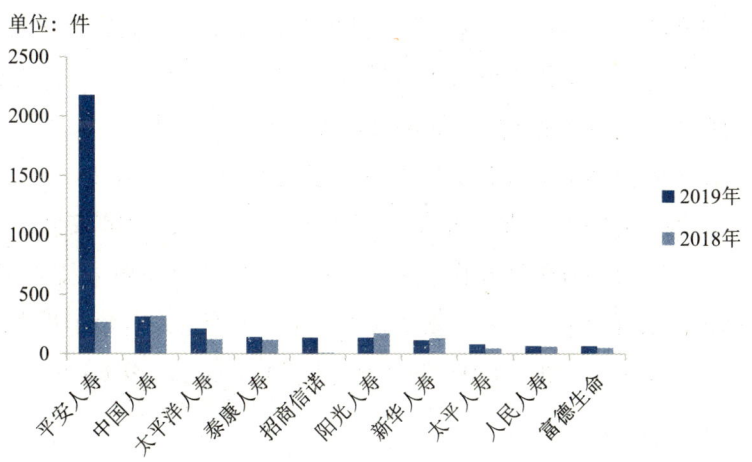

图 6-7　2019 年涉嫌违法违规投诉总量前 10 名的人身险公司

保费投诉量居前的为：和谐健康 22.93 件/亿元；华汇人寿 16.45 件/亿元；人民健康 6.46 件/亿元；复星联合健康 6.19 件/亿元；北大方正 5.48 件/亿元。具体如图 6-8 所示。

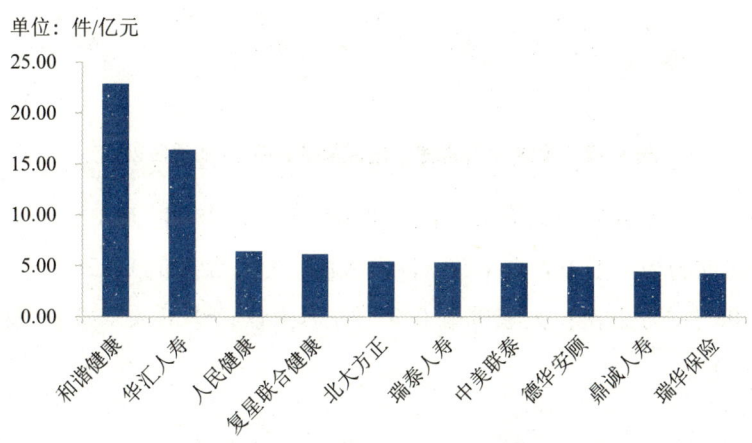

图 6-8　2019 年亿元保费投诉量前 10 位的人身保险公司

从图 6-7 和图 6-8 我们可以看出，投诉量排名前 10 的保险公司与亿元保费投诉量排名前 10 的保险公司出入较大，显然，由于投诉总量与总体保费体量直接相关，以投诉总量来判定保险公司的服务质量是有失偏颇的。

当然，即便投诉量与亿元保费投诉量平均值处于低水平，但也并不意味着这家保险公司的服务水平很高,可能只代表着保费规模太小。显然,这两个数据只能作为方向性的参考,如果能够将投诉量与保单数量相对应,也许能够在一定程度上增添说服力。根据数据显示,2019 年,人身保险公司万张保单投诉量中位数为 0.62 件/万张。其中,万张保单投诉量居前的为:信美相互人寿 11.42 件/万张;君龙人寿 2.87 件/万张;鼎诚人寿 2.31 件/万张;中德安联 2.15 件/万张;汇丰人寿 2.05 件/万张(见图 6-9)。在人身险原保费收入排名前 10 的公司中,富德生命人寿、天安人寿、新华人寿、华夏人寿的万张保单投诉量超过平均值,分别为 1.26 件/万张、1.06 件/万张、0.99 件/万张、0.80 件/万张。

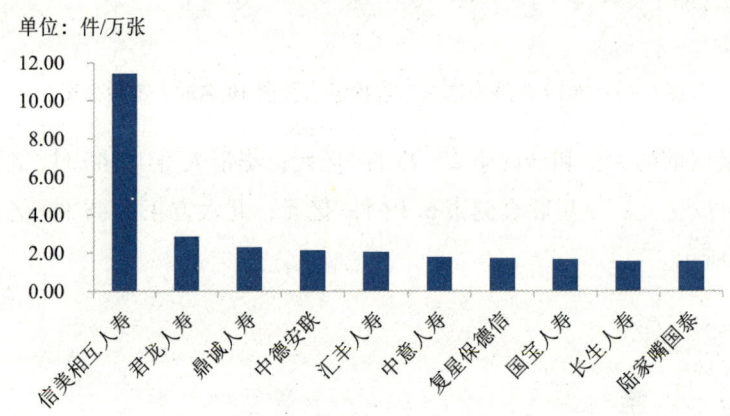

图 6-9　2019 年万张保单投诉量排名前 10 的保险公司

2019 年,人身保险公司万人次投诉量中位数为 0.25 件/万人次。其中,万人次投诉量居前的为:汇丰人寿 1.93 件/万人次;复星保德信 1.22 件/万人次;招商信诺 1.08 件/万人次;大家养老 0.97 件/万人次;华汇人寿 0.89 件/万人次(见图 6-10)。

四、投诉反映主要问题

在涉及人身保险公司投诉中,理赔纠纷 9054 件,占人身保险公司投诉总量的 20.60%,涉及的险种以疾病保险、意外伤害保险和医疗保险为主,主要反映理赔时效慢、理赔金额争议、理赔资料烦琐等问题。

人身保险公司理赔纠纷投诉量居前的为:中国人寿 1279 件,同比下降 31.27%;太平洋人寿 1169 件,同比增长 9.35%;平安人寿 1068 件,同比下降

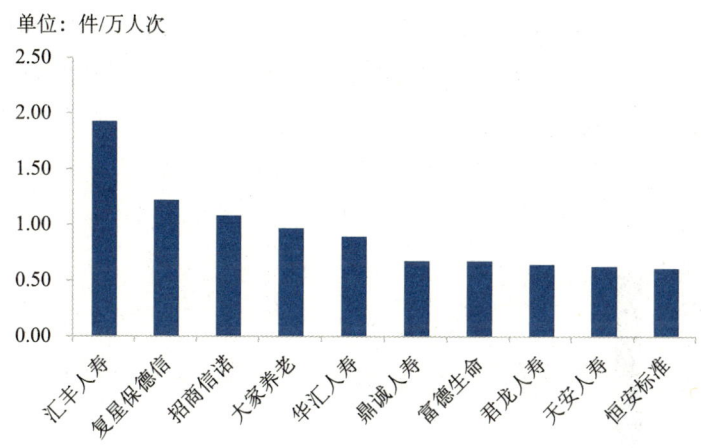

图 6-10　2019 年万人次投诉量排名前 10 的保险公司

8.56%；人民健康 1026 件，同比下降 21.02%；新华人寿 731 件，同比下降 4.19%。具体如图 6-11 所示。

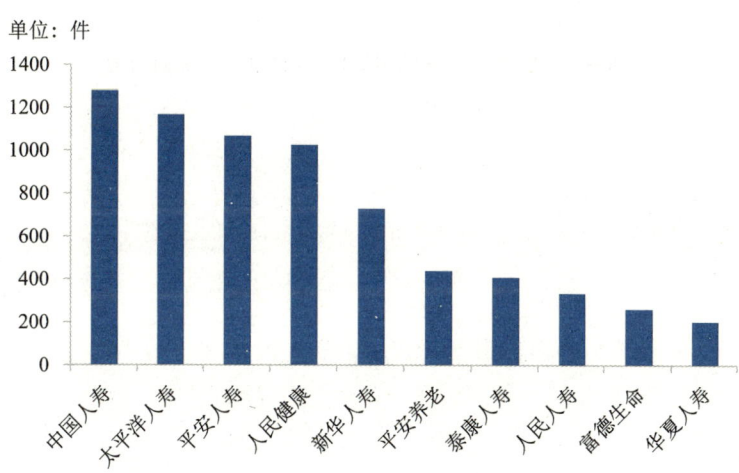

图 6-11　理赔纠纷投诉量居前 10 位的人身保险公司

在涉及人身保险公司投诉中，销售纠纷 21121 件，占人身保险公司投诉总量的 48.05%，涉及的险种以普通人寿保险、分红保险、疾病保险和意外伤害保险为主，主要反映夸大保险责任或收益、未充分告知解约损失和满期给付年限、承诺不确定利益的收益保证等问题。

人身保险公司销售纠纷投诉量居前的为：平安人寿 6857 件，同比增长

247.89%；中国人寿2058件，同比下降33.55%；太平洋人寿1970件，同比增长16.84%；泰康人寿1408件，同比下降7.25%；新华人寿1373件，同比下降27.51%。具体如图6–12所示。

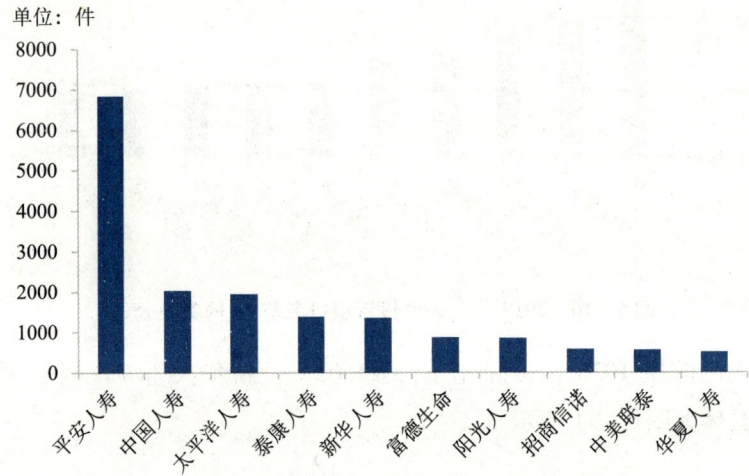

图6–12 销售纠纷投诉量居前10位的人身保险公司

第七章 中国财产保险产品和服务分析

第一节 中国财险市场份额分析

一、原保费收入下的市场份额

中国财险市场经过多年竞争、融合和调整,已经形成一定的格局,如车险业务主要被市场上的"老三家"占据市场份额。相比10年前,市场主体已经相对增加,但是市场的集中度仍然很高,市场竞争方式多数采取低费率竞争。同时,险种结构失衡,财险业务主要集中在车险、农险和企财险,根本原因还是在于财险产品更新较慢,且新产品"搭便车"现象泛滥,难以区分市场注意的差异性以及人们的风险管理意识不够等。财险保险人的勘察、专业评估程度参差不齐,免费责任未能阐述清晰,拒赔事件多。还有就是相关的法律法规与监管标准都不够完善,业务流程混乱,导致问责机制不够清晰,限制了责任保险和信用保证保险等的发展。

2019年财产险公司原保费收入总额为13016亿元,较2018年增加了10.72%,增长速度较2018年有所放缓,但仍基本保持稳定,具体如表7-1和图7-1所示。

表7-1　　　　2015~2019年财险公司原保费总额及同比增长情况　　　单位:亿元

年份	原保费收入总额	同比增长率
2019	13016	10.72%
2018	11756	11.52%
2017	10541	13.76%
2016	9266	10.01%
2015	8423	11.65%

图7-1　财产险公司2015~2019年原保费收入的同比增长率

2019年，财产险业务原保险保费收入11649亿元，同比增长8.16%，依然保持了较高的增长速度。从财险公司原保费收入上来看，机动车辆保险、保证保险、健康险以及农业保险的保费收入表现亮眼，4个主要险种的原保险保费收入合计9872亿元，占财险公司原保险保费收入的81%。表7-2为2018年原保费收入排名前5名的财险公司在2016~2018年间的市场份额。

表7-2　2018年原保费收入排名前5名的财险公司2016~2018年的市场份额　　单位：亿元

2019年排名	公司名称	2017年		2018年		2019年	
		金额	占比	金额	占比	金额	占比
1	人保财险	3492.9	33.14%	3880.03	33.01%	4316.44	33.16%
2	平安财险	2159.84	20.49%	2474.44	21.05%	2709.3	20.81%
3	太保财险	1039.94	9.87%	1173.8	9.98%	1322.32	10.16%
4	国寿财险	662.15	6.28%	691.06	5.88%	770.24	5.92%
5	中华联合	388.29	3.68%	422.32286	3.59%	485.52	3.73%

按原保险保费收入划分市场占有率，2019年市场占有率前10名的保险公司有：人保财险、平安财险、太平洋财险、国寿财险、中华联合、大地财险、阳光财险、太平财险、天安财险以及出口信用。2019年，人保财险、平安财险和太保财险依旧分列前3，市场占有率分别达到了33.16%，20.81%和10.16%。而余下的7家位列前10的财险公司的市场占有率则在1%~6%之间，具体如图7-2所示。

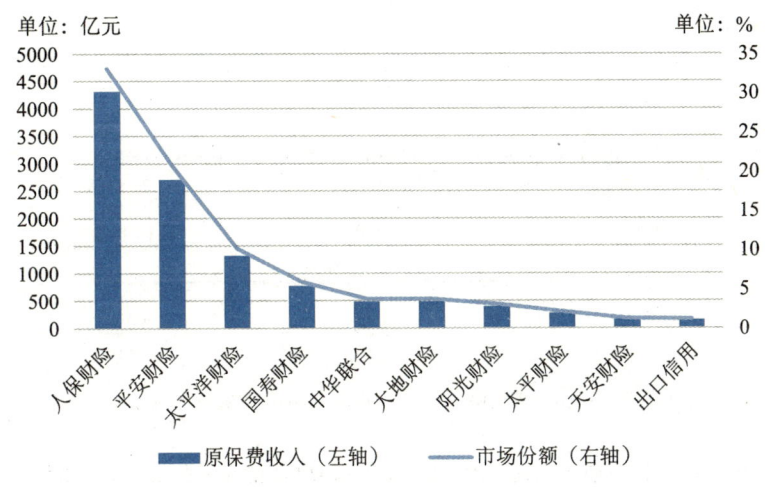

图 7-2　2019 年财产险原保费收入市场份额

与往年情况相同，2019 年，从行业集中度来看，财产险市场依旧呈现寡头主导格局：保费规模排名前 10 名的保险公司，原保费收入总计 11055.32 亿元，占到了全行业的 84.94%，而其中排名前 3 位的人保财险、平安财险和太保财险遥遥领先，3 家公司占全行业之比高达 64.14%；与此同时，排名 10 名之后的财产险公司的市场份额则都低于 1.12 个百分点。

图 7-3 给出了排名前 5 名的财险公司 2017~2019 年的原保费收入市场份额，可以直观看到，市场排名前列的财险公司市场份额都很稳定：其中人保财险的市场份额一骑绝尘，虽稍有下降但基本稳定在 33%，同时，平安财险在 2019 年也较 2018 年有小幅的下降，但也都稳定在 20% 左右，太保财险近 3 年有一定程度的上升，2019 年增幅为 10.61%。总体来看，各大财险公司的市场份额都很稳定，主要是由财产保险是补偿性保险和短期保险的性质决定的，很难通过类似于"投连险"的投资功能来大规模吸引顾客，集中抢占市场。

二、分地区财产险保费占比

原中国保监会对中国各省市的保费进行了统计和排名，各省市保费收入排名显示，2019 年中国财产保险保费收入排名前 10 名的省市分别是广东、江苏、浙江、山东、河北、河南、上海、四川、北京和安徽。表 7-3 为 2019 年和 2018 年中国财产险市场份额排名前 10 名的地区及其情况。

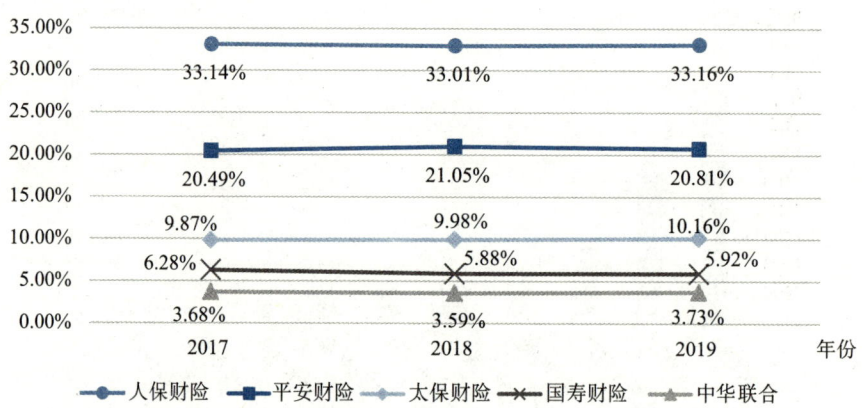

图 7-3　排名前 5 名的财险公司 2017~2019 年的原保费收入市场份额

表 7-3　　　2019 年和 2018 年财产险市场份额排名前 10 名的地区　　　单位：亿元

地区	2019 年	占比	2018 年	占比
广东	1071	9.19%	927	8.61%
江苏	941	8.08%	859	7.97%
浙江	734	6.30%	674	6.26%
山东	663	5.69%	620	5.75%
河北	573	4.92%	530	4.92%
河南	532	4.57%	497	4.62%
上海	525	4.51%	485	4.50%
四川	513	4.40%	492	4.57%
北京	455	3.91%	423	3.92%
安徽	453	3.89%	409	3.80%
前 10 名合计	6460	55.46%	5915	54.92%

如图 7-4 所示，2019 年财产险保费收入前 10 名的省市与 2018 年相同，有变化的地方只有四川省的排名下降了一位，变成了第 8 位，四川省已经连续两年市场份额排名下降。另外分析可以发现，在北上广等经济发达地区和人口基数大的地区财产保险保费收入的体量大，前 10 位的省市就集中了全国一半以上的财产险保费收入，达 55.46%。

图 7-4 2019 年和 2018 年财产险市场份额排名前 10 名的地区

第二节 财产保险公司产品结构分析

一、财产险保费增速稳定

2019 年，财产险业务原保险保费收入 11649 亿元，同比增长 8.16%，依然保持了较高的增长速度。从财险公司原保费收入上来看，机动车辆保险、保证保险、健康险以及农业保险的保费收入表现亮眼，4 个主要险种的原保险保费收入合计 9872 亿元，占财产公司原保险保费收入的 81%。

2019 年，机动车辆保险原保险保费收入 8188 亿元，同比增长 4.52%，占财产险业务的比例为 70.29%，占财产险公司业务的比例为 62.91%。企业财产保险原保险保费收入 464 亿元，同比增长 9.66%，占财产险业务的比例为 3.98%，占财产险公司业务的比例为 3.56%。责任保险原保险保费收入 753 亿元，同比增长 27.46%，占财产险业务的比例为 6.46%，占财产险公司业务的比例为 5.79%。农业保险原保险保费收入 672 亿元，同比增长 17.35%，占财产险公司业务的比例为 5.77%，占财产险公司业务的比例为 5.16%。保证保险原保险保费收入 844 亿元，同比增长 30.85%，占财产险业务的比例为 7.25%，占财产险公司业务的比例为 6.48%。

2004~2019年财险各主要产品保费收入在财险业务总保费收入的占比情况具体如图7-5所示。2009~2019年财险各险种同比增速情况具体如图7-6所示。

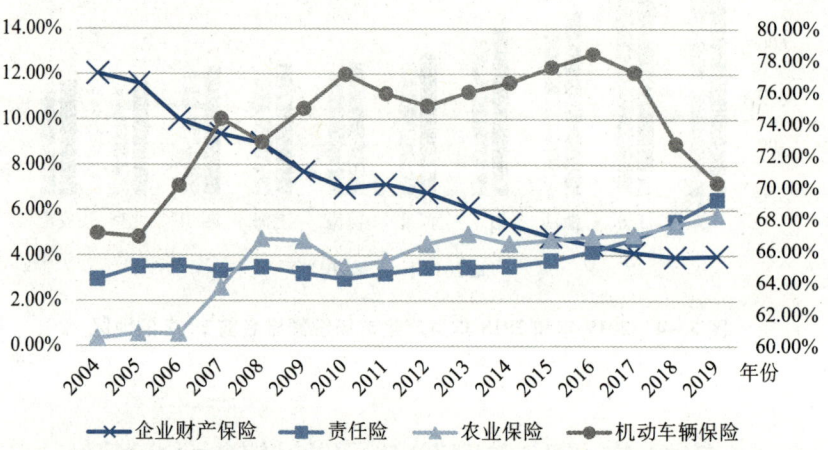

图7-5　2004~2019年财险各主要产品保费收入在财险业务总保费收入的占比

注：左轴为企业财产保险、责任险、农业保险的保费收入在财险总保费中的占比；右轴为机动车辆保险的保费收入占财险总保费收入的占比。

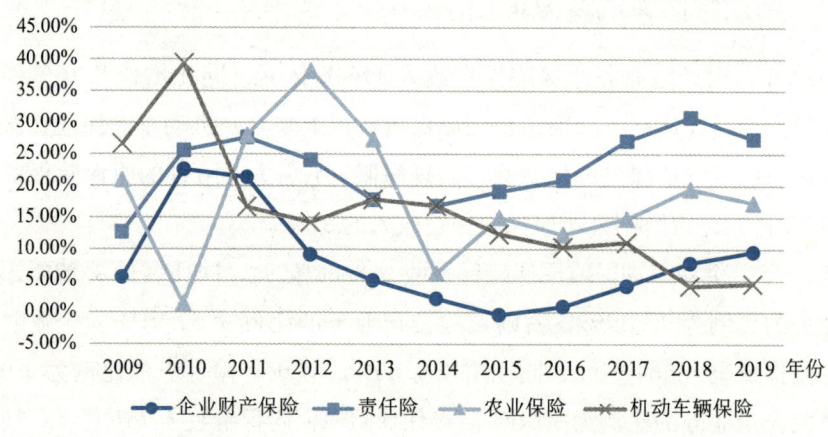

图7-6　2009~2019年财险各险种同比增速

从2004~2019年财险各主要产品保费收入在财险业务总保费收入的占比情况图7-5中可以很清楚地看到，企业财产保险以及机动车辆保险近几年在总保费收入中的占比都是呈现逐年下降得趋势的，尤其机动车辆保险增速下降得非常厉害；而责任险与农业保险一直保持持续增长的态势。另外，图中没有显示的保证保险也不断扩大在市场中的占比,并且近几年一直保持一个较高的增速,2019年比2018年同比增长30%左右,保证保险是财产险中的一匹"黑马"。

从2009~2019年财险各险种同比增速情况来看,机动车辆的总体同比增速是下降的,近几年保持在一个较低的水平;农业保险的同比增速波动较大,近两年趋于稳定并稳步扩张;责任险总体上较为平稳,2018年达到了一个增速高点,2019年比2018年略微下降,但总体水平还是较高;企财险近几年的同比增速是一个稳步上升的趋势。

从占比水平和同比增速水平上一起来看各险种的情况可以发现,两者并不是正向的关系,占比高的增速不一定高,增速不断上升的占比也可能下降,这种情况的出现是与每年的财产保险的总规模和结构有关的。

二、商车费改利好机动车辆保险业务

从各家财险公司产品结构来看,虽然机动车辆在各公司有所不同,但纵观历史数据的比较,均比较稳定。表7-4为2019年保费收入排名前3名的财产险公司主要业务保费收入占个公司总保费收入的情况。

表7-4 2019年保费收入排名前3名的财产险公司主要业务保费收入占比   单位:亿元

保险公司	机动车辆保险	占比	责任险	占比	企财险	占比	保证险	占比
人保财险	2629.27	60.7%	272.20	6.28%	142.27	3.28%	227.63	5.25%
平安产险	1943.15	71.72%	119.81	4.42%	63.56	2.35%	347.08	12.81%
太保产险	932.18	70.10%	60.97	4.58%	61.28	4.61%	56.16	4.22%

排名前3名的财险公司中,机动车辆保险保费收入占原保费收入总额的比例均在60%以上,所以机动车辆保险的保费收入变化对总保费收入变化的影响很大。

图7-7为2009~2019年机动车辆保险保费收入在总保费收入中的占比变化和增长速度的变化。我们看到,机动车辆保险的占比前几年持续上升,近两年有所下降,增速也呈下降趋势。2015年以来,车辆保费增速下降的原因主要受商车费改影响,商车费改试点地区单均保费下降,然而车险综合费用率明显升高。商车费改引起的行业手续费竞争实际上是中介渠道受益,车险客户总体受损,恶性价格竞争,这将导致中小产险公司严重亏损,中小型产险公司受制于有限的经营网点和过高的渠道成本,其承保盈利将进一步弱化。

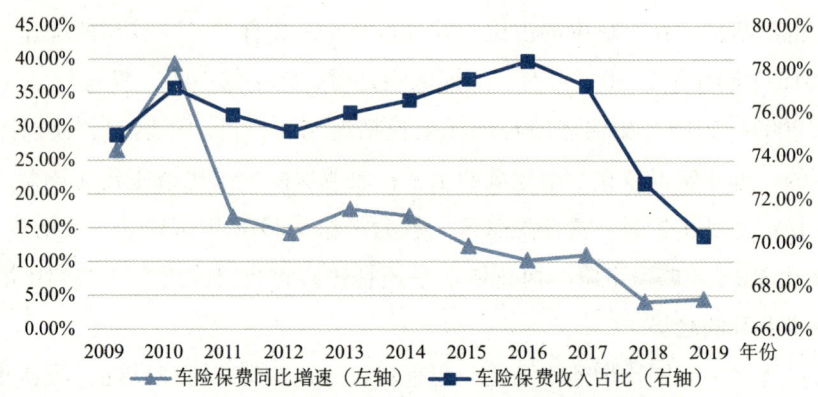

图7-7 2009~2019年车险占比及车险增速情况

2018年3月9日,原保监会下发《关于调整部分地区商业车险自主定价范围的通知》,国内第三次商业车险"三次费改"正式开始,其主要的影响在于降低价格以及影响行业格局。2018年年底车险行业综合成本率99.86%,较2014年年底下降了0.44%,尽管保持着盈利,但承保利润率仅为0.14%,2019年综合成本率为98.64%,比2018年也有所下降(见图7-8)。下降的主要原因其实是头部险企的综合费用率下降导致的。从目前的成本率来看,商车费改利大于弊,行业从费改前的2014年承保亏损,到2015年、2016年、2017年、2018年以及2019年实现承保盈利,且2019年车险实现承保利润114亿元,较2018年同期增长89亿元,翻了4.6倍,是商车费改之后首次承保端盈利突破百亿元。随着商车费改的逐步推进,逐步引导产险公司提供差异化的服务和产品创新,车险的盈利情况将逐步得到改善。

图7-8 2015~2019年机动车辆保险综合成本率

三、农业保险保障水平进一步提升，政策支持效果明显

农业保险在中国是一个特殊的险种，由于难以估计其标的物发生灾害概率，且农业保险的出险一般来自自然天灾，造成的损失较广、难以止损，容易对社会的经济造成严重的影响，因此，财政一般会对农业保险提供一定的补贴。

中国农业保险从 2007 年起逐步取得成绩，而 2004 年之前的 10 年中国农业保险处在萎缩状态。2004 年中央一号文件《中共中央、国务院关于促进农民增加收入若干政策的意见》出台，农业保险纳入了国家战略考虑，随后 3 家专业性农业保险公司成立，地方政府支持开展多形式农业保险试点工作，2006 年国务院提出政策性农业保险"三个补贴"，从表中能看出这 3 年的探索取得了一定的效果。2007 年中央财政将"农业保险保费补贴"列入预算科目，列出 10 亿元财政预算，此后补贴逐年增多。从 2004 年起，农业保险费占财产保险费比重呈上升趋势，各级财政对农业保险保费补贴近 80%。2007~2019 年，中国农业保险为投保农户提供的损失赔偿从 32.8 亿元增加到 527.87 亿元。2007~2017 年，投保农户从 0.498 亿户次增加到 2.13 亿户次。2006~2017 年，提供农业保险服务的保险机构从 5 家增长到 31 家，农业保险品种从 2007 年的 6 个增加到 2016 年的 211 个。所有这些成就都源于中央和地方各级财政的支持与投入。

为了更加直观地体现农业保费的增长与政府对农业保险的补贴，我们绘制了图 7-9，从图 7-9 中我们可以粗略地看到政府对农险的补贴趋势与农险保费收入变化趋势很相似。在起始年间，财政对保费的补贴占据了农业保险收入的大部分份额，然而在随后的年份，它们之间的差距越来越大。同时，在农险保费收入增速变缓前，政府对其补贴的增速有所滞缓，直至 2010 年农险保费收入增速再次提高，政府的补贴立刻尾随增加。从中可以总结，中国财政对农业保险的补贴并不过于盲目。

表 7-5 显示，中国农业保险收入额度的逐年增长，尤其是 2007 年，保费收入是上一年的 13 倍。到了 2011 年，农业保险的保费已经达到 173.3 亿元，然而一年后的保费收入达到了 240.1 亿元。而且从 2013 年开始中国农业保险原保费收入高速增长，到 2019 年达 672.5 亿元，赔款支出达 527.87 亿元。同时，我们通过支出比例可以观察到，中央对农业保险的补贴占中央财政支出的比例越来越高。

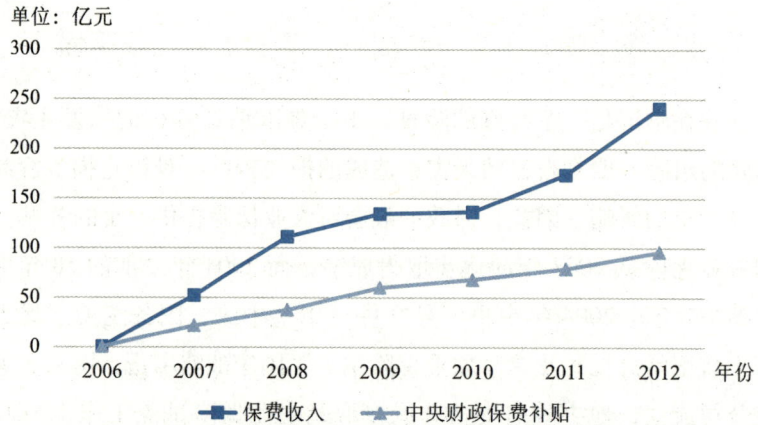

图7-9 2006~2012年农业保费收入与中央财政对保费的补贴

表7-5　　　　　　　　2004~2019年中国农业保险发展情况统计

年份	财产保险原保费收入（亿元）	农业保险原保费收入（亿元）	农业保险原保费收入同比增长（%）	各级政府提供的农业保险保费补贴（亿元）	农业保险保费收入占财产保险保费收入的比例（%）	农业保险赔款总额（亿元）	农业保险简单赔付率（%）
2004	1089.89	3.77	-18.3	—	0.34	2.81	75.34
2005	1229.86	7.29	93.3	—	0.56	5.67	81
2006	1509.43	8.46	16	—	0.56	5.91	69.53
2007	1997.74	51.8	512.5	20.5	2.6	32.8	63.3
2008	2336.71	110.7	113.7	78.44	4.7	70	63.2
2009	2875.83	133.9	21	99.7	4.7	101.9	76.1
2010	3895.64	135.7	1.34	101.5	3.5	100.6	74.1
2011	4617.82	173.8	28.1	131.3	3.8	89	51.2
2012	5330.96	240.13	38.2	182.72	4.5	142.2	61.7
2013	6481.16	306.7	27.7	234.95	4.6	208.6	68
2014	7203.38	325.7	6.2	250.7	4.5	114.6	65.8
2015	7994.97	374.9	15.1	147.3	4.7	237.1	63.2
2016	8724.50	417.7	11.4	158.3	4.8	299.2	71.6
2017	9834.7	479.1	14.7	362.69	4.9	366.1	76.41
2018	10770.7	572.7	19.6	199.34	4.9	394.31	68.85
2019	11649	672.5	17.4	538	5.2	527.87	78.49

农业保险的经营不仅涉及保险公司的经营效益，还关系到财政支出的效率，因此高效的补贴机制和充分的再保险安排有利于农业保险的持续健康经营。

为鼓励农民积极投保，政府实施差异化保费补贴机制，我们可以参考美国基于保险险种、保障水平和保险单位3个指标确定保费补贴比例。不同保险产品面临的风险损益不同，需要采用差异化的保费补贴。例如，产量保险产品的保费补贴水平高于收入保险产品，团体保险产品的保费补贴水平高于个体保险产品。对于不同保障水平的农业保险，美国对保障水平越高的险种，政府对其保费补贴比例越低，如对于最低保障水平的巨灾保险。关于按照保险单位的差异化进行保费补贴，2008年农业法案将保险单位作为决定保费补贴比例的新标准，从而进一步细化保费补贴的差异化。

2003年中共中央提出"积极发展财险、人身保险和再保险市场"，那时中国再保险市场刚刚起步，中国农业再保险市场仍然一片空白。表7-6列出了农业再保险市场的发展历程。

表7-6 农业再保险市场的发展经历

年份	事件
2004	初步形成，建立全国农业再保险体系
2005	先建立农业再保险保障体系，通过集合相关保险及再保险公司的力量共担风险，最大限度转移、分散农业风险
2007	中再集团与多个农业保险承保主体签订农业再保险合作框架协议，浙江、海南等省政府与当地农业保险承保主体达成了封顶赔付和超额分担协议
2008	着眼点在"建立"，农业再保险比例、分保合同的安排从理论探讨走向实际操作，以超赔保障为普遍需求，比例分保由市场、政府分担超赔的再保险体系已经初显雏形
2009	北京市农村工作委员会和中再集团、瑞在北京分公司签署了再保险协议，转移北京市政府承担的政策性农业保险超赔风险，首创中国政府出资直接购买商业保险之先河
2010	着眼点在"健全"，农业再保险进入总结、提高阶段
2011	《中国保险业发展"十二五"规划纲要》提出加快推动建立国家政策支持的农业再保险体系和地震、洪水等巨灾风险再保险体系
2012	中央一号文件指出，健全农业再保险体系，逐步建立中央财政支持下的农业大灾风险转移分散机制。农业保险正沐浴和煦的政策春风
2013	《农业保险条例》在确立全国农业保险制度的同时，把确定各地农业保险经营模式的权力交给了省、市、自治区

续表

年份	事件
2014	中国农业保险再保险共同体正式成立。农共体由人保财险等23家具有农业保险经营资质的保险公司和中国财产再保险公司共同发起组建
2015	中国农业保险再保险共同体承保能力扩大到2400亿元，可满足国内96%以上的分保需求
2018	《关于将三大粮食作物制种纳入中央财政农业保险保险费补贴目录的有关通知》提出将对水稻、小麦、玉米的制种和种子生产环节中的各类风险进行保费补贴，补贴比例依照地区而异
2019	《关于加快农业保险高质量发展的指导意见》提出2022年以及2030年发展目标，且在再保险方面要完善大灾风险分散机制，增加农业再保险供给，扩大农业再保险承保能力，完善再保险体系和分保机制

中国农业再保险虽是一个政府主导、市场逐步参与、多方协助的农业再保险体系，但仍然存在许多亟须完善的方面，如法律的缺失、技术的滞后、再保险主体的不足等。在这方面我们应加强与国际再保险市场的交流，增强与国外机构的合作，提高农业巨灾风险的分散能力。

四、保证保险迎头发展

2018年10月17日，银保监会发布《关于开展信用保证保险业务专项自查工作的通知》组织开展信保业务专项自查工作，此举为贯彻落实党中央、国务院关于加强金融风险防控工作的重要决策部署，防范化解信用保险和保证保险业务风险，强化保险公司主体责任，评估《信用保证保险业务监管暂行办法》执行效果。目前，中国大部分财险公司均开展了信用保证保险业务，但只占财险公司整体业务中很小一部分。近几年来，信用保证保险市场需求增加，专业参与者不断加入，专业信用保证保险公司阳光信保成立至今已有两年，专注于信用保证保险领域的第一家相互保险社——众惠财产相互保险社于2017年2月成立。同时，由于互联网的介入，信用保证保险开始与各种形态结合，通过互联网渠道嵌入场景进行销售，例如个人贷款保证保险、企业贷款保证保险等，有效降低了个人及企业融资成本。

截至2020年5月，在银保监会备案开展保证保险的财产保险公司共有70余家，其中险种数量较多的公司是老牌的资金规模较大的财产保险公司，包括人保、人寿、太平洋、长安、中华联合、大地以及紫金,保证保险的数量都在 30 个以上,其中人保财险经营的保证保险数目有 80 余种,人寿财险经营的保证保险数目有 50 余种。从保证保险的类型上来看,大部分涉及了履约保证保险和贷款保证保险,履约保证保险在保证保险总数里的市场占有率达 37%,贷款保证保险占 19%,两者约占据保证保险险种数目的一半以上,这与国家的扶持政策密切相关(见图 7-10)。中国有超过 1800 万家的中小企业,民营以及中小企业是中国近几年乃至之后一段时间扶持发展的对象,很多企业无法满足银行的贷款要求,要竭力解决这些企业融资难问题,这就需要保证保险来做担保,巨大的市场需求促进了保证保险的发展,体现了保证保险的增信融资功能。

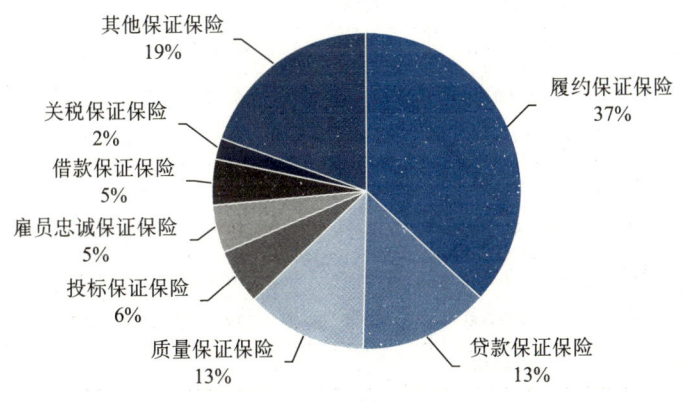

图 7-10　2019 年市场上保证保险产品比例

从保费收入和保险赔付角度来说,2010~2019 年保证保险的保费收入从 229 亿元左右达到 844 亿元,翻了将近 4 倍,保证保险占财产险的保费收入比例从 0.569% 增长到 6.484%,赔款支出也从 0.12% 增长到 3.634%,近几年的复合增长率高达 60%,预计未来几年还会保持 50% 左右的增长率。从数据上可以看出中国保证保险是一直在不断发展的,且 2016~2017 年的增幅最大。另外在 2019 年保证保险是财产保险非车险业务中保费收入最多的险种(见表 7-7)。

从具体公司来说,2019 年保证保险发展势头较猛的保险公司是太保、人保以及平安这老 3 家财产保险公司。太保财险的非车险业务中,保证保险表现亮眼,以 60% 的规模增速列于首位;人保财险 2019 年信用保证保险的收入同比增长了 96%,高达 227.67 亿元,仅人保财险一家就占了 2019 年保证保险保费总收入的 1/4 左右；2019 平安财险的保证保险这一险种的保费收入同比增加了 5.1%，承保利润高达 15.52 亿元，是为数不多的保证保险盈利的财产保险公司。这也说明大的财产保险公司由于资产规模大，承保保证保险的风险较小公司要小，且对于风险的内部控制也比较严格。

表 7-7　　　　2010~2019 年中国保证保险发展情况统计

指标 年份	总原保费收入（亿元）	保证保险保费收入（万元）	总赔款及给付（亿元）	保证保险赔款及给付（亿元）	保证保险赔款占总赔款的比例	保证保险保费收入占总保费收入的比例
2010	4027	229140.12	1815	2.5332	0.140%	0.569%
2011	4779	565000	2249	3.8	0.169%	1.182%
2012	5530	935000	2897	9.3	0.321%	1.691%
2013	6481	1203700	3556	16.52	0.465%	1.857%
2014	7544	1999000	3968	29.1	0.733%	2.650%
2015	8423	2081000	4448	63.7	1.432%	2.471%
2016	9265.7	1841000	5045.6	65.1	1.290%	1.987%
2017	10541.4	3792000	5495.8	77.8	1.416%	3.597%
2018	11756.5	6451000	6455	234.6	3.634%	5.487%
2019	13016	8440000	7279	—	—	6.484%

资料来源：中国经济社会大数据研究平台。

第三节　财产险公司保财险服务及消费者投诉分析

一、财产险公司服务现状

第一，中国财产险市场主体为了增强竞争力，采用降低费率、扩大责任范围等方式，导致最后保费充足率下降，同时，由于价格竞争引起财产险的风险管理能力降低，对承保标的的防灾防损等服务措施跟进不到位。

第二，自然灾害、大型公共灾害事故频繁发生，其原因一是人为的操作风险管理不成熟，二是保险公司未根据现有风险敞口进行有效的经验分析、更新对灾害发生概率的预测。

当然，由于财险标的多样性，风险因素也各异，每个行业甚至可能每一种标的的风险状况都不尽相同。大型保险公司对标的的风险管理服务形式一般是由总公司统一组织内外的风险管理专家集中研究，制定出相应的防灾防损实施模板，并在整个系统内推广，但该方法的局限性在于或多或少会有遗漏的风险种类或服务内容，且实际操作中也容易产生偏差。对于小型的财产险承包人而言，资金规模和风险规模都有限，很难对全公司面对的所有业务风险进行全面掌握，这时候就需要专业的评估机构，如再保险人、经纪人、公估人、专业咨询公司等风险管理专家根据保险人的实际需求，辅助其进行风险的专业量化和预防。但缺陷是各个主体机构与委托方之间可能为维护自身利益而导致你选择问题，小型保险人没有把握风险管理的核心技术将限制其提高市场份额和实现进一步的战略目标的能力。

二、财产险公司投诉情况及反映的问题

（一）财产险公司投诉情况

2019年，原中国保监会机关及各保监局接收的由保险监管机构负责处理的保险公司涉嫌违法违规投诉4974件。其中，涉及财产保险公司的974件，占比19.58%。处理的合同纠纷投诉88745件。其中，涉及财产保险公司48789件，占比54.98%，较2018年增长1.02%。合同纠纷投诉量居前10位的财产险公司依次为：人保财险（9674件）、平安财险（6396件）、众安在线（3728件）、太平洋财险（2730件）、大地财险（2528件）、国寿财险（1901件）、中华财险（1695件）、安心财险（1548件）、太平财险（1523件）和天安财险（1467件）。具体如图7-11所示。这10家公司投诉量总和为33190件，占财产险公司投诉量总量的68.03%。

2019年，财产保险公司亿元保费投诉量中位数为5.86件/亿元。其中，亿元保费投诉量居前的为：易安财险119.51件/亿元；安心财险60.61件/亿元；阳光信保55.87件/亿元；泰康在线27.72件/亿元；众安在线25.59件/亿元；史带财险23.61件/亿元；华农财险21.68件/亿元；长安责任21.12件/亿元；国泰财险19.43件/亿元；安联财险19.01件/亿元。具体如图7-12所示。

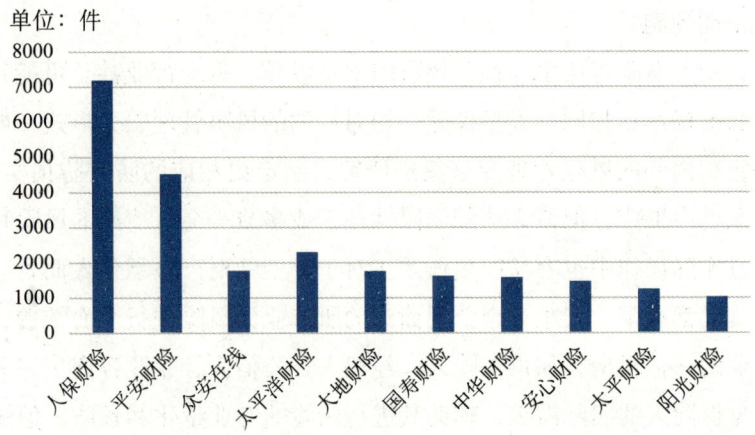

图 7-11　2019 年投诉总量前 10 位的财产险公司

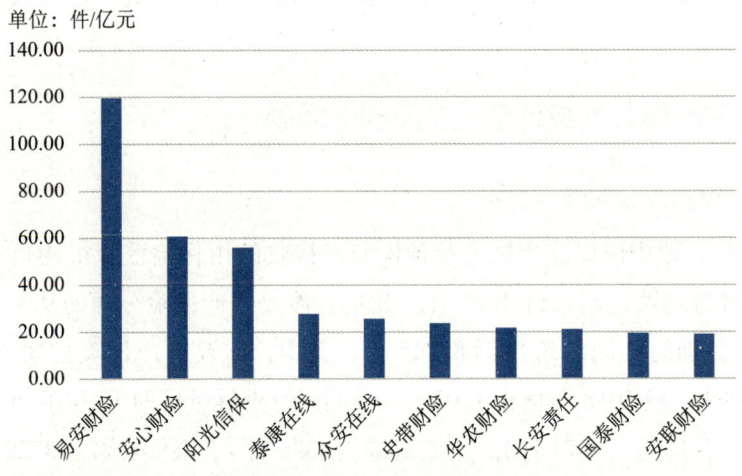

图 7-12　2019 年亿元保费投诉量前 10 位的财险公司

从图 7-11 和图 7-12 可以看出，投诉总量排名前 10 名的保险公司与亿元保费投诉量平均值排名前 10 名的保险公司出入较大。显然，由于投诉总量与总体保单数量即总体保费体量直接相关，以投诉总数来判定保险公司的服务质量是有失偏颇的。

从图 7-13 可以看出，从 2019 年整体来看，财产险保费规模排名前 10 名的财产险公司的亿元保费投诉量都不是很高，而且较 2018 年相比，国寿、太平、阳光等都有了一定程度的下降，说明这些大公司的服务质量较 2018 年都有了提高；同时也有几家公司处于较高的水平，这也说明公司经营情况的好坏与投诉量之间没有必然的联系,即使投诉量与亿元保费投诉量都处于低水平,也不能反映出一家公司的服务水平很高,因为可能只代表着该公司的保单规模太小。显然,这两个统计值只能作为方向性的参考,如果能够将投诉量与保单数量相对应,也许能在一定程度上增添说服力。

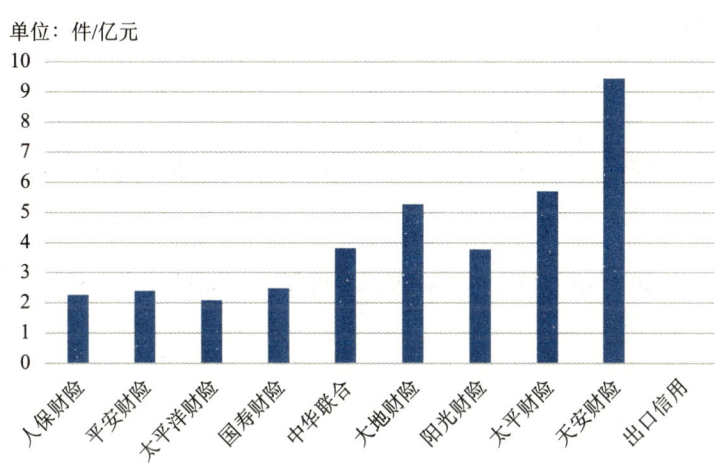

图7-13 2019年财产险保费规模前10名公司亿元保费投诉量

注:出口信用保险公司数据缺失。

(二)投诉反映的问题

据银保监会公开数据显示,2019年,财产险投诉主要集中在理赔纠纷方面,在涉及财产保险公司投诉中,理赔纠纷37392件,占财产保险公司投诉总量的75.14%,涉及的险种以机动车辆保险为主,主要反映定核损和核赔环节的金额争议、理赔时效慢和责任认定纠纷等问题。

如图7-14所示,财产保险公司理赔纠纷投诉量居前10位的为:人保财险7180件,同比增长8.10%;平安财险4520件,同比下降13.08%;太平洋财险2291件,同比下降6.57%;众安在线1766件,同比增长5.88%;大地财险1758件,同比增长29.17%;国寿财险1615件,同比减少50.14%;中华财险1578件,同比增加22.42%;安心财险1464件;太平财险1241件,同比增加7.45%;阳光财险1024件,同比增加13.90%。

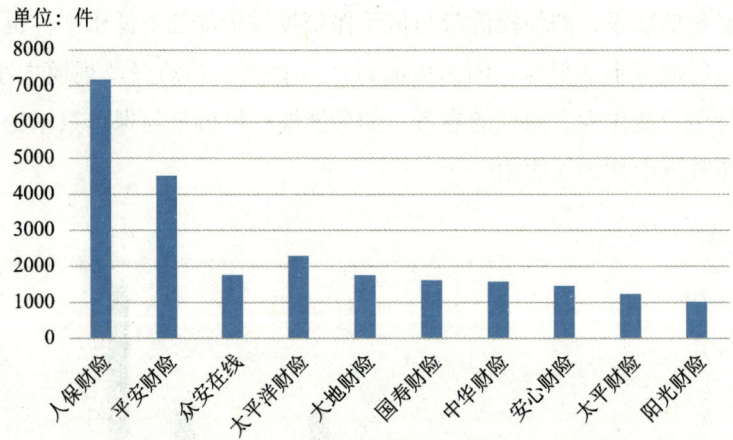

图 7-14 2019 年理赔纠纷投诉量前 10 位的财产保险公司

中国保险市场发展报告（2020）

（原《保险蓝皮书——中国保险市场发展分析（2020）》）

第四部分 中国保险市场发展的技术、创新与监管

第八章 中国互联网保险发展研究

第一节 互联网保险发展情况概述

一、互联网保险基本认识

互联网在保险行业的影响越来越大,特别是近几年互联网从产品设计、销售、投保、核保以及理赔等各个方面改变着传统保险行业。社会各界对于互联网保险的探索和尝试也在不断深化。为深入研究互联网保险,探索互联网在保险行业更深层次的应用和发展,先从发展的角度梳理互联网保险的发展历程,明确互联网保险的概念和特征。

(一) 互联网保险的基本定义

随着互联网技术的进步,保险业对于互联网在保险中的应用和尝试也在不断地深化,互联网对于保险来说从最初的作为信息推送的营销手段,不断地深化,逐步形成了由点成线、由线成面、由面成体的体系化认识,其发展大体可以分为4个阶段。

1. 萌芽阶段:Web 1.0

互联网在保险行业中最初的应用是作为一种营销手段,一种信息推送的媒介,此阶段信息推送的模式还是单向推送为主。Web 1.0阶段,互联网应用主要是保险公司、保险中介机构以及保险服务网站将产品信息单向简单的通过互联网展示给消费者。业界认为保险营销属于顾问式营销,互联网保险不可能成为主流的销售方式。监管者对互联网保险的管理也局限于销售领域,原中国保监会发布的《保险代理、经纪公司互联网保险业务监管办法(试行)》,监管的重点还局限在保险销售领域。

2. 发展阶段：Web 2.0

随着互联网技术的发展，互联网互动性特点的增强，为互联网保险的发展注入了新的动力。2004年，各种SNS社会性网络服务的互动性应用不断丰富，"开放、平等、协作和共享"的互联网精神影响力不断增强。有了互联网技术的升级与支持，保险业界得以将有关宣传之外的售前咨询、产品报价、合同订立以及后续实务处理各环节逐步实现网络化，通过互联网与客户在更广泛的互动沟通中实现更多的保险服务。与实践相对应，互联网保险的概念从最初的新型销售渠道认识，扩大到保险信息咨询、保险计划书设计、投保、缴费、核保、承保、保单信息查询、保权变更、续期缴费、理赔和给付等保险全过程的网络化。在这个阶段，互联网保险电商开始出现，原中国保监会在《保险公司开业验收指引》基础上，针对专业网络保险公司开业验收提出新的标准要求。

3. 移动互联阶段

当前，互联网技术已进入到移动互联时代。移动互联、大数据、云计算等新兴信息技术融合发展，传统的经济形态乃至信息产业本身的运作模式正在被打破，竞争热点逐步从传统市场向移动互联市场转换，与互联网相关的商业模式创新风起云涌。发扬互联网精神，实践互联网思维，应用互联网技术，构建广阔、持续、快捷、简约、低廉、精准的网络服务平台，支持社会大众实现商务、社交的各种需求，成为移动互联时代成就大事业的基本特征。在移动互联时代，新型互联网电商迅速崛起，互联网金融成为创新热点，传统金融业受到互联网势力的冲击与影响，纷纷成立电商公司主动应对复杂多变的挑战，加深对互联网的认识与理解，积累互联网业务的经验，努力抢抓发展机遇。作为金融业的重要组成部分，保险公司和监管机构高度重视互联网保险的发展，对互联网保险概念的认识不断深化。从整体上来讲，当前的互联网保险是指保险领域的各要素与互联网技术实现充分结合的一种新型发展方式。监管机构正在草拟的《网络保险业务监管办法》将为未来的互联网保险奠定发展基础，同时，对未来的发展方向与发展格局产生重要影响。

4. 基于4G技术的多媒体移动互联阶段

展望未来，在互联网移动化的基础上，随着4G的普及，多媒体技术广泛应用将成为下阶段的重要特征。4G带宽大幅度扩充，为语音、视频等多媒体，以及虚拟现实技术等纵深应用发展提供了基本条件,今后,人与人网络沟通的即时性、便捷性、连续性、有效性将得到实质跨越,更多复杂的金融服务将通过移动互联网得以实现,互联网金融将成为金融领域的主流趋势,互联网保险发展的技术条件将更为坚实,保险价值链的实现方式必须通过多媒体移动互联技术全方位创新升级。未来的互联网保险与传统保险相互渗透,相互融合,逐步向一体化、趋同化发展。互联网保险发展将作为保险领域的主要方式和日常形态存在,所谓传统保险将逐步成为历史。

从互联网保险发展的4个阶段可以看出,互联网保险的发展与互联网技术的进步和发展是密不可分的,互联网技术发展的状况在很大程度上决定了互联网保险的发展方向和发展趋势。近几年,保险科技的迅猛发展,特别是以大数据、云计算、人工智能、区块链等技术为代表的新一轮信息技术革命为互联网保险赋予了新能力、新发展、新未来。可以预期互联网保险即将步入基于5G技术的"万物节点、万物感知、互联智能、万物互联"阶段。

(二)互联网保险的主要特征

互联网保险和传统保险相比,除了拥有保险的自然属性和社会属性之外,还有自身所独有的、体现互联网属性的特点特征,主要体现在以下几点:

1. 虚拟性

互联网保险的商务活动主要在网络进行。互联网保险机构的代表不是办公所在的建筑物,不是地址而是网址,营业厅不是物理柜面而是主页画面。互联网保险的咨询、投保、承保等若干环节在互联网实现,保险活动的往来体现为数字化的虚拟性特征,这在很大程度上降低了保险机构的运营成本。同时,网络突破了地域限制,地理位置的重要性也大为降低,为提高保险服务的速度和质量创造了技术条件。

2. 直接性

互联网使客户与保险公司间的互动更加直接,解除了传统条件下双方活动时间、空间的障碍,体现出更为明显的直接性特征。客户可以登录保险公司网站或者在相关商务活动中直接提出保险需求,处理保险事宜。随着互联网经济的普及与发展,拉直保险价值链成为可能,保险中介所处的中间环节将进一步减少,以复杂、迂回为特点的传统保险实务流程将升级为标准、简约、直接为特点的新一代互联网保险实务流程。

3. 便捷性

互联网的信息检索功能使客户获取保险资讯更加方便,保险公司网站的在线客户也可以实时解答客户关于保险的业务问题,并可以指导客户通过网络直接投保,网络支付功能的应用支持客户随时缴纳保险费而不用去柜面排队。互联网在保险业的广泛普及,使各种保险服务更加贴近客户、融入市场,便捷性成为互联网保险的显著特征之一。此外,这种便捷性还呈现出不断强化的发展趋势。

4. 风险性

互联网本身具有的风险性,使互联网保险体现出不同于传统保险的风险性特征。互联网发展进步的前提必须是安全性得到可靠的保障。客户信息安全、账户安全、交易安全以及系统运行的安全等是互联网保险发展中必须慎重解决的重大问题。某保险公司与合作的中介公司系统接口安全性未得到保障,导致数十万客户信息泄露,成为媒体和公众广泛关注的问题,这说明对于互联网保险来说,必须解决好安全问题,务必要做到取信于民。

二、互联网保险发展现状

(一)互联网发展现状

根据中国互联网络信息中心《第45次中国互联网络发展状况调查统计报告》(受新冠肺炎疫情影响,本次报告电话调查截止时间为2020年3月15日,故数据截止时间调整为2020年3月)所提供的数据,我们得以从用户的角度对互联网发展现状与趋势进行简要的归纳。

截至2020年3月底,中国网民规模为9.04亿,互联网普及率达64.5%,庞大的网民构成了中国蓬勃发展的消费市场,也为数字经济发展打下了坚实的用户基础。当前,数字经济已成为经济增长的新动能,新业态、新模式层出不穷。在此次疫情中,数字经济在保障消费和就业、推动复工复产等方面发挥了重要作用,展现出了强大的增长潜力。

一是基础设施建设持续完善,"新基建"助力产业结构升级。2019年,中国已建成全球最大规模光纤和移动通信网络,行政村通光纤和4G比例均超过98%,固定互联网宽带用户接入超过4.5亿户。同时,围绕高技术产业、科研创新、智慧城市等相关的新型基础设施建设不断加快,进一步加速新技术的产业应用,并催生新的产业形态,扩大了新供给,推动形成新的经济模式,将有力推动区域经济发展质量提升和产业结构优化升级。

二是数字经济蓬勃发展,成为经济发展的新增长点。网络购物持续助力消费市场蓬勃发展。截至 2020 年 3 月,中国网络购物用户规模达 7.10 亿户,2019 年交易规模达 10.63 万亿元,同比增长 16.5%。数字贸易不断开辟外贸发展的新空间。2019 年,通过海关跨境电子商务管理平台零售进出口商品总额达 1862.1 亿元,增长了 38.3%。数字企业加速赋能产业发展。数字企业通过商业模式创新、加快数字技术应用不断提升供应链数字化水平,为产业转型升级提供了重要支撑。

三是互联网应用提升群众获得感,网络扶贫助力脱贫攻坚。互联网应用与群众生活结合日趋紧密,微信、短视频、直播等应用降低了互联网使用门槛,不断丰富群众的文化娱乐生活;在线政务应用以民为本,着力解决群众日常办事的堵点、痛点和难点;网络购物、网络公益等互联网服务在实现农民增收、带动广大网民参与脱贫攻坚行动中发挥了日趋重要的作用。

四是疫情期间部分互联网应用呈现快速增长态势。2020 年年初,受新冠肺炎疫情影响,大部分网络应用的用户规模呈现较大幅度增长。其中,在线教育、在线政务、网络支付、网络视频、网络购物、即时通信、网络音乐、搜索引擎等应用的用户规模较 2018 年年底增长迅速,增幅均在 10% 以上。

(1) 在线教育呈现爆发式增长。截至 2020 年 3 月,中国在线教育用户规模达 4.23 亿户,较 2018 年年底增长 110.2%,占网民整体的 46.8%。2020 年年初,全国大中小学校推迟开学,2.65 亿在校生普遍转向线上课程,用户需求得到充分释放,在线教育应用呈现爆发式增长态势。

(2) 网络零售成为消费增长重要动力。截至 2020 年 3 月,中国网络购物用户规模达 7.10 亿户,较 2018 年年底增长 16.4%,占网民整体的 78.6%。2020 年 1~2 月,全国实物商品网上零售额同比增长 3.0%,实现逆势增长,占社会消费品零售总额的比重为 21.5%,比上年同期提高 5 个百分点。

(3) 全国一体化政务服务平台在疫情防控中发挥有力支撑。截至 2020 年 3 月,中国在线政务服务用户规模达 6.94 亿户,较 2018 年年底增长 76.3%,占网民整体的76.8%。疫情期间,国家及各地区一体化政务服务平台提供疫情信息服务,推行线上办理,协助推进精准防疫,应用成效越来越大,已经成为创新政府管理和优化政务服务的新渠道。

五是抗击疫情加速了互联网产业发展,并带来新机遇与挑战。中国互联网产业拥有庞大的消费市场、企业和技术基础,在后疫情时代将迎来新一轮快速发展的历史机遇,互联网产业将呈现全新的蓬勃发展态势。(1)新基建将迎来大发展,成为经济社会的重要底层支撑;(2)在线服务、网络消费等互联网业态将进一步繁荣发展,成为驱动经济增长的新动能;(3)消费互联网向产业互联网加速升级,产业数字化转型进程将不断加快;(4)万物互联将形成大连接,进一步推动互联网红利共享;(5)数据要素将形成大流动,数字产业的价值和潜力进一步得到发挥;(6)平台经济大生态将更加丰富,对实体产业转型的赋能作用将持续凸显。

六是中国技术创新能力持续增强,产业互联网加速推进。区块链、IPV6、5G、人工智能、大数据等核心技术领域的快速发展,其深度融合形成的产业互联网将成为推动数字经济发展的新动能和构建智慧型社会的新支柱。

首先,区块链技术受到中国政府和企业的高度重视。在政府与企业的共同推动下,中国区块链发明专利数量实现连续两年位居全球第一,区块链技术已经在很多传统产业的数字化转型升级过程中发挥作用。

其次,5G商业化的全面启动将有力推动科技产业创新升级。截至2019年12月,中国已经建成5G基站超过13万个,5G产业链推动人工智能与物联网结合发展到智联网。

最后,人工智能技术在中国实现快速发展,将成为赢得全球科技竞争主动权的重要战略抓手。2019年,中国人工智能企业数量超过4000家,位列全球第二,在智能制造和互联网等应用领域优势明显。实现基于人工智能的智能制造将是个长期过程,我们需要将管理创新和技术创新并重,来应对发展中的挑战,推动数字经济发展。

(二)保险业发展现状

2019年,中国银保监会在党中央国务院统一领导下,进一步扩大了对外开放,以开放促改革,激发了市场活力,推动形成了保险业全面开放新格局。总体来看，保险市场发展稳中向好，产品保障功能凸显，资金运用收益稳步增长，保险科技广泛应用，行业风险防控能力持续增强。2019年，全行业共实现保费收入42645亿元（除特别说明之外，本书中的保费收入指原保险保费收入），同比增长12.17%（本书中的增长或下降除特别说明以外，都表示同比变化情况），其中，产险公司和寿险公司分别增长10.72%和12.82%；赔付支出12894亿元，同比增长4.85%；保险业总资产205645亿元，较年初增长12.18%。具体来看，市场运行呈现以下特点：

一是业务发展稳中向好，风险保障水平快速提高。2019年，保险业保持较快发展，分险种看，财产保险业务实现保费收入11649亿元，同比增长8.17%；寿险业务22754亿元，同比增长9.80%；健康险业务7066亿元，同比增长29.70%；意外险业务1175亿元，同比增长9.26%。与国计民生密切相关的责任保险和农业保险业务继续保持较快增长，分别实现保费收入750亿元和672亿元，同比增长27.51%和17.43%。2019年，保险业提供保险金额6470万亿元，同比下降6.20%。其中，产险公司保险金额5369万亿元，下降7.07%；寿险公司保险金额1101万亿元，下降1.69%。寿险公司期末有效保险金额953万亿元，增长14.93%。

二是资金运用配置更趋优化，投资收益稳步增长。2019年，保险公司资金运用余额为185271亿元，较年初增长12.92%。其中，银行存款25227亿元，占资金运用余额的比例为13.62%；债券64032亿元，占比34.56%；证券投资基金9423亿元，占比5.09%；股票14942亿元，占比8.06%。

三是保险科技应用日益广泛，创新业务快速发展。保险科技投入力度加大，大数据、人工智能、区块链、移动互联网、物联网等前沿技术广泛运用于产品创新、保险营销和公司内部管理等方面。依托于互联网保险对部分标准化传统保险的快速替代及场景创新型产品带来的增量市场，互联网保险创新业务保持高速增长。

四是立足国家战略，服务经济社会发展能力增强。2019年，保险行业积极助力经济社会发展的重点领域和薄弱环节，推动科技创新，维护社会稳定，不断提升保险服务实体经济的效率和水平。

（三）互联网保险发展现状

2019年，88家财产险公司中共71家公司开展互联网财产保险业务，占比

81%。2019 年互联网财产保险保费收入 838.62 亿元，同比增长 20.60%。其中，车险保费收入 274.52 亿元，同比负增长 25.55%，占比 32.74%；非车险保费收入 564.09 亿元，同比增长 72.69%，占比 67.26%。

2019 年，91 家人身险公司中，目前共 62 家公司开展互联网人身保险业务，占比 68%；互联网人身保险保费收入 1858 亿元，同比增长 56%。

总体来看，当前，互联网保险市场规模在整个保险市场规模中的占比仍然较小，但从未来发展趋势来看，云计算、大数据和人工智能等保险科技的出现和应用将更好助力互联网保险转型升级。加之居民消费水平不断提高，互联网用户保险意识逐渐增强，人口老龄化加剧也不断催生消费者对健康、养老、医疗等方面的保障需求，互联网保险特别是互联网健康保险市场前景趋好。

三、互联网保险发展展望

（一）互联网发展趋势

回顾 20 多年的发展历程，中国互联网始终保持健康快速发展的良好态势，并将持续发挥对经济高质量发展的引领作用。中国互联网普及率的持续提升和充沛的互联网基础资源保有量，为互联网蓬勃发展提供了土壤。1997～2019 年，中国网民数量从 62 万增长至 9.04 亿，互联网普及率从 0.03% 增长至 64.5%，网站数量从 1500 个增长至 497 万个。截至 2019 年 12 月，中国拥有的 IPv4 地址数量达 3.87 亿个，IPv6 地址数量达 50877 块/32；中国域名总数为 5094 万个，其中 ".CN" 域名总数为 2243 万个，占比为 44%。这些数据充分表明，中国互联网运行总体平稳、稳中有进的态势没有改变，中国互联网发展仍处于并将长期处于重要战略机遇期，实现"网络强国"的历史进程不会逆转，发展的潜力依然巨大。

1. 数字经济为中国经济注入新动能

当今世界正在经历一场更大范围、更深层次的科技革命和产业变革。互联网、大数据、人工智能等现代信息技术不断取得突破，数字经济蓬勃发展，各国利益更加紧密相连。因此，需要把握好新一轮科技革命和产业变革的历史契机，做大做强数字经济，以信息化培育新动能，用新动能推动新发展。

2020 年 7 月 3 日，中国信息通信研究院发布的《中国数字经济发展白皮书

(2020)》指出，2019年中国数字经济增加值规模达到35.8亿元，占GDP比重已提升到36.2%，占比同比提升1.4个百分点；按照可比口径计算，2019年中国数字经济名义增长15.6%，高于同期GDP名义增速约7.85个百分点，在国民经济中的地位进一步凸显。《2018全球数字经济发展指数》显示，通过数字基础设施、数字消费者、数字产业生态、数字公共服务、数字科研5方面综合评价数字经济的水平、结构与发展路径，中国全球排名第二，位列美国之后。在国家一系列政策的推动下，中国数字经济持续保持蓬勃发展态势，数字技术发挥了对传统产业创新升级的驱动作用，有利于提高全要素生产率，提升新型工业化、农业现代化、服务业现代化的发展水平。

2. 互联网与实体经济深度融合发展

在深入推进供给侧结构性改革的过程中，实体经济和互联网相互支撑、协同促进，实体经济离不开互联网的支持，互联网更离不开实体经济的发展，互联网与实体经济融合发展的趋势日趋明显。云计算、工业互联网成为驱动企业数字化转型的重要动力，大型互联网平台企业持续通过互联网、大数据、云计算、人工智能等技术赋能实体经济，形成一批行业领先的工业互联网平台。总体来看，实体经济在转型过程中将进一步应用数字技术不断优化流程、提升效率、创造新价值，企业转型将带来产业的转型，进而推动整个经济发展模式的升级。

3. 数字消费持续释放居民需求潜力

数字消费是创新最活跃、增长最迅速、辐射最广泛的新兴消费领域，有利于在更高水平、更高层次、更深程度实现供需新平衡，引领高质量发展。中国网民规模世界第一，互联网消费市场发展领先全球，中国数字经济以电子商务为先导力量获得迅速发展，引领数字产业崛起和产业数字化转型。

根据《2018全球数字经济发展指数》，中国数字消费者指数排名全球第一，数字消费者产生的数据成为中国数字经济发展的关键生产要素，其规模与活性造就了中国数字经济的发展奇迹。中国数字消费市场正在形成全球影响力，中国网络零售交易规模、移动支付市场全球最大，其中跨境电子商务交易飞速增长。在数字消费领域，中国将大力发展适应消费升级的中高端移动通信终端、可穿戴设备、超高清视频终端、智慧家居等新型数字产品，以及智能汽车、服务机器人等前沿信息数字产品。

4. 个人互联网应用加快构筑网络生态体系

随着数字化进程的推进和数字经济的发展，互联网应用场景不断扩大，所能承载的应用服务愈来愈多。中国个人互联网应用保持良好发展势头，主要体现为：一是网络支付习惯持续巩固，截至2020年3月，网络支付用户规模达7.68亿户，较2018年增长1.68亿户；二是互联网娱乐进入规范发展轨道，截至2020年3月，网络视频用户达到8.6亿户，其中短视频用户达到7.73亿户。随着众多互联网企业布局短视频，市场成熟度逐渐提高，内容生产的专业度与垂直度不断加深，优质内容成为各平台的核心竞争力；三是在线教育市场取得快速发展，截至2020年3月，中国在线教育用户规模达4.23亿户，较2018年增长2.22亿户。未来，随着个人互联网应用的进一步发展，将推动形成更加多元、安全、智能的网络社会生态体系。

（二）保险业发展趋势

党的十九大在政治上、理论上、实践上取得了一系列重大成果，其中一个重要论断，就是中国特色社会主义进入新时代，中国社会主要矛盾已经转化为人民日益增长的美好生活需要和不平衡不充分的发展之间的矛盾。同样的，中国保险业也已经进入新时代，面临的主要矛盾已经演进为不平衡不充分的保险供给与人民群众日益迸发、不断升级的保险需求之间的矛盾。2017年召开的全国金融工作会议和中央经济工作会议对金融工作做出了全面部署。可以说，新时代中国保险业的历史方位同国家、民族历史方位紧密相连，使命和任务无比清晰，那就是在实现中华民族伟大复兴中国梦中贡献行业全部力量、切实履行职责，把握机遇、迎接挑战，努力建设现代保险服务业。

1980年以来，中国保费规模从4.6亿元增长至2019年的4.26万亿元，年均增长26.4%。2019年年末保险业总资产达20.56万亿元，净资产达2.48万亿元，当年利润总额3133亿元。多层次保险市场体系初步形成，市场主体从1家增加到231家（不含互助保险机构4家），其中产险88家、人身险91家、再保险12家、集团和控股13家、保险资产管理26家；专业中介机构2647家、兼业代理机构3万余家。保险公司231家，正是我们所谓的保险"大牌照"，主要包括（截至2019年年末）：保险集团和控股公司13家、寿险公司91家（其中，养老险公司5家、健康险公司7家）、财险公司88家（其中，互联网公司4家、相互保险 3 家、自保公司 4 家)、保险资产管理公司 26 家、再保险公司 13 家（其中，中资 6 家、外资 7 家）。

相对于保险大牌照，还有保险小牌照，主要是指保险中介主体，主要包括（截至 2019 年年末）：保险中介集团公司 5 家、保险专业中介机构 2665 家（全国性保险代理公司 240 家、区域性保险代理公司 1531 家、保险经纪公司 497 家、保险公估公司 397 家）、保险兼业代理机构 3.2 万余家（代理网点 22 万余家），其中银行类保险兼业代理法人机构 1971 家（代理网点近 18 万余家）、个人保险代理人 1200 万名。保险营销员的快速增长，对保费的推动作用，尤其是业务价值较高的保障型保险的推动作用不言而喻。尤其是 2018 年以来，伴随着营销员数量的快速增长，行业保费业务结构出现大幅优化，业务结构明显改善。

回顾中国保险业，2019 年的关键词是什么？

（1）十九届四中全会、2019 年中央经济工作会议关于保险的新要求；

（2）低利率环境下，寿险公司如何生存（日本进入低利率环境后，7 家寿险公司和 1 家财险公司破产）？

（3）商业车险改革，产险公司如何生存（从全球来看，商业车险改革成功的经验几乎没有，改革注定是赢者通吃）？

（4）什么决定中国健康险的未来（面对健康险，保险公司有"资本"疯狂吗？投资资本为何如此"疯狂"）？

（5）养老问题的灰犀牛，作为第三支柱的商业养老保险能做什么？

（6）信贷风险的灰犀牛，保险如何助力金融体系安全？

（7）自然灾害的黑天鹅，面对巨灾保险能做什么？

（8）保险如何助力"人民的获得感、幸福感、安全感"？

（9）保险如何参与国家现代治理体系建设？

（10）保险如何助力构架国家安全网（安全是广义概念，包括自然灾害、养老、就业）？

2020 年，中国保险的关键词是什么？我想我们已经有了答案：面对新冠肺炎疫情，保险业应该做什么？

（三）互联网保险发展趋势

新一轮科技革命与产业变革为保险行业转型升级打开了新的窗口期，保险业将迎来全新的战略发展机遇。在互联网保险发展的下一阶段，有4个方面的趋势值得关注：

1. 数字资产战略意义提升，行业步入转型升级加速期

随着全社会的数字经济占比的持续提升，前沿科技在保险业的应用加深，行业"数字资产"理念的战略将得到进一步落地，保险业的数据体系将更加丰富和完备，其数据管理和应用模式在新技术的驱动下也将得到不断革新。作为支持新一代信息技术应用的关键要素，数据也是保险业生存的命脉，"数字资产"战略将促使行业突破"资本驱动""负债驱动"的传统模式，将数据变为驱动行业发展的根本，实现数字化时代的资产重塑，加速推动保险业全面转型升级。

2. 保险科技成为行业价值创新的主要动能

互联网行业的快速发展不仅带来新的市场业态，也催生了以保险行业为核心的科技应用。保险科技突破了互联网技术的范畴，将人工智能、区块链等新兴技术应用于行业价值链的各个环节，推动创新不断深入，为行业发展带来更多真正的价值。未来的创新，不仅有来自渠道、产品的创新，更有大量与保险流程应用相结合的创新。例如，人工智能在保险业的创新应用，不仅体现在前端的语音智能交互，也有后端在核保或理赔环节实现的自动化智能作业。无论是提升行业效率，还是优化用户体验，保险科技的每个技术应用点将为行业带来更深刻的价值。

3. 科技提升保障能力，助力实现普惠金融

近年来，随着保险科技的快速发展应用，保险业在用户触达、客户服务和体验提升等方面都取得了进步。以2017年为例，全国互联网保险新增保单占保险业整体新增数的71%。科技的应用，降低了保险产品触达客户的门槛，有效地提升了保险的覆盖率，强化了整个社会的风险保障能力，也培养了用户的保险意识。未来，随着通信技术的升级，终端设备的多元化，科技将帮助保险业实现更广泛客户群体连接。同时，在科技助力之下，保险业不仅能面向更多样化的客户需求、提供更高性价比的保险产品，其服务能力也持续加强。科技在帮助实现金融普惠目标的同时，更将为保险业打开全新的增长空间。

4. 新主体推进互联网保险生态圈扩容

互联网保险的发展推动传统保险产业链逐步向保险生态演进。在传统保险公

司和保险中介之外，专业互联网保险公司、互联网巨头、创新渠道等更多元的主体参与其中，共筑保险生态的市场活力。保险科技的萌芽与发展，将带来新的产业格局。其中，保险业的央企、国企具备资源优势，是高密度研发和高水平创新人才的重要承载体和推进行业自主创新战略的重要力量。民营企业在新兴技术的快速跟进、落地实践上具有灵活的优势，将成为行业探索新兴技术、新颖模式，激活行业创新活力的助推器，有效发挥创新试点的作用。与此同时，垂直领域的新兴科技创业公司将利用其技术创新的专业与活力，与保险业实现更好地融合，成为生态圈重要新成员。多元化的主体发挥各自优势，形成合力，为互联网保险生态的可持续发展提供源源不断的动力。

第二节 2019年中国互联网保险市场发展分析

一、互联网保险市场发展概况

互联网保险和保险科技的发展，是当今时代保险行业转型升级的核心动能，也是中国从保险大国向保险强国跨越的重要契机。纵观全球保险科技发展进程，中国在保险科技应用方面已走在世界前列。通过利用互联网和新技术，保险业不断丰富产品供给、提升服务能力、优化客户体验、提高运营效率，保险业服务经济社会发展的能力不断增强。

近年来，保险业深入推进大数据、云计算、人工智能、物联网、区块链等新兴技术的行业应用，持续拓展行业的创新能力。例如，依托大数据和云计算技术，保险业实现了对互联网海量交易的支持；基于人工智能为代表的创新技术，保险业发展出包括智能保险在内的一系列产品应用，在优化客户产品体验的同时，释放了更多的保险需求。数字经济时代的到来，不仅带来了新的发展要求，也为互联网保险和保险科技的发展提出了新命题。

过去几年，互联网保险市场实现高速增长，规模从2013年的291.15亿元增至2019年的2696.32亿元，年化增长率45%；同期，互联网保险的渗透率也从2013年的1.69%提升至2019年的6.32%，高峰时甚至达到9.20%（具体数据见表 8-1 和表 8-2）。

表 8-1　　　　　　2013~2019 年互联网保险保费收入情况

年份	互联网保费收入（亿元）			增长率		
	财产险	寿险	合计	财产险	寿险	合计
2013	236.66	54.50	291.15	134.29%	445.52%	162.30%
2014	505.70	353.20	858.90	113.69%	548.10%	195.00%
2015	768.36	1465.60	2233.96	51.94%	314.95%	160.10%
2016	502.29	1796.70	2298.99	-34.63%	22.59%	2.91%
2017	493.49	1383.20	1876.69	-1.75%	-23.01%	-18.37%
2018	695.38	1193.20	1888.58	40.91%	-13.74%	0.63%
2019	838.62	1857.70	2696.32	20.60%	55.69%	42.77%

表 8-2　　　　　　2013~2019 年互联网保险保费市场份额情况

年份	互联网保险市场份额			增长率		
	财产险	寿险	合计	财产险	寿险	合计
2013	3.81%	0.49%	1.69%	101.05%	403.26%	135.89%
2014	6.70%	2.78%	4.24%	75.96%	462.29%	151.08%
2015	9.12%	9.24%	9.20%	36.09%	232.04%	116.74%
2016	5.42%	8.28%	7.43%	-40.57%	-10.38%	-19.28%
2017	4.68%	5.31%	5.13%	-13.64%	-35.87%	-30.91%
2018	5.92%	4.54%	4.97%	26.36%	-14.46%	-3.17%
2019	6.44%	6.27%	6.32%	8.92%	38.00%	27.28%

二、互联网财产保险市场分析

2019 年，88 家财产险公司中共 71 家公司开展互联网财产保险业务，占比 81%。2019 年互联网财产保险保费收入 838.62 亿元，同比增长 20.60%。其中，车险保费收入 274.52 亿元，同比负增长 25.55%，占比 32.74%；非车险保费收入 564.09 亿元，同比增长 72.69%，占比 67.26%。

2019 年互联网车险出现大幅度负增长，非车险实现大幅度增长，可谓此消彼长。由此可见，2019 年互联网财产险保险开始回归正途，车险不再为了费用而使用互联网。

图 8-1 给出了 2013~2019 年财险市场互联网保险的市场份额，2015 年市场占比为 9.1%，最近几年略有下降，2019 年为 6.4%。

图 8-1　2013~2019 年产险市场互联网保险份额

图 8-2 给出了 2013~2019 年互联网保险市场中产险的市场份额，从 2013 年的 81.3% 下降到 2016 年的 21.8%，最近两年略有增长，2019 年为 31.1%。

图 8-2　2013~2019 年互联网保险市场中产险份额

由表 8-3 可以看出，2019 年互联网财产保险总保费收入的前 3 名是人保财险、众安保险和太保财险，3 家合计占比 45.58%。

由表 8-4 可以看出，2019 年互联网车险总保费收入的前 3 名是大地保险、太保产险、平安产险，3家合计占比52.45%。

表8-3　　　　　　　　2019年互联网财产保险保费收入排名表

序号	公司	签单数量（单）	保费收入（万元）	保费市场份额
1	人保财险	1664455031	1620848	19.33%
2	众安保险	8250930171	1463456	17.45%
3	太保产险	608215405	738122	8.80%
4	大地保险	1351158127	639672	7.63%
5	平安产险	72728388	635626	7.58%
6	泰康在线	928080203	512957	6.12%
7	国泰产险	12805644576	435809	5.20%
8	太平财险	698624567	374259	4.46%
9	安心保险	25080217	272057	3.24%
10	国寿财险	3002368	219097	2.61%
11	华安保险	6894385	148336	1.77%
12	阳光产险	563213123	131286	1.57%
13	众惠财险	2453332	130709	1.56%
14	安联保险	20226801	116876	1.39%
15	永安保险	2813165	115534	1.38%
16	易安财险	32681713	104274	1.24%
17	前海财险	200533074	102517	1.22%
18	中华财险	2673516	85326	1.02%
19	华泰财险	485877547	83101	0.99%
20	华海财险	765503	73196	0.87%
21	永诚保险	577754	56243	0.67%
22	亚太财险	5527249	38909	0.46%
23	中银保险	240899	36244	0.43%
24	浙商保险	466329890	30212	0.36%
25	安盛天平	1312742	22065	0.26%
26	美亚保险	944790	18475	0.22%
27	紫金保险	1140925	17041	0.20%
28	安诚财险	185305	15598	0.19%
29	阳光渝融	398325	15035	0.18%
30	长安责任	128110	14601	0.17%
31	都邦财险	369395	14459	0.17%
32	泰山保险	122128	12192	0.15%

续表

序号	公司	签单数量（单）	保费收入（万元）	保费市场份额
33	天安财险	105053	10503	0.13%
34	史带财险	736255	8820	0.11%
35	汇友建工	100570	8727	0.10%
36	鼎和保险	66164	7262	0.09%
37	中意财险	429244	6852	0.08%
38	中路保险	96160	6705	0.08%
39	国任财险	630059	6527	0.08%
40	诚泰保险	26216	3413	0.04%
41	中煤保险	29691	2755	0.03%
42	中国信保	7164	2722	0.03%
43	恒邦保险	22852	2719	0.03%
44	富德产险	617779	2428	0.03%
45	建信财险	1147392	2280	0.03%
46	富邦财险	299708	2211	0.03%
47	利宝保险	155082	2007	0.02%
48	安邦财险	63659	1970	0.02%
49	合众财险	387982	1956	0.02%
50	国元农业	70407	1931	0.02%
51	海峡保险	263319	1355	0.02%
52	安信农保	1537322	1259	0.02%
53	锦泰保险	6268	1174	0.01%
54	太平科技	89976	1141	0.01%
55	安华农险	108629	992	0.01%
56	渤海财险	46335	622	0.01%
57	现代财险	113223	560	0.01%
58	英大财险	64817	512	0.01%
59	安达保险	135892	498	0.01%
60	日本财险	33251	448	0.01%
61	中航安盟	22900	375	0.00%
62	北部湾	6807	363	0.00%
63	三井住友	11393	335	0.00%
64	华农保险	22	228	0.00%
65	三星财险	1813	212	0.00%
66	东京海上	6231	114	0.00%
67	苏黎世	553	25	0.00%

续表

序号	公司	签单数量（单）	保费收入（万元）	保费市场份额
68	燕赵财险	113650	21	0.00%
69	鑫安保险	474	2	0.00%
70	众诚保险	171	1	0.00%
71	中原农业	40	0	0.00%
	合计	28210883247	8386151	100.00%

表8-4　　2019年互联网财产保险车险保费收入排名表

序号	公司	签单数量（单）	保费收入（万元）	保费市场份额
1	大地保险	3065065	513048	18.69%
2	太保产险	2891956	495567	18.05%
3	平安产险	1422956	431396	15.71%
4	人保财险	1716652	338416	12.33%
5	华安保险	925503	127893	4.66%
6	众安保险	7131004	126372	4.60%
7	太平财险	771521	109975	4.01%
8	泰康在线	702072	105242	3.83%
9	国寿财险	501490	72698	2.65%
10	中华财险	411536	72578	2.64%
11	华海财险	668929	68410	2.49%
12	永诚保险	282836	52141	1.90%
13	安心保险	731802	36109	1.32%
14	永安保险	269921	29805	1.09%
15	中银保险	182168	28672	1.04%
16	阳光产险	134744	25041	0.91%
17	亚太财险	230647	22608	0.82%
18	安诚财险	76759	14822	0.54%
19	长安责任	117974	14316	0.52%
20	安盛天平	57625	11836	0.43%
21	泰山保险	66161	11756	0.43%
22	天安财险	76365	10240	0.37%
23	紫金保险	36504	7054	0.26%
24	鼎和保险	40644	6033	0.22%

续表

序号	公司	签单数量（单）	保费收入（万元）	保费市场份额
25	中煤保险	29709	2755	0.10%
26	恒邦保险	16024	2639	0.10%
27	都邦财险	10263	2273	0.08%
28	安邦财险	9157	1087	0.04%
29	锦泰保险	4163	908	0.03%
30	国元农业	3294	894	0.03%
31	富德产险	5764	773	0.03%
32	诚泰保险	5995	501	0.02%
33	海峡保险	32972	431	0.02%
34	浙商保险	1192	312	0.01%
35	英大财险	2051	220	0.01%
36	三星财险	1813	212	0.01%
37	合众财险	1576	137	0.00%
38	北部湾	392	40	0.00%
39	渤海财险	239	25	0.00%
40	建信财险	25	3	0.00%
41	中路保险	5	1	0.00%
42	前海财险	6	1	0.00%
43	安联保险	3	0	0.00%
	总计	22637477	2745240	100.00%

从险种角度分析（见表8-5），2019年车险保费收入274.52亿元，占比32.74%；非车险保费收入564.09亿元，占比67.26%，其中意外健康险267.39亿元，占比31.88%，财产险26.88亿元，占比3.21%，责任险28.70亿元，占比3.42%，信用保证险130.74亿元，占比15.59%，其他非车险（主要包括退货运费险）110.39亿元，占比13.16%。

从渠道角度分析（见表8-5），2019年保险公司通过公司PC官网累计实现保费收入为49.67亿元，占比5.92%；通过移动终端（APP、WAP和微信等方式）实现累计保费收入195.40亿元，占比23.30%，其中通过移动APP实现保费136.90亿元，通过移动官网手机WAP实现保费7.97亿元，通过微信平台实现保费50.53亿元；通过保险专业中介机构实现累计保费收入为193.84亿元，占比 23.11%，通过第三方网络平台实现累计保费收入为 383.89 亿元，占比 45.78%；通过"其他"渠道实现累计保费收入 15.82 亿元，占比 1.89%。

表 8-5　　　　　　　2019 年互联网财产保险渠道和险种情况

渠道分类	渠道细项	险种分类	保单数量（单）	保费收入（万元）	保费占比
保险公司自营网络平台	PC 官网	车险	1187819	158752	1.89%
		财产险	2778578	17618	0.21%
		意健险	93340848	133416	1.59%
		信用保证险	10226114	175480	2.09%
		责任险	1459036	11003	0.13%
		其他	370047	415	0.00%
		合计	109362442	496684	5.92%
	移动官网手机 WAP	车险	161152	23155	0.28%
		财产险	28984	234	0.00%
		意健险	837032	50502	0.60%
		信用保证险	34581	5566	0.07%
		责任险	28216	190	0.00%
		其他	10245	27	0.00%
		合计	1100210	79674	0.95%
	移动 APP	车险	6519678	1254734	14.96%
		财产险	691471	1666	0.02%
		意健险	6352288	86312	1.03%
		信用保证险	5513	1361	0.02%
		责任险	243666	22937	0.27%
		其他	138725	1973	0.02%
		合计	13951341	1368982	16.32%
	微信公众号	车险	2341464	435950	5.20%
		财产险	237010	2928	0.03%
		意健险	3310939	59454	0.71%
		信用保证险	23667	3796	0.05%
		责任险	165550	1207	0.01%
		其他	66560	1967	0.02%
		合计	6145189	505304	6.03%

续表

渠道分类	渠道细项	险种分类	保单数量（单）	保费收入（万元）	保费占比
保险专业中介机构		车险	10154900	561127	6.69%
		财产险	71333750	22487	0.27%
		意健险	800729747	1210366	14.43%
		信用保证险	3810315	1102	0.01%
		责任险	124119319	79275	0.95%
		其他	13552494	64077	0.76%
		合计	1023700525	1938434	23.11%
第三方网络平台		车险	2016399	267200	3.19%
		财产险	1457951961	221885	2.65%
		意健险	6280159804	1054010	12.57%
		信用保证险	2826490171	1109876	13.23%
		责任险	1050555138	170063	2.03%
		其他	14917428232	1015821	12.11%
		合计	26534601704	3838855	45.78%
其他		车险	256064	44321	0.53%
		财产险	199452	2010	0.02%
		意健险	5966870	79800	0.95%
		信用保证险	2796057	10180	0.12%
		责任险	78689593	2298	0.03%
		其他	434113797	19610	0.23%
		合计	522021833	158219	1.89%
总计		车险	22637477	2745240	32.74%
		财产险	1533221206	268827	3.21%
		意健险	7190697528	2673861	31.88%
		信用保证险	2843386418	1307361	15.59%
		责任险	1255260518	286974	3.42%
		其他	15365680100	1103890	13.16%
		合计	28210883247	8386151	100.00%

三、互联网人身保险市场分析

2019 年，91 家人身险公司中，目前共 62 家公司开展互联网人身保险业务，占比68%；互联网人身保险保费收入1858亿元，同比增长56%。

图8-3给出了2013~2019年寿险市场互联网保险的渗透情况，2015年互联网保险渗透率为9.24%，最近几年快速下降，2019年略微上升到6.27%。

图8-3 2013~2019年寿险市场互联网保险渗透率情况

图8-4给出了2013~2019年互联网保险市场中寿险的市场份额，从2013年的18.7%上升到2016年的78.2%，最近两年略有下降，2019年为68.9%。

图8-4 2013~2019年互联网保险中寿险市场份额

表8-6给出了2019年62家开展互联网人身保险业务的占比情况。对于互联网保险业务的支持与推进，如今已经成为行业共识，越来越多的公司将拥抱互联网视为抓住社会消费主力群体，借国家政策助力行业发展的重要战略；越来越多的公司关注和重视互联网保险市场。

表8-6 2019年互联网人身保险承保件数与年化规模保费行业汇总

公司名称	年度累计					
	承保件数（万件）			年化规模保费（万元）		
	件数	占比	排名	保费	占比	排名
国华人寿	333.48	0.64%	14	3797802.95	20.44%	1
中邮人寿	150.55	0.29%	18	3192038.48	17.18%	2
工银安盛	36.14	0.07%	28	2951747.38	15.89%	3
建信人寿	48.90	0.09%	23	1484253.34	7.99%	4
平安寿	642.03	1.23%	11	1200232.20	6.46%	5
国寿股份	36438.35	69.91%	1	789467.54	4.25%	6
弘康人寿	35.07	0.07%	29	753129.77	4.05%	7
人保健康	4717.06	9.05%	2	703790.14	3.79%	8
农银人寿	153.07	0.29%	17	698701.48	3.76%	9
人保寿险	1271.38	2.44%	4	677494.78	3.65%	10
平安健康	1484.97	2.85%	3	512709.45	2.76%	11
合众人寿	663.08	1.27%	10	363901.49	1.96%	12
太平人寿	11.10	0.02%	35	340578.92	1.83%	13
泰康养老	64.34	0.12%	21	223073.83	1.20%	14
泰康人寿	75.09	0.14%	20	153707.00	0.83%	15
中意人寿	10.16	0.02%	37	74877.27	0.40%	16
复星联合健康	42.15	0.08%	26	57905.26	0.31%	17
百年人寿	16.75	0.03%	31	57277.94	0.31%	18
新华人寿	685.78	1.32%	9	53780.55	0.29%	19
富德生命人寿	957.57	1.84%	6	49842.22	0.27%	20
光大永明	11.20	0.02%	34	37908.01	0.20%	21
天安人寿	0.68	0.00%	52	35759.80	0.19%	22
平安养老	1170.54	2.25%	5	35322.07	0.19%	23
德华安顾	469.08	0.90%	12	33402.02	0.18%	24
中荷人寿	2.62	0.01%	45	30814.96	0.17%	25

续表

公司名称	年度累计					
	承保件数（万件）			年化规模保费（万元）		
	件数	占比	排名	保费	占比	排名
中融人寿	3.10	0.01%	43	25743.28	0.14%	26
阳光人寿	774.90	1.49%	7	24485.76	0.13%	27
华贵人寿	14.29	0.03%	33	21835.31	0.12%	28
复星保德信	2.54	0.00%	46	20965.19	0.11%	29
招商仁和	85.77	0.16%	19	19028.69	0.10%	30
中美联泰	206.17	0.40%	15	18990.05	0.10%	31
昆仑健康	3.78	0.01%	42	14422.51	0.08%	32
渤海人寿	1.98	0.00%	47	11819.17	0.06%	33
君龙人寿	715.01	1.37%	8	11611.54	0.06%	34
英大人寿	0.27	0.00%	59	10426.57	0.06%	35
瑞泰人寿	372.09	0.71%	13	10125.14	0.05%	36
同方全球人寿	47.39	0.09%	24	9788.40	0.05%	37
北京人寿	0.55	0.00%	55	9528.80	0.05%	38
恒安标准	41.85	0.08%	27	8610.31	0.05%	39
长城人寿	0.18	0.00%	60	6770.72	0.04%	40
和谐健康	5.67	0.01%	39	6266.50	0.03%	41
中银三星	177.81	0.34%	16	5920.92	0.03%	42
中英人寿	4.16	0.01%	41	5441.78	0.03%	43
利安人寿	20.59	0.04%	30	5413.63	0.03%	44
大家人寿	0.55	0.00%	54	3453.95	0.02%	45
长生人寿	1.59	0.00%	50	3086.24	0.02%	46
招商信诺	1.93	0.00%	48	2475.76	0.01%	47
中华人寿	10.28	0.02%	36	2055.80	0.01%	48
中德安联	9.47	0.02%	38	1793.43	0.01%	49
中宏人寿	15.71	0.03%	32	1620.54	0.01%	50
中信保诚	1.60	0.00%	49	1409.82	0.01%	51
太保寿	55.13	0.11%	22	1251.99	0.01%	52
信泰人寿	0.58	0.00%	53	984.67	0.01%	53
友邦人寿	4.36	0.01%	40	763.75	0.00%	54
太平养老	44.47	0.09%	25	478.07	0.00%	55

续表

公司名称	年度累计					
	承保件数（万件）			年化规模保费（万元）		
	件数	占比	排名	保费	占比	排名
华泰人寿	0.70	0.00%	51	308.79	0.00%	56
北大方正人寿	0.50	0.00%	56	245.91	0.00%	57
中韩人寿	0.31	0.00%	58	244.30	0.00%	58
民生人寿	2.83	0.01%	44	72.82	0.00%	59
前海人寿	0.13	0.00%	61	49.26	0.00%	60
陆家嘴国泰	0.34	0.00%	57	34.12	0.00%	61
总计	52119.69	100.00%		18577042.39	100.00%	

从险种角度分析，2019年互联网人身保险业务结构持续调整，除意外险出现下滑外，寿险、年金保险和健康险均实现不同程度增长，其中健康险增幅最大。寿险仍为互联网人身保险业务的主力险种，全年累计实现规模保费1212.4亿元，同比增长79.5%，在互联网人身保险总规模保费中的占比达65.3%，同比增长8.7个百分点；年金保险成为第二大险种，累计实现规模保费353.2亿元，同比增长4.5%，在互联网人身保险中占比为19%，同比下滑9.3个百分点；健康险累计实现规模保费236亿元，同比增长92%，在互联网人身保险中的比重继续提升，达到12.7%，同比增长2.4个百分点。意外险累计实现规模保费56.1亿元，同比下滑1.8%（见表8-7）。

表8-7　2019年互联网人身保险各险种承保件数与年化规模保费

险种	产品类别	年度累计	
		承保件数（万件）	年化规模保费（万元）
		合计	合计
人寿保险	人寿保险合计	3041.84	12124280.48
	定期寿险	69.01	43699.90
	终身寿险	20.38	787225.72
	两全保险	2729.26	2375086.50
	分红保险	129.81	6058781.43
	投连保险	25.31	779195.15
	万能保险	68.05	2080291.79

续表

险种	产品类别	年度累计	
		承保件数（万件）合计	年化规模保费（万元）合计
健康保险	健康保险合计	26825.29	2360207.21
	重大疾病保险	1002.42	544371.94
	防癌保险	174.58	86974.37
	其他疾病保险	18600.72	264256.87
	定额给付型医疗保险	603.05	14346.58
	费用报销型医疗保险	6437.88	1447248.36
	失能收入损失保险	1.64	6.94
	护理保险	5.01	2999.27
意外险	意外保险合计	20688.07	560645.43
	交通意外险	2464.13	128195.64
	旅游意外险	1430.96	14945.11
	其他类意外险	16792.98	417504.69
年金保险	年金保险合计	1564.49	3531909.47
	养老年金保险	1094.63	1048218.87
	非养老年金保险	469.86	2483687.68
互联网寿险合计		52119.69	18577042.59

从渠道角度分析，2019年互联网人身保险的渠道经营模式仍然呈现以第三方平台（渠道）合作为主，公司自营平台（官网）为辅的发展格局。据统计，61家公司与第三方平台合作开展互联网业务经营，51家公司通过公司自营平台展开经营，50家公司采用自营平台和第三方平台"双管齐下"的模式，整体与2018年保持一致。2019年通过第三方平台累计实现规模保费1619.8亿元，较2018年同比增长63.3%，占互联网人身保险总规模保费的87.2%；通过自营平台累计实现规模保费237.9亿元，同比增长18.2%，占互联网人身保险总规模保费的12.8%（见表8-8和表8-9）。

表8-8　　2019年互联网人身保险各险种年化规模保费官网和渠道占比　　单位：万元

险种	产品类别	年度累计 年化规模保费			
		官网	占比	渠道	占比
人寿保险	人寿保险合计	489074.17	20.56%	11635206.33	71.83%
	定期寿险	8013.27	0.34%	35686.63	0.22%
	终身寿险	1220.64	0.05%	786005.08	4.85%
	两全保险	383576.42	16.13%	1991510.09	12.29%
	分红保险	25849.73	1.09%	6032931.60	37.24%
	投连保险	44896.08	1.89%	734299.07	4.53%
	万能保险	25517.93	1.07%	2054773.86	12.69%
健康保险	健康保险合计	917050.34	38.55%	1443156.68	8.91%
	重大疾病保险	221999.72	9.33%	322374.32	1.99%
	防癌保险	18493.19	0.78%	68482.07	0.42%
	其他疾病保险	253710.76	10.67%	10546.10	0.07%
	定额给付型医疗保险	2459.40	0.10%	11887.18	0.07%
	费用报销型医疗保险	420375.11	17.67%	1026873.27	6.34%
	失能收入损失保险	6.94	0.00%	0.00	0.00%
	护理保险	5.29	0.00%	2993.98	0.02%
意外险	意外保险合计	448535.93	18.86%	112109.45	0.69%
	交通意外险	76251.84	3.21%	51943.76	0.32%
	旅游意外险	4228.44	0.18%	10716.66	0.07%
	其他类意外险	368055.65	15.47%	49449.03	0.31%
年金保险	年金保险合计	523992.78	22.03%	3007916.69	18.57%
	养老年金保险	27706.13	1.16%	1020512.84	6.30%
	非养老年金保险	496286.56	20.86%	1987401.12	12.27%
	互联网寿险合计	2378653.21	100.00%	16198389.15	100.00%

表 8-9　　2019年互联网人身保险各险种承保件数官网和渠道占比　　单位：万元

险种	产品类别	年度累计			
		年化规模保费			
		官网	占比	渠道	占比
人寿保险	人寿保险合计	2686.87	6.98%	354.98	2.60%
	定期寿险	11.44	0.03%	57.57	0.42%
	终身寿险	0.05	0.00%	20.33	0.15%
	两全保险	2651.45	6.89%	77.82	0.57%
	分红保险	1.42	0.00%	128.39	0.94%
	投连保险	0.01	0.00%	25.30	0.19%
	万能保险	22.49	0.06%	45.56	0.33%
健康保险	健康保险合计	19324.28	50.20%	7501.01	55.04%
	重大疾病保险	115.52	0.30%	886.90	6.51%
	防癌保险	21.71	0.06%	152.87	1.12%
	其他疾病保险	18415.10	47.84%	185.61	1.36%
	定额给付型医疗保险	35.26	0.09%	567.79	4.17%
	费用报销型医疗保险	735.05	1.91%	5702.82	41.84%
	失能收入损失保险	1.64	0.00%	0.00	0.00%
	护理保险	0.01	0.00%	5.01	0.04%
意外险	意外保险合计	16431.61	42.69%	4256.45	31.23%
	交通意外险	238.49	0.62%	2225.64	16.33%
	旅游意外险	552.70	1.44%	878.26	6.44%
	其他类意外险	15640.43	40.63%	1152.56	8.46%
年金保险	年金保险合计	48.48	0.13%	1516.01	11.12%
	养老年金保险	0.98	0.00%	1093.65	8.02%
	非养老年金保险	47.50	0.12%	422.36	3.10%
	互联网寿险合计	38491.24	100.00%	13628.46	100.00%

第三节　2020年中国互联网保险发展趋势研判

一、互联网保险的"新要求"

为规范互联网保险销售行为，维护消费者合法权益，近日，银保监会发布《关于规范互联网保险销售行为可回溯管理的通知》（银保监发〔2020〕26号，以下简称《通知》）。这是继《互联网保险业务监管暂行办法》（保监发〔2015〕69号，以下简称《暂行办法》）之后行业迎来互联网保险销售新规。

中国互联网保险监管历程大致如下：2011年9月，《保险代理、经纪公司互联网保险业务监管办法（试行）》（保监发〔2011〕53号））开始施行，《暂行办法》施行后该文件废止；2015年10月，《暂行办法》开始施行，规定有效期3年至2018年9月30日；2018年9月30日，中国银保监会下发通知，指出在新规定出台前，《暂行办法》继续有效；2018年10月，中国银保监会下发关于《互联网保险业务监管办法（草稿）》征求意见函，就互联网保险的相关监管办法征求行业意见；2019年12月，中国银保监会再次就《互联网保险业务监管办法（草稿）》征求意见。

回顾中国互联网保险监管历程，每一个文件的出台都进一步厘清了互联网保险的业务和监管边界，完善了互联网保险监管措施，为精准打击非法经营和损害消费者合法权益的行为提供了制度保障。《通知》在一定程度上承接了《互联网保险业务监管办法（草稿）》中的内容，对最受行业关注的销售部分做出了明文规定。

《通知》在细化保险线上销售规范的同时，也明确了未来保险科技的应用将成为互联网保险良性有序发展的重要支撑。因此，如何通过保险科技对互联网保险进行赋能，如何助力互联网保险业务创新与合规并行驱动，成为当下的焦点，更成为互联网保险的"新要求"。

二、互联网保险的"新趋势"

近年来，互联网保险市场实现高速增长，参与主体从2011年的28家增至

2019年的133家，保费规模从2011年的32亿元增至2019年的2696亿元（见表8-10）；同期，互联网保险的渗透率也从2011年的0.2%提升至2019年的6.3%，高峰时甚至达到9.2%。但是，互联网保险侵害消费者合法权益的问题也呈爆发式增长。2019年，银保监会接到互联网保险消费投诉共1.99万件，同比增长88.59%，是2016年投诉量的7倍，销售误导和变相强制搭售等问题突出，严重影响消费者的体验感。

表8-10　　　　2011~2019年互联网保险保费及增长情况　　　　单位：亿元

年份	互联网保险保费收入			互联网保险保费增长率		
	产险	寿险	合计	产险	寿险	合计
2011	22	10	32	—	—	—
2012	101	10	111	357.5%	0.7%	246.9%
2013	237	54	291	134.3%	445.5%	162.3%
2014	506	353	859	113.7%	548.1%	195.0%
2015	768	1466	2234	51.9%	314.9%	160.1%
2016	502	1797	2299	-34.6%	22.6%	2.9%
2017	493	1383	1877	-1.8%	-23.0%	-18.4%
2018	695	1193	1889	40.9%	-13.7%	0.6%
2019	839	1858	2696	20.6%	55.7%	42.8%

互联网保险类似于电子商务，其初衷仅在于依托互联网技术把传统的保险产品销售形式迁移至线上以降低交易成本、吸引价格敏感用户。但随着参与者的增加、保单件数的剧增和保费规模的上升，互联网保险没有完成消费者地位反转，结果在保障消费者知情权、自主选择权和公平交易权等基本权利方面存在的问题开始爆发。

如何保障消费者知情权、自主选择权和公平交易权等基本权利，从保险业经验来看行之有效的方式就"销售行为可回溯管理"。针对线下业务，《保险销售行为可回溯管理暂行办法》（保监发〔2017〕54号）已做了明确的规定，要求"保险公司、保险中介机构通过录音录像等技术手段采集视听资料、电子数据的方式，记录和保存保险销售过程关键环节，实现销售行为可回放、重要信息可查询、问题责任可确认"，这就是目前正在实行的"保险双录"。针对线上业务，《通知》进一步明确了互联网保险"保险双录"的实现方式，更是为了全面落实

《关于加强金融消费者权益保护工作的指导意见》（国办发〔2015〕81号）的要求。

相对于线下业务的"保险双录"，显然线上业务的"保险双录"实现方式更难，因为这涉及互联网保险的整个价值链条的重塑，这包括网络化销售平台（保护消费者知情权）、数字化保险中台（保护消费者自主选择权）、智能化回溯（操作轨迹、操作日志等可视化）系统（保护消费者公平交易权）等保险科技技术产品（见图8-5）。

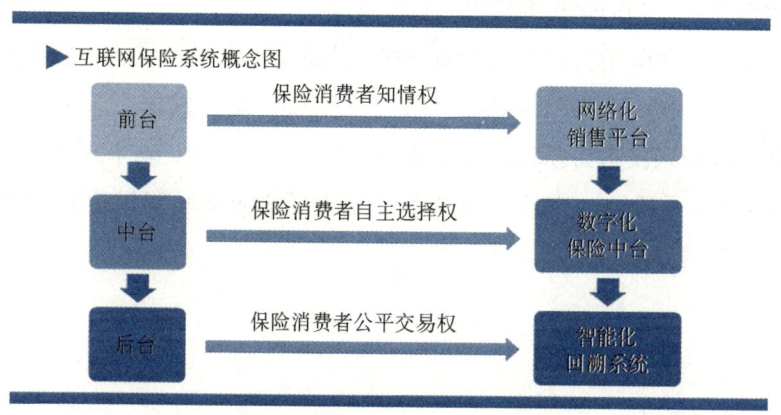

图8-5 互联网保险系统概念图

综上所述，数字化、网络化、智能化成为新一轮互联网保险发展的"新要求"，这就要求互联网保险借助保险科技要提升到"新高度"。

三、互联网保险的"新高度"

随着互联网技术的进步，保险业对于互联网及金融科技（保险科技）在保险中的应用和尝试也在不断地深化，互联网对于保险来说从最初的作为信息推送的营销手段，不断地深化，逐步形成了由点成线、由线成面、由面成体的体系化认识，其发展大体可以分为4个阶段：萌芽阶段（Web1.0）、发展阶段（Web2.0）、移动互联阶段、基于4G技术的多媒体移动互联阶段；可以预期互联网保险即将步入基于5G技术的"万物节点、万物感知、互联智能、万物互联"阶段。

习近平主席在2018年两院院士大会上的重要讲话指出："世界正在进入以信

息产业为主导的经济发展时期。我们要把握数字化、网络化、智能化融合发展的契机，以信息化、智能化为杠杆培育新动能。"这一重要论述是对当今世界信息技术的主导作用、发展态势的准确把握，是对利用信息技术推动国家创新发展的重要部署。

就互联网保险来说，网络化为互联网保险信息传播提供物理载体，其发展趋势是从互联网走向物联网；数字化为互联网保险运营运行奠定基础，其发展趋势是保险经营的全面数据化，包括保险数据的收集、聚合、分析等；智能化体现互联网保险消费者权利的保护等提供了技术支撑。

实施互联网保险销售行为可回溯管理，从意义上来说，有利于保护消费者知情权、自主选择权、公平交易权；从技术上来说，是大数据、云计算、人工智能、区块链等新兴技术为互联网保险赋予新能力、新发展、新未来的过程；从互联网保险来说，《通知》中的"新要求"是为了适应互联网保险的"新趋势"，进而实现互联网保险的"新高度"。

第九章　中国保险业金融科技发展思考

第一节　承前启后：科技创新引领金融业态的演变

一、社会在变革

社会在变革，正在经历第四次工业革命。第一次工业革命始于1775年瓦特改造蒸汽机，第二次始于19世纪末的电气化革命，第三次始于20世纪50年代的计算机革命。而改变世界发展进程、助力全人类发展目标、席卷世界的第四次工业革命如海啸一般席卷而来了。

这一次工业革命不再局限于某一特定领域。无论是移动网络和传感器，还是纳米技术、大脑研究、3D打印技术、材料科学、计算机信息处理……甚至它们之间的相互作用和辅助效用均是此次工业革命涉足的领域，而这样的组合势必产生强大的联动力量。此外，此次工业革命不再是某一个产品或服务的革新，它是整个系统的创新。这场革命将对社会、经济、金融，包括个人带来巨大的影响。

第四次工业革命是否会改变世界经济格局？日新月异的新技术将以何种方式革新社会、经济、金融模式？社会在变革，经济在变迁，新社会和新经济正在向我们走来。

新社会与新经济，产生了新的生产力与生产关系。新经济是以技术进步为主要动力，在制度创新、需求升级、资源要素条件改变等多因素驱动下，以大量新产品、新服务、新模式、新业态、新产业蓬勃涌现为显著特征，以信息经济、生物经济、绿色经济等为主要方向的新经济形态。纵观历史，每当人类社会发生重大技术变革进而形成新的生产力，就会有新的生产关系与之相适应，新的技术经济范式即新经济概念随之产生。可见，新经济的本质是先进生产力及与其相适应的新的生产关系组合。新经济背后是新的基础设施、新的生产要素和新的分工体系。

刚刚过去的20世纪,特别是20世纪最后二三十年,对于人类现在与未来意义重大而又影响深远的势态发展,是自然科学与工程技术领域内的计算技术、新材料与生物工程;而在社会科学领域,特别是经济金融领域内,同样意义重大而影响深远的势态发展则是金融形态的变迁。中国著名经济金融学家白钦先生曾经说过:"离开了金融的经济,不再是现实的经济;离开了经济的金融,已不再是现实的金融。"时代不同了,此金融已非彼金融,金融的内涵与外延得到了扩大、金融与经济的关系越来越相互融合和渗透、金融的本质与特征不断变化和提升、金融的功能不断地丰富、金融的地位与作用不断升级、实质经济与虚拟经济在不同时期成为矛盾的主要方面、传统金融与虚拟金融成为业界和学界关注的焦点……金融的变迁影响了全人类、全社会的变迁过程,并且在经济全球化、经济金融化、金融全球化和金融工程化的加速下根本性地使传统金融"裂变"为新社会下的新金融。

二、科技在突破

突破光速、跨越时空是不少科幻作品的主题,人们认为它不可能实现。当文明科技发展至某个阶段,技术发展将发生极大而接近无限的进步。此时旧有的世界将一去不复返,而未来的世界我们将完全无法理解,就像金鱼无法理解人类文明一样。但实际上,现在我们的认知,还处在几个世纪以来科学给我们塑造的框架中。可以说,这个认知正处在一个革命的前夜。一旦科技突破了关键的几个坎,人类即将面临巨大的自我质疑与认知混乱,甚至时空已不再是人类所触及的极限。

科技可以成为人类器官的延伸,扩大人类的认知和活动范围,释放巨大的能力,创造巨大的财富。它也可以替代人类本身,将人类的认知和活动缩减到基础水平,而利用科技自身去感知更高层次的维度。人与科技的关系从来都不是单向的,我们往往只注意到人对科技的利用,却忽视了科技对人的改造。凯文·凯利在《失控》和《科技想要什么》里把科技比作一种生命体,它与人类是一种共生关系,二者在交互影响中不断演进,最终实现碳基生命和硅基生命的融合,创造出全新的文明。

当前，随着科学研究的日益深化，奠基在当代科学之上的技术在内在结构上呈现出一种不断"虚化"的趋势。对于传统技术，无论是其结构还是功能，它们在人们的日常生活中都是可感知和可体验的，而对于现代技术，如信息技术、生物技术，它们强调的是技术的功能或意向，技术的结构完全服务于其功能，这样既能方便使用，又能节约制造成本。从金、银到纸币再到信用卡，从现场到电视再到互联网，现代技术的由"实"入"虚"，也导致了人们的生活一步步地走向虚拟化。这种虚拟化的世界，是利用科技手段从物理元素中分离流量的一种方式。当人类的生活进入虚拟世界时，其实人类就已经进入了另一个时空。从这个角度讲，科技让人类跨越了时空。

三、金融在交替

传统金融主要与前三次工业革命相关联，并且随着工业革命的进程金融介入的程度也在不断地加深。新金融既是第四次工业革命的产物，也是适应新的产业形式需要而产生的金融服务和中介方式。因此对新金融的理解，必须放在工业4.0的这个大平台上，才有可能理解其产生的本质和应用范围，而不是简单地将其作为对传统金融的改造或技术上的革新。

移动互联网时代的结束让人们开始寻找新的破局点，互联网金融同样如此。在经历了移动互联网时代用户从线下迁移到线上带来的快速增长之后，整个行业陷入新一轮的困境之中。P2P平台跑路、校园信贷乱象频出、ICO被定义为非法都是移动互联网时代互联网金融飞速发展之后留下的问题。在互联网金融发展的新阶段，如何借助新的手段和思路破解当前行业面临的困境和问题成为众多企业面临的主要问题。

在金融与人们的生活联系日益紧密的背景之下，如何借助新的科技手段在这一市场当中找到新的增长点，成为很多互联网金融企业当下必须慎重考量的重要课题。从某种意义上来讲，以简单相加为主导的互联网金融正在被以深度改变为主导的金融科技所取代。

如果我们将互联网金融时代对于金融行业的改造看作是一场表皮手术的话，那么金融科技时代对于金融行业的改造更像是一种刮骨疗毒。不断有金融科技公司获得资本巨头的关注、不断有互联网巨头加入金融科技的洪流之中都在说明互联网金融时代进入金融科技时代已经不可避免。

当我们说起新金融，到底在谈论什么？我的理解是，新金融的核心是金融创新，包括传统金融机构发起的创新，还有新的金融机构发起的创新，以及二者合作推出的创新。互联网金融是还处在稳定过程、逐渐破局寻求升级的新金融，金融科技是这两年新金融的又一波主流，指的是技术驱动的金融创新。无论是在外部监管还是内部竞争的作用下，金融科技都在逐渐回归冷静，建立新的市场秩序。寻找占领制高点的真正"孙子兵法"。

四、金融与科技在融合

这是一个属于又不属于我们的世纪，我们永远都会知道又不会知道你是谁，我们知道你是一个新的名词"金融科技"（FinTech），即便你以为已经懂了，即便我看上去也懂了，即便我们自嘲也懵懵懂懂了。事实上，我们现在处在一个"不确定时代"，其实已经是"超级不确定时代"（The Age of Super Uncertainty），整个时代出现了系统的不确定性；我们现在处在一个"变革时代"，所谓"第四次工业革命"的大趋势、大机遇、大挑战，一场深刻的系统性变革。正如，查尔斯·狄更斯在100多年前所说那样："这是最好的时代，这是最坏的时代；这是智慧的时代，这是愚蠢的时代；这是信仰的时期，这是怀疑的时期；这是光明的季节，这是黑暗的季节；这是希望之春，这是失望之冬；人们面前有着各样事物，人们面前一无所有；人们正在直登天堂，人们正在直下地狱。"

当这个时代到来的时候，锐不可当。万物肆意生长，尘埃与曙光升腾，江河汇聚成川，无名山丘崛起为峰，天敌一时，无比开阔。在历史的每一个转折点上，都意味着我们要做出困难的抉择和必须放弃的路径。人们往往会问：如果当时做出了其他的决定或者选择了另外的道路，历史会怎样？

这个时代，不需要我们去定义金融科技，我们也无法定义金融科技，我们所能做的是去理清金融科技发展脉络，去提升对金融科技的认知，去改变我们的思维方式，去升华我们的智慧。正如阿尔伯特·爱因斯坦所说那样："我这辈子用很长时间悟得了一个道理，那就是我们所有的科学在被用于衡量现实时，都是原始而天真的——然而迄今为止这是我们最值得珍惜的财富。"

科技进步对金融领域的发展起到了重要的推动作用。每一次重大的金融突破背后，都有着科技创新的身影。科技创新的步伐日趋加快，并逐步融入社会与经济的各个领域，当其与金融业务深度融合，便出现了以大数据、人工智能、区块链、云计算和移动互联等为代表的金融科技。

与此同时，金融发展的格局和趋势也有了明显变化。作为对传统金融的变革，金融科技正以加速前进的方式，广泛渗透并深度融合到人类金融活动的各个方面，成为重塑世界新金融格局、创造人类未来金融生活的主导力量。金融科技蓬勃发展，也必将会改变传统金融监管的模式。我们有幸见证金融科技的不断变革，并且对于金融监管的演变趋势，未来也同样值得期待。

金融科技应该有自己的价值观，即新商业文明，具体到金融来说，就是"新金融文明"。新金融文明依托信息技术驱动，在传承传统金融优势的基础上，能够更好适应实体经济多层次、多元化发展。

第二节　继往开来：金融演变见证金融科技的发展

一、金融科技的定义

金融科技（Financial Technology，FinTech）泛指技术进步驱动的金融创新，随着互联网与信息技术的突飞猛进，现在特指信息技术与金融服务的融合，类似"联姻"。在后金融危机时代，FinTech是个非常时髦的名词，被政府、社会以及专家人士等热捧。

目前，比较权威的定义出自金融稳定理事会（Financial Stability Board，FSB）。作为协调跨国金融监管、制定并执行全球金融标准的国际组织，金融稳定理事会于2016年3月首次发布了关于金融科技的专题报告，报告中对"金融科技"给出的定义是：金融科技是指技术带来的金融创新，它能创造新的业务模式、应用、流程或产品，从而对金融市场、金融机构或金融服务的提供方式造成重大影响。

关于到底什么是金融科技，目前还没有形成普遍共识，更没有确切定义，国内外对金融科技的定义各有侧重，尚不一致。跳出传统的观念来看，金融科技本就处在不断变革与升级之中，是动态发展的。如果我们用静态的眼光看待它，固执地坚持试图得到一个能够包络一切的确切定义，无异于管中窥豹，结局也只能是徒劳。

金融科技的美丽之处正在于它的不确定性，换句话说，就是一切皆有可能，一切都可以由我们创造。不过有一点可以肯定的是，金融科技强调了科技对金融创新、金融服务和效率带来显著的影响，两者紧密结合并形成众多新的金融业态。我们要做的是理清金融科技的发展脉络，改变我们的思维方式，以正确的观念来认识金融科技，予之以恰当的定位，施之以合理的监管，让金融科技健康发展，为我所用。

二、金融科技的发展

科技的进步正在极大地重塑金融服务业，在展望金融服务业的未来时，我们可以适当地回顾过去，这可能会有所帮助。早在1967年，当巴克莱银行（Barclays Bank）实实在在地在墙孔安装了一台ATM机时，人们承认这种做法是一种创新，但是直到20世纪80年代当磁条卡成本下降使银行能够大量使用时，ATM机才得以广泛应用。科技的创新是有条件的，从历史的轴线上回望金融科技的发展，更能让我们看清楚金融与科技联合发展的脉络。

1946年通用电子计算机诞生以来，基于计算机、软件、通信、互联网、大数据、人工智能等技术的数字经济，经历了数字技术向社会经济领域渗透的数字化发展阶段。1998年，美国商业部发布《浮现中的数字经济》研究报告，在IT技术扩散和渗透的推动下，对从工业经济走向数字经济的发展趋势做出了极富预见性的轮廓描述，可以称为数字经济1.0时代。经过近20年的技术进步、应用渗透、商业创新和生态演化，数字经济的发展进一步升级，迈入了以互联网平台为载体、以数据为驱动的数字经济2.0时代，呈现出平台化、数据化、普惠化的发展特征。在可以预见的未来，线上线下逐步融合、智能化和智慧化将逐步成为数字经济的新特征，平台经济体会成为最重要的经济组织形式之一，即数字经济3.0时代。

经济的发展与金融创新紧密相连，而金融创新又与科技进步息息相关。以计算机和互联网技术为代表的信息革命,创造出由科技驱动的金融创新——金融科技(FinTech)。伴随着数字经济的发展脉络,中国正在从依托互联网和移动互联网的金融科技1.0阶段快速迈入云计算、大数据、区块链和人工智能等技术驱动的金融科技2.0阶段。随着技术的发展、融合,全新的金融将逐步形成,即金融科技3.0阶段。

我在《金融科技:框架与实践》一书中定义了科技和金融融合的历史道路,具体包括3个层次;第一个层次是发展,技术逐渐成熟,落地应用大规模涌现;第二个层次是融合,技术走向融合,金融新物种大量出现;第三个层次是形成,全新金融基础设施形成,机器对人替代开始萌芽。基于科技和金融融合的历史道路,金融科技3个阶段为:FinTech 1.0:信息技术推动金融服务数字化;FinTech 2.0:平台化、数据化、普惠化的数字金融;FinTech 3.0:技术走向融合,金融新物种大量出现。

FinTech 3.0将在优化整合的基础上持续创新,具体包括3个方面:第一,跨界合作日益加深;第二,产品形态持续优化,技术和服务作为FinTech企业产品的核心价值,重要性不言而喻;第三,多层次智慧监管体系逐步构建,不再局限于监管机构多级管理的传统监管模式,尝试区块链等新兴技术来对金融机构、科技企业从事金融业务进行实时的、有效的、分中心化的公共管理。

如果说1.0阶段是信息技术对金融的改头换面和监管的助推,2.0阶段是大数据和云计算对于数据观的重塑和深化认识以及监管的调整和规范,那么3.0阶段将会是以人工智能为核心的、区块链技术为保障的全社会所有主体间金融资源和数据资源的流动、感知和解放。

三、金融科技的定位

金融科技横空出世,并以超出我们认知的速度衍生发展,风起云涌,势不可挡。金融科技为全球金融行业生态带来的机遇与挑战,并对银行、证券和保险等传统金融领域造成的巨大冲击,引发了传统金融领域在商业模式上的变革。可以说,金融科技是"驱动金融发展的新动力"。

但是在中国,科技比金融的概念更为模糊,这一方面源于居民认知门槛过高,另一方面也源于科技这个概念内涵太大。不得不承认,大多数的中国网民并不具备专业的鉴别能力，甚至有人肆意传播这样的概念："只要是用程序代码介入的业务，均可以算作金融科技业务。"这显然是不科学的定义。这样带来的弊端就是2016年后，市场上突然涌现出大量金融科技公司，并且在政策对互联网金融收紧的压力下，很多公司出于生存和营销的需求，开始标榜自身的金融科技概念。而纵观中国各产业发展历史，"牛群效应"贯穿始终。前期大量从业机构蜂拥而至后，必然导致行业吸引力巨幅下降。所以目前中国金融科技行业的发展也存在一定的隐患。

基于此，在目前金融科技发展环境中，通过金融科技驱动金融业发展，还需以最开放的态度关注和扶植金融科技公司的发展，并要以最严苛的审核标准梳理行业发展情况，最终为其提供实质性的支持和帮助。

第三节 峰回路转：金融科技发展需要新金融文明

一、金融科技需要新金融文明承载

（一）新商业文明

商业文明是建立在工商业发展基础上的文明，在人类文明中，是商业创造出大量的物质文明，在物质财富渐渐丰富之后，衍生出高度的精神文明，发展出高等艺术、高等教育、高等科学等。可以说，是商业文明以财富物质为基础，创造精神文明和发展精神文明。

在网络化和全球化的大前提下，一个新的商业世界正在到来，依赖网络巨大的传播能力和及时沟通能力，人们建立了一个以互联网为平台的新的商业模式。同时，新商业理念不能再同旧商业理念雷同，人们需要摒弃长期以来重量不重质的商业思维，整改前期商业发展过程中不良的因素。商业界长期以来信奉的价值体系、行为准则需要进一步调整。只有建立新的商业文明，从世道人心中的病患与结症入手，从根本上入手，才能引领商业走向正确的繁荣。

新商业文明是基于电子商务的基础上提出的，是新时期的商务文化，是人们在利用计算机技术、网络通信技术从事商务活动过程中形成的物质和精神的总和，是商业流通领域的精神文明、物质文明融合的集中体现。新商业文明是网络环境下人们从事商业活动的道德规范和行为方式的表现，是商业的生态文明，也是社会主义先进文化的组成部分。

新商业文明以开放、透明、分享、责任为四大准则，建立一个诚信、平等、互动、和谐的商业新平台。新商业文明以消费者为本，坚持信息对等原则，在交易面前商人与消费者处于平等的地位，尊重消费者的权益，履行对消费者的义务。更加注重商品的质量，注重可持续发展。以诚信为根本，使社会资本规则化、制度化。商家和消费者同为责任的承担者和受益者，营造体现对等原则的生态环境，使信息对称化、利益对称化，克服旧商业文明人与人对立、人与自然对立的不可持续发展模式。

新商业文明是时代发展、文明进步的必然产物，新的商业文明必将领导行业健康发展，只有遵循新商业文明的企业，才能赢得用户的认可，赢得社会的信任。

（二）新金融文明

新金融文明是指为了适应新商业文明的需要，在信息技术驱动下，承继传统金融优势、更能适应实体经济（包含小微经济）多层次多元化需求的金融文明。

新金融文明以金融全链条上的客户为中心、深入到应用场景、借助互联网技术，提供更平等、更透明、更高效的金融服务，响应多层次多元化的投融资需求。新金融文明，是在新商业文明的基础上形成的，其主要特点如下：第一，新金融文明，是传统金融、新兴金融共同学习、互相融合的文明；第二，新金融文明，强调以客户为中心、场景为依据、连接为基础，以互联网思维方式重构商业模式与价值链；第三，新金融文明时代，参与主体更加丰富，新兴的金融服务商致力于满足多群体的投融资需求，包括小微企业、民营企业，将会催生多级分层的金融产品和服务；第四，新金融文明时代，金融产品价格（如利率）更加市场化，金融产品供给人在金融产品定价过程中享有更大自主权；第五，借助互联网技术的高速发展，新金融文明下呈现的是更高效的资金融通，资金能更高效地发挥价值，创造价值。

综上所述，可以看出新金融文明既有一般文明和金融文明的共同特征，也有自身新的特点,包括主体的新(新金融)、环境的新(互联网生态)、规则的新(金融科技)等。从经验上归纳,在新金融文明中,以上特征的事物包括:

1. 新金融基础设施

互联网(5G)、物联网、云计算、人工智能、区块链等新兴技术迅速走向规模化商用,行业数字化转型正进入深水区,以"万物节点、万物感知、万物智能、万物互联"为特征的心智社会即将来临。连接,是一切可能性的基础。未来,"互联网+""物联网+""智能网+""超能网+"生态将构建在万物节点、万物感知、万物智能、万物互联的基础之上。

2. 新金融商业模式

工业时代的大规模生产,较多地体现了经济学中的"规模经济"这一概念,表现为单一品种大规模生产。其核心特征是,通过生产量的规模化和生产过程的标准化、高效率,来持续降低产品和服务的单位成本。而信息时代的大规模定制,更多地体现了另一个经济学概念——"范围经济",表现为多品种、小批量生产。其核心是,应用共享平台可分享成本,更便宜、更快速地生产高附加值的多种产品和服务,柔性生产方式为其提供了实现的可行性。

3. 新金融组织权利

组织结构从金字塔向扁平化发展,信息流动从信息不对称向信息透明化、对称化发展。企业与企业关系从"零和博弈"竞争向生态协作发展,从价值链向价值网络转型,公司不再是最基本的组织模式,依靠"无组织"的组织力量,人人可以凭爱好、兴趣,快速聚散,展开分享、合作、众包乃至部落化行动。这将是一个组织的日常生活化的时代,也将是一个在家办公的时代。

4. 新金融价值观念

新商业文明的价值基础是诚信、分享、平等和责任。诚信将具有自发、草根、透明、可积累、可实现价值等特点;分享将具有基于兴趣和爱好、越分享越成功的特点;平等将具有对等的特点,使小企业和消费者掌握更多信息,拥有更多权利;责任将在透明化的环境下,使扬善惩恶有了强烈的现实性与必然性。

5. 新金融社会生活

经济系统与社会系统、生活世界相融合,"经济人"向"人"回归;社会网络嵌入经济行为;金字塔状的社会结构,将进一步地转变为蜂窝状(以兴趣和爱好实现区隔与分化、存在多个中心）的社会结构；就业结构将发生巨变，越来越多的社会成员，其工作领域将与互联网商务活动相关；个体将在其中获得更多的商业自由度，生活形态发生转变，居住、生活、工作、学习，从"割裂状态"越来越走向一体化。

人与自然和谐发展，信息技术为和谐发展提供了更多的可能性，人与人之间的合作秩序更加良性，自由人的自由联合，一种基于诚信、分享、平等和责任的合作秩序最终指向"选择的自由"与"自由的选择"，个体的能量被充分地激发出来，一个人面对全球市场不再跟随大机器的节奏，拥有更多自主性、获得更多全面发展的机会。

（三）新监管文明

任何一个新金融时代的开启，一定伴随着金融监管体系的革新，这次也不例外。

从监管机构来看，"一行三会+部级协调"整合为新的"一委一行两会"（原中国银行监督管理委员会与原中国保险监督管理委员会合并，合并后为中国银行保险监督管理委员会，本书简称"中国银保监会"或"银保监会"）。国务院成立副国级的金融稳定发展委员会，分管金融的副总理亲自兼任主任，填补中央协调机构的空白。央行打破惯例，分设行长和党委书记，易纲以行长身份兼党委副书记，郭树清以党委书记身份兼任副行长，同时兼任合并后的银保监会主席，打通央行的宏观审慎和银保监会的微观监管。证监会相对调整较小，主要监管直接融资市场。

从监管框架来看，新的金融监管体系进一步明确了"双支柱"框架，即"货币政策+宏观审慎"。前者服务于传统的增长通胀等目标，后者主要是防范金融风险，这是目前国际上最新的监管趋势。新监管框架有三点基本原则：一是引导金融回归本源、服务实体经济；二是推进金融去杠杆、防控金融风险；三是深化金融改革，加大金融开放力度。

新金融文明背景下如何加强金融监管，在保护好金融消费者利益的同时，为新金融发展提供更广阔的天地？这可能就是新监管文明的缘起，因为新金融文明对金融监管产生了巨大的影响：一是新金融文明影响了金融监管范畴；二是新金融文明影响了金融监管方法；三是新金融文明影响了金融监管责任；四是新金融文明影响了金融监管思维。

新商业文明的发展催生了新金融文明。新金融文明对金融监管提出了新的要求，传统金融监管模式、思维和方法难以适应新金融文明的需要。为了更好地推动中国金融发展，促进新金融文明的健康发展，我们需要在金融监管实践中不断探索，总结经验，提出新监管文明，发展新监管科技。

二、金融新文明进化的十大新思维

金融科技在潜移默化的发展中，给金融业带来了巨大的进步，也对我们从事金融的思维、逻辑等带来了新的冲击与活力。金融科技改变金融的同时，金融也在改变着金融科技，二者相辅相成，相互促进，相互发展。当前金融科技已经渗透到金融的各个领域，极大提升了金融服务社会的能力。

金融科技下的新金融是我们对金融科技自身及其与金融领域各方面相互关系的理性思考和规律认识，大致可分为3个层面：第一，工具层面立足金融科技的功能，主要是如何运用、管理、发展金融科技，通过金融科技获得更多经济和社会效益等；第二，结构层面立足金融科技的影响，主要是如何推动金融科技与金融领域各方面的关联、互动、融合，从而调整和优化金融服务能力等；第三，价值层面立足金融科技的本质，主要是考察金融科技发展的价值取向及其对金融业的影响等。

基于以上3个层面，金融科技的商业逻辑或金融科技思维也逐步形成，包括：

（1）可视化。让消费从"在线"向"在场"转变，这将成为未来金融"场景革命"的开始。目前正在飞速发展的虚拟现实技术使可视化成为可能。

（2）可追溯。让消费从"末端"向"前端"转变，这将成为未来金融"链条化革命"的开始。可追溯包括两个途径：跟踪（Tracking）和追溯（Tracing），借助区块链，可以轻松解决这个问题，因为区块链通过区块数据结构存储了创世区块后的所有历史数据，区块链上的任意一条数据皆可通过链式结构追溯其本源。

（3）可计算。让消费从"金融消费者"向"数据主体"转变，这将成为未来金融"数据隐私革命"的开始。2018年5月正式生效的欧盟《一般数据保护条例》（GDPR），不仅保护个人隐私和数据，还要求所有自动化算法具有透明性、可解释性。

（4）可连接。让金融业从"以产品为中心、以客户为中心"向"以用户为中心、以科技为驱动"转变，这将成为未来金融"平台化革命"的开始。基于互联网思维，整合云计算、物联网、移动通信技术、传感技术、软件技术等构架，搭建适用于金融业的应用服务平台，为客户提供有力一站式服务。

（5）可识别。让消费从"文本"向"生动"转变，这将成为未来金融"体验革命"的开始。图像、语音、文本、情绪以及生物识别技术的发展，让金融也具有了可识别性，所有的金融要素以及金融文本，已经具备了可识别的能力，未来的金融一定是可识别的金融。

（6）可学习。让消费从"自主选择"向"智能匹配"转变，这将成为未来金融"智能革命"的开始。智能保顾、智能投顾等本质上就是一种可学习的金融，其将打破传统金融市场信息不对称的桎梏，为消费者提供更加丰富、平等、个性、透明的服务。

（7）可虚拟。让消费从"实体"向"虚拟"转变，这将成为未来金融"虚拟革命"的开始。数字时代，虚拟金融将逐步壮大，并在未来成为主流，以信用、制度为运作基础的传统金融将逐步向以技术、结构、权利为运作基础的虚拟金融转变。

（8）可交易。让消费从"不可交易性"向"交易性"转变，这将成为未来金融"定价革命"的开始。保险正在从不可交易性向可交易保险转变。例如，2015年11月成立的上海保险交易所，就承担了保险交易的职能。

（9）可自我。让消费从"中介"向"脱媒"转变，这将成为未来金融"自金融革命"的开始。随着大数据、区块链等技术的发展，信息不对称面临着挑战，金融"脱媒"拉开新时代序幕的一角，自金融开始登上明天的舞台。

（10）可技术。让金融从"制度"向"技术"转变，这将成为未来金融"演变革命"的开始。金融是现代社会的制度安排，"制度"是金融的当然属性。但随着社会的发展，特别是科技的进步，将赋予金融越来越多的科技内涵，并改变金融的属性。

金融科技思维与传统金融业的结合，将助力金融业的转型升级，也将助力金融科技的进阶,并会产生一些金融新物种,这些新物种携技术与理念的双重优势,将持续侵蚀乃至颠覆传统金融业,并将在很大程度上改变全球经济的风貌。

三、十大思维引领金融十大新趋势

(一) 可视化金融

金融到底是什么?在过去可能是一个抽象的概念,到了 21 世纪,金融不再是虚无缥缈的,而是看得见、真实展现在我们眼前的。股民只需打开手机软件就可以看到股价走势图,实时买卖股票;百姓打开银行手机软件按相关提示提交并验证个人信息就可以自行注册银行卡;对于不能及时到达竞投会场的投资人,只要扫描项目二维码,在会场之外也可以进行认投等。这些都是金融可视化的例子。可以说,可视化金融就是在大数据背景下利用图像、曲线等方式来显示金融数据,用可视图谱对数据模式和相互关系进行可视化分析,从而使用户对非结构化的海量数据有了更好的理解与把握。

金融可视化是金融发展必须经历的一步,中国在金融可视化方面正逐渐走向成熟。可视化分析技术出现于非结构化数据的量级和维度巨大膨胀的背景下,金融对数据的分析要求已经远远超出了人类的生理极限,因而对可视化技术的研究成为金融发展不可缺少的一部分。

(二) 可计算金融

金融本就是一门科学。英国 Mathematica 软件创始人史蒂芬·沃尔夫勒姆指出"宇宙的本质是计算"(宇宙是元胞自动机),万物皆有逻辑,万事皆可计算。在金融发展的背后,也存有一套逻辑与算法。基于此,经济学家及分析师们纷纷依靠强大的数学基础建立一套套严密的数学模型以解释、预测金融指标,如直到现在还在广泛应用的布莱克—肖尔斯期权定价模型(Black – Scholes Option Pricing Model);斯蒂芬·罗斯提出的多因素无套利定价理论(Arbitrage Pricing Theory,APT);"K 线之父"史蒂夫·尼森,第一次将 K 线技术系统地引入西方……人们用短短二十几年的时间,构建了一整套科学的金融体系,将金融数学提升到学科的高度。

从另一方面来看,单纯依靠直觉没办法在变幻莫测的金融市场中安享收益,甚至会造成整个金融市场的混乱。随着金融可视化的发展,金融之于人类是一条条包含着海量信息同时又可以处理和分析的数据,而基于数据进行科学的计算可以有效提取出数据背后的信息,掌舵的永远是熟谙其运行规律的一员。

美国花旗银行副总裁柯林斯1995年3月在英国剑桥大学牛顿数学科学研究所的演讲中说道,从事银行业而不懂数学的人实际上处理的是意义不大的东西,花旗银行70%的业务依赖于数学……没有数学我们不可能生存。在今天,数学已经和金融学紧密联系在一起,撇开数理模型而谈金融很容易被观众带上不科学、不严谨的标签。当然这种现象曾被唯金融论者批评为"为数学而数学"。但是不可否认,可计算金融是继可视化金融之后新一个不可逆转的金融演变的趋势。

(三) 可编程金融

2008年,中本聪第一次提出区块链(Block Chain)概念,可编程金融便逐渐进入我们的视野。在随后的几年中,区块链成为电子货币比特币(Bit Coin)的核心组成部分——作为所有交易的公共账簿,通过利用点对点网络和分布式时间戳服务器,区块链数据库能够进行自主管理。因比特币而发明的区块链技术为数字货币的实现带来了可能,实际上,数字货币就是一种可编程货币,在可编程货币发展到高度成熟的阶段之后,整个金融社会就会抛弃传统实体货币的模式,步入可编程金融时代。

(四) 可交易金融

随着区块链技术的进一步发展,由于其具有去中心化及去信任的功能,区块链的应用场景将有可能超越货币、金融、市场等领域而延伸至科学、文化、健康、艺术等更为丰富广阔的社会生活领域,使得任何有形或无形的产品都变得可量化、可交易。通过解决去信任问题,区块链技术提供了一种通用技术和全球范围内的解决方案,即不再通过第三方建立信用和共享信息资源,从而使整个领域的运行效率和整体水平得到提高。

可交易金融为金融交易者提供了一个全新的平台。一些传统的衍生性金融产品必须要在特定的时间、交易场所、签订标准化的金融合约才可进行交易,而不能随时随地进行交易。有价证券短期的价格变化有可能产生巨额的收益,这在一定程度上降低了金融资产的获利能力和交易效率。而进入可交易金融阶段,区块链技术将被用于将所有的人和设备连接到一个全球性的网络中,科学地配置全球资源，实现价值的全球流动，推动整个社会发展进入智能互联新时代。可交易金融将从根本上促进交易模式转变，经济流通程度高度发达，无论在规模、速度或是安全程度上来说都远远超越传统的金融交易模式。

（五）物联网金融

物联网技术应用到金融领域，使得金融服务由主要面向"人"的金融服务延伸到可以面向"物"的金融服务，将金融服务创新融入物理世界，可以创造出很多新型的商业模式，这就是物联网金融。物联网金融的一个重要应用就是物联网动产融资。一般来说，由于难以追踪和监督，企业的动产难以抵押、质押获得融资，但若能够通过物联网传感设备对抵押的动产进行智能追踪、监控和管理，就能准确清晰地获取动产的库存及销售数据，确保项目及时还款。物联网金融借助物联网技术整合商品社会各类经济活动，实现金融自动化与智能化，进而可以实现商品社会各类产品的智能金融服务，更是深化了金融服务实体这一本质目标。

（六）虚拟金融

如果"金融"可以被简单地理解为"资金的融通"，那么将此内涵延伸，"虚拟货币资金的融通"就是虚拟金融。信用货币之所以可以发挥其货币职能，根本来说是因为其满足两个条件：一是货币发行的立法保障，二是人们对此货币抱有信心。目前来看，比特币、莱特币等虚拟货币在全世界范围内已经具有了不可小觑的应用，我们不难预想到，随着虚拟货币交易相关立法的逐步完善和人们思想观念的转变（这可能需要相当长的时间，但并非不可行），虚拟货币可能将逐渐取代实体货币，随之步入虚拟金融时代。

2018年6月，中国香港金管局颁布了《虚拟银行的认可》指引，虚拟银行是指主要通过互联网或其他形式的电子渠道而非实体分行提供零售银行服务的银行；2019年，第一批虚拟银行将有望落地。总体来看，全世界对虚拟货币的立法管理还相当欠缺，人们利用比特币等虚拟货币私密性高的特性，广泛进行洗钱、赌博、贩毒、色情买卖等违法交易，严重扰乱金融市场的秩序，如果监管机构能够通过追踪、立法等手段规范虚拟货币，虚拟金融将大有可为。

（七）智能金融

金融发展的最终目标是为了更好地服务于人，智能金融就很好地诠释了这一宗旨。它以用户的需求和体验为出发点,依托互联网技术,运用大数据、人工智能、云计算等金融科技手段,使金融行业在业务流程、业务开拓和客户服务等方面得到全面的智慧提升,实现金融产品、风控、获客、服务的智慧化。

目前,中国金融机构与金融科技公司之间的开放和合作,使得传统金融服务正朝着"智慧化"方向演进,并朝着以下4个方面发展:

(1) 定制化(Customized)。智能金融将充分结合用户的年龄、收入和消费结构、健康情况、阶段性需求和未来规划、风险承受能力等数据和信息,从目前较为共性化、标准化的金融服务和产品,向更具个性化、定制化服务的方向发展。

(2) 综合化(Comprehensive)。除了满足个人和企业用户的支付转账、理财借贷等基础性金融需求之外,智能金融将在财务规划、资产管理、保险保障、风险管理、决策支持等领域提供更为全面、综合性的金融解决方案。

(3) 可控性(Controllable)。在金融业务数据互联互通、开放共享的基础上,金融机构从过去的手工报送监管数据,到实时、自动化方式进行数据收集、分析、报送,监管部门可以更为全面、及时地掌握相关领域风险集中度、关联度等信息,进一步提升金融活动可控性和风险监测水平。

(4) 协同性(Collaborative)。从纵向层面,金融机构、金融科技公司的密切合作将形成常态化机制,各主体之间优势互补,形成"点—线—面"不同维度的合作格局。从横向层面,在金融服务业之外,智能金融将充分发挥协同作用,助推传统商业模式的转型升级,培育数字经济领域新的增长点,让普通百姓获得更加高效、便捷、经济、安全的金融服务,成为促进实体经济提质增效、"智能生活"惠民生方面的催化剂。

(八) 自金融

自金融这一新的概念看似神秘,实则就是去中心化全网区块链信用金融体系。在互联网每一个个体节点上,不管后面是人还是智能机器,都能够通过密码学协议和全网其他节点共同记账、清算、传递价值、执行协议,而不需要中心化的金融媒介来帮助产生信用。比特币的第一步,就是解决了在互联网上建立分布式信用问题(从信息到价值网络)。一旦我们在全球真的实现了区块链信用体系,也就是类黄金的全球通用支付信用(数字货币在理论上是无限可分的,所以不会像历史上的重金属货币那样产生流通障碍），那么去媒介化、去中心化的自金融自然就应运而生。

（九）无金融

无金融可以理解为社会的无金融性。无金融并不是人们不要金融，而实际情况往往是社会为了某种目的而带来金融需求与供给的自我平衡，人们不需要也不可能再产生额外的金融需求。它需要符合4种基本假设：金融体系内均是理性、金融总体资源均衡、所有人获得金融资源产生的效益是一致的、金融服务不存在门槛。

在无金融体系下，传统金融机构、互联网企业以及其他跨界公司在技术上和思维上都会运用金融科技来提升、改造金融产品和服务，这是金融科技发展的最高境界。关于金融科技一个重要问题就是，金融科技必须能够限制或提高人们能够分配和利用一定数量的金融资源的能力。换句话说，在国民经济发展所决定的金融资源数量既定的情况下，金融科技决定了金融资源配置的效率水平和金融交易者的满意程度，在金融科技一定条件下，人们调动与分配现有金融资源的能力构成了一个金融资源可分配界限，从而金融科技可以促使整个金融市场需求与供给的均衡。

（十）全金融

如果说无金融是从供给与需求平衡的角度来表示金融市场的高度发达水平，那么全金融则是可以满足各类型需求的金融运作模式的彻底变革。全金融是比金融混业经营模式更高级的金融运作模式，就是比全能制银行和银保融通更高层次的、以虚拟企业方式为组织形式的、以结构一体化的全金融产品为微观基础的、以金融一体化为体制基础的、以实现金融产品的彻底个性化为根本目的的金融新形态。它既是金融运作机制（体制）创新，也是金融产品创新，还是金融市场需求创新。这里对全金融问题的研究，主要是对"全金融运作模式"及其微观基础"全金融产品"的研究。

全金融是基于稍纵即逝、千差万别的个性化金融市场机遇，采取虚拟化整合不同金融单位的金融资源和核心能力的方式，为了快速响应及更充分挖掘大规模个性化市场需求而产生的最新的金融运作模式，因而兼具低成本、快速反应和高度个性化三大优势，能最大限度地满足大规模个性化的市场需求。

全金融是以较彻底个性化的全金融产品为基础而不是以经营主体产权联系为基础的全新的金融资源和金融社会整合机制，是世界金融发展的方向。它不同于现有的金融控股公司，不同于全能制银行，不同于银行融合保险及银行代理保险，不同于现有的银行与券商的合作，不同于金融多元化经营，不同于包揽一切的无个性化差异的捆绑式金融产品组合，不同于金融超市，不同于一般意义的金融产品创新。全金融是世界金融未来发展的趋势，更是金融发展的长远目标。

第十章　中国保险市场监管趋势研究

第一节　保险监管整体情况

一、2019年保险监管的整体思路

2019年，保险监管部门以习近平新时代中国特色社会主义思想为指导，认真贯彻落实党中央、国务院决策部署，加强保险业党的领导和党的建设，持续提升保险服务实体经济质效，坚决打好防范化解金融风险攻坚战，持续深化保险业改革开放，促进保险业高质量发展。当前，保险业运行平稳，服务实体经济能力和水平进一步提升，重点领域风险处置取得积极进展，保险供给侧结构性改革深入推进，保险业治理能力得到增强，高质量发展基础更加稳固。

2019年，保险监管部门打赢了防范化解金融风险攻坚战。稳妥处置了高风险机构，压实了各方责任，全力做好协调、配合和政策指导。坚决落实了"保险姓保"要求，严格执行"监管姓监"等监管规则，严防保险资金违规流入房地产领域。对违法违规搭建的金融集团，要在稳定大局的前提下，严肃查处违法违规行为，全力做好资产清理，追赃挽损，改革重组。深入推进保险参与网络借贷专项整治，加大互联网保险规范力度。继续努力配合地方政府深化国有企业改革重组，加快经济结构调整，化解隐性债务风险。有效防范化解外部冲击风险，做好保险机构压力测试，完善应对预案，稳定市场预期。

2019年，保险监管部门做好保险业监管工作的主要思路如下：一是坚持党中央对保险工作的集中统一领导，始终做到"两个维护"。二是树立直面问题敢于斗争的勇气，以自我革命精神主动揭示风险，千方百计消除隐患。必须防止发生处置风险的风险，做到"徐缓调理"与"外科手术"相结合，实现稳中有进、标本兼治。三是加强主动沟通协调，形成合力，提高效率。必须区分情况分类施

策,要按照国务院金融委统一部署,具体问题具体分析,实行一地一策、一企一策,不搞"一刀切"和"齐步走"。四是进一步增强法治观念,严格遵循法律法规,做到依法监管,依法行政,依法处理各种市场问题。

2019年,保险监管部门坚决贯彻落实党中央、国务院的决策部署,持续推动保险业对外开放,积极推进实施2018年4月发布实施的15条对外开放措施。进一步扩大保险业对外开放是中国经济和金融自身发展的需要,这将有利于丰富市场主体、激发市场活力,提高保险业经营管理水平和竞争能力,也有利于学习借鉴国际先进理念和经验,扩大产品与服务创新,增加保险有效供给,满足广大人民群众不断提高的保险服务需求。通过进一步拓展开放领域,优化开放布局,有助于以高水平开放带动改革全面深化。

2019年,保险监管部门坚持内外一致,对境内外各主体公平对待、一视同仁,在同一规则下开展合作与竞争,形成"多赢"格局。当前,中国保险业已形成了国有、民营和外资等多元股权结构。其中,民营资本在保险公司总股本中占比已达到49%。外资保险公司在华资产占比为6.36%。通过进一步扩大开放,构建公平一致的市场环境,将更加有利于保险机构充分竞争,优化股权结构,规范股东行为,形成合理多样的市场体系。

总体来看,2019年保险业运行总体平稳,主要指标处于合理区间。但是风险形势依然复杂,存在着诸多不确定性和不稳定性,需要认真应对,妥善处理。

二、2019年保险监管的成效与变化

2019年,在以习近平同志为核心的党中央坚强领导下,保险监管部门坚决贯彻落实党中央、国务院决策部署,各项工作取得明显成效。深入推进全面从严治党,时刻牢记保险监管部门首先是政治机关,树牢"四个意识",增强"四个自信",带头做到"两个维护"。认真贯彻落实习近平总书记重要指示批示精神,确保件件有落实、事事有回音。扎实开展"不忘初心、牢记使命"主题教育,坚持问题导向,立行立改,取得实实在在成效。持之以恒正风肃纪,坚定不移执纪反腐。贯彻落实中央八项规定及实施细则,出台为基层减负20条措施,大力整治形式主义、官僚主义。深挖金融风险背后的腐败根源,坚决整治腐败行为。

2019年，保险监管部门在防控风险方面更加注重专业性、审慎性、稳定性，建立和完善以资本、偿付能力、流动性、资产分类、公司治理、内部控制、市场声誉、合规记录、过往业绩等为主要内容的全面风险监管体系。同时，加强事中事后监管和行为监管，通过现场检查和非现场监管等手段揭示风险，发现问题，采取措施予以纠正。对于严重违法违规、不审慎经营的机构，将依法予以严惩直至市场退出。

2019年，总体来看，保险监管部门取得的成效如下：一是防范化解保险风险攻坚战取得关键进展。问题金融机构得到有序处置，保险领域重点风险得到缓解；市场乱象存量问题持续减少，增量问题得到遏制。二是保险机构服务实体经济质效不断提升。2019年保险资金运用余额约18万亿元，较年初增长9.5%。三是重点机构重点领域改革不断深化，公司治理机制进一步完善。新推出19条对外开放措施，批准7家银行保险机构筹建和开业申请。加快补齐监管制度短板，2019年发布40项规章制度。四是圆满完成保险监管部门机构改革任务，实现从"物理融合"到"化学反应"，充分释放改革动能。

2019年，保险监管部门努力推进党的建设高质量发展，把政治建设作为根本性建设，更加自觉地贯彻落实习近平总书记重要指示批示精神和党中央重大决策部署。巩固拓展"不忘初心、牢记使命"主题教育成果，狠抓问题整改，建立长效机制。全面加强基层党组织建设、加强干部队伍建设。充分发挥政治巡视的监督作用，支持各级纪检监察机构执纪监督，使监管工作始终置于严密监督之下。

三、2020年保险监管整体趋势研判

2020年，是全面建成小康社会的收官之年，2020年中央经济工作会议为扎实做好当前和今后一个时期的经济工作提供了根本遵循。2020年，保险监管部门将更加紧密地团结在以习近平同志为核心的党中央周围，树牢"四个意识"，坚定"四个自信"，做到"两个维护"，紧扣全面建成小康社会目标任务，坚持稳中求进工作总基调，大力支持经济高质量发展，继续深化保险改革开放，坚决打好防范化解保险风险攻坚战。

2020年，保险监管部门将按照既定部署，继续做好风险防控工作，坚决打

赢防范化解金融风险攻坚战，严守不发生系统性风险底线。2020年保险监管部门在防范化解保险风险方面的重点工作有以下9个方面：稳妥处置高风险机构，压实各方责任，全力做好协调、配合和政策指导，完善保险机构恢复与处置机制；继续化解信用保证保险风险，大力压降高风险保险业务，防止死灰复燃；加强保险资金运用规定，提高保险资产负债匹配的要求；严防保险资金违规流入房地产市场，持续遏制房地产金融化泡沫化。对违法违规搭建的金融集团，在稳定大局的前提下，严肃查处违法违规行为，全力做好资产清理，追赃挽损，改革重组；深入推进保险参与网络借贷专项整治；加大互联网保险规范力度；继续努力配合地方政府深化国有企业改革重组，加快经济结构调整，化解隐性债务风险；有效防范化解外部冲击风险，做好保险机构压力测试，完善应对预案，稳定市场预期；进一步弥补监管短板，加大监管科技运用，加快建设监管大数据平台，完善监管制度，强化监管队伍，有效提升监管能力和水平；建立完善养老保障第三支柱，在优化保险产品结构和机构体系的同时，为资本市场长期持续健康发展打牢基础。

2020年，改革开放只有进行时，没有完成时。保险监管部门将加快法规修订和配套制度建设，推动上述开放措施落地实施，同时加强动态评估，提升审慎监管水平和风险管理能力，促进保险业健康发展，维护金融体系安全稳定，确保新时代金融业改革开放行稳致远。一是进一步扩大对外开放，加快已出台政策落地见效。大力改善股本结构，鼓励主业突出、管理先进、具有优良记录的境内外专业机构入股中资银行和保险公司。二是探索完善保险机构恢复与处置机制，会同相关部门抓紧研究确定国内系统重要性金融机构名单。区分系统重要性与非系统重要性机构，实施差异化监管。完善处置程序，压实处置责任，健全损失分担机制，形成健康有序的金融治理体系。

2020年，保险监管部门要坚持党中央集中统一领导，切实把党领导经济金融工作的制度优势转化为治理效能。要以习近平新时代中国特色社会主义思想为指导，全面贯彻党的十九大和十九届二中、三中、四中全会精神，增强"四个意识"，坚定"四个自信"，做到"两个维护"。紧扣全面建成小康社会目标任务，坚持稳中求进工作总基调，坚持新发展理念，坚持以供给侧结构性改革为主线，坚持以改革开放为动力，统筹推进稳增长、促改革、调结构、惠民生、防风险、保稳定,扎实做好保险业改革发展和监管各项工作。

2020年,保险监管部门要坚定必胜的信心和攻坚克难的勇气,结合监管工作实际,不折不扣抓好中央经济工作会议精神的贯彻落实。

一是提升服务实体经济质效,助力全面建成小康社会圆满收官。改进和完善小微和民营企业服务,疏通信用保证保险参与机制,促进降低企业综合融资成本。发挥政策性和商业性保险机构的作用,支持国家重大战略和重点工程。优化保险资金运用监管,增加保险资金投资制造业比重,支持科技创新、先进制造。聚焦扶贫、养老、健康、医疗等金融服务薄弱环节,调动各类金融资源,支持消费升级和民生改善。

二是着力深化改革开放,推动保险业高质量发展。深化保险供给侧结构性改革,完善保险机构体系、市场体系、产品体系。推动养老保险等行业转型发展,引导保险公司回归本源。优化保险机构的股权结构,强化关联交易监管,优化激励约束机制。加快科技赋能,加强监管科技建设。推动已发布的对外开放措施尽快落地,进一步推进更高水平开放。

三是坚决打赢防范化解金融风险攻坚战,牢牢守住不发生系统性风险底线。进一步强化风险意识,压实各方责任,稳妥处置高风险保险机构。坚决清理整顿各类假创新、伪创新。

四是要大力做好"六稳"相关工作,推动提升保险服务实体经济质效,引导保险资金更多投向重点领域和薄弱环节。加强社会服务领域保险支持,落实支持生猪生产保险政策措施。助力打赢脱贫攻坚和污染防治攻坚战。大力发展绿色金融,推出一批有利于环境保护的保险产品,进一步提高环境污染责任强制保险覆盖面与渗透率。

五是全面深化金融供给侧结构性改革,提升对外开放水平。建立完善养老保障第三支柱,在优化保险产品结构和机构体系的同时,为资本市场长期持续健康发展打牢基础。健全商业车险费率市场化形成机制,推进再保险市场建设,扩大巨灾保险试点范围。进一步扩大对外开放,加快已出台政策落地见效。大力改善股本结构,鼓励主业突出、管理先进、具有优良记录的境内外专业机构入股保险公司。完善公司治理,将党的领导有机融入公司治理各个环节,建立和完善既有中国特色又符合20国集团规则的现代企业制度。

六是全面加强资产和负债质量监管，在现有资产负债管理的基础上，细化分类规则，提高资产负债的匹配要求。尽快制定负债质量监管办法，提高保险机构，特别是中小机构负债的稳定性和匹配性。探索完善保险机构恢复与处置机制，会同相关部门抓紧研究确定国内系统重要性金融机构名单。区分系统重要性与非系统重要性机构，实施差异化监管。完善处置程序，压实处置责任，健全损失分担机制，形成健康有序的金融治理体系。

2020年，保险监管部门要更加紧密地团结在以习近平同志为核心的党中央周围，树牢"四个意识"，坚定"四个自信"，持续践行"两个维护"，齐心协力，真抓实干，努力开创监管工作新局面，为全面建成小康社会和实现中华民族伟大复兴做出更大贡献。

第二节 财险市场监管情况

一、2019年财险监管情况概述

2019年，财产保险监管工作以习近平新时代中国特色社会主义思想为指导，认真贯彻落实党中央、国务院决策部署，加强保险业党的领导和党的建设，持续提升保险服务实体经济质效，坚决打好防范化解金融风险攻坚战，持续深化保险业改革开放，促进财产保险业高质量发展。

2019年，财产保险行业实现保费收入13016亿元，同比增长10.72%；提供风险保额5369万亿元，同比下降7.07%；2019年，财产保险行业整体发展情况如下：

（1）财产险（不含产险公司经营的意外险和短期健康险）保费收入11649亿元，同比增加879.39亿元，增长8.17%，增幅同比下降1.35个百分点。其中，机动车辆保险、企财险、货运险和责任险4个主要险种保费收入合计9536亿元，增长6.32%，增幅同比上升0.36个百分点，产险业务占比81.86%，产险公司业务占比73.26%。

（2）机动车辆保险保费收入8188亿元，同比增长4.52%，产险业务占比

70.29%。其中，交强险保费收入2188亿元。

（3）企业财产保险保费收入464亿元，同比增长9.69%，产险业务占比3.98%。货运保险保费收入130亿元，同比增长7.44%，产险业务占比1.12%。责任保险保费收入753亿元，同比增长27.51%，产险业务占比6.47%。农业保险保费收入672亿元，同比增长17.43%，产险业务占比5.77%。信用保险保费收入200亿元，同比下降17.53%，产险业务占比1.72%。保证保险保费收入844亿元，同比增长30.80%，产险业务占比7.24%。

（4）财产险累计赔款支出6502亿元，同比增长10.25%。其中，企业财产保险237亿元，下降2.42%；机动车辆保险4613亿元，增长4.80%；责任保险342亿元，增长28.81%；货运保险70亿元，增长3.16%；农业保险528亿元，增长34.15%。

（5）产险公司应收保费1864亿元，较年初增长30.46%，平均应收保费率11.52%。

二、2019年财险监管主要动态

2019年1月，为进一步加强车险监管，维护车险消费者合法权益，推进车险高质量发展，为下一步的商业车险改革营造良好市场环境，银保监会印发了《关于进一步加强车险监管有关事项的通知》。

2019年5月，中央全面深化改革委员会第八次会议审议并原则同意《关于加快农业保险高质量发展的指导意见》。

2019年9月，为贯彻落实党中央、国务院决策部署，引导保险业切实做好支持稳定生猪生产和保障市场供应工作，中国银保监会联合农业农村部印发了《关于支持做好稳定生猪生产保障市场供应有关工作的通知》。

2019年10月，财政部、农业农村部、银保监会、林草局联合印发了意《关于加快农业保险高质量发展的指导意见》，从顶层设计上明确了加快农业保险高质量发展的指导思想、基本原则、主要目标、保障措施等，这是在新的历史时期推动中国农业保险改革发展的重要举措，是今后一段时期开展农业保险工作的根本遵循。

2019年11月，为深入贯彻以习近平同志为核心的党中央关于防范化解金融风险的决策和部署，进一步加强保险机构公司治理监管，切实提升公司治理有效性，银保监会发布了《保险机构公司治理监管评估办法（试行）》。

三、2020 年财险监管趋势研判

2020 年，保险业风险总体可控，但面临的形势依然复杂严峻。财产保险监管要坚持党中央集中统一领导，切实把党领导经济金融工作的制度优势转化为治理效能。要以习近平新时代中国特色社会主义思想为指导，全面贯彻党的十九大和十九届二中、三中、四中全会精神，增强"四个意识"，坚定"四个自信"，做到"两个维护"。紧扣全面建成小康社会目标任务，坚持稳中求进工作总基调，坚持新发展理念，坚持以供给侧结构性改革为主线，坚持以改革开放为动力，统筹推进稳增长、促改革、调结构、惠民生、防风险、保稳定，扎实做好保险业改革发展和监管各项工作。

2020 年，健全商业车险费率市场化形成机制，推进再保险市场建设，扩大巨灾保险试点范围是工作重点，其中车险改革成为重中之重，保险监管部门会进一步加强车险监管，维护车险消费者合法权益，推进车险高质量发展，为全面商业车险改革营造良好市场环境。

2020 年，保险业必须把防范系统性风险与服务实体经济更紧密结合起来。防范系统性风险是实体经济持续健康发展的重要前提，要通过有效监管防范化解各类经营风险和防止局部风险扩散蔓延，维护金融市场稳定。服务好实体经济是防范系统性风险的根本举措，保险业必须从大局出发，按照"六稳"要求，坚决服务供给侧结构性改革，稳步推进结构性去杠杆，妥善处理防风险与稳增长调结构的关系。有效放开保险资金投资限制，积极支持国家重大战略实施，扎实推进普惠金融，助力打好脱贫和污染防治攻坚战。大力支持民营企业和小微企业，在信用保险、保证保险等基础上保持融资成本处于合理水平。鼓励各类机构通过内部挖潜和采用新技术等多种手段，提高保险服务效率。

第三节 人身险市场监管情况

一、2019年人身险监管情况概述

2019年,人身保险监管工作以习近平新时代中国特色社会主义思想为指导,认真贯彻落实党中央、国务院决策部署,加强保险业党的领导和党的建设,持续提升保险服务实体经济质效,坚决打好防范化解金融风险攻坚战,持续深化保险业改革开放,促进人身险业高质量发展。

2019年,人身险行业保费收入为30995亿元,同比增长13.76%;寿险公司保险金额1101万亿元,下降1.69%;寿险公司期末有效保险金额953万亿元,增长14.93%。2019年,人身险行业整体发展情况如下:

(1)人身险业务保费收入30995亿元(含产险公司经营的意外险和短期健康险),同比增长13.76%。其中,寿险业务22754亿元,同比增长9.80%,人身险业务占比73.41%;健康险业务7066亿元,同比增长29.70%,人身险业务占比22.80%;意外险业务1175亿元,同比增长9.26%,人身险业务占比3.79%。

未计入保险合同核算的保户投资款和独立账户本年新增交费9087亿元,同比增长9.66%。其中,寿险业务保户投资款和独立账户本年新增交费8207亿元;健康险业务保户投资款本年新增交费880亿元。

从险种看,寿险业务1320亿元,增长24.71%,人身险业务占比69.39%;健康险业务501亿元,增长28.81%,人身险业务占比26.35%;意外险业务81亿元,增长0.97%,人身险业务占比4.25%。

(2)寿险公司新单保费收入12854亿元,同比增长10.10%,寿险公司业务占比43.38%。其中,新单期交业务6275亿元,增长12.55%,占新单业务的48.82%。

在新单期交业务中,3年期以下182亿元,占比2.95%,下降0.08个百分点;3~5年期2211亿元,占比35.90%,上升0.36个百分点;5~10年期1069

亿元，占比 17.36%，上升 3.08 个百分点；10 年期及以上 2696 亿元，占比 43.79%，下降 3.36 个百分点。

（3）普通寿险业务同比增长 14.83%，分红寿险业务同比增长 5.90%。普通寿险业务 10474 亿元，增长 14.83%；分红寿险业务 12167 亿元，增长 5.90%；投资连结保险业务 4 亿元，增长 6.89%；万能险业务 109 亿元，增长 0.54%。

寿险公司普通寿险业务保户投资款本年新增交费 5 亿元；分红寿险业务保户投资款本年新增交费 91 亿元；万能险业务保户投资款本年新增交费 7736 亿元；投连险业务独立账户本年新增交费 376 亿元。

（4）寿险公司银邮代理业务同比增长 11.75%；个人代理业务同比增长 11.50%。其中，银邮代理业务 8976 亿元，增长 11.75%，寿险公司业务占比 30.29%；个人代理业务 17230 亿元，增长 11.50%，占比 58.15%；公司直销业务 2383 亿元，增长 18.39%，占比 8.04%。

（5）人身险业务赔款与给付支出 6392 亿元，下降 0.13%。其中，寿险业务给付金额 3743 亿元，下降 14.70%；健康险业务赔款与给付支出 2351 亿元，增长 34.81%；意外险业务赔款支出 2978 亿元，增长 11.19%。

（6）寿险公司应收保费 668 亿元，较年初增长 13.43%。寿险公司退保金 5841 亿元，同比下降 18.98%；退保率 4.97%，同比下降 1.86 个百分点。从公司看，中资寿险公司退保金 5569 亿元，退保率 5.09%；外资寿险公司退保金 273 亿元，退保率 3.33%。从险种看，分红寿险退保金 1372 亿元，占寿险公司退保金的 23.49%；普通寿险退保金 4148 亿元，占寿险公司退保金的 71.01%。

2019 年，人身保险监管工作恪守本职工作，推动人身保险监管事业在压力和挑战中不断前进：防范化解风险取得新成效，维护了行业稳定经营的局面；从严监管迈出新步伐，推动监管逐步从宽松软走向严、紧、硬；全面深化改革实现新突破，市场配置资源的关键地位已经确立；转变发展方式进入新阶段，行业从靠天吃饭走向更加稳健和可持续发展；行业基础建设迈上新台阶，确保行业发展行稳致远。

二、2019 年人身险监管主要动态

2019 年 5 月，为推动人身保险公司利用新技术创新服务形式，改善消费者体

验，银保监会起草了《关于修改〈人身保险新型产品信息披露管理办法〉的决定（征求意见稿）》，对其中有关回访的规定进行了修改，并向社会公开征求意见。

2019年8月，为全面贯彻落实党中央、国务院关于金融工作的决策部署，深化金融供给侧结构性改革，守住不发生系统性风险底线，银保监会印发了《关于完善人身保险业责任准备金评估利率形成机制及调整责任准备金评估利率有关事项的通知》，进一步完善了人身保险业责任准备金评估利率形成机制，并决定对人身保险业责任准备金评估利率进行调整。

2019年11月，为进一步规范健康保险经营行为，保护消费者合法权益，银保监会发布了新修订的《健康保险管理办法》。

2019年11月，为深入贯彻以习近平同志为核心的党中央关于防范化解金融风险的决策和部署，进一步加强保险机构公司治理监管，切实提升公司治理有效性，银保监会发布了《保险机构公司治理监管评估办法（试行）》。

2019年12月，加快推进保险业供给侧结构性改革，进一步丰富保险产品供给，规范人身保险产品开发设计行为，保护保险消费者合法权益，银保监会发布了《关于规范两全保险产品有关问题的通知》。

三、2020年人身险监管的发展趋势

2020年，保险业风险总体可控，但面临的形势依然复杂严峻。人身保险监管要坚持党中央集中统一领导，切实把党领导经济金融工作的制度优势转化为治理效能。要以习近平新时代中国特色社会主义思想为指导，全面贯彻党的十九大和十九届二中、三中、四中全会精神，增强"四个意识"，坚定"四个自信"，做到"两个维护"。紧扣全面建成小康社会目标任务，坚持稳中求进工作总基调，坚持新发展理念，坚持以供给侧结构性改革为主线，坚持以改革开放为动力，统筹推进稳增长、促改革、调结构、惠民生、防风险、保稳定，扎实做好保险业改革发展和监管各项工作。

2020年，人身保险业务收入结构将进一步优化，短期产品将大幅压缩，保险保障功能将不断增强。保险监管部门将按照法律法规和相关监管规定要求，继续对各公司报备产品进行严格核查，持续追踪公司产品经营情况，定期通报监管

工作中发现的问题。同时研究推进产品信息公开披露制度，加大媒体和公众监督力度。对产品管理主体责任履行不到位，产品回溯工作走过场，产品开发设计违规或不符合精算原理，以及仍涉及负面清单或历次问题通报中列明的不合理、不规范情形的，保险监管部门将依法采取监管措施或实施行政处罚，严格追究相关人员责任。

2020年，保险监管部门将进一步强化对保险销售误导的查处惩戒力度。针对损害保险消费者合法权益的典型问题和突出公司，组织开展"精准打击行动"，从严整治、从快处理、从重问责，发挥警示和震慑作用；针对人身保险销售、渠道、产品和非法经营等方面问题开展人身保险"治乱打非"专项整治，查处违法违规行为，整顿规范市场秩序，切实保护好消费者合法权益。

2020年，人身保险行业要坚持不懈治理金融市场乱象，进一步遏制违法违规经营行为，依法处置高风险机构，下大力气补齐监管短板，做到远近兼顾，标本兼治。坚定不移深化金融改革扩大开放，着力完善公司治理机制，优化金融机构体系，推进市场化兼并重组，扩大保险业开放，加快建立多层次、广覆盖、差异化保险体系，形成全方位、多层次、宽领域的高水平开放新格局。创新和完善监管方式方法，做到审慎监管与行为监管、风险监管与合规监管、定量监测与定性判断、前瞻预判与持续防控，以及国际经验与中国国情相结合，动态前瞻把握好工作节奏与力度，真正提升监管能力和监管效率。

第四节 保险资金运用监管情况

一、2019年资金运用监管情况概述

2019年，保险资金运用监管工作以习近平新时代中国特色社会主义思想为指导，认真贯彻落实党中央、国务院决策部署，加强保险业党的领导和党的建设，持续提升保险服务实体经济质效，坚决打好防范化解金融风险攻坚战，持续深化保险业改革开放，有效化解了资金运用配置渠道单一、收益率长期偏低等突出问题和矛盾，取得了较好效果，得到社会各界积极评价，成绩有目共睹。

2019年年末,中国保险业总资产达到20.56万亿元,保险资金运用余额达到185271亿元,较年初增长12.92%。其中,银行存款25227亿元,占资金运用余额的比例为13.62%;债券64032亿元,占比34.56%;证券投资基金9423亿元,占比5.09%;股票14942亿元,占比8.06%。

2019年年末,保险资金运用余额中交易性金融资产7215亿元,占比为3.93%;持有至到期投资37071亿元,占比20.19%;可供出售金融资产60824亿元,占比33.13%。

2019年,保险资金运用收益达到8824亿元,资金运用平均收益率4.94%。在投资渠道逐步放宽的同时,保险资金的投资收益率整体有所提升。2002~2007年,国内保险资金的投资收益率基本呈单向上升的形态,2007年保险金的投资收益达到历史高峰,首次达到了10%以上的收益率,这主要是中国股票价格一路走高的引致。在2008年金融危机后,国内保险资金投资收益率随着资本市场的波动,也出现比较大的起伏,2019年国内保险资金投资收益为4.94%,较上年上升0.61%。

一是从保险资金所述账户属性来看,独立账户资金运用收益348亿元,资金运用平均收益率22.33%;非独立账户资金运用收益8476亿元,资金运用平均收益率4.79%。

二是从保险资金收益来源来看,利息收入(活期存款、定期存款、存出保证金、存出资本保证金、结算备付金、其他货币资金利息收入)为982亿元,占资金运用收益的11.59%;投资收益7415亿元,占资金运用收益的87.47%;公允价值变动损益280亿元,占资金运用收益的3.30%;资产减值损失392亿元,占资金运用收益的4.62%;其他收益41亿元,占资金运用收益的0.49%。

三是从持有意向分类看,交易性金融资产资金运用收益859亿元,占比10.13%;持有至到期投资资金运用收益1527亿元,占比18.01%;可供出售金融资产资金运用收益2397亿元,占比28.28%;长期股权投资资金运用收益1083亿元,占比12.77%。

二、2019年资金运用监管主要动态

2019年1月,为支持商业银行进一步充实资本,优化资本结构,扩大信贷投

放空间，增强服务实体经济和风险抵御能力，丰富保险资金配置，银保监会将允许保险机构投资符合条件的银行二级资本债券和无固定期限资本债券。

2019年1月，银保监会对外表示，为更好发挥保险公司机构投资者作用，维护上市公司和资本市场稳定健康发展，银保监会鼓励保险公司使用长久期账户资金，增持优质上市公司股票和债券，拓宽专项产品投资范围，加大专项产品落地力度。支持保险公司开展价值投资、长期投资，研究推进保险公司长期持有股票的资产负债管理监管评价机制。对于保险资金一般股票和重大股票投资等，依法合规加快有关备案、核准工作。同时，在已出台保险资产管理公司专项产品政策的基础上，适当拓宽专项产品投资范围，在依法合规和风险可控的前提下，允许专项产品通过券商资产管理计划和信托计划，化解股票质押流动性风险，更好地发挥相关机构的专业与项目资源优势，加快专项产品落地进程，吸引更多保险资金以多种方式参与资本市场投资。

2019年5月，银保监会发布《关于保险资金参与信用风险缓释工具和信用保护工具业务的通知》，该文件是银保监会贯彻落实党中央、国务院支持民营企业融资的重要举措，有利于进一步丰富保险资金运用工具，为信用风险管理提供对冲手段；有利于充分调动保险资金的积极性，发挥保险资金长期稳健优势，加大对民企融资的支持力度；有利于改善民企债券投资者结构，提高民企债券的流动性并促进民企债券的发行。

2019年6月，为进一步加强保险机构投资集合资金信托业务管理，规范投资行为，防范资金运用风险，银保监会发布了《关于保险资金投资集合资金信托有关事项的通知》。

2019年8月，为进一步完善保险资产负债管理监管制度体系，加强分类监管，强化资产负债管理监管硬约束，银保监会发布了《保险资产负债管理监管暂行办法》。

2019年11月，为规范保险资产管理产品业务发展，统一保险资管产品监管标准，引导保险机构更好地服务实体经济，有效防范金融风险，银保监会根据《关于规范金融机构资产管理业务的指导意见》要求，起草了《保险资产管理产品管理暂行办法（征求意见稿）》，并向社会公开征求意见。

2019年11月，为深入贯彻以习近平同志为核心的党中央关于防范化解金融风险的决策和部署,进一步加强保险机构公司治理监管,切实提升公司治理有效性,银保监会发布了《保险机构公司治理监管评估办法(试行)》。

三、2020 年资金运用监管趋势研判

2020 年,保险资金运用监管要坚持党中央集中统一领导,切实把党领导经济金融工作的制度优势转化为治理效能。要以习近平新时代中国特色社会主义思想为指导,全面贯彻党的十九大和十九届二中、三中、四中全会精神,增强"四个意识",坚定"四个自信",做到"两个维护"。紧扣全面建成小康社会目标任务,坚持稳中求进工作总基调,坚持新发展理念,坚持以供给侧结构性改革为主线,坚持以改革开放为动力,统筹推进稳增长、促改革、调结构、惠民生、防风险、保稳定,扎实做好保险业改革发展和监管各项工作。

2020 年,要提升保险资金服务实体经济质效,优化资产支持计划发行程序,提升资产支持计划发行效率,增加产品供给,丰富保险资金配置渠道,更好地服务保险主业发展;有利于盘活实体经济存量资产,促进融资结构调整,提升保险资金服务实体经济质效,切实推动保险机构更好服务国家重大改革举措。

2020 年,要鼓励保险资金维护资本市场稳定,为更好发挥保险公司机构投资者作用,维护上市公司和资本市场稳定健康发展,鼓励保险公司使用长久期账户资金,增持优质上市公司股票和债券,拓宽专项产品投资范围,加大专项产品落地力度。支持保险公司开展价值投资、长期投资,研究推进保险公司长期持有股票的资产负债管理监管评价机制。对于保险资金一般股票和重大股票投资等,依法合规加快有关备案、核准工作。同时,在已出台保险资产管理公司专项产品政策的基础上,适当拓宽专项产品投资范围,在依法合规和风险可控的前提下,允许专项产品通过券商资产管理计划和信托计划,化解股票质押流动性风险,更好地发挥相关机构的专业与项目资源优势,加快专项产品落地进程,吸引更多保险资金以多种方式参与资本市场投资。

中国保险市场发展报告（2020）

（原《保险蓝皮书——中国保险市场发展分析（2020）》）

第五部分 业界天地 专家声音

第十一章　中国保险公司的社会责任评价

第一节　保险（集团）公司社会责任的概念与分析方法

一、研究背景

"企业社会责任"（Corporate Social Responsibility，CSR）最早由学者 Oliver Sheldon 于 1924 年提出，但是直到 20 世纪末才引入中国。因此，对中国企业来说，企业社会责任还是一个新生事物。中国现代保险业起步较晚，但是保险公司承担社会责任具有内在必然性，这是由保险的性质与职能所决定的（李勇杰，2009；卓志等，2009）。保险的本质是"经济保障"，体现的是"我为人人，人人为我"的互助共济的分配关系（魏华林等，2011）。保险除了具有经济补偿和分散风险的基础职能外，还发挥着社会管理功能（吴定富，2004）。因此，保险公司应积极履行社会责任。

2005 年，中国平安保险（集团）股份有限公司发布《企业公民报告》，拉开了中国保险公司主动承担社会责任的序幕。此后，中国人寿保险股份有限公司、中国人民保险集团股份有限公司、中国太平洋保险（集团）股份有限公司等多家保险（集团）公司也开始发布企业社会责任报告。值得一提的是，中国保险行业协会于 2011 年首次披露了 68 家保险公司社会责任报告。2014 年，中国保监会发布了《中国保险业社会责任白皮书》，这是首份展示全行业履行社会责任状况的报告；2015 年 12 月，出台《关于保险业履行社会责任的指导意见》，旨在进一步提升保险业社会责任水平。由此可以看出，中国保险业已经开始关注并主动承担社会责任，但是从总体上讲，中国保险业社会责任仍处于起步阶段。在中国社会科学院发布的《中国企业社会责任研究报告（2015）》中，保险业社会责任发展指数排在倒数第 5 名，而排名最靠前的中国人寿保险股份有限公司在 300

强榜单中仅排名第 79 位。因此，中国保险业在履行社会责任上仍任重而道远。从历年来中国保险行业协会披露的所有 68 份社会责任报告可以看出，不同保险公司对社会责任的认知程度是不同的，从而导致报告篇幅差异悬殊，披露内容参差不齐，这不利于利益相关者对报告的使用与管理，也不利于进一步增强中国保险业社会责任意识和愿望（郝臣等，2015）。因此，建立科学的社会责任评价体系显得十分必要。

本书正是在此背景下，基于"利益相关者原则"对中国保险公司社会责任评价体系进行探讨，以增强中国保险公司的社会责任意识，实现企业和社会的可持续发展。

二、保险公司社会责任的定义

1924 年，学者 Oliver Sheldon 首次提出"企业社会责任"的概念，认为企业不应该仅仅追求经济利益，也应该主动承担包含道德因素在内的社会责任，为社区提供服务（Oliver，1924）。Howard R. Bowen 被认为是"企业社会责任之父"，他在 1953 年《企业家的社会责任》一书中首次对企业社会责任进行了系统的阐述，他认为企业社会责任是企业家按照社会所期望的目标或价值观来制定政策和实施计划的义务（Howard，1953）。此后，学术界对企业社会责任进行了更为广泛和深入的研究，特别是 20 世纪 80 年代以后，利益相关者理论被引入企业社会责任的研究中，使企业社会责任研究得到进一步的丰富和完善，出现了大量的研究成果。Modic（1988）、Clarkson（1995）、Waddock & Graves（1997）、Matten & Crane（2005）等都认为企业社会责任是企业对各利益相关者的责任，包括对消费者、员工、环境、社区等的责任。

中国学者对企业社会责任的研究始于 20 世纪 90 年代。1990 年，袁家方出版了中国首本有关企业社会责任的专著，他在书中将企业社会责任定义为"企业在争取自身的生存与发展的同时，面对社会需要和各种社会问题，为维护国家、社会和人类的根本利益，必须承担的义务"（袁家方，1990）。此后，众多学者在西方学者研究的基础上，结合中国国情，对企业社会责任有更多的认识和理解，初步取得了共识，即一致认为企业社会责任是指企业在追求股东利润最大化之外，还应对其他利益相关者的利益承担责任和义务，以实现社会的可持续发展

(刘俊海，1999；杨瑞龙和周业安，2000；卢代富，2002；李立清和李燕凌，2005；田虹，2006；姜启军和顾庆良，2008；黎友焕，2010；刘建梅，2012；孙红梅等，2014；洪旭，2015）。

但是，学术界对保险公司社会责任并未有一个明确的、较为广泛接受的定义。本书基于利益相关者理论，认为保险（集团）公司社会责任是指保险（集团）公司在寻求股东利润最大化之外，还应对其他利益相关者（员工、客户等）的利益承担责任和义务，以实现企业和社会的可持续发展。

三、保险公司社会责任评价模型与评价方法

企业社会责任评价模型有很多，根据 Reed 等（1990）的研究，至少有 14 种企业社会责任评价模型。目前，比较流行的方法主要有 3 种："金字塔"模型、"三重底线"模型、"利益相关者"模型。"金字塔"模型是由 Carroll（1979，1983，1991，1999）提出的，该模型包含经济责任、法律责任、伦理责任和慈善责任（自愿责任）。Aupperle 等（1985）、Maignan & Ferrell（2000）、Marín（2012）、Mustafa（2012）、蔡月祥（2011）等学者基于金字塔模型构建了企业社会责任评价指标体系。"三重底线"模型是以 Elkington（1997）提出的"三重底线"理论为基础来构建企业社会责任评价体系，该理论强调企业在经营过程中必须满足经济底线、环境底线和社会底线。道琼斯可持续发展世界指数和《可持续发展报告指南》G4 版都是基于"三重底线"模型来构建指标体系。黄群慧等（2015）对三重底线进行改进，构建基于责任管理、市场责任、社会责任、环境责任"四位一体"的评价体系。"利益相关者"模型是以利益相关者理论为基础来构建企业社会责任评价体系。Clarkson（1995）、Turker（2009）、Harrison & Wicks（2013）、刘淑华（2015）等学者基于利益相关者理论构建企业社会责任指标体系。虽然这些研究成果在选择利益相关者方面存在细微差异，但是基本可以归纳为以下维度，即股东、员工、客户、社区、政府等。这 3 个模型各有利弊，相较而言，"利益相关者"模型的评价维度较为清晰，能准确地回答"企业应该为谁承担责任"这一重要问题，而"三重底线"模型和"金字塔"模型对企业社会责任概念的界定存在模糊性（肖红军等，2014）。因此，本书基于"利益相关者"模型构建评价指标体系。

保险公司除了具有一般企业的特征外，还具有产品的无形化、被保险人是重要的利益相关者、保险资金的运用等特点，发挥着经济补偿、资金融通和社会管理等功能。保险公司的这些特点和功能决定了传统的企业社会责任评价体系并不完全适用于保险公司，因此有些学者根据保险公司的特点对传统指标体系进行了改进。他们基于"金字塔"模型（谭中明和陈渊，2009）、"三重底线"模型（武晨凤，2010；成敏，2012）、"利益相关者"模型（王蕾，2010；谢彩玲，2011）、平衡计分卡模型（邓启稳，2010）等构建保险公司社会责任评价指标体系。总体上讲，这些指标体系覆盖范围较为全面，但是可操作性较差，数据获取难度较高，从而导致推广价值不高。因此，有必要基于可得性、客观性、均衡性等原则构建中国保险公司社会责任评价指标体系。

目前，对于保险公司社会责任的评价非常少，主要有谢彩玲（2011）运用层次分析法研究了中国人寿和中国平安企业社会责任绩效，但是层次分析法的主观性较强，专家对行业的认知程度会直接影响最终的结果。除了层次分析法，因子分析方法和主成分分析法也是常用的、公认度较高的综合评价方法，此方法在社会责任评价中被多次使用（陈晶晶，2010；洪旭等，2011；阳秋林等，2012；赵天燕等，2012；吴金娜，2013）。

本书综合以上各类文献，基于"利益相关者原则"，尽量注重原理清晰明了、主观性较小，从而避免人为因素的影响，因此本书采用主成分分析方法、因子分析方法等对保险公司社会责任进行综合评价。

四、指标设立和赋值

保险（集团）公司社会责任报告是研究保险（集团）公司社会责任履行情况的重要资料。本报告基于保险（集团）公司披露的2018年社会责任报告、各公司官网披露的社会公益活动等，从内容、相关活动的次数、公司级别等几个方面就社会责任的评价指标进行构建和赋值，以此来反映各保险（集团）公司对社会责任的重视程度。

指标的设定主要参考全球报告倡议组织（GRI）《可持续发展报告指南》G4版、中国保监会发布的《关于保险业履行社会责任的指导意见》等相关文件和内容，以及各（集团）公司社会责任报告的实际发布情况，进行设立。

第二节　中国保险公司的社会责任评价

根据中国银保监会网站，截至 2019 年 12 月 31 日，中国共有 91 家人身险保险公司成立营业，中资公司 63 家，外资公司 28 家。

国寿存续、和谐健康、大家人寿、大家养老及华汇人寿截至目前还未公布 2019 年年度报告。

国寿养老、长江养老、新华养老、人保养老仅经营养老保障管理业务、企业年金、职业年金等业务，暂不经营负债型的人寿保险业务，不适用偿付能力的监管要求，这 4 家养老保险公司不予评价。

瑞华健康、北京人寿、海保人寿、国富人寿、国宝人寿成立营业时间距离 2019 年年底不到两周年，不予评估。

经营异常或者信息披露不完整的中法人寿、富德生命人寿、瑞泰人寿、幸福人寿、华夏人寿、三峡人寿不予评估。

这样，最后共对 71 家人身险公司进行社会责任评价分析。

到 2019 年年底，共有 88 家财产险公司经营开业，其中 66 家中资公司，22 家外资公司。

出口信用、大家财险、永诚财险、长江财险、华海财险，这 5 家公司没有披露 2019 年信息披露报告。

太平科技、黄河财险、融盛财险均为 2018 年成立营业，距离 2019 年年底还不到两周年，不予评价。

珠峰财险、富邦财险、天安财险、易安财险部分数据异常，劳合社经营业务特殊，不予评价。

此外，铁路自保、安心财险部分数据没有披露，不予评价。

最后，共有 73 家财产保险公司参与保险公司社会责任评价。

目前，对于保险公司社会责任的评价研究还非常少。我们在搜集整理有关数据时，发现很多保险公司对于社会责任的数据信息披露不够重视，我们难以根据各方面的公开数据和资料对保险公司进行社会责任分析和评价。最后，基于数据资料的公开性和可得性原则，我们分别对 71 家人身保险公司和 73 家财产保险公司进行社会责任的评价分析。

一、数据信息来源

保险公司社会责任评价的数据主要来源于各保险公司的年度信息披露报告和社会责任报告、各公司官方网站信息、历年的中国保险年鉴以及保监会、保险学会、保险行业协会官网信息等，即全部数据都是来源于公开渠道。

二、中国保险公司社会责任评价指标体系

（一）指标构建

本书基于可得性、客观性、均衡性等原则，根据保险公司的特点，构建保险公司社会责任的评价指标。共包括股东责任、员工责任、客户责任、政府责任、社区责任 5 个一级指标，来反映保险公司社会责任的不同方面，并在每个一级指标下设立 46 个二级指标。由于人身保险公司和财产保险公司在社会责任的表现方面存在一些差异，需要对两者进行分开评价，因此评价指标体系也存在一定差异。下文所涉评价指标若无特别说明，则该指标既适用于人身保险公司，也适用于财产保险公司（指标的定义略。部分指标的定义可以参考第四章、第五章的相关内容；感兴趣的专家学者也可以和课题组联系）。

1. 股东责任

保险公司对股东的责任主要体现在实现利润最大化，因此人身保险公司和财产保险公司均设立总资产收益率、净资产收益率、投资收益率、净投资收益率、资本管理系数、资产保值增值率、净利润、净利润增长率、净资产周转率 9 个二级指标。

2. 员工责任

保险公司对员工的责任主要体现在提供舒适的工作环境、按时发放足额的工资福利以及提供学习晋升机会等方面，因此人身保险公司和财产保险公司均设立人均工资福利、员工获利水平、人均净利润、人均工资增长率、人均综合收益、人均被罚款次数、人均产能等二级指标。

3. 客户责任

从广义上讲，保险公司的客户包括投保人、被保险人、受益人、保单持有人等。保险公司对客户的责任主要体现在产品和服务上，即产品是否能够满足客户的需求，服务是否让客户满意。因此，人身保险公司设立险种集中度系数、手续费及佣金比率、综合赔付率、偿付能力充足率、违规指数、综合费用率、综合费用率增长率、现金盈余保障倍数、保费收入费用增长比、准备金安全率 10 个二级指标；财产保险公司设立险种集中度系数、单位保费保额、综合赔付率、偿付能力充足率、万张保单投诉量、综合费用率、现金盈余保障倍数、流动性比率等二级指标。

4. 政府责任

保险公司对政府的责任主要体现在遵纪守法、按时纳税和带动社会就业 3 个方面，因此设立纳税额、纳税增长率、人均纳税额、资产税费比、已缴税费占比、职工人数、就业人数增长率、净资产增长率、违规指数等二级指标。其中，违规指数根据中国银保监会发布的对保险公司的行政处罚情况进行评分得到。

5. 社区责任

保险公司对社区的责任主要体现在支持公益事业、信息披露、环境友好 3 个方面，因此设立公益捐款总额、大型公益活动次数、对企业社会责任认识度、信息披露数据质量得分、捐款次数、万张保单投诉量、亿元保费投诉量 7 个二级指标。其中，公益捐款总额及大型公益活动次数是根据企业社会责任报告和官网新闻进行整理评分；对企业社会责任认识度是从官网是否设置社会责任专栏和是否发布企业社会责任报告两个方面进行衡量；信息披露数据质量得分根据《2020中国保险公司竞争力评价研究报告》中的第二章相关内容得到。

（二）数据处理与评价方法

为了保证评价结果的科学性和客观性，需要对原始数据进行线性标准化处理。根据指标性质，可以分为越大越好型指标、越小越好型指标和取中间某值最好。越大越好型指标（如总资产收益率、净资产收益率等指标）采用函数进行转换；越小越好型指标（如综合费用率、被罚款次数等指标）采用函数进行转换，对于取中间值最好的指标，通过设立分段函数进行函数转换，从而使得所有数据均在 0~1 之间。

本书采用主成分分析与因子分析方法进行保险公司社会责任综合评价。具体内容参见《2020中国保险公司竞争力评价研究报告》第三章的相关介绍。以后随着相关工作的开展，以及与业界的沟通联系，评价指标、评价分析方法等也会逐步改进完善。

三、特别说明

（1）本研究分析都是采用公开发布的披露数据进行分析，我们根据实质重于形式的原则，对发现个别公司披露数据存在错误或异样的年报信息进行调整或者在涉及该指标时进行批注说明。

（2）本研究分析采用的数据皆来源于已公开的资料或课题组成员的个人分析，但我们不保证上述信息的完整与准确性，中国精算研究院不因使用本报告而产生的一切后果承担责任，只以此作为学术研究以及学界和业界的信息交流与参考。同时本研究分析为课题组成员的个人观点，并不代表中国精算研究院的观点。有关问题的来源、讨论或争议，请使用电话或电子邮件的方式与我方联系。

第三节　中国人身保险公司社会责任评价的结果与分析

为了便于对人身保险公司的社会责任履行情况进行比较，我们综合运用主成分分析方法、因子分析方法，依据各人身保险公司社会责任评价指标的表现，对各保险公司的社会责任履职情况进行评价，根据各公司的得分情况，分别评为AAA、AA和A 3级。

一、2019年人身保险公司社会责任评价的得分与排名

在确定了指标和提取数据后，为了保证对人身保险公司社会责任评价的客观性和科学性，首先根据指标的正向和逆向，进行数据的预处理，使处理后的全部指标数据为正向，即其数据愈大愈好；其次，指标数据中有些是比率指标，有些是数值指标，为了避免"以大欺小"以及避免指标单位对评价结果的影响，我们对全部数据进行归一化处理，即全部指标数据都在0~1间取值；最后在运用

主成分分析与因子分析方法进行社会责任评价时,我们是对全部二级指标数据进行分析处理,因此二级指标与一级指标的隶属关系不影响对人身保险公司社会责任的评价结果。

数据预处理后,我们得到71家人身保险公司的42个二级指标数据。为了比较科学地反映保险公司的社会责任,我们对部分指标进行了加权,然后综合运用主成分分析与因子分析方法,得到一个71×47数据矩阵,共选取16个主成分,其累计解释率达到85.43%,每个主成分都是这16个二级指标的线性组合。其中最高分为1000分,最低分为400分。

主成分分析的碎石图,具体如图11-1所示。

根据各公司的得分确定其社会责任评价级别,得分在600(含)~1000分,为AAA级;得分在500(含)~600(不含)为AA级;得分在400(含)~500(不含)为A级。

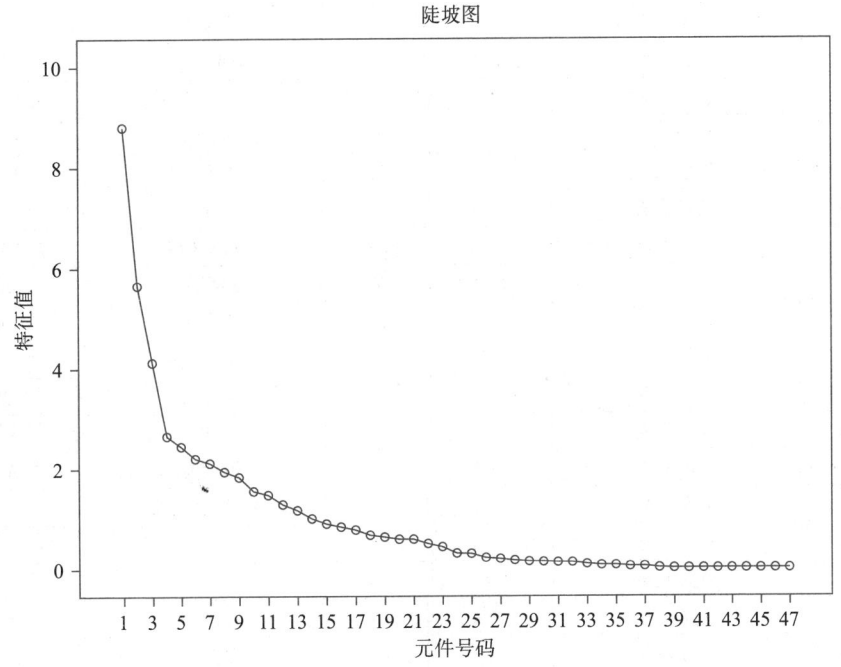

图11-1　2019年中国人身保险公司社会责任评价主成分分析陡坡图(碎石图)

2019年人身保险公司社会责任评价的得分与排名最终评价结果如表11-1所示。

表 11-1　　　　　　中国人身保险公司社会责任评级情况

序号	公司	级别	序号	公司	级别
1	太平人寿	AAA	37	同方全球人寿	AAA
2	国寿股份	AAA	38	和泰人寿	AAA
3	泰康人寿	AAA	39	华贵人寿	AAA
4	中邮人寿	AAA	40	中荷人寿	AAA
5	民生人寿	AAA	41	君康人寿	AAA
6	长城人寿	AAA	42	复星保德信	AAA
7	友邦人寿	AAA	43	中美联泰	AAA
8	北大方正人寿	AAA	44	信泰人寿	AAA
9	平安人寿	AAA	45	建信人寿	AAA
10	百年人寿	AAA	46	中英人寿	AA
11	招商仁和	AAA	47	太保安联健康	AA
12	中德安联	AAA	48	汇丰人寿	AA
13	太保寿险	AAA	49	太平养老	AA
14	平安健康	AAA	50	泰康养老	AA
15	前海人寿	AAA	51	中华人寿	AA
16	中意人寿	AAA	52	陆家嘴国泰	AA
17	中信保诚人寿	AAA	53	中融人寿	AA
18	昆仑健康	AAA	54	信美人寿	AA
19	国华人寿	AAA	55	天安人寿	AA
20	招商信诺	AAA	56	国联人寿	AA
21	工银安盛	AAA	57	恒安标准	AA
22	人保寿险	AAA	58	东吴人寿	AA
23	弘康人寿	AAA	59	华泰人寿	AA
24	新华人寿	AAA	60	中银三星	AA
25	英大人寿	AAA	61	渤海人寿	AA
26	平安养老	AAA	62	中韩人寿	A
27	交银康联	AAA	63	恒大人寿	A
28	中宏人寿	AAA	64	复星联合健康	A
29	横琴人寿	AAA	65	爱心人寿	A
30	合众人寿	AAA	66	君龙人寿	A
31	利安人寿	AAA	67	吉祥人寿	A
32	上海人寿	AAA	68	珠江人寿	A
33	光大永明	AAA	69	长生人寿	A
34	人保健康	AAA	70	新光海航	A
35	农银人寿	AAA	71	德华安顾	A
36	阳光人寿	AAA			

71家保险公司中社会责任评级分别为AAA级45家，AA级16家，A级10家。从表11-1可以看出，2019年中国人身保险公司在履行社会责任方面的评价中，被评为AAA级别的公司数量较2018年有较大幅度提升，太平人寿超过国寿排名第一；泰康人寿、前海人寿等紧随其后的40多家公司均被评为AAA级。

二、分项指标分析

以下各分项指标的评价中，最高分设为100分，最低分为40分。

（一）股东责任分析

评价结果具体如表11-2所示。

表11-2　　中国人身保险公司股东责任排名与得分情况（前20名）

排名	公司名称	得分	排名	公司名称	得分
1	平安人寿	100.0	11	人保寿险	73.7
2	国寿股份	96.8	12	民生人寿	73.5
3	昆仑健康	92.4	13	华泰人寿	71.7
4	长城人寿	84.8	14	阳光人寿	71.6
5	泰康人寿	84.7	15	中信保诚人寿	71.3
6	太保寿险	80.8	16	合众人寿	71.1
7	新华人寿	80.6	17	珠江人寿	69.8
8	太平人寿	76.8	18	恒安标准	69.8
9	友邦人寿	74.4	19	国华人寿	69.4
10	中意人寿	74.0	20	中宏人寿	69.3
整体平均值					67.28
整体标准差					9.32
整体中位数					66.5
超过平均值的数量与比例					29；40.8%

从表11-2可以看出，中国人身保险公司股东责任方面，平安人寿位居第一、国寿股份、昆仑健康分别位居第二、第三，且与第四、第五名的长城人寿、泰康人寿有较大的分差。股东责任整体平均分为67.28，超过平均值的企业共有29家，占比40.8%，说明中国人身保险公司股东责任得分大部分低于平均值，从整体标准差（9.32）可以看出不同人身险公司在履行股东责任方面的差异较

小，而且从中位数（66.5）可知得分主要位于中间分段。

(二) 员工责任分析

评价结果具体如表 11-3 所示。

表 11-3　　中国人身保险公司员工责任排名与得分情况（前 20 名）

排名	公司名称	得分	排名	公司名称	得分
1	太保安联健康	100.0	11	同方全球人寿	89.2
2	太平养老	99.7	12	德华安顾	87.9
3	新光海航	98.9	13	平安健康	86.0
4	信美人寿	95.3	14	中信保诚人寿	83.8
5	爱心人寿	93.1	15	中宏人寿	80.4
6	中英人寿	92.8	16	中德安联	80.2
7	华贵人寿	92.3	17	中韩人寿	77.9
8	太平人寿	91.1	18	恒安标准	77.9
9	民生人寿	90.1	19	平安养老	77.8
10	人保寿险	89.4	20	中美联泰	77.4
	整体平均值				71.1
	整体标准差				13.2
	整体中位数				69.7
	超过平均值的数量与比例				33；46.48%

从表 11-3 可以看出，中国人身保险公司员工责任方面，太保安联健康位居第一，太平养老和新光海航分别以 99.7 分、98.9 分排名第二和第三。从表中可以看出，在员工责任的表现上，各公司的差别不是很大。超过平均值（71.1 分）的企业共有 33 家，占比 46.48%，说明中国人身保险公司员工责任得分主要集中在平均值以下，而且从中位数（69.7 分）可知得分主要位于低分段；整体标准差（13.6）说明不同人身保险公司在履行员工责任方面存在的整体差异不算很大。

(三) 客户责任分析

评价结果具体如表 11-4 所示。

表 11-4　中国人身保险公司客户责任排名与得分情况（前 20 名）

排名	公司名称	得分	排名	公司名称	得分
1	利安人寿	100.0	11	平安养老	89.6
2	泰康养老	99.5	12	和泰人寿	88.8
3	国寿股份	98.0	13	太平人寿	88.4
4	新华人寿	96.8	14	英大人寿	87.7
5	百年人寿	95.2	15	招商仁和	87.5
6	中邮人寿	94.4	16	光大永明	87.0
7	交银康联	93.2	17	渤海人寿	86.7
8	太保寿险	91.7	18	中信保诚人寿	86.0
9	国华人寿	91.6	19	泰康人寿	85.2
10	民生人寿	89.7	20	信泰人寿	84.9
	整体平均值				73.4
	整体标准差				14.9
	整体中位数				73.3
	超过平均值的数量与比例				35；49.3%

从表 11-4 可以看出，中国人身保险公司客户责任方面，利安人寿位居第一，紧随其后的是泰康养老（99.5 分），国寿股份以 98 分紧随其后。行业整体平均水平相较于 2018 年的 84.8 分有一定程度降低，说明中国人身保险公司客户责任得分在 2019 年整体水平有所下降，整体标准差从 2018 年的 9.1 上升为 14.9，说明不同人身保险公司在履行客户责任方面差距增大。

（四）政府责任分析

评价结果具体如表 11-5 所示。

表 11-5　中国人身保险公司政府责任排名与得分情况（前 20 名）

排名	公司名称	得分	排名	公司名称	得分
1	国寿股份	100.0	11	中意人寿	76.8
2	太平人寿	93.6	12	民生人寿	75.8
3	泰康人寿	92.2	13	太平养老	74.5
4	友邦人寿	91.7	14	太保安联健康	72.7
5	国华人寿	86.5	15	平安养老	72.7
6	前海人寿	83.2	16	新光海航	71.4
7	平安健康	81.7	17	泰康养老	71.0
8	中信保诚人寿	79.8	18	中荷人寿	70.6
9	招商信诺	77.5	19	中宏人寿	68.8
10	中德安联	77.0	20	交银康联	68.5
	整体平均值				65.3
	整体标准差				11.3
	整体中位数				64.5
	超过平均值的数量与比例				33；46.48%

从表 11-5 可以看出，中国人身保险公司政府责任方面，国寿股份位居第一，太平人寿排名第二，2018 年排名第二的平安人寿在 2019 年排名大幅下降，泰康人寿以 92.2 分排名第三。在政府责任方面，得分在 90 分以上的保险公司有 4 家。行业平均值为 65.3，超过平均值的企业共有 33 家，占比达到 46.48%。从中位数可知得分主要位于低分段；整体标准差异不大，说明不同人身保险公司在履行政府责任方面存在整体差异不大。

（五）社区责任分析

评价结果具体如表 11-6 所示。

表 11-6　中国人身保险公司社区责任排名与得分情况（前 20 名）

排名	公司名称	得分	排名	公司名称	得分
1	中宏人寿	100.0	11	前海人寿	87.7
2	中信保诚人寿	99.9	12	中邮人寿	87.5
3	光大永明	99.8	13	上海人寿	87.4
4	君康人寿	99.6	14	平安人寿	87.3
5	泰康人寿	92.3	15	建信人寿	87.3
6	北大方正人寿	90.6	16	英大人寿	87.0
7	招商仁和	89.9	17	珠江人寿	86.7
8	和泰人寿	88.8	18	爱心人寿	86.4
9	恒大人寿	88.6	19	国寿股份	85.9
10	招商信诺	87.9	20	民生人寿	84.8
	整体平均值			77.6	
	整体标准差			12.2	
	整体中位数			79.7	
	超过平均值的数量与比例			39；54.93%	

从表 11-6 可以看出，中国人身保险公司社区责任方面，排名第一的是中宏人寿，而 2018 年排名第一的国寿股份排名降为第 19 位。行业整体平均值为 77.6，超过平均值的企业共有 39 家，占比 54.93%，超过行业人身险公司的一半，而 2018 年超过行业平均值仅占比 40.3%，说明各公司在 2019 年加强了对社区责任的执行力度，取得了较大进步。中位数（79.7）可知得分主要位于高分段，整体标准差不算大。

第四节　中国财产保险公司社会责任评价的结果与分析

在确定了指标和提取数据后,为了保证对财产保险公司社会责任评价的客观性和科学性,首先根据指标的正向和逆向,进行数据的预处理,使处理后的全部指标数据为正向,即其数据愈大愈好;其次,指标数据中有些是比率指标,有些是数值指标,为了避免"以大欺小"以及避免指标单位对评价结果的影响,我们对全部数据进行归一化处理,即全部指标数据都在 0~1 间取值;最后在运用主成分分析与因子分析方法进行社会责任评价时,我们是对全部二级指标数据进行分析处理,因此二级指标与一级指标的隶属关系不影响对财产保险公司社会责任的评价结果。

一、2019 年财产保险公司社会责任评价的得分与排名

数据预处理后,我们得到 73 家人身保险公司的 42 个二级指标数据。为了比较科学地反映保险公司的社会责任,我们对部分指标进行了加权,然后综合运用主成分分析与因子分析方法,得到一个 73×47 数据矩阵,共选取 15 个主成分,其累计解释率达到 85.20%,每个主成分都是这 16 个二级指标的线性组合,具体如图 11-2 所示。

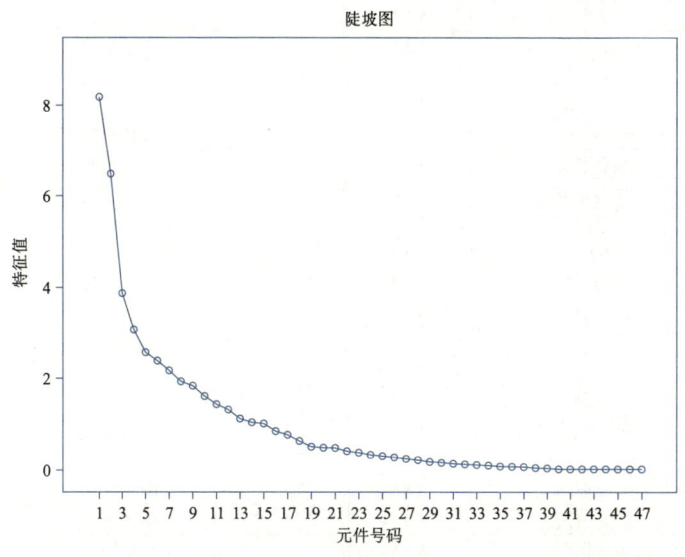

图 11-2　2019 年中国财产保险公司社会责任评价主成分分析陡坡图(碎石图)

主成分分析的碎石图，如图 11-2 所示。对各财险公司进行社会责任评价时，设定最高分为 1000 分，最低分为 400 分。

然后根据各公司的得分确定其社会责任评价级别，得分在 600（含）~1000 分，为 AAA 级；得分在 500（含）~600（不含）为 AA 级；得分在 400（含）~500（不含）为 A 级。最终评价结果具体如表 11-7 所示。

表 11-7　　　　　　中国财产保险公司社会责任评级情况

序号	公司名称	评级	序号	公司名称	评级
1	人保股份	AAA	38	都邦财险	AAA
2	平安财险	AAA	39	中路财险	AA
3	太保财险	AAA	40	利宝互助	AA
4	大地财产	AAA	41	亚太财险	AA
5	国寿财险	AAA	42	众安财险	AA
6	中石油专属	AAA	43	华泰财险	AA
7	阳光财险	AAA	44	紫金财险	AA
8	英大财险	AAA	45	中煤财险	AA
9	苏黎世	AAA	46	众惠相互	AA
10	美亚保险	AAA	47	安联财险	AA
11	建信财险	AAA	48	恒邦保险	AA
12	中远海自保	AAA	49	浙商财险	AA
13	鼎和财险	AAA	50	诚泰财险	AA
14	安达保险	AAA	51	安华农险	AA
15	太平保险	AAA	52	安盛天平	AA
16	日本财险	AAA	53	泰康在线	AA
17	安信农业	AAA	54	长安责任	AA
18	三星财险	AAA	55	安诚财险	AA
19	泰山财险	AAA	56	中原农险	AA
20	久隆财险	AAA	57	国元农险	AA
21	锦泰财险	AAA	58	燕赵财险	AA
22	中银保险	AAA	59	国任财险	AA
23	合众财险	AAA	60	渤海财险	AA
24	瑞再企商	AAA	61	中华联合	AA
25	乐爱金	AAA	62	信利保险	A
26	国泰财险	AAA	63	华农财险	A
27	永安财险	AAA	64	粤电自保	A
28	史带财险	AAA	65	中航安盟	A
29	爱和谊	AAA	66	汇友互助	A
30	三井住友	AAA	67	日本兴亚	A
31	东京海上	AAA	68	阳光农险	A
32	鑫安汽车	AAA	69	现代财险	A
33	北部湾财产	AAA	70	中意财险	A
34	东海航运	AAA	71	阳光信用	A
35	华安财险	AAA	72	海峡金桥	A
36	众诚保险	AAA	73	富德财险	A
37	前海联合	AAA			

从表 11-7 可以看出，2019 年中国财产保险公司在履行社会责任方面，人保股份、平安财险、太保财险分别位列前三，评级为 AAA。财产险公司被评为 AAA 级的有 38 家，AA 级的有 23 家，其余 12 家为 A 级。评级为 AAA 的财产险公司数量较 2018 年有较大幅度的增加。

二、分项指标分析

对以下各公司的社会责任分项指标进行评价时，取最高分为 100 分，最低分为 40 分。

（一）股东责任分析

评价结果具体如表 11-8 所示。

表 11-8　　中国财产保险公司股东责任排名与得分情况（前 20 名）

排名	公司名称	得分	排名	公司名称	得分
1	平安财险	100.0	11	中华联合	78.0
2	人保股份	99.0	12	阳光财险	77.6
3	国寿财险	96.0	13	永安财险	75.0
4	太保财险	88.4	14	华安财险	74.7
5	久隆财险	84.7	15	国泰财险	74.4
6	爱和谊	84.4	16	大地财产	73.6
7	锦泰财险	81.3	17	太平保险	73.5
8	华泰财险	80.1	18	北部湾财产	73.1
9	鼎和财险	79.8	19	紫金财险	73.1
10	英大财险	78.7	20	东京海上	72.7
整体平均值					66.7
整体标准差					11.6
整体中位数					66.6
超过平均值的数量与比例					36；49.31%

从表 11-8 可以看出，中国财产保险公司股东责任方面，平安财险、人保股份、国寿财险名列前三，得分都在 95 分以上，第三名的国寿财险与第四名的太保财险分差较大，股东责任评价 73 家财险公司平均值为 66.7，超过平均值的有 36 家，接近半数，而且从中位数 66.6 可知得分主要位于中间分段，整体标准差

11.6 说明，不同财险公司在履行股东责任方面有一定的差异但差异不大。

（二）员工责任分析

评价结果具体如表 11-9 所示。

表 11-9　中国财产保险公司员工责任排名与得分情况（前 20 名）

排名	公司名称	得分	排名	公司名称	得分
1	中远海自保	100.0	11	信利保险	61.5
2	久隆财险	72.0	12	汇友互助	61.3
3	瑞再企商	71.6	13	中银保险	59.0
4	东海航运	70.2	14	爱和谊	58.7
5	建信财险	65.7	15	史带财险	58.4
6	中石油专属	65.3	16	燕赵财险	57.9
7	苏黎世	64.9	17	安达保险	57.5
8	美亚保险	64.1	18	乐爱金	56.9
9	安信农业	63.3	19	众安财险	56.6
10	众惠相互	61.5	20	日本财险	55.7
	整体平均值			51.7	
	整体标准差			9.7	
	整体中位数			48.9	
	超过平均值的数量与比例			27；36.99%	

从表 11-9 可以看出，2019 年中国财产保险公司在履行员工责任方面，中远海自保得分最高，第二名的久隆财险与第一名的中远海自保有 27 分之差，整体平均分仅 51.7 分，而超过平均分的企业仅有 27 家，仅占比 36.99%，这表明财产险公司在员工责任方面重视程度较低，整体得分偏低，标准差为 9.7，说明各家差距不是很大。

（三）客户责任分析

评价结果具体如表 11-10 所示。

从表 11-10 可以看出，中国财产保险公司客户责任方面，恒邦保险位居第一，中远海自保和人保股份分别排第二、第三名。在全部产险公司中，得分超过 90 分的仅有 3 家，其余的企业集中在 70~80 分之间。产险公司客户责任平均得分为 71.4 分，超过平均分的占全部公司的一半，中位数为 72.2，说明得分主要

表 11-10　中国财产保险公司客户责任排名与得分情况（前 20 名）

排名	公司名称	得分	排名	公司名称	得分
1	恒邦保险	100.0	11	中银保险	83.2
2	中远海自保	95.3	12	紫金财险	82.3
3	人保股份	90.9	13	华安财险	82.0
4	阳光财险	89.3	14	渤海财险	81.8
5	太保财	87.7	15	安诚财险	80.9
6	中华联合	87.5	16	国任财险	80.7
7	国寿财险	86.9	17	亚太财险	80.5
8	平安财险	85.6	18	国泰财险	80.1
9	大地财产	85.4	19	都邦财险	80.1
10	英大财险	85.3	20	华泰财险	80.1
整体平均值					71.4
整体标准差					11.9
整体中位数					72.2
超过平均值的数量与比例					37；50.68%

位于中间分段，与 2018 年的市场情况差异不大，整体标准差为 11.9，说明不同保险公司之间存在一定程度的差异。

（四）政府责任分析

评价结果具体如表 11-11 所示。

表 11-11　中国财产保险公司政府责任排名与得分情况（前 20 名）

排名	公司名称	得分	排名	公司名称	得分
1	平安财险	100.0	11	美亚保险	70.7
2	大地财产	84.7	12	国寿财险	68.7
3	人保股份	83.8	13	苏黎世	68.3
4	太保财	79.5	14	华安财险	68.0
5	安达保险	77.5	15	中石油专属	67.7
6	英大财险	73.4	16	日本财险	67.6
7	鼎和财险	73.2	17	泰山财险	67.4
8	三星财险	72.1	18	永安财险	67.1
9	前海联合	71.6	19	阳光财险	66.9
10	中远海自保	70.8	20	中路财险	66.5
整体平均值					61.0
整体标准差					10.2
整体中位数					59.2
超过平均值的数量与比例					34；46.57%

从表 11-11 可以看出，中国财产保险公司政府责任方面，平安财险以 100 分的绝对优势遥遥领先，而大地财险和人保财险分别以 84.7 分和 83.3 分位列第二、第三名。超过平均值的企业共有 34 家，中位数为 59.2，说明产险公司得分主要位于低分段，整体标准差为 10.2，说明不同产险公司在履行政府责任方面整体差异不大。

（五）社区责任分析

评价结果具体如表 11-12 所示。

表 11-12　中国财产保险公司社区责任排名与得分情况（前 20 名）

排名	公司名称	得分	排名	公司名称	得分
1	粤电自保	100.0	11	人保股份	86.8
2	众诚保险	99.5	12	前海联合	86.6
3	瑞再企商	96.4	13	平安财险	86.4
4	中路财险	93.4	14	阳光财险	86.0
5	日本财险	93.1	15	安信农业	85.9
6	信利保险	92.4	16	东京海上	85.2
7	久隆财险	89.8	17	鼎和财险	85.1
8	合众财险	88.3	18	锦泰财险	84.6
9	苏黎世	88.3	19	汇友互助	84.1
10	三井住友	87.9	20	安诚财险	83.5
整体平均值					72.5
整体标准差					14.5
整体中位数					74.3
超过平均值的数量与比例					40；54.79%

从表 11-12 可以看出，粤电自保排名第一，众诚保险、瑞再企商位列第二、第三名，分数在 90 分以上的仅有 6 家险企，大部分险企业分数在 80 分左右，平均值为 72.5 分，一半以上的险企得分超过平均值，中位数为 74.3，说明得分主要位于中间偏上分段；整体标准差为 14.5，说明不同财产保险公司在履行社区责任方面，整体差异较大。

第十二章 保险公司的发展与社会责任

创新经营模式 彰显社会责任
——长城人寿保险股份有限公司步入价值转型 2.0 版新周期

白力[*]

一、公司发展历程

(一) 公司简介

长城人寿保险股份有限公司（以下简称"长城人寿"）是经原中国保监会批准，于 2005 年 9 月 16 日正式成立的全国性人寿保险公司，由北京金融街投资（集团）有限公司等国民经济重要行业的多家股东投资创建，总部设在北京。公司经营范围包括人寿保险、健康保险、意外伤害保险等各类人身保险业务；上述业务的再保险业务；国家法律、法规允许的保险资金运用业务；经中国保监会批准的其他业务。

截至 2019 年年末，公司注册资本金 55.31 亿元，总资产 432.5 亿元，偿付能力充足率 163%。已在北京、山东、四川、湖北、青岛、河南、河北、江苏、天津、广东、湖南、安徽 12 个省（直辖市、计划单列市）设立分公司级分支机构，形成沿海、中部和西部相结合的全国性机构布局。

公司成立以来，坚守保险产品的保障本质，从客户的实际需要出发，加强产

---

[*] 白力，男，经济学硕士。现任长城人寿董事长、党委副书记，金融街控股股份有限公司董事，长城财富保险资产管理股份有限公司董事，北京华融综合投资有限公司法定代表人、董事长。历任中国人民银行办公厅新闻处副处长、处长（期间挂职任北京市西城区人民政府区长助理，兼任北京市金融街建设指挥部党组书记、常务副总指挥），中国人民银行团委书记（司局级）。

品开发迭代，建立了以综合保障类产品为骨架，以长期储蓄类产品为依托，以意外、医疗等产品为补充的"保障+服务"特色产品体系，并根据细分市场进行创新，逐步开发面向特定群体、针对特定保障的特色化产品，不断满足客户的个性化需求。

在客户服务上，公司秉承"客户至上"的服务理念，积极探索创新服务模式，推出理赔"六个一工程"及在线核保、微信理赔、异地保全等E化服务举措，积极运用互联网信息技术优势，突破时间、空间的限制，着力改善客户服务体验，为超270多万客户提供了便捷、快速的优质服务。

公司还积极投身公益事业，履行社会责任，建立"萌芽100"公益品牌。自2009年以来，通过"'萌芽100'爱心图书室"项目，已向城镇农民工子弟小学和农村贫困地区小学累计捐赠图书38万册，建成"萌芽100"爱心图书室133座，超过40万人受益。该项目曾连续两年入围中国政府慈善最高奖项——中华慈善奖。

公司连续5年跻身"中国服务业企业500强"，先后获得"中国寿险行业客户服务最具影响力品牌""中国寿险行业最具发展潜力品牌""中国最具社会责任感企业""最受百姓喜爱的保险品牌""最受信赖的寿险公司""保险业最佳理赔企业""值得信赖保险公司"等80多个奖项。

肩负着"有长城、更保险"这一崇高企业使命的长城人，将深入落实"保险姓保、回归保障"的监管要求，继续秉持"客户至上、价值优先、开放共享、跨越发展"的经营理念，以实际行动践行"传递爱与责任"，向着"让每个家庭都拥有保险"的愿景奋进。

（二）公司经营概况

近年来，特别是2017年以来，面对严峻的经济形势和竞争加剧的寿险市场，公司积极应对挑战，聚焦"盈亏平衡、价值成长"目标，以客户需求为导向，拓市场保增长，调结构提价值，抓投资稳收益，降成本增效益，积极推进价值转型，促进公司向高质量发展转变，保持了稳中趋好、稳中有进的发展态势，公司总保费稳步增长，业务结构不断优化，业务品质领先行业，价值转型不断深入。2019年，公司站上了稳定盈利新周期的"起航线"。

1. 保费收入稳步增长

近年来，公司深入推动价值转型，调减银保趸交业务，加大期缴业务及价值型业务的发展力度,公司保费健康增长,2019 年公司达成保费 103.5 亿元,在趸交业务大幅压缩的情况下,总保费同比增长 5%,续期保费占比 53%,同比提升 11 个百分点;2020 年,公司采取转型线上经营,稳定销售队伍,调整产品,密集督导等多种措施应对新冠疫情影响,上半年月度业绩平台环比持续回升,实现总保费 51.3 亿元,新单期缴保费与上年同期同比持平,续期保费同比增长 22%。

2. 价值转型不断深入

公司持续优化业务结构,提升价值类保费业务占比,2019 年达成新业务价值 3.63 亿元,同比增长 16%;内含价值达成 87 亿元,同比增长 3%,有效业务价值达成 44.8 亿元,同比增长 36%。2020 年上半年,新业务价值达成 2.36 亿元,同比增长 26%;有效业务价值达成 48.2 亿元,同比增长 12%。

3. 盈利能力逐步增强

公司坚持价值转型,高质量发展,承保端降低资金成本,投资端稳定投资收益,2019 年,公司实现盈利,净利润 0.93 亿元,综合收益 2.27 亿元。

4. 业务品质保持优良

公司持续强化业务品质管理,严格追踪督导,业务品质良好。2019 年,公司各业务条线综合 13 个月保费继续率 92.03%;2020 年上半年,公司各业务条线综合 13 个月保费继续率 93.81%。

5. 营销队伍不断壮大

近年来,公司着力发展价值业务,夯实个险渠道基础建设,加大营销员优增和留存力度,强化教育训练,销售队伍不断壮大。2019 年营销团队达到 2.2 万人,同比增长 26%;2020 年上半年,尽管受新冠疫情冲击,公司营销人力保持在 2 万人以上。

6. 服务客户数量倍增

公司以提升客户体验为核心,不断创新客户体验模式,客户数量持续增长。2020 年上半年,公司累计客户 273 万人,新增客户同比增长 39.4%,净增客户同比 2019 年增长 1.02 倍。

(三)公司创新探索

近年来,长城人寿积极探索创新经营模式、"产品+服务"模式,加大科技应用,提升服务能力,以做优服务、做精专业为着力点,在经营模式、产品服务、客户关系管理等方面,进行了创新探索,努力走长城特色化发展的路子。

1. 创新线上经营和网销模式

(1)创新线上经营。面对疫情等危机事件,加快传统渠道线上经营,推动销售队伍对数字化平台的使用,引导队伍向线上展业转换。通过微信群、短视频、直播等新手段,探索线上增员、线上考勤、线上管理、线上培训、线上经营、线上创说会、产说会、微信客户沙龙等经营模式,促进线上业务拓展,创新线上客户经营,保证了业务平台。

(2)开拓网销模式。积极探索网销业务战略合作,加速布局互联网渠道。通过积极开拓 B2B2C 渠道重疾产品模式,安康重大疾病保险上线试销。同时,扩大与第三方平台业务合作,与水滴筹、安心财险、陆金所等平台达成初步合作意向,开辟新的业务增长点。

2. 创新"产品+服务"模式

顺应健康、养老、财富管理等市场新趋势,紧跟客户需求,提升客户体验,在加快产品开发迭代的同时,探索打造长城特色的"产品+服务"特色模式。探索保险金信托服务模式,正式上线第一期保险金信托服务方案,满足高净值客户生前与身后对家庭财富保障的管理和安排,全方位提升高净值客户资产传承规划;与"信达风"康养服务合作试点加快,家庭医生健康管理服务探索,"产品+康养服务"经营模式加快推进。

3. 创新客户关系管理和服务体验

(1)加强 CRM 系统建设。长城人寿 CRM 系统正式投入使用,构建起以客户为中心的 360 度全貌视图。通过搭载 CRM 系统精准化定位客户需求,以清晰的 360 度客户全貌和产品信息,为一线营销服务提供更多的销售线索,增进存量客户的忠诚度,促进新客户的产品购买。

(2)构建积分商城客户互动生态。长城人寿以分商城为载体,以积分商城作为会员统一接入窗口,实现了会员互动过程的可视化、行为轨迹的数字化,为长城人寿客户经营体系的构建提供成功的运用实践和扎实的系统架构。积分商城上线以来,累计访问量超过 51 万次,累计访客量超过 20 万人次。

(3)进阶高端医疗资源助推高端客户服务平台。围绕差异化客户服务,公司已与北京常春藤医学高端人才联盟正式签约，借助常春藤联盟优质医疗资源，深入探索高端客户精准化服务内容，升级普惠化的 VIP 服务模式，加快高客服务平台进阶步伐。

4. 创新科技赋能与应用

（1）服务 E 化率方面。业务端客户 E 化投保、E 化保全、E 化理赔率提升。电子投保 E 化率自 2019 年开始，始终保持为 99.99%。在保全方面，2020 年 1~6 月自助保全使用率由 2019 年的 68% 提升至 71%；微信理赔受理率已达 85.18%，实现了受理渠道线上、线下双覆盖。满足客户快速、智能、无纸化的理赔服务需求。

（2）智能客服系统方面。截至 6 月 30 日，微信智能客服"长城小燕子"接待独立用户 12504 名，自动应答问题 57585 条，智能客服准确率为 97.8%。

（3）智能外呼系统方面。截至 6 月 30 日，智能外呼系统共计外呼保单 73585 件，占比应回访总量的 49.86%，其中离职单场景人工替代率已达 90% 以上，新契约人工替代率已达 50% 以上。

（四）公司客服、核保、理赔经验介绍

1. 客户服务——智能服务及模式介绍

长城人寿以 AI 赋能，致力于打造智慧化服务矩阵，在多场景业务范围内不断探索大数据、人工智能技术的应用，开展智慧化服务建设。

（1）建设智能呼叫中心。自 2019 年开始，长城人寿探索运用 AI 技术建设智能呼叫中心，目前已陆续上线了微信智能客服、智能外呼、智能语音质检系统，实现了人工服务与智能服务相协同的智能呼叫中心模式。

● 上线微信智能客服。长城人寿微信智能客服机器人"小燕子"7×24 小时在线，秒级回应客户咨询，填补了人工座席非工作时间的服务空白，有效提升了客户满意度。

● 上线智能外呼系统。长城人寿智能外呼系统人机协同多线路外呼，提高作业效率、满足服务需求，大大减轻了回访座席的呼出压力。目前已在新契约回访、续期提醒、离职单回访 3 个场景运用。

● 上线智能质检系统。长城人寿智能语音质检系统包含质检和分析两大主体功能，可实现对录音或文本对话内容海量信息的筛选、识别、深挖用户痛点，快速发现服务中存在的问题,提升服务品质,优化服务策略。

(2) 上线智能客服机器人。2020 年 8 月 1 日,长城人寿第一代柜面机器人正式亮相,长城人寿充分融入互联网思维,打造集服务引导、品牌宣传、自助业务办理为一体的"柜面机器人",向行业内外展现了长城人寿以科技赋能的创新形象。

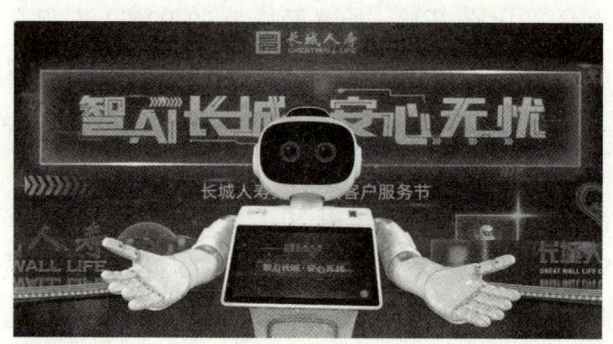

(3) 全网直播开展客服节活动。2019 年、2020 年两届客服节,公司均采取全网直播的方式,大大提升了长城人寿客服节的公众曝光率,2020 年客服节开幕式全程由长城人寿新一代智能客服机器人"小燕子"支持,活动形式新颖备受关注,开幕式网络峰值达到 21.7 万人次的点播量。

2. 智能核保模式介绍

长城人寿全面推进"小智核保",即智能核保及智能风险排查项目,在加强风险管控的基础上,实现实时出具智能核保决定,加快承保时效,提高客户满意度,助力公司稳健经营。第一,上线智能投保机器人,实现 7×24 小时自助核保。第二,构建智能风控体系,利用大数据信息对投保客户逆选择风险、欺诈风险进行预测,将高风险业务剔除,为公司稳健经营保驾护航。第三,智能医学影像识别,自动识别异常指标、疾病信息,系统自动化、智能化的快速处理复杂件,提升人均效能。第四,2020 年推出智能预核保系统核保小秘书创新项目,为客户提供高效、快捷、全天候的快速核保、医学知识服务,提升客户体验。

3. 理赔经验介绍——长城人寿首例住院垫付服务

2020 年 6 月 17 日,50 岁的沈女士因意外造成左手动脉神经受伤,被紧急送至医院住院治疗。面对高额的医药费以及住院费用,沈女士突然想起自己在购买百万医疗保险时，服务专员赠送的住院垫付的增值服务，于是立即报案并提交了住院垫付申请。长城人寿接到报案后高度重视，迅速审核并于 18 日完成押金垫付指令。6 月 19 日，服务专员在医院探望了沈女士，并垫付了 5000 元的押金，后续会根据治疗情况再追加费用。沈女士感激地表示，对长城人寿的整体服务非常满意，不仅流程简单，而且非常快捷。

押金垫付这种新型理赔模式，打破了理赔时间滞后性的壁垒，是长城人寿在理赔模式上新的突破。传统的理赔往往是出险"之后"，需要资料齐全以及一定的审核周期；而押金垫付则将保障服务做在出险"之前"，长城人寿在客户住院时就为客户垫付押金，出院即结算，真正做到理赔零等待。

二、公司履行社会责任情况

（一）长城人寿社会责任理念

长城人寿自成立以来，积极响应国家扶贫工作号召，积极投身各项公益事业，踊跃参与各项公益活动，让爱心根植于每个长城人的内心深处，以实际行动传递保险从业者的爱与责任。

（二）长城人寿重点公益项目

2009 年，长城人寿自主创建和实施"萌芽 100"爱心图书室公益项目，秉持"爱心成就希望"的理念，寓意"以百分百的真诚和奉献，为孩子提供百分百的温暖与关爱"，致力于为农村贫困地区及城镇农民工子弟小学捐建可持久使用的爱心图书室。

2010 年 1 月 16 日，长城人寿援建的第一所"萌芽 100"爱心图书室在河南省鹤壁淇县南小屯村小学的正式落成，长城人寿正式开启"萌芽 100"公益品牌建设，历经 11 年，"萌芽 100"爱心图书室已覆盖河南、四川、山东、湖北、河北、广东、湖南、江苏、安徽、青岛、北京 11 个省市，长城人寿公益事业初见规模。

从 2018 年开始，长城人寿"萌芽 100"爱心图书室项目开启了从数量向质量的转变过程，项目更加注重学生和校方的实际需求，加强已建图书室的回访活动。通过对受捐学校的一次次深度回访，切身体会到同学们在生活和学习中遇到的现实问题，设身处地地为同学们提供了实实在在的帮助。

2019年是"萌芽100"公益项目创建和实施10周年，长城人寿携手北京金融街慈善基金会、中国青少年发展公益基金会、深圳市爱阅公益基金会，在河南鹤壁、河北涿州、山东乐陵、湖北荆州、四川达州、广东广州、江苏南京、青岛平度、安徽合肥和湖南衡阳举行10场"萌芽100"10周年现场大型公益活动，向学校及孩子们捐赠200箱优秀图书、500盏LED阅读灯，以及T恤衫和帽子等爱心物资，活动吸引了5000余人次参与，受到当地政府、教育部门、新闻媒体和社会各界的大力支持和广泛赞誉。

活动期间，长城人寿还正式启动"爱心点亮梦想"计划，开启下一个10年的公益之路，联手中国青少年发展基金会，实现"萌芽100"公益项目在"腾讯99公益日"平台向社会开放募集资金，推动项目的可持续发展；与深圳市爱阅公益基金会合作，提升项目选配及图书质量的服务能力；向全国已建爱心图书室赠送LED阅读灯，用于改善学校师生的阅读环境。

2019年，长城人寿全年分别在湖南省衡阳市常宁大堡乡麻洲学校、四川省乐山市城北小学新建爱心图书室2座，并完成对45座已建图书室的深度回访，持续补充总价值近50万元的优秀图书、LED阅读灯及文体用品。截至2020年7月底，已在全国11个省市捐建爱心图书室133座，累计捐赠全新图书38万册，受益学生超40万人，为推动贫困地区乡村教育发展做出了积极贡献。

（三）长城人寿荣获的公益奖项

长城人寿自成立以来，在公益事业上从未停止脚步，为公益事业做出了积极贡献，得到了社会的广泛认可，荣获了诸多荣誉奖项。

其中，公司"萌芽100"公益项目于2012年、2013年两次入围"中华慈善奖——最具影响力慈善项目"；2015年、2016年、2018年、2019年4次在"中国公益节"获评"最佳公益项目""最佳公益创新""年度责任品牌""年度特别致敬大奖"等大奖；2018年，长城人寿被中国青少年发展基金会评为"希望工程"优秀合作伙伴；2018年7月，"萌芽100"爱心图书室项目被山东省保险行业协会评为山东保险业扶贫公益典型项目；2018年11月，长城人寿在国际金融报社主办的"2018中国资本市场扶贫先锋论坛"上荣获"2018年度教育扶贫先锋企业"；2019年1月，在"中国网优秀金融扶贫先锋榜"评选活动中，长城人寿荣膺"精准扶贫先锋机构"大奖；2019年9月，长城人寿在中国保险报主办的"金诺盛典品牌力量——2019年第三届中国保险品牌影响力论坛"上成功入选2018~2019年度社会责任传播案例；2019年11月，在人民日报社《国际金融报》举办的"益心·永续"2019第二届CSR先锋论坛暨企业社会责任颁奖典礼上，长城人寿"萌芽100"公益项目入选"2019年度中国社会责任精品案例"。

（四）长城人寿社会责任事例

2020年，面对突发新冠疫情，长城人寿积极开展爱心赠险，守护抗疫一线工作人员，以实际行动彰显行业价值。

公司积极发挥行业抗击疫情优势和区属国有企业先锋力量，先后向北京抗击疫情第一线的医护人员及北京支援武汉的医护人员、西城区街道社区一线抗疫工作者进行赠险。保险责任为疫情期间因意外伤害或新型冠状病毒肺炎，导致身故的给付保额，导致残疾的按残疾比例赔付。截至目前，已完成向2869名抗疫一线医护人员及9947名社区工作者赠险，每人保障额度50万元，总保障金额达64.08亿元，以实际行动助力一线防控，彰显企业价值，为抗击疫情贡献应尽之力。

勇担社会责任　践行国企担当
——中邮人寿保险股份有限公司

党均章[*]

一、公司基本情况

中邮人寿保险股份有限公司（以下简称"中邮保险"）是中国邮政集团旗下的全国性人身险公司，公司总部位于北京，注册资本金215亿元人民币，2009年9月9日正式挂牌开业。开业以来，中邮保险从服务国家经济发展、推动社会民生建设的战略高度出发，充分依托邮政网络和资源，以"服务基层、服务三农"为己任，以小额保险为切入点，以促进城乡保险业均衡发展为着力点，全力打造一个体系现代化、服务大众化、管理规范化、政府满意、监管放心、百姓欢迎的新型高效商业保险公司。

中邮保险已经建立以股东大会、董事会、监事会、经理层为主体，权责清晰、分工明确的法人治理机构与组织架构，形成了权力机构、决策机构、监督机构和执行机构互相制衡、有效运行的内部治理机制。

公司业务范围包括：人身保险、健康保险、意外伤害保险等各类人身保险业务；上述业务的再保险业务；国家法律、法规允许的保险资金运用业务；经中国银保监会批准的其他业务。

截至2019年年底，业务已拓展至21个省（区、市）、279个地市、1521个县市、31054个网点，其中70%以上的网点、客户、业务均在县及县以下区域。总资产达1925亿元，累计实现保费2903亿元，累计服务客户1191.48万人。

---

[*] 党均章，现任中邮人寿保险股份有限公司董事、总经理、党委副书记。曾任中国邮政储蓄银行总行金融市场部总经理、风险管理部总经理，兼任中国保险行业协会人身保险、健康保险专业委员会委员、亚洲金融合作协会亚洲金融智库首席经济学家及研究主管合作委员会成员等。先后在国家一级核心报刊发表多篇学术论文。2017年8月经核准担任中邮保险党委副书记；2017年11月至今担任中邮保险董事、总经理、党委副书记。

2019年，全年实现营业收入749亿元，同比增长19%；实现利润15.98亿元，同比增长207%，进入稳定盈利周期；实现保费收入675亿元，其中期交保费收入558亿元，占总保费比重为83%，长期期交保费65亿元，同比增长96%；实现新业务价值8.5亿元，同比提高18%；经营评价结果为A类。各项运行关键指标持续保持行业优良水平，重点风险防控有力，偿付能力充足率持续达标，资产质量优良，成立以来，未发生重大风险事件和案件。

中央财经大学"中国保险公司竞争力评价研究"课题组发布的中国保险公司竞争力评价研究报告显示，中邮保险综合竞争力自2011年起连续9年保持行业前10位。先后被授予最具成长性、最具社会责任、最佳诚信服务、价值成长性十佳保险公司和百姓信赖保险机构等荣誉称号。

二、公益奖项

中邮保险曾多次获得社会责任相关荣誉。2015年，"五年，五天，五座城市，五种团聚"公益活动入选首届中国保险公益"好声音"和"好品牌"；2016年，荣获全球契约组织中国网络颁发的"实现可持续发展目标（SDGs）中国先锋企业"、中国保险报颁发的"年度服务创新奖"、金融时报颁发的"年度最具成长性保险公司"、半月谈杂志社颁发的"百姓信赖的保险机构"；2017年，荣获每日经济新闻颁发的"年度最具社会责任保险公司"、中国名牌杂志社颁发的"普惠金融百姓最满意商业保险"；2018年，荣获中国经营报颁发的"年度社会责任贡献奖"、证券时报颁发的"中国保险业精准扶贫方舟奖"、和讯网颁发的"年度保险扶贫先锋奖"；2019年，荣获中国网颁发的"精准扶贫先锋机构"和"金融扶贫先锋机构"、中国银行保险报颁发的"绿色邮政社会责任传播案例"。

三、社会责任理念

中邮保险坚持"服务基层　服务三农"的战略定位，努力促进经济效益、社会效益和生态效益的协调统一，将履行社会责任融入企业战略、经营发展和企业文化全过程。在经济效益方面，经过10年的发展，中邮保险经营规模和效益不断提升，确保了国有资产的保值增值，同时积极服务实体经济，为社会经济发展做出了贡献；在社会效益方面，主动融入国家精准扶贫战略，持续开展公益活动，推进民生保障工程；在生态效益方面，积极响应国家打好三大攻坚战的号召，稳步推进绿色金融创新力度，发展绿色保险，助力经济社会可持续发展。

四、社会责任事例

中邮保险不断强化社会责任担当，关注社会民生，关爱弱势群体，积极开展社会公益活动，助力国家精准扶贫战略。

图 12-1　在四川雅安地震 1 小时 18 分钟后率先设立灾区保险理赔服务点

图 12-2　"三下乡"活动，为客户提供免费医疗服务

图 12-3　2019 年 10 月中邮保险在河南光山县晏河乡开展"进农村"送医下乡活动

（一）"三下乡"活动事例

开业 10 年来，中邮保险坚持成立周年不办庆典活动，而是致力于社会公益，组织开展"送知识、送温暖、做调研"三下乡活动，目前已连续开展了 9 年。

精心开展"五年，五天，五座城市，五种团聚"公益活动，关爱空巢老人和留守儿童；举办"守护明日之星 关爱留守儿童"系列公益活动，关爱留守儿童身心健康，助力留守儿童成长成才；举办"重走长征路 播撒中邮情"主题公益活动，慰问老红军及红军遗属、组织员工参观革命纪念馆、引导客户进行红色洗礼、为民众普及保险意识和健康管理知识，向全社会传递正能量；积极投入"7·8 全国保险宣传日"，组织开展"发现保障背后的故事""保险扶贫健步走"等系列活动，普及保险知识，宣传保险文化，服务人民美好生活；定期走访大学生"村官"，关爱大学生工作生活，提供支持和帮助；深入田间地头面对面了解广大农民的生产生活保障需求；组织健康义诊，为贫困人口提供免费体检；选派业务精通人员进行结对帮扶，并结合实际情况，制定专属帮扶方案，完善文化设施，建设集健身和文化活动于一体的"中邮保险文化健康服务站"，满足村民精神文化需求。

（二）扶贫项目事例

中邮保险精准聚焦，瞄准建档立卡贫困人口致贫、返贫原因精准发力，发挥保险专业优势，为建档立卡贫困人口定制保险保障方案，通过开通绿色理赔服务通道，为建档立卡贫困人口提供优质便捷的保险服务，让出险的贫困家庭实实在在感受到保险"雪中送炭"的作用。截至 2019 年年底，累计为 57.2 万名贫困民众提供 279 亿元风险保额。

一是在河南光山瞄准建档立卡贫困人口返贫原因精准发力。2017 年向光山县现有的建档立卡贫困人口及文殊乡杜槐村、砖桥镇李岗村村民等共计 43418 人赠送每人 10 万元保额的意外伤害保障，在一定程度上防范"因伤致贫、返贫"情况的发生；2018 年，为光山地区 95948 名贫困人口（其中，29144 名为返贫、未脱贫的建档立卡人员，66804 名为脱贫且享有扶贫政策人口）累计提供风险保额 37.43 亿元；2019 年，持续为河南光山地区 97130 名贫困人口累计提供风险保额 60.28 亿元。截至目前，累计向光山地区贫困人口提供风险保额达 141 亿余元，累计赔付 430.2 万元。2019 年 5 月，河南光山县委县政府在全县整体脱贫后，向中邮保险发来感谢信，感谢中邮保险为光山脱贫攻坚做出的贡献。

二是在陕西商洛开展信贷保险扶贫。2017~2019 年共为 2838 名扶贫贷款申请人提供总保额达 2.8 亿元的人身意外伤害保障，解除扶贫贷款申请人因意外造成无法还款的后顾之忧；为 66 个村 44455 名贫困村民提供 18.5 亿元，涵盖人身意外伤害和意外医疗保障的"三农"小额保险，增强贫困人口抗风险能力。

三是在湖南永顺主动参与政府保险精准扶贫工作。2017 年，与永顺县签订扶贫保险合作协议，为湘西自治州永顺县 4 个乡镇 2.13 万建档立卡贫困人口提供"扶贫特惠保"服务，同时安排专人专岗负责服务工作，优化保险理赔流程，确保服务快速、准确、高效。

四是联合扬州邮政，与江都区扶贫办达成合作，成功开发"中邮安心小额扶贫保险"。2018 年为当地 13147 名贫困及低保对象提供保险保障服务，合计风险保额为 26294 万元，实现经济效益和社会效益双提升。

五是在四川凉山、南充捐赠团体意外伤害保险和团体定期寿险。2017 年为四川省南充市仪陇县五块石村、铁山村、瓦子坪村等 9 个村的 379 位贫困户赠送了一份团体意外伤害保险，合计风险保额近 4000 万元。2018~2019 年为四川凉山州昭觉县、喜德县 10525 名建档立卡建档立卡贫困人口提供 10525 万元风险保额的团体定期寿险，其中 2018 年为昭觉县 2581 名建档立卡建档立卡贫困人口提供 2581 万元风险保额，2019 年为喜德县和邵觉县 7944 名建档立卡建档立卡贫困人口提供 7944 万元风险保额。

六是在菏泽邮政帮扶村开展免费赠险活动。山东分公司在菏泽曹县古营集镇武桥口、祝店两个山东邮政帮扶村，开展"远离贫困，从一份保障开始"免费赠险活动，为两村1227名贫困户和村民免费办理团体意外伤害险和意外医疗险，合计风险保额达2.23亿元；同时在菏泽鄄城县为11054名贫困户和村民赠送11.1亿元风险保额。

（三）理赔服务事例

中邮保险始终秉承"视客户为亲人"的服务理念，为给消费者提供更贴心高效的服务，建立了突发事件预先赔付机制，即在消费者发生意外需要理赔时，先将理赔款送到出险家庭手中，手续随后再进行补办。在突发事件发生时，中邮保险工作人员不仅第一时间到达现场进行理赔，给予受灾民众亲人般的关怀与慰藉，而且根据困难情况，为消费者提供必要的经济援助，帮助受灾家庭渡过难关。2013年4月20日8时02分，四川省雅安市芦山县发生7.0级地震，震后1小时18分，芦山县"中邮保险理赔服务点"成为保险行业第一个在灾区设立的理赔服务点；在甬温线特大铁路交通事故、昆山工厂特大爆炸、东方之星沉船事件、天津港特大爆炸事件中，中邮保险理赔小组第一时间赶赴现场，进行理赔，承担起安抚民心、助力赈灾的保险责任；2020年年初，为应对新冠肺炎疫情影响，勇担责任，主动作为，第一时间开展抗疫赠险工作，为24.7万在武汉抗击新冠肺炎疫情的医护人员新闻工作者等捐赠1235亿元风险保额，累计赔付4195万元，全力以赴助力打赢疫情防控阻击战。

未来，中邮保险将继续坚持"服务基层、服务三农"的责任定位，将保险服务快速贯穿到市县和乡镇，主动参与国家保险扶贫项目，积极投身公益事业，创新公益形式、丰富公益内容，不断延伸保险服务的"最后一公里"，为促进城乡社会均衡发展和共同进步、"决胜全面建成小康社会"贡献力量。

中邮保险自成立以来，秉持的发展战略、科学的发展理念、有特色的发展模式、可贵的创业精神以及良好的发展开局，得到了政府部门、广大消费者和客户的充分肯定。中邮人寿充分发挥并将继续发挥邮政保险特色优势，不断提高服务"三农"的质量和水平，让农村广大群众实实在在享受到保险业改革发展的成果。

中邮保险的成立，对于整合邮政资源、深化邮政服务"三农"内涵具有重要的战略意义，对于扩大保险覆盖范围、促进城乡保险业均衡发展将发挥积极的推动作用，也将对中国社会主义新农村建设、构建社会主义和谐社会做出贡献。

基石方成，正步未来
——北大方正人寿公司发展三年回顾与展望

李平[*]

一、基石方成，正步未来

北大方正人寿在2018年年初确立"三年再造"的发展战略后，3年来，公司价值成长与业绩增长均取得了长足发展，预计至2020年年底，公司原保费复合增长率达13%；公司标保复合增长率达31%（见图12-4），其中代理人渠道标保复合增长率达34%、网电渠道标保复合增长率达46%；客户数复合增长率达19%，并在业界形成良好品牌形象。2017年，公司获得中国财经峰会"杰出品牌形象奖"；2018年，荣膺"年度最佳企业社会责任奖"；2019年，荣获中国文化管理协会颁发的"幸福企业最佳实践单位"；2020年，被评为"年度金牌资产管理金融机构"。多年耕耘，北大方正人寿发展"基石方成"，而在2020年这个极为特殊的时期，我们依然刷新了公司发展历史记录。在此，我谨代表公司经营班子，向每一位关心和支持北大方正人寿发展的朋友致以衷心地感谢，同时也为北大方正人寿每一位伙伴的责任担当和职业精神点赞。

二、相信梦想，基石方成

一群人，一个梦，一起追。有人问我如何定义北大方正人寿这家公司，我的答案是专注。这份专注，源于团队的坚定信仰，逐梦前行的路上，有你有我，一起创造我们的方正故事。

---

[*] 李平，男，籍贯江苏，1968年12月生，毕业于华东师范大学计算机专业（获得学士学位）和湖南财经学院金融保险专业（取得硕士学位）。1994年进入寿险行业，先后就职于中国平安人寿、中美大都会人寿、华夏人寿。2012年9月18日起至今，担任北大方正人寿保险有限公司总经理。丰富的从业经历造就了其全面扎实的专业实力，专注的研判精神成就了其前瞻性的战略眼光。

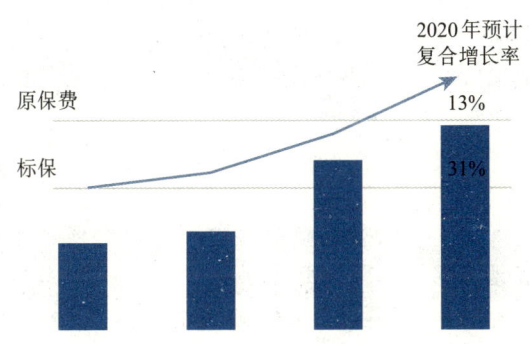

图 12-4　北大方正人寿 2020 年预期增长目标

专注组织，组织发展，队伍为本，做大做强。有人说，寿险赛道强者云集，竞争激烈，如何突出重围？致力于不断探索中国寿险业如何健康发展，北大方正人寿应时而变，提前布局专业销售队伍建设，作为顾问行销理念的坚实践行者，依托 NBS（Needs Based Service）体系，为满足客户不同阶段的财务安全保障规划需求，2018 年 9 月，公司推出"P 800 领航计划"，旨在通过顾问行销的招募选材、销售循环、新人培养三大专业体系，培养一批高素质、有正确保险理念、强组织发展意愿的卓越经理人，通过 5 年时间孕育出 800 名杰出的营业处经理。通过持续不断的资源投入和战略保障，将来自不同行业的优秀人才培育成卓越的寿险经理人团队，真正为客户提供更为优质、专业的保险服务，从而让保险回归保障真谛，让客户保障需求真正得到满足（见图 12-5 和图 12-6）。

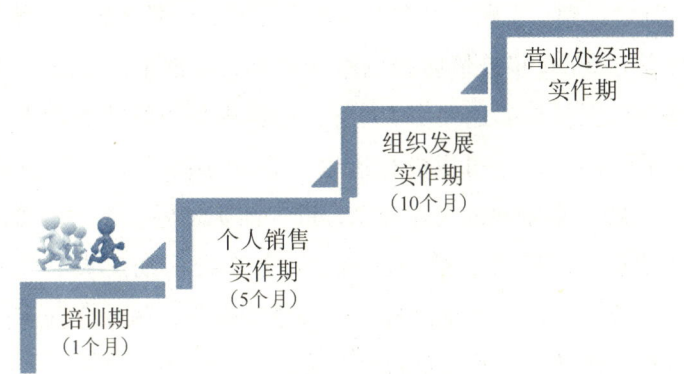

图 12-5　北大方正人寿 P 800 领航计划——完善的职涯规划

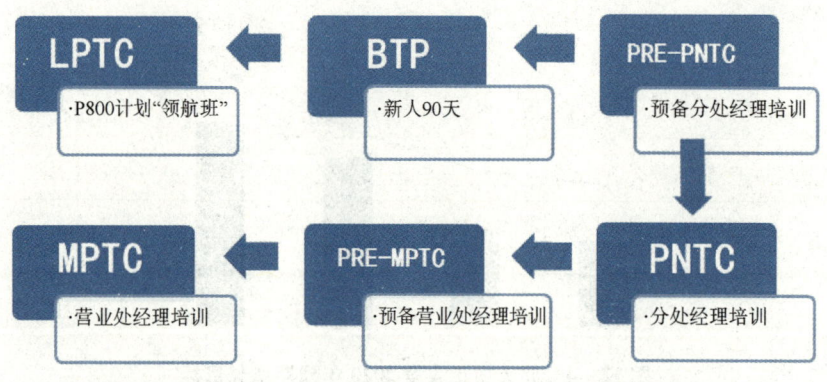

图 12-6　北大方正人寿 P 800 领航计划——专业的培训体系

同时，公司多年来坚持中心城市发展布局，坚持省域做大、中心做优的机构策略，并始终坚持"开设一家，成就一家；布局一方，造福一方"的机构开设理念，以组织发展为核心，实行优势互补，阶梯式发展。明晰的战略布局，源于公司对中产人群崛起趋势的预判，聚焦中心城市客户需求，2020 年 6 月，公司第 12 家省级机构安徽分公司肇兴，意味着公司中部六省机构布局，继湖北之后，再次踏上崛起征程。

专注创新，科技赋能，升级迭代，锐意进取。北大方正人寿积极拥抱科技浪潮，坚持信息化战略指引，因势而变。早在 2015 年公司敏锐地察觉到线下线上结合才是今后整合营销的发展趋势方向，倾力打造线上投保平台，五年间，E 销平台实现从规划建设到一个账户可多平台登录的蜕变，并完成 1.0 版本到 2.0 版本的跃升，尤其在 2020 年疫情防控的特殊时期，E 销平台充分发挥了移动销售平台的优势，线上投保率达到了 100%，切实满足一线业务需求，科技为保险插上腾飞双翼。同时，公司积极打造以"智能小顾"为基础的辅助销售平台，实践用"创新"赢未来的专业理念，助力团队发展。作为公司信息化战略规划重点核心项目，2017 年，公司新核心业务系统一期正式上线运行，成为实现"业务敏捷支持，服务快捷多样，管理精细保障，风控全程规范，决策智能准确，运行稳定高效，体验友好高效"的 IT 战略目标的关键基础，切实完善保单运营能力、提升效率；疫情期间，该系统性能稳定、高效，为"云展业"提供了更加全面系统的支持，在中小公司发展基本面中优势显著。至此，公司科技创新不断升级，形成线上移动销售平台、核心系统并驾齐驱，协同助推业务发展，做实公司 IT 系统建设总体战略的关键两步——"建移动""切核心"。

专注人本，以人为本，聚力专业，成人达己。无数实践表明，寿险是人的行业，育才留才已成为行业共识，专业人才的价值不言而喻。北大方正人寿一直坚持践行"以人为本"的价值观，在致力于不断提升企业绩效的同时，为员工提供更多成就自我、实现价值的发展机会，持续打造组织核心竞争力。公司于2016年8月正式启动并持续开展员工满意度提升项目，帮助员工收获积极的幸福感受，帮助管理者改善管理短板，增值干部员工个人的心理资本，从而助力打造幸福而高绩效的企业。4年来，公司以"共创幸福、共享成长"为主旨，着力构建"员工满意驱动客户满意"的体验价值链，引入员工满意度模型，以数据赋能为方法，持续实施"打造员工真满意"计划，在行业内走出了一条"行动共创、管理精进、能力提升、体验连接"的幸福企业建设之道。截至2019年12月，公司整体员工满意度达到77.31分，对比2016年同期，整体提高了6.28分，提升幅度为8.8%，高于保险业平均分5.9分，员工以正面体验为主，团队较有活力，项目成果显著。随着公司在幸福企业建设和员工满意度项目的持续投入，荣膺中国文化管理协会颁发的"2019年度幸福企业最佳实践单位"奖项。我们希望每一位北大方正人寿的伙伴都能够拥有高品质生活，遇见更好的自己。

专注履责，商中求善，热心公益，履责社会。常常在想，什么样的企业既符合社会期待，同时又是客户、股东、员工皆为满意的企业。北大方正人寿一直以实际行动见证履责社会的不变初心。孩子是民族的未来，是每个家庭的希望，2017年以来，公司响应党中央号召，落实保险业助推脱贫攻坚工作要求，成立教育扶贫公益团队，全面开展以扶助学生儿童、支持教育事业为主要内容的保险扶贫及其他社会公益活动。3年来，"从心出发，为爱传递"保险扶贫助学项目的足迹已遍布7个贫困地区小学；聚焦"星星的孩子"，捐资助力"星宝蓝书包孤独症公益项目"启动；捐资北大教育基金会"优才拓展"项目，为北大贫困学子梦想前行的道路上提供支持；同时，公司致力于打造长期的、针对青少年的教育公益平台—北大学生公开课，自2012年项目启动至今，累计7000余组家庭参与，为青少年"筑梦北大"；大灾大难，勇敢担当，2020年疫情暴发，武汉告急,公司第一时间捐资百万驰援"疫"线,同时积极发挥保险保障功能,共计对 8 款重疾、意外险产品进行新冠肺炎保险责任的扩展,对确诊客户第一时间履行理赔服务承诺,努力践行保险企业社会责任,充分展现企业家国情怀。此外,公司及时参与因"温比亚""利奇马"而受灾的地区救助救援工作,广泛参与扶贫助学及献爱心活动,积极传播保险大爱。随着公司教育保险扶贫公益团队工作的逐步拓展和深入,履行社会责任已融入企业战略、经营发展和企业文化全过程。公司也在第十三届中国保险创新大奖颁奖盛典上荣膺"年度最佳企业社会责任奖"。

选择梦想,就意味着选择坚守。回首发展点滴,凭借着"梦想"和"坚守"北大方正人寿人走出了一条独具方正特色的公司发展之路。但行前路,唯问耕耘,公司发展征程,已然"基石方成",梦想的种子,在沃土中生根发芽。

三、正步未来,梦想花开

面对疫情和时代的大考,北大方正人寿以数做答,圆满完成"期中考"。放眼业内,2020 年 1~5 月,保险业原保险保费收入 2.31 万亿元,同比增长 5.6%,其中人身险原保费收入同比增长 5.1%。北大方正人寿数据惊艳,1~5 月个险渠道、网电渠道和银保期交的新单业务增长均优于行业整体水平,同时个险渠道排名跃升至合资公司前 10。适逢公司发展"基石方成",2020 年上半年,可谓公司发展高光时刻的起点。

每个人,都有梦,或不同,但分享。新时代之问,北大方正人寿要成为一家什么样公司?我的答案仍然是专注。寿险行业发展如同一场进无止境的马拉松,比耐力、拼实力,更考验毅力和定力。展望新 3 年发展,让我们在寿险高质量发展的赛道上,再次刷新方正的记录。

专注信念,深耕保障,同心正行,一束花开。信念决定思想,思想决定语言,语言决定行为,行为决定习惯,习惯决定性格,性格决定命运。从某种意义上说,选择相信什么,意味着你会看到什么样的世界。北大方正人寿坚持"保险姓保,回归本源",不断致力于为大众提供全生命周期、高标准的保险保障,同时公司产品策略紧贴"成为最值得信赖、最受尊敬的寿险公司"企业愿景,坚持以客户需求为导向,建立起聚焦保障业务,大力发展长期期交、高价值健康险等核心优质业务的发展模式。并得益于厚积文化基因,薄发精英文化,北大方正人寿坚定践行 NBS 顾问行销理念,坚持打造"高精专"人才队伍,志在为客户提供专业、日臻完善的保险保障服务。道阻且长,行则将至,北大方正人寿人步履稳踏,秉持"Think Big Do Small"理念,坚定做"脚踏实地的梦想家",大道细思,行而不辍,让梦想照进现实,一束花开。

专注客户,客户至上,客户满意,一以贯之。在寿险行业面临重大转型考验的形势下,行业发展从"跑马圈地"式向"精耕细作"式转变,注重客户价值日益成为保险行业的主旋律。为了更好地服务客户,向客户传递有价值的健康保障产品与服务,北大方正人寿秉承"客户至上"的价值观,充分重视客户的体验与感受,公司于 2019 年正式启动为期 3 年的创新工程——"客户满意度项目",从客户价值、产品设计、渠道优化、品牌定位等多个维度,构建科学化的客户管理与服务体系,使客户真正感受到公司真诚、用心的服务。2019 年,"客户满意度"项目初探取得显著成效后,2020 年,作为项目的持续发力年,着重于"客户服务水平持续监测 +客户服务传播",即将开启第二轮"监测—诊断—提升—追踪"的项目闭环管理机制,通过持续与客户接触,接收客户真实声音;通过定性、定量等研究方法在创造客户交互,让客户感受到公司对其高度关注,提升客户黏性。实现"客户真满意",公司经营发展将一以贯之,日臻完善,进无止境(见图 12 - 7 和图 12 - 8)。

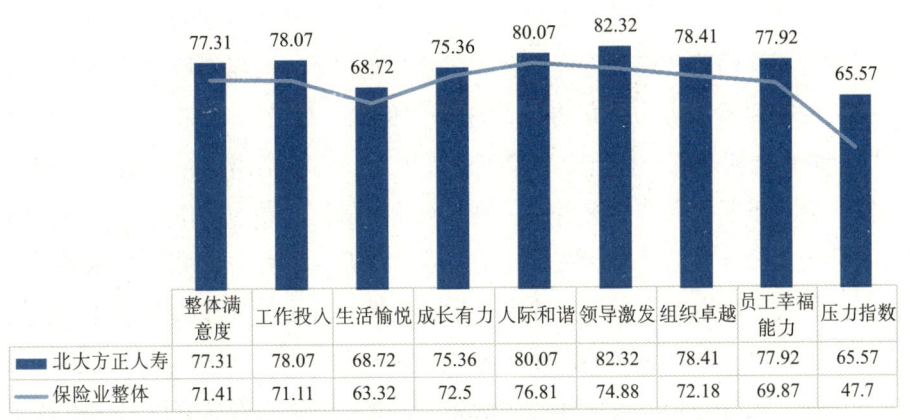

图 12 - 7　北大方正人寿 2019 年员工满意度测评数据

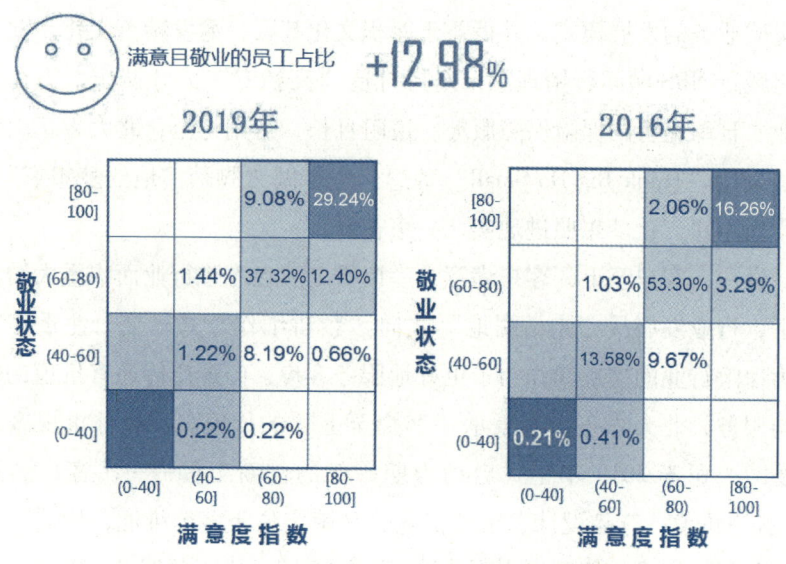

图 12-8 北大方正人寿 2019 年员工满意度测评数据

专注健康，深耕"保险+医疗"战略，一以贯之。步入 2020 年，公司全力持续推进"保险+医疗"战略的落地，不断提升公司"保险+医疗"的品牌影响力。2020 年 7 月，作为"保险+医疗"战略的深耕硕果，"方正 FIT"平台全新上线，旨在实现以代理人为桥梁，联通 B（保险公司）+ A（代理人）+ C（客户），打造三位一体的全闭环健康互动平台，通过对客户的多维度健康管理服务，洞察、鼓励和守护客户的健康生活，帮助客户全方位定位自身健康风险，带动客户主动投入健康积极的生活方式，创造代理人和用户之间的更多健康营销场景，实现保险保障和健康管理的有效融合。专注健康保障领域是北大方正人寿一以贯之的重要发力点，公司将持续深耕"保险+医疗"战略，不仅锁定"方正 FIT"平台全新上线，打造全新健康产品生态，还将推出以医疗服务为特色的健康险产品，不断扩大产品覆盖面，提升新业务价值，助力队伍建设，同时不断提升公司健康服务实力。梦想花开，期待着"保险+医疗"战略硕果累累。

专注科技，网电融合，线上线下，生态无界。公司作为互联网科技的忠实拥趸者，十分看好互联网带来的海量数据，公司坚信抢抓互联网大潮会赢得未来。在疫情倒逼大批寿险企业转换赛道的情势下，北大方正人寿从容以对，得益于公司早在 2019 年正式启动网电共建项目，通过网电融合，让海量数据转化增效，助力业务发展。同年 9 月，公司首个项目"水滴保"正式上线作业，上线 4 个月来，累计保额达 8 亿元，试水告捷。公司乘势而上，为进一步深入合作，实现强强联合，于 2020 年 4 月，北大方正人寿联袂水滴保险商城签署战略合作协议，并以此为契机，共同打造首款水滴客户专享的定制化"水滴一号意外保险计划"。事实上，此举正是公司看好互联网保险向上发展态势的延续。未来，公司将深化科技创新，不断发力线上经营，并以互联网平台为依托，以互联网大数据为基础，以科技赋能为桥梁，对外快速进行优质数据的开拓引流，对内深度挖掘自有数据，两类数据整合经营，推动网、电、面 3 种营销模式融合发展，各取所长，借力使力，全力打造可持续发展的网电新生态。有梦想谁都了不起，融合新生，未来无界。

弹指间，浸润中国寿险业已走过 20 余载春秋，如今的保险业早已不是当年的一番景象。立足北大方正人寿公司发展，我始终坚信，任巨变频仍，唯"变"应万变，终日乾乾，与时偕行；唯坚持做正确的事，不忘保险初心，坚持做寿险该做的事情，帮助更多家庭建立保障，坚定"保险姓保，回归本源"，方得始终。

站在建党 99 周年与全面建成小康社会收官之年的历史交汇点，北大方正人寿将继续在公司党委领导下，秉持行业大爱理念，发挥保险金融理性力量助力中国经济发展，跑好北大方正人寿这一棒。公司新 3 年发展征程在路上，正前行，并肩行，负使命，成就梦想，逐梦伟大时代！

提质增效，行稳致远
——百年人寿保险股份有限公司发展介绍

单勇[*]

一、公司基本情况

百年人寿保险股份有限公司于 2009 年 6 月 3 日正式开业，总部选址大连，是东北地区首家中资寿险法人机构。公司注册资本 77.948 亿元，截至 2020 年 6 月 30 日，百年人寿总资产达到 1684 亿元，开业 10 年来，累计保费收入超过 1400 亿元，公司连续 5 年实现盈利，实现了价值与规模、品质和效益同步提升。从寿险到资管，健康而快速的发展备受行业瞩目。

百年人寿坚持价值导向和结构调整，采取多元化销售发展策略，陆续建立并行发展个险、银行保险、创新销售、电话销售、顾问行销等业务渠道，互联网金融和健康管理服务多领域创新发展。10 年间百年人寿已在全国开设 20 余家省级分公司，累计拥有各级分支机构 400 余家，全国主要省市战略布局已基本完成，销售体系日益完善。

百年人寿通过"以客户为中心"战略始终致力于为社会大众提供优质的保险产品和服务，便捷高效的操作体验，尖端前沿的医疗支持，持续升级的特色服务，更好地满足了客户对于保险保障的需求，为超过 2000 万客户提供寿险保障服务。百年人寿荣获人身险公司服务评价 A 类评级，标志着服务已经进入行业前列。

百年人寿始终肩负企业社会责任，公司积极投身精准扶贫公益事业，真诚回馈社会，全系统 5000 余名志愿者累计开展志愿公益活动千余场，弘扬关爱文化，

---

[*] 单勇，男，大学本科学历，现任百年人寿保险股份有限公司执行董事、总裁。历任太平洋人寿上海分公司总经理助理、民生人寿江苏分公司副总经理、福建分公司总经理、江苏分公司总经理、安邦人寿副总裁。单勇先生具有丰富的保险从业经历和经营管理经验，自担任百年人寿总裁以来，恪尽职守、严谨务实，科学管理，全面负责公司经营管理，为公司持续健康发展做出了重要贡献。

担当企业公民责任,为经济社会和谐发展做出积极贡献,得到社会广泛赞誉和好评。

经过多年沉淀和积累,公司已拥有一支经得住考验、勇于拼搏的内外勤员工队伍,百年人共同的价值观进一步凝聚,成为企业稳健发展背后的强大精神力量。

百年伟业,始于当下。百年人寿始终坚持科学发展,坚持"保险业姓保"的正确发展方向,把握时代脉搏,不断创新优化发展机制,全面提升价值创造能力和公司综合实力,脚踏实地,开拓创新,不忘初心,锐意进取,倡导企业高度的市场灵活性与适应性,不断提升企业抗风险能力,以最专业的态度努力发展成为中国金融服务行业最值得尊崇、客户首选的保险业服务标杆,打造百年老店,创中国保险市场杰出品牌。

二、公司主要产品

百年人寿一直坚持"产品+服务"的发展战略,不忘"保险姓保"的初衷,高度重视产品转型和创新,不断赋能产品升级,在设计理念、产品形态上不断进行有益探索,结合时代发展需求,不断推进产品的更新迭代,让百年人寿的保险产品惠及更多家庭。同时,百年人寿高度重视产品开发的合规性,积极响应监管部门要求,不断强化产品管理,进一步优化产品结构、产品质量。

2020年上半年,百年人寿开发完成了多款具有创新性和竞争力的产品,为保险消费者带来了更具个性化的选择。

百年臻爱前至重大疾病保险。创新推出前高风险病症保险金,创新性地将前高风险病症纳入保障范围,解决客户痛点。为治疗疾病而进行的特定肿瘤完全切除手术或特定肿瘤所在器官的切除手术(特定肿瘤包括良性肿瘤和动态未定或动态未知的肿瘤),可获得赔付。这意味着常见的乳腺纤维瘤、大肠息肉等肿瘤,在住院手术切除后,可以获赔。

百年臻爱前至重大疾病保险还设置了重大疾病特定关爱金。51周岁之前投保,前10年重疾保额额外给付基本保额的45%,覆盖人生重大时期,保障奋斗无忧。

此外,投保百年臻爱前至重大疾病保险,被保险人初次确诊恶性肿瘤并获得赔付后，自恶性肿瘤确诊之日3年后，新发、复发、转移、持续，可再获赔100%基本保额。

百年臻爱前至重大疾病保险出生满28天至60周岁可投保，涵盖100种重大疾病，最多可获赔5次；20种中症，最高可获赔2次；35种轻症，最高可获赔3次，全力保障保险消费者。

百年康惠保（2.0版）重大疾病保险。出生满28天至50周岁可投保，可保障至70周岁或终身，符合投保条件的客户，最高可享70万元基本保额，涵盖前症保障、恶性肿瘤二次赔付、重疾保额升级等亮点，是百年人寿在互联网重疾险领域的又一力作。

"康惠保2.0"将前高风险病症纳入保障范围，解决客户痛点。"康惠保2.0"中包含12种前症保障，赔付1次为限，金额为15%的基本保额。这意味着常见的肺结节、大肠息肉等，在住院手术切除后，都可以获赔。同时，如果确认在首次经认可的医院确诊前症且给付保险金后，将豁免该保单确诊日后余下的各期保费，其余保障责任仍有效。

恶性肿瘤二次赔付是"康惠保2.0"的又一亮点。被保险人初次确诊恶性肿瘤并获得赔付后，自恶性肿瘤确诊之日3年后，新发、复发、转移、持续，可再获赔120%基本保额；因非恶性肿瘤以外的重大疾病获得赔付后，自确诊之日180天后，新发恶性肿瘤，可再获赔120%基本保额。

"康惠保2.0"重疾保额升级，让客户没有后顾之忧。"康惠保2.0"包含100种重疾，60周岁前确诊，赔付160%的基本保额；60周岁（含）后确诊，可赔付100%基本保额。

"康惠保2.0"中症、轻症保障无间隔期、不分组，可享受多次赔付。"康惠保2.0"包含25种中症，不分组，赔付2次为限，每次赔付60%保额，无间隔期；"康惠保2.0"包含48种轻症，不分组，递增赔付3次为限，依次赔付40%/45%/50%保额，无间隔期。

可选责任同样优秀让"康惠保2.0"更加耀眼。在选择康惠保2.0"第二次心脑血管特定疾病保险金"后，不论确诊12种心脑血管特定疾病的一种或多种，自该疾病确诊之日起1年后，再次发生该种疾病，可再获赔120%基本保额；因非12种心脑血管特定疾病以外的重大疾病获得赔付后，自确诊之日180

天后，新发本合同约定的一种或多种心脑血管特定疾病，可再获赔120%基本保额。

此外，"康惠保2.0"还可选择身故保障。保至终身，身故责任可选；保至70周岁，身故责任必选。18周岁以前身故，退还已交保费（无息）；18周岁以后（含当日）身故，给付基本保额。

百年鑫越人生终身寿险的现金价值保单利益载明于合同中让客户安心放心，保单贷款的功能也能灵活解决客户急需现金流的问题，可贷款的金额最高可到申请时现金价值净额的80%。

百年鑫越人生终身寿险交费期满后，第7年保单现金价值已大于或等于累计已交保险费；此外，百年鑫越人生终身寿险保单实现保单年度保险金额稳增，本合同首个保单年度保险金额等于基本保额，从第2个保单年度起，各保单年度保险金额按上一保单年度保险金额的3.7%年复利递增，即：本保单年度保险金额 = 上一保单年度保险金额 × （1 + 3.7%）。百年鑫越人生终身寿险还可搭配百年附加安康保住院医疗保险、百年附加医惠通费用补偿医疗保险、百年附加康佑保意外伤害医疗保险、百年附加康睿保意外伤害保险，住院医疗 + 百万医疗 + 意外医疗伤害，为客户创造更美好的未来。

百年盛世鑫升终身寿险产品集稳健收益、灵活权益、创富传家和风险保障于一身，给客户带来保障的同时，实现客户财富传承的梦想。

百年盛世鑫升终身寿险实现了稳健收益。该款产品交费期满后，第6~8年保单现金价值已大于或等于累计已交保险费。第8个保单年度时，现金价值快速提升，之后现金价值逐年攀升，时间越长，现金价值累计越高。最重要的是，保单现金价值会载入到您的保险合同中，不会因为市场、利率的变化受影响，让您切实享受到"盛世鑫升"带来的福利。

百年盛世鑫升终身寿险非常重视客户资金的灵活性，客户能以"保单贷款"等方式获得及时的资金补充。根据合同，百年人寿能为客户提供贷款额度不超过申请时现金价值净额80%的贷款服务，保证了客户资金的灵活性。

创富传家是当下很多国人的迫切需求。选择百年盛世鑫升终身寿险后，保单现金价值稳步提升，可作为资产配置的重要工具之一；"盛世鑫升"可提供多项保单权益服务，还可指定身故保险金可指定受益人及分配比例，实现财富传承。

"盛世鑫升"发挥保险特有的金融工具功能,传递对家庭的爱与责任,守护个人及家庭资产安全。

在风险保障方面同样亮眼是百年盛世鑫升终身寿险的另外一大优势。百年盛世鑫升终身寿险首个保单年度保险金额等于基本保额,从第 2 个保单年度起,各保单年度保险金额按上一保单年度保险金额的 3.75% 年复利递增,即:本保单年度保险金额 = 上一保单年度保险金额 × (1 + 3.75%)。"盛世鑫升"收益稳健,可覆盖更长的生命周期和经济周期,确保财富安全。此外,"盛世鑫升"还可以为客户给付身故或全残保险金,进一步提升客户的风险抵抗能力。

三、特色服务

百年人寿注重客户体验与科技赋能,全面推动运营科技化,服务智能化,构建数字化运营体系,打破时间和空间限制,极大提升了服务质量和效率。公司在服务创新方面做了很多有益的探索与实践,获得了客户和社会各界的广泛好评。

百年人寿智能核保实现核保流程的标准化和自动化,百年人寿将传统核保模式中健康告知、自核、资料收集、人工核保后出具核保结论简化为场景形式进行交互式问答、在线进行智能核保评估,将流程从数天简化至数分钟,大大提升了核保效率,同时能够让客户享受到全天候的自助核保服务,在核保过程中真正感受到科技带来的便捷体验。

目前,在重疾险智能核保模型方面,百年人寿支持 195 种疾病在线智能核保,在医疗险智能核保方面,搭建起医疗险智能核保模型,能够支持 63 种疾病在线智能核保。截至 2020 年 3 月 31 日,网销渠道共有 45996 件保单使用智能核保,业务占比达到 17.93%,智能核保对接 16 大平台,比 2019 年同期增长 60%,智能核保共开发 15 款产品,同比 2019 年同期增加 1 倍。在百年人寿业务转型不断深入、保障型产品比重逐渐增加的背景下,百年人寿将进一步提升智能核保的业务覆盖面,深入推进核保业务流程的智能化转型。

百年人寿"易保全"服务搭载在百年人寿一保通、百年人寿企业微信、百年人寿官网、百年人寿 APP、百年人寿 E 助理五大平台,通过科技赋能不同保全业务流程,实现保全服务电子化、智能化、自助化。通过丰富和线上化服务内容,持续提升服务效率和客户体验,让客户享受既专业又贴心的一站式服务。

自 2018 年推出"易保全"服务以来,经过不断的整合和升级,目前已经提供四大板块、多达 30 余项各类服务:客户可以通过手机随时变更保险地址、受益人、电话等各类保全变更服务;还可随时查询名下保单等各项基本信息以及保全受理状态跟踪查询。实现客户手机端到百年服务端的线上无缝对接,不仅少去了客户线下办理的时间和精力,最重要的极大提升客户的信任和服务体验。

百年人寿电子通知书不断拓维发展,随着功能不断升级、业务不断拓展,百年人寿电子通知书至今已经能够覆盖个险、银保、顾销、经代四大渠道,类型也在不断增加,业务覆盖核保作业通知书、转账收费不成功通知书、核保决定通知书、契约作业通知书、投保资料收集通知书、双录资料收集通知书、承保前撤单申请书等;此外,通知书可以通过百年通、企业微信、百年 E 助理、中融慧金多系统平台接收使用,进一步了降低使用门槛,增加了使用率。

根据数据统计,2020 年上半年,百年人寿使用电子通知书近 6 万件,减少扫描作业及纸张近 30 万页,平均处理时间缩短 37.19%。在疫情期间,线上服务更是优势尽显,客户、代理人足不出户,即可在线完成通知书的处理,促成大量业务办理,成为各条线业务强有力的支撑。

百年人寿电子保单依托科技手段让消费者充分体验"电子保单"带来更便利的保险服务体验。一是可以多途径便捷获取电子保单,提升客户服务自主权。客户可以通过个人邮箱、"百年人寿一保通"官方微信、官网"一保通"以及承保短信,接收电子保单;二是打破传统纸质保单的烦琐流程,保存安全方便。实现保单承保后实时发送,可立即查看所拥有的保障内容,不占物理空间,没有存放、丢失、损毁的顾虑;三是保单使用方便,电子保单随时用、随时取,不受时间和空间的限制。

目前,百年人寿已经将更多电子保单优化方案纳入了开发计划中,例如:百年人寿逐步完善电子保单监控机制,确保客户能够接收到保单;将增加电子保单业务覆盖率,实现公司全渠道所有出单方式 100% 发送电子保单;新契约投保全流程线上处理等,完善服务生态,进一步提升服务体验。

百年人寿 E 化保全服务深受客户喜爱。客户通过百年人寿一保通 APP 可以办理多达 17 项保全业务，小到电话、地址等基础信息变更，大至保单信息查询、续期缴费、自助理赔等，都可以通过线上平台高效便捷的实现，在互联网技术发达的今天，让客户彻底告别人与人、面对面的传统保全服务，在提升服务效率和服务口碑的同时，充分享受到科技广泛应用带来的红利，以智能科技赋能运营平台，为客户打造极简服务体验。

百年人寿智能客服"百小答"通过语音输入、语音播报、常见问题引导及多轮会话等核心功能，全面提高交互体验，能够实现响应迅速、理解准确、回复高效，屡屡收获客户好评。

2018 年年底，百小答初代版本正式上线投入使用。诞生初期的百小答已经具备 7×24 小时在线答疑、向客户邮箱发送电子保单、人性化互动交流等功能。在上线近一年时间过后，百小答针对客户在使用过程中的反馈，进行了主题为"语音交互，为体验而升"的迭代升级，百小答 2.0 版本面世。全新的百小答提升了各项语音交互功能，尤其针对消费者经常遇见的各种高频问题进行了细致回答，并对 UI 界面进行全面优化，让消费者在享受高质量服务的同时提高交互体验。

迄今为止，百小答累计独立接待 62776 人，日均独立接待 264 人，累计有效会话 85317 轮次，独立完成会话 75097 轮次，独立会话拦截率 88.02%。

"全心全 E 客户服务体系"2020 年再次升级，为客户提供贴心关怀、省心服务以及舒心的增值服务体验。本次升级新增白银 VIP 客户等级，共包含 18 项增值服务内容，涉及健康、医疗、生活三大领域。其中，"在线问诊""自助挂号""日常关怀"以及"月抽越旺"四大服务首次登陆百年人寿一保通。

"住院全流程资金解决方案"三大极致服务让客户放心治疗"不差钱"，包括治疗前期的住院免押金服务、重疾直付快速理赔服务以及对于费用窘迫而推出的直付先赔服务。涵盖整个重疾治疗过程，解决客户治疗资金"融资难"的痛点，缓解治疗费用压力，在助力客户积极治疗康复的同时，全面提升客户服务体验。

"百年人寿 VIP 俱乐部"聚焦在生活、健康、医疗三大领域，持续为中高端客户提供更多有价值的增值服务，已连续 5 年实现服务创新。其中"质子重离子医院门诊预约"服务，可协助预约上海质子重离子医院，让客户实现轻松就医；

"海外医疗视频二诊"服务,可让客户足不出户与国外权威专家进行远程专家视频咨询;"悦享出行""海外体检""专家会诊""专家手术"等十几项专属服务也为客户提供更多温暖与帮助。

四、荣誉奖项

百年人寿坚持"保险业姓保"和回归本源,坚定执行价值发展战略,打造核心竞争力。近年来,凭借业务的稳健增长与公司的健康发展,百年人寿多次获得荣誉奖项,行业地位和品牌知名度显著提升。

2018年5月,百年人寿荣获《中国企业报》集团颁发的"2018中国品牌影响力100强"称号;7月,百年人寿荣获《每日经济新闻》颁发的"优秀新锐保险公司"奖项;10月,百年人寿荣获《每日经济新闻》颁发的"年度卓越价值经营保险公司"奖项以及《中国保险报》颁发的"中国价值成长性十佳寿险公司"奖项;11月,百年人寿荣获保险文化杂志社颁布的"2018中资人身险公司综合竞争力排行榜20强"奖项及"年度最具影响力保险品牌";12月,百年人寿荣获《中国经营报》颁发的"产品设计引领保险公司"奖项等。

2019年5月,百年人寿荣获中国国际企业品牌文化博览会组委会颁发的"2019中国品牌影响力100强"称号;7月,百年人寿荣获《每日经济新闻》颁发的"年度价值经营保险公司"奖项;11月,百年人寿荣获保险文化杂志社颁布的"年度最具成长性保险品牌"奖项和"年度卓越人寿保险公司"奖项;12月,百年人寿荣获中国经营报社和中国社会科学院等共同颁布的"2019卓越竞争力寿险公司"奖项等。

2020年6月,百年人寿荣获《中国经营报》颁发的"最具成长价值金融机构"奖项以及2020亚洲数字化保险决策者论坛颁发的"年度最佳数字化保险企业奖";7月,百年人寿荣获《每日经济新闻》颁发的"年度卓越客户服务保险公司"奖项、中国保险业数字化与人工智能发展大会2020组委会颁发的"年度保险行业健康险领军企业奖"等。

推动行业变革升级　打造保险服务生态链
——大童保险销售服务有限公司介绍

蒋铭[*]

2008年成立的大童保险销售服务有限公司，是中国首家全国性保险专业中介，也是国内最大的专业第三方保险服务机构之一。主张深耕服务，为顾客创造价值，不断推进和发展构建新中介保险服务新生态的战略建设，以数字化技术，构建"自循环"生态体系，打造保险服务矩阵，形成保险全生命周期服务闭环，推动保险行业的专业化分工，引领开创保险服务新领域。现已布局大童保险销售、大童保险经纪、大童保险公估、快保科技、润信保险经纪、AbaCare（安柏）保险经纪等企业，业务范围覆盖中国大陆地区、中国香港和新加坡等地。

一、保险专业中介的市场研判

（一）中国保险业的第三次变革

专业中介机构是保险市场走向成熟发展的必然产物。中国保险业近20年来保持着强势抗周期的持续增长趋势，据瑞士再保险研究院sigma报告显示，伴随新基建、新经济、新消费而产生的新动能将加速中国保险业转型和全新生态系统的建立，21世纪30年代中期，中国有望超越美国成为全球最大保险市场。

但与保险市场规模保费高速增长略显不相称的是，在专业能力和创新步伐方面，国内市场仍处于相对初级的阶段，而这一点在保险中介领域表现得更为突出，管理型总代理、公估服务、独立代理人等在海外发达市场已较为成熟的模式，我们大多仍处于探索和新生阶段。

"行至中场"的中国保险业正从初/中级阶段向中/高级阶段转型升级，其市

---

[*] 蒋铭，毕业于中央财经大学，大童保险服务联合创始人、董事长兼总裁，教育部全国优秀创新创业导师、上海复旦大学兼职保险硕士导师。2018年，蒋铭当选为"安永企业家奖（中国）"，是年度金融业唯一入选企业家。2019年，被中国雇主品牌年会组委会、国际人力资源管理协会和中企雇主品牌网联合授予"2019年度中国最关注员工发展企业家"称号。

场的主要特征就是从产销合一、自给自足,走向产销分离、专业化分工;对保险市场发达程度的评价标准,也从过去的单一数量维度(保险密度、保险深度)走向结构维度(产业链分工的合理性)。

自 2016 年以来,中国保险业迎来个人营销、银行代理之后的第三次渠道变革——专业中介强势崛起。2019 年,专业代理与经纪渠道人身险原保费收入达 732 亿元,业务占比达 2.4%,专业代理增速 54.6%,经纪业务增速 44.5%,连续数年远超过其他渠道。中国保险业未来 10～20 年的最大亮点,将产生在专业中介的赛道,我们有耐心更有信心去见证变革。

(二)保险专业中介的前路

据《中国保险中介行业发展白皮书 2019》统计,行业现有保险中介集团 5 家、保险专业代理机构 1790 家、保险经纪公司 499 家、保险公估公司 353 家,中介赛道的参与者数量众多,并且,BATJ、各大保险公司、众多投资基金都参与到中介市场的竞争中。但是,我们需要清醒地认识到,市场的繁荣并不等于市场的成熟——产销分离、专业化分工从理论成立到实践成立,依然迷雾重重。

保险公司作为产业链的中心,现阶段仍以保费收入为首要诉求、差异化竞争的格局尚未完全形成,使得处于产业链下游的中介机构聚集在销售端,提供其他产业链配套的中介机构(如公估公司、保险科技公司、医疗 TPA 等)很难得到充分的产业链利益分配。这些从事专业管理的中介机构作为上游的成本中心"先天不足",于是也介入销售端的红海之中,导致中介行业的专业能力尤其是风险管理和定价能力难以提升。

专业化分工的细化、深化,需要产业链上下游企业的契约精神、合作精神、共好精神、互信精神,才能让互相界限更清晰、专注发展、精益求精,形成更丰富的行业发展空间。通过中介头部企业与保险公司长期共赢的机制建立,尤其在运营和风控上的深度合作,重构价值链条、改进利益分配机制;进而,能够让保险公司和全行业更加关注处于产业链下游的各类专业机构,关注其价值创造和对整体行业生态的有益贡献,促进产业链利益分配的合理、共好,才会提升专业中介机构的专业能力和行业地位。

(三)科技与保险中介创新

效率是专业中介的生命线,也是专业中介自身经营逻辑的必然追求。只有在获客、销售、培训、运营、服务各流程实现了相对于保险公司自建销售团队的较大效率优势,专业中介才能证明自身存在的意义和价值。而这种效率提升极大程度上依赖于互联网科技,尤其是移动互联带来的线上线下融合,以连接覆盖了复杂性,以协同释放了灵活性,能够释放销售端的最大生产力。

据中保协统计,2011~2019 年互联网保险总保费实现了 83% 的复合增速,2019 年保费规模已达到 2696 亿元。互联网技术应用的快速发展催生出一条较为复杂的产业链,商业模式各异的公司大量涌现,参与到保险业包括销售、核保、理赔、风控等各个环节。互联网科技已成为保险中介创新的最重要实现手段,保险科技也成为保险中介行业最热心关注的话题。

但我们同时也应该认识到,科技只是创新的手段而非创新本身,科技应用在实现效率极大提升和催生新商业模式的同时,并不意味着对底层逻辑的颠覆和基本规律的完全替代。基于保险产品(尤其是长期寿险)固有的重决策特征,仍然需要以人与人的沟通、互信为基础。科技应用必须尊重行业规则,服务于创造美好生活的目标,注入人性的温度与善意。所有的科技探索与创新应着重于让保险从业人员的事业发展更加高效,让消费者的购买体验更加友好。

二、大童的发展现状与战略执行

(一)回顾 2019 年

大童保险服务创立于 2008 年 8 月,至今已走过 12 周年的创业道路。回首来时,一路砥砺前行,一路栉风沐雨,而今可谓无限风光在险峰——大童已然真正成长为一家中国保险中介行业的领军企业。

2019年，大童整体规模业务收入（含子公司）82亿元，市场占有率继续稳居行业前列，增速大幅领先同规模公司；其中，长期寿险新契约保费收入27亿元，实现了逆势增长；当年新增个人客户176万，累计服务个人客户突破700万，累计服务企业客户超2.5万家。同时，大童的集团化建设进程正在加快，旗下已涵盖了保险代理、保险经纪、保险公估、保险科技、再保险经纪、海外保险经纪、医疗TPA、全球紧急救援的各业务板块，完成了保险服务生态建设的闭环，这也是我们坚持深耕服务、为顾客创造价值的能力保证。

大童成绩单 Transcript of Datong

- 产品供应：新上线产品 287款
- 总计在线产品 881款
- 海外布局：与abacare达成全球合作伙伴 业务向东南亚、欧洲延伸
- 创新布局：面向外籍随客的海外经纪团队 面向高端客户的风险管理团队 立足大湾区的家庭经纪服务
- 无限组合可能 持续互动感知
- 融合无限生活场景 带来持续客户流量
- 新增个人客户 176万（线上客户150万 线下客户23.6万 海外/外籍客户2.2万）
- 累计服务个人客户 700万+
- 累计服务企业客户 2.5万+
- 童管家累计用户突破 60万

大童的高速增长和业务布局源自于决策层的战略部署。

（二）科技先行

大童作为一家专业中介的发展历程，几乎可以概括为科技战略创新图强的历程。大童始终坚持将"科技+人"作为核心发展理念，2018年起将OMO（Online Merge Offline，线上线下融合）作为公司的重要战略实施，渗透至从理念到实践的全过程。

大童现有北京、武汉两个IT开发中心，超过200名信息技术研发人员，具有业界领先的系统研发、程序设计、数据技术、应用运维等能力，并将全渠道交易的数据中台建设作为公司2020~2022年信息化战略的重点自研技术项目。同时，在OMO建设上坚持"与用户在一起"，致力为代理人团队提供保险事业全工作场景的沉浸式服务。

大童自主研发的"快保"APP，在线产品库包含了465款长期寿险产品、

210 款互联网保险产品、73 款高端医疗保险，并且可关联分析 101 家保险公司的 1638 款产品；丰富的产品储备和近乎无限的组合可能性，融合了各类型顾客的个性化生活场景同时，也通过线上科技实现了销售端与产品端的高度同步。通过前端交易服务总线，代理人可借助"快保"APP 实现 7×24 小时、跨越空间的全天候作业，高效、便捷、合规地完成投保全流程。

大童对于代理人培训的 OMO 改造，不是简单地将线下课程迁移到线上，而是致力于营造一个符合新媒体受众学习习惯的内容生产平台。2018 年 9 月，"快保"APP 上线面向行业所有保险从业者的线上学习平台——学吧。截至 2019 年年末，学吧已上线视频课程 1004 节，知识领域从保险拓宽到法律、财务、医学、心理学等，且绝大部分课程都来自于大童一线营销代理人讲授。同时，学吧推出的直播栏目邀请行业内外多位明星级专家定时播送，2019 年共直播 157 场、观看人次超过 59 万，增加了用户黏性和信息传递效率的同时，创造了培训端的极致化人效比，真正实现保险垂直领域线上教育的产品系统化与品牌差异化。2020 年，大童推出"线上成长营""个人学习计划"等 PGC 内容体系产品，以知识社区模式促进技能的掌握。

大童选择的强科技基因的新保险中介之路，已经不是简单的科技赋能，而是渗透进代理人的职业生命、重新定义工作流程。通过"快保"APP、"快小保"（微信小程序）的应用，代理人的个人作业模式、客户服务模式、团队管理模式都被重塑；大童经过近两年的探索与实践，正打造 DAC 数字化获客系统（Digital

Acquisition of Customer),该系统通过数字化技术和精准化内容,以"科技+人"的方式触达私域流量和公共流量,批量获取个人及渠道客户,打通转介绍环节,帮助代理人进行客户资源的集中管理,将真正带来保险从业人员的客户获取模式革命。

(三)服务为本

当前市场的各中介平台,主要仍是作为保险公司和消费者间的桥梁,通过整合各家保险公司产品、精准匹配顾客需求,实现产销分离。然而,专业中介平台的能力不会止步于充当保险公司的分销渠道,必定向着内容更全面、细节更深入、领域更细分的保险服务发展,领先的专业中介平台也必定会逐步强化自身的综合服务能力。大童始终坚持"无服务不中介"的经营理念,强调以服务驱动销售,将与顾客建立服务关系视为一切的开始。

早在2009年,在监管部门同意给大童批复全国性保险中介机构牌照的时候,我们专门向监管部门提交了一个报告,就是申请在销售公司的名称上再添加"服务"二字。大童是国内第一家牌照批复命名"销售服务公司"的保险中介企业。专业中介机构的核心产品应该是服务,保险产品的风险管理属于保险公司的范畴,中介公司提供的应该是保险的配套服务。

2019年8月1日,大童向社会发布了中国专业中介首创的服务产品——"童管家",通过"科技+人"、线上线下融合的方式,为顾客提供财富风险管理全生命周期的管家式服务。

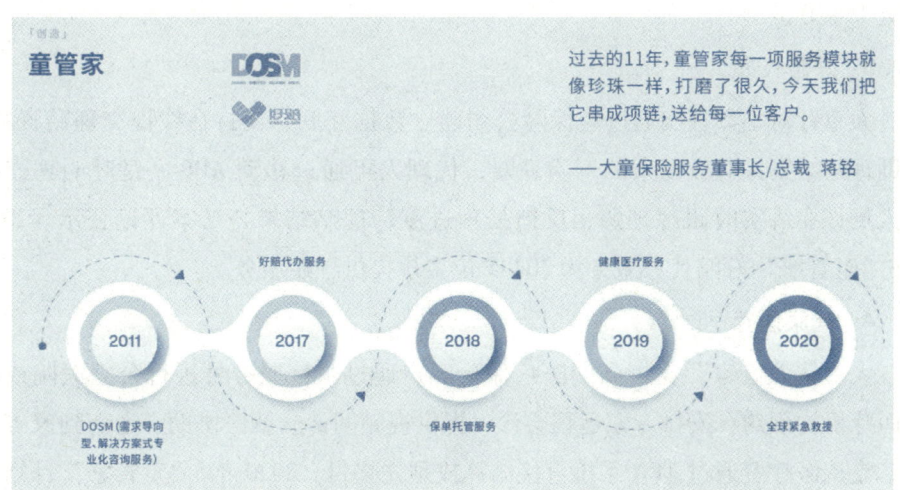

1. 咨询定制

大童坚持以"为顾客创造价值"为信仰，从2011年起就深入研发保险顾客的需求模型，并推出了行业内领先的需求导向型解决方案（DOSM）咨询服务模式。DOSM模式具备风险挖掘、损失量化、风险点聚焦、保障水平测评、产品需求匹配等技术优势。2017年以来，大童将DOSM模式与大数据、AI技术相结合，以OMO赋能重新定义了个人营销的展开方式。

在DOSM咨询服务模式多年的实践基础上，大童于2018年首创了专业资质认证体系DRM，对从业销售人员进行理论加实践的双重能力评审，并将DRM认证作为公司重要的专业能力识别标志、资质分级管理标准。2020年5月，大童"童管家"咨询定制服务试点向顾客收费，对500余名在专业技术、职业道德、诚信准则方面经公司审核确认的代理人授予咨询服务收费资质。这不仅代表了大童对DRM专业服务能力的充分自信，更为优秀代理人拓宽了收入途径，在肯定其专业价值的同时也使其职业发展更加稳定。

2. 保单托管

大童建立了近百家保险公司23000余款保险产品的底层数据库，代理人可以通过OCR识别技术对顾客持有的保单拍照即完成信息上传，自动对比数据库建立保单电子档案、定时提醒续期缴费；支持顾客通过微信服务号登陆查阅保障信息，一键分享；通过保单条款责任的多维度拆解，以人工智能进行保障合理性评测，定向顾客保险需求。2019年，"童管家"保单托管服务为40万家庭托管保单近158万份。

3. 好赔代办

大童针对小额理赔通过与保险公司建立数据互联，支持在线提交理赔资料、自助理赔结案；对较复杂的寿险理赔，代理人可通过移动APP一键呼叫理赔代办人员；在线实时跟踪理赔，反馈处理进度；理赔结果与结案评论公示。2019年，"童管家"好赔代办服务为30485位客户提供理赔服务。

4. 健康医疗

大童"童管家"支持高端医疗保险客户通过微信服务号进行公立医院或高端医疗机构预约、安排专家远程会诊，提供视频问诊、就医协助、送药到家等服务，支持医疗费通过TPA系统直接结算或预先垫付。2020年，"童管家"计划覆盖的私立医院服务网络将达到350家。

(四) 职业经营

2020年5月19日，银保监会下发《关于落实保险公司主体责任，加强保险销售人员管理的通知》《关于切实加强保险专业中介机构从业人员管理的通知》，旨在全面加强行业销售人员、中介从业人员的队伍管理，致力于推动个人营销渠道的持续深化转型及代理人的能力资质分级管理。可以说，建设高素质新型营销团队（更高分级授权、负责复杂产品营销、对接中高净值客户）已经成为监管部门与行业主体的共识。而新型营销团队的内在需求是建设能够适应高素质人才能力提升与长期发展的成长环境，包括文化氛围、制度框架、平台流量，以及科技赋能。

大童作为一家以发展线下营销团队为主要竞争优势的专业中介公司，一直以建设"代理人的终身事业归属"平台为使命，高度关注优质增员导向和营销团队的能力分级管理。2020年，公司推出了职业化战略和"新保险人"队伍建设，一方面对存量代理人团队开始差异化授权、区别激励，另一方面对新增代理人提出更严格的专业化标准。战略付诸实施过程中，以"高标准、严要求、细分类、重落地"为指导思想，首先在代理人管理办法中对团队主管的管理职责、销售人员的活动量进一步明确；进而在各级机构推动"职业化联盟"的打造，强化对会训组织、行为习惯、时间计划的管理要求，同时给予差异化的佣金政策。

同时，大童的营销团队组织坚持扁平化结构的实践，在行业内率先推行了"合伙人"体制，以更灵活的组织形式替代了传统的层级架构，在保持弹性利益的同时，倡导共创、共享、共担。扁平化组织架构的信息传递效率更高、工作任务指向更精确、制度资源投放更集中、团队更具机动性，且节约的组织利益投入可用于技术研发，形成价值创造的良性循环。

三、大童的未来：向新生态进军

初级的中介拼销售，中级的中介拼服务，高级的中介拼生态。面向未来，大童志在构建"自循环"的保险服务生态体系，即从上游到中游、下游能够自成体系，每个模块之间相互配合、相互协调、相互滋养，共同为顾客和用户创造价值的自循环体系。

（一）再保经纪

在保险生态链的上游是再保险经纪公司，在行业中起到输出风险定价标准、确认可保风险类型框架、对行业风险再次安排的重要作用。作为一家致力于成为世界级专业保险中介集团的企业，大童也需要构建属于自己的再保险经纪业务板块。随着再保经纪的建设，大童将拥有更强的风险定价和管理能力，产品定制开发能力将会取得质的飞跃。

（二）销售矩阵

在大童的销售矩阵中，成员有大童保险销售服务有限公司、大童保险经纪，有来自大湾区的润信保险经纪，有布局在北京、上海、香港、新加坡等地的安柏经纪 Abacare 等。这些大童销售矩阵中的成员面向不同的顾客，以不同的模式共同拓展大童的业务版图。

（三）服务矩阵

除了前面已经提到的童管家及其内涵项目（咨询定制、保单托管、好赔代办）之外，大童的服务矩阵还包括：

1. 公估服务

大童保险公估是中国第一家专注于人身险公估的公估公司。历经 4 年的发展，大童保险公估已经快速成长为中国公估行业最有竞争力、最有品质的优秀企业。

2. 健康服务

2020 年，大童成立了自己的 TPA 公司，其使命是构建医院和保险公司之间的结算网络系统，支撑高端医疗和所有报销型医疗险的高效运转。未来，我们希望大童的高端医疗保险客户手持保险卡，便可以在我们服务网络覆盖的医疗机构中使用大童 TPA 系统进行直付和结算。

3. 全球紧急救援

2020 年，大童正式收购康瑞安援（全球救援行业的领军企业 SOS International 和 April Group 的中国区子公司），能提供全球范围的紧急医疗转运、医疗费用垫付，全球网络覆盖率 97%。全球紧急救援的接入让大童的服务形成闭环，完成了保险的"好买、好赔和好用"。

上述生态链的构建基础是上下游产业链的大数据平台——不仅需要极具兼容性的数据对接系统承载海量的交易数据、行为数据、物联网信息，还需要各服务板块的数据具有多向的维度和可交换性，并形成智能化算法。而将其协调运转的就是大童数字化的科技板块——快保科技。至此，大童的保险生态建设就得以完整呈现、高效连通、持续进化。

大童将是中国保险中介史上从未出现过的一家完整的保险生态企业。甚至可以说，我们观察全球保险中介企业当中，都未曾出现过像大童这样一家为顾客创造价值，竭尽全力构建全生态体系的公司。所以，我们称之为：新生态。

第十三章 保险学界、业界专家学者热点问题解析

中国保险界著名学者魏华林先生将新中国保险的发展经历简称为"一二三",即10年的变革、20年的停办、30多年的发展。1949~1959年,中国用10年时间进行了新旧保险制度替换,形成了属于自己的国有保险制度体系。1959~1979年,由于特殊的国家政治背景,国内保险业务被搁置了20年。1979年至今是中国保险业发展的有效经验期,可分为3个阶段:第一阶段是"摸着行走",其行为方式就是"摸着石头过河",走一步看一步。第二阶段是"跟着行走",从中国加入世贸组织开始,外资保险公司或发达国家的保险市场被视为中国保险业的老师。学生围着老师转,老师教什么,学生学什么;老师怎么教,学生怎么做,成了这个阶段保险人的"当然思维"。后来,国际金融危机的爆发令一些世界著名的保险公司及其他金融机构一夜之间轰然倒下,老师的话失去灵验,学生一时茫然,不知所措。第三阶段是"自个行走"阶段。2008年国际金融危机启示中国保险人,今后的路需要自己来选择。

因此,从某种意义上说,中国"自个行走"的保险业发展经历,是从2008年国际金融危机后开始的,有效的保险实践经验时间只有短短的10多年。虽然如此,无论是中国保险业发展至今的规模与影响,还是国际经济金融发展的主客观形势,都要求中国保险业继续改革创新、砥砺前行、奋发有为,保险学界、业界的专家学者有义务、有责任为保险学理论、保险业健康发展贡献自己的智慧和力量。

所以,我们邀请了国内专家学者,就保险业界、学界关注的改革与发展问题等发表见解和观点,供大家分享交流,对于不足之处,请不吝交流指正。

保险科技与保险业的重构

陈秉正[*]

一个时期以来，保险科技已经成为保险业最为关注的一个话题。科学技术的进步正在深刻改变着经济发展和人们生活的方方面面，也改变着保险和人们生活的关系。大数据、物联网、人工智能、区块链、云计算等技术正在迅速融入保险业，深刻影响了保险业的发展模式，推动着保险业的数字化转型。从渠道变革、场景创造，再到业务重构，科学技术改变了保险业的很多传统认知，催生了大量新的保险需求，重塑了保险价值链，孕育着新的保险生态系统的形成。

目前，中国保险业正面临着转变传统增长方式、由高速发展向高质量发展的转型期，将从相对粗放经营的初级发展模式，逐步过渡到科学、理性和规范经营，保险科技无疑将为保险业发展的转型提供最重要的支撑。

一、保险科技及其主要领域

保险科技概念的提出可以追溯到 2010 年前后，当时主要是指行业内出现的一种现象：一些专门从事与保险经营有关的软件开发、信息系统和平台建设、保险商业模式创新等活动的新兴创业型技术公司在欧美国家不断涌现，形成了一类新型创业公司——保险科技公司。后来，随着大量保险企业开始利用新技术对原有的经营方式进行革新，人们对保险科技的理解也趋于不断深化和完整。今天，人们对保险科技的理解并没有一个统一的、严格的界定，泛指可以影响和改善保险经营的所有科学技术的利用，尤其是指一些较新发展起来的技术在保险业的应用。

---

[*] 陈秉正，系统工程博士，清华大学经济管理学院金融系教授，清华大学经济管理学院中国保险与风险管理研究中心主任。
主要研究领域：风险管理与保险，企业风险管理，企业年金，保险证券化。
主要校外兼职：《The Journal of Risk Finance》编委（Editor），《Insurance：Mathematics and Economics》编委（Associate Editor），中国保险学会常务理事，中国风险管理标准专家委员会委员，中国金融学会理事，浙江财经学院金融学院兼职教授。

就目前人们对新技术在保险业应用的认知，我们认为下列技术已经并将继续对未来保险业的发展产生重要影响。

（一）云计算技术

云计算是指通过网络，利用远程服务器来存储、管理并处理数据，而非通过本地服务器或计算机。云服务的三个核心特点是：虚拟化、可扩展性、需求驱动。云服务提供商提供的服务一般包括：软件即服务、平台即服务、基础设施即服务。目前这3类服务在保险企业都有广泛的应用，如一些保险企业不是自己购买经营需要的软件，而是向云服务提供商租用基于Web的软件包括数据库等，来管理企业的经营活动。利用云计算技术，不仅可以大大节省保险企业自身在硬件和软件方面的投入，还可以更加便捷高效地利用云平台提供的软件资源进行本企业经营管理系统和软件的开发。

（二）大数据技术

大数据是指传统数据处理技术难以处理的大量且复杂的数据集，大数据技术泛指可以对大数据进行及时处理、分析和预测的技术。我们今天所处的时代是一个大数据时代，数据已经成为很多企业的信息资本，拥有数据和掌握了大数据技术的企业就可以在竞争中获得优势。目前，很多保险企业都已开始运用大数据技术，在多渠道即时营销、被保险人风险画像、实时欺诈检测等方面都有了很好的应用。

（三）物联网（IoT）技术

物联网是指物理设备、车辆、建筑物等以及嵌入的电子产品、软件、传感器、执行器等，通过互联网和其他物品连接，这种连接能使这些物理对象收集并交换数据。国际上近年来基于物联网技术已经发展出了一类新型的保险：互联保险（Connected Insurance）。互联保险是通过在被保险标的如车辆、建筑物及设备、人的身体等中嵌入可以收集、记录和发送描述标的物在何时何地发生了什么事件的传感设备，通过远程通信系统实现投保人和保险人之间的联系，处理相关事务和提供保险服务。目前发展较为成熟的是互联汽车保险（Connected Car Insurance），在家庭财产保险、健康与人寿保险方面，互联保险的应用也在开始。

（四）人工智能技术

人工智能是指机器在广泛的情况下模拟人类活动的能力，简而言之，人工智能就是研究如何使计算机去做过去只有人才能做的智能工作。目前,保险企业已经在很多业务领域开始使用了人工智能技术,包括:标准化的承保、简单的理赔、人工智能客服等。从发展来看,保险公司的传统后台业务可能会有相当大部分可以被具有智能的计算机所取代,从而大大改变保险企业员工的工作方式,减少对人力的需求,降低保险经营的成本。

(五) 区块链技术

区块链是一种分布式账本技术,在金融服务的各个领域都具有巨大的应用潜力。目前,区块链技术在银行业已经得到了较为成功的应用,在保险领域的应用还刚刚开始。但区块链潜在的应用价值已经引起了保险业的广泛兴趣,包括利用区块链实现保险产品和服务的创新,提高识别欺诈和保险定价的效率,降低经营管理成本等。

具体来看,在承保方面,区块链技术可以帮助降低成本,改进风险评估,加强客户引导。在理赔方面,可以从根本上改变索赔提交和处理流程,减少欺诈和改善客户体验。建立在区块链上的新的保险流程和商业模式将对传统的保险经营方式提出挑战,而这一挑战直逼传统保险价值链上那些普遍存在的痛点。

(六) 自动驾驶汽车技术

自动驾驶汽车又称无人驾驶汽车,不需要人的操作即能感测周边环境并进行导航。虽然完全的自动驾驶汽车目前仍未商用化,但随着技术的发展和成熟,自动驾驶汽车的商业化在逐渐成为现实,并将取代大部分有人驾驶的汽车。

无人驾驶汽车的发展将对传统的汽车保险业产生巨大影响,甚至是颠覆性的影响。因为无人驾驶汽车面临的主要风险已经转变为软件的可靠性和网络安全风险;保险事故的主体已经不再是驾驶人员,而可能是包括生产厂商、软件供应商、道路建设和管理部门等多方责任主体;在核保和定价时将更多依赖车型、使用,而和驾驶员无关;事故率会大大降低,保费会大幅度减少。另外,有多家国际研究机构认为,自动驾驶汽车的发展将促进共享无人驾驶汽车的发展,家庭拥有汽车的数量会大幅度下降,这对高度依赖汽车保险的财产保险公司来说无疑是一个不幸的"坏消息"。

(七) 基因技术

基因技术的发展应该始于1990年正式开始的人类基因组计划。该计划由多国科学家共同参与，到 2003 年基本完成，其目的是通过测出人类基因组 DNA 的 30 亿个碱基对的序列，发现所有人类基因，找出它们在染色体上的位置，目的是解码生命，了解生命的起源，了解生命体生长发育的规律，认识种属之间和个体之间存在差异的起因，认识疾病产生的机制以及长寿与衰老等生命现象，为疾病的诊治提供科学依据。

基因技术的发展已经对保险业产生了重要影响，而且未来到底会有多大影响尚难预料。目前，基因诊断技术已经可以帮助保险人对被保险人进行更准确的健康风险筛查及风险选择，对风险状况不同的被保险人采用更为精确的费率，控制风险来源；基因治疗技术通过向人体细胞基因组转换损坏了的基因或引入正常的基因从而达到治疗疾病的目的和影响已知疾病的发病概率，使得人身保险精算基础的生命表、疾病表等均可能发生大幅度偏离。

二、保险科技对保险业的影响

近年来，新技术和保险业的融合非常迅速，已经引起了所有相关方的高度关注，包括传统保险企业、新兴保险科技公司、监管部门、保险消费者。保险科技已经对传统保险经营的方方面面形成了巨大影响和挑战。那么，保险科技或者说现代科学技术的发展到底会给保险业的发展带来怎样的影响？新技术的应用是否会从根本上改变传统保险的经营方式甚至经营的基础，从而形成对传统保险业的革命性颠覆呢？对此，我想谈 3 个观点。

（一）保险科技已成为保险业发展的主要推动力量

如前所述，保险科技开始时，是以一种现象的形式，大约在 10 多年前在欧美发达国家保险市场出现的。从国际保险业的发展来看，发达国家保险市场经过数百年的发展，中国等新兴保险市场经过数十年的快速发展后，保险市场的进一步发展开始面临一个瓶颈期：传统的保险需求已经趋于饱和，保险市场的进一步增长空间越来越小，增长动力不足；消费者的构成、需求等都开始发生了巨大变化，但保险业仍然坚持传统的商业模式和经营理念；互联网、大数据、人工智能、移动通信等技术的快速发展和应用，极大地改变了人们的生产和生活方式，而传统保险业在新技术的冲击面前表现出了很多不适应。保险科技的出现，不仅为在十字路口徘徊的保险业指明了未来的发展方向，同时也为保险业未来的发展注入了新的推动力。

首先,保险业的发展需要转变增长方式,而保险科技正是转变增长方式的主要抓手。过去40年,中国保险业实现了快速增长,但主要靠的是资本和人力的投入,而未来保险业的发展将主要依靠创新驱动和技术引领。未来保险业的创新将主要体现在产品和服务创新、商业模式创新、技术创新3个方面,而所有这些创新都和保险科技息息相关。

在产品和服务创新方面,保险公司利用大数据和物联网等技术,可以根据客户的特定需求提供个性化产品,提供更多的增值服务;可以利用区块链技术和智能化合约,极大改善客户的体验;等等。

在商业模式创新方面,保险业会形成新的价值主张:通过为客户提供更多元化的服务(风险管理、健康管理、财富管理等)来实现价值的创造;通过新的资源整合实现保险商业模式的创新:如保险企业与平台公司的合作,与数据分析和计算公司的合作,与医院、医生、健康管理和服务机构、养老机构的合作,与握有客户资源的组织、机构的合作等,并采用新的经营模式:如B2B2C模式,O2O模式等。

在技术创新方面,未来保险的发展在很大程度上将会受到技术的影响,技术正在改变传统的保险业。物联网、大数据、云计算、区块链和人工智能等技术将在提高保险经营效率、增加保险产品和服务、提高保险企业经营能力(定价能力、风险控制能力)和推动商业模式创新等方面发挥巨大的作用。

其次,从传统保险业发展的两个痛点来看。第一个痛点是"销售难",原因是多方面的。从消费者方面看,固然有风险意识、保险知识、购买能力等方面的问题;从保险公司方面看,包括产品的适应性、价格的合理性、良好的服务和客户体验、产品的差异性、对中介的依赖等方面的问题,导致保险的获客成本高。第二个痛点是"理赔难",原因同样是多方面的,包括定损的复杂性(如何证明你就是你,它就是它,损失的原因和程度的判断等)、可能存在的道德风险等,从而导致了保险的社会形象不佳。

保险科技的出现将会从根本上解决保险业发展中的这两个痛点。我们注意到,事实上很多保险科技公司在一开始进入保险领域时,就是从试图解决上述两个痛点入手的。例如,大量的保险科技应用的案例首先来自于改进保险的销售,通过保险比价平台、数字化保险经纪（通过比价网站或移动 APP 向消费者销售保单）、保险产品和其他产品的交叉销售等，增加了保险产品的透明度，给予了消费者更灵活的选择，提升了客户体验，降低了保险公司的销售成本。在改善理赔方面，保险科技的作用更为显著，特别是区块链技术的应用，可以极大改善保险人和投保人之间的信任问题，加上智能合约的运用，可以从根本上解决理赔难的问题。

我们可以无保留的认为，保险业未来的发展将在很大程度上依赖于技术的推动和引领。现代科技的创新和发展不仅为保险业的发展注入了新动力，同时也在改变着人们生产和生活方式的同时，给保险业带来新的发展空间。

（二）保险科技将深刻改变传统保险业

保险科技和传统保险业的融合速度之快是我们几年前难以想象的，科技的力量正在并将继续深刻影响和改变保险业的发展轨迹，在给广大保险消费者带来越来越丰富的保险体验的同时，也让很多业内人士愈发感到：这个行业要"变天了"。

1. 保险科技对保险需求的影响

从保险需求的角度看，保险科技正在改变着人们对传统保险的认识并催生出大量新的保险需求。首先，保险科技从一开始就注意适应新一代年轻保险消费者对保险的认知和消费习惯，他们有着较高的风险意识和对保险的了解，更注重保险产品对自身的适用性，注重购买和使用保险产品全过程的良好体验，希望自己主动选择产品和作出购买决策。根据年轻一代消费者的这些需求特征，保险企业利用互联网、云计算、大数据等，将新的保险产品和更具特色的服务送到了广大消费者的手机端和电脑桌面上，在激发了广大消费者购买保险的愿望的同时，也推动了小众与个性化的需求、场景触发式需求的实现。

其次，保险科技通过有效减缓信息不对称问题，大大降低道德风险和逆选择成本，使得传统意义下的一些"不可保"风险变为可保风险。

2. 保险科技对保险供给的影响

第一，保险科技将会重构保险经营的基本理念，也就是保险经营的价值主张，将从以往的被动接受索赔到主动为客户提供风险管理等增值服务。传统保险业认为，保险对投保人的价值主要是提供经济保障。但随着保险科技的融入，很多保险企业已经发现,保险人的价值已经开始发生变化了,保险的功能已经不再主要是经济保障了,而是为投保人提供风险管理,保险的作用将从以往的"检测和补偿"进化为"预测和预防",从而彻底改变保险行业的方方面面。例如,车联网的应用在很大程度上是在鼓励和引导驾驶员更为安全的驾驶;基于智能家居的互联保险的价值早已体现在帮助客户防损和减损上;基于可穿戴设备的医联网的应用也日益突出在健康管理方面的作用。保险科技使得保险人的角色定位正在悄然发生变化,已经从客户的"保险人"转变为客户的"风险管理人",保险人对投保人的价值也从以往的保险事故发生后给付保险金,转变为提供更多的预防风险方面的服务。因此,保险的盈利模式也不再只是依靠承保和投资,而是靠提供风险管理服务和降低保险经营管理成本。

第二,保险科技已经影响甚至将从根本上重构保险经营的数理基础。传统保险定价的主要依据就是,根据大量历史数据和积累的经验来评估风险和可能的索赔金额。保险公司依据传统的统计方法和精算技术,即使对承保的个人或企业的了解相对不多,在通常情况下,仍然可以对将要发生的情况做出一个大致准确的预测,因为它有大量数据说明过去发生过类似的情况,无论是人、汽车还是房屋。

然而,随着大数据和物联网(IoT)的出现,这一情形将发生根本性的变化:物联网可以收集、记录和传输在相关特定地点和时间发生的大量物理数据,并且随着技术的发展,未来可以获得数据将继续呈几何级数爆发式增长。这些信息的数量和质量意味着,保险人在承保时对可能发生的索赔的了解已经可以不再依赖以往的数据和经验了,这种转变不仅导致保险人在索赔前后与客户的互动方式发生重大变化,如提供防止索赔发生的服务,还可以根据高质量客观数据来评估客户确实发生索赔的机会,这就从根本上改变了保险传统上根据以往其他被保险标的的承保经历来定价的方式,从而引发保险精算技术的变革,表现为:(1)未来的保险定价可以不再依赖样本数据,而是可以获得所有被保险标的的全量数据,如果是这样的话,我们将重新思考统计方法在保险定价中将如何应用。(2)从内部(损失)数据到外部(风险)数据。以往保险定价主要依据的是保险标的自身的数据,而这些内部数据并不足以刻画标的物的风险,如汽车风险、健康风险等。而借助大数据技术和物联网,保险人可以获得大量、多维度的刻画保险标的风险的外部数据(如汽车行驶时的道路、环境、天气等信息)。(3)从历史数据到实时数据。传统保险精算依赖的是历史数据，因而难以满足预测和精准定价的需要。（4）从数据数量、质量到维度。大数据技术将淡化对数据数量和质量的要求，获得更丰富维度的数据。（5）从因果关系（为什么）到相对关系（是什么）。因此，未来保险定价的逻辑和方法都将发生革命性的变化，从传统精算的"前定价"变为基于大数据技术的"后定价""前定价+后定价""预定价"等动态定价模式，支撑定价的方法将是数据科学技术，保险公司将会需要更多的数据科学家和数据工程师。

第三，保险科技将深刻改变保险经营的基本模式，重构保险的信任机制。保险经营是建立在保险人和投保人相互信任的基础上的。保险业传统的做法是投保人和保险人均本着最大诚信原则，事先签订保险合同，并在投保人缴纳了保费后保险合同生效，即投保人事先"相信"保险人会在保险事故发生后按照合同约定支付保险金；保险人也"相信"投保人在投保时的陈述是真实的，保险事故发生后，通常会按合同约定支付保险金。而事实上，这种相互信任在很大程度上一直难以实现，投保人会不信任保险人，保险人也会不信任投保人，这是导致保险销售难和社会形象不佳的重要原因。之所以会存在这种相互的不信任，根本原因是由于信息不对称、核实成本高等因素，使得这种信任机制难以实施。保险科技特别是区块链技术的运用可以很好地解决相互信任问题，重构保险的信任机制。

第四，保险科技将大大拓展可保风险的边界。在保险科技的推动下，某些传统意义下的不可保风险如巨灾风险、健康（疾病）风险、网络风险、营业中断风险等都成为可保风险，可保风险的边界在不断扩大。例如，在传统健康保险中，一般不允许被保险人带病投保，如患有糖尿病的人是不可保的。但现在保险公司通过互联网和可穿戴设备，可以动态监测被保险人的身体及饮食状况，及时向被保险人提供相关建议，动态调整保单的保额，使很多患有糖尿病的人获得了保险。某些过去由于技术原因难以对损失进行预测和评估的风险，由于技术的创新也成为可保风险，如天气指数保险，可以为农作物风险、新能源企业收入损失风险等提供保障。

某些不严重的损失根据传统的保险观点被认为是不需要保险的风险，但随着互联网、人工智能技术的发展和数字化保险的实现，很多小额损失风险的保险业务也出现了，如航班延误险、退货运费险、手机碎屏险等。

特别是对具有参数不确定性的风险，保险人事先对被保险标的的损失分布并不确定，但由于大数据技术、物联网的应用，保险公司可以对保险标的风险进行动态监测和评估，可以通过动态调整保险价格的方式减少参数不确定的影响，从而使得此类风险成为可保风险。

最后，以往由于保险人担心存在较严重道德风险或逆选择问题而不愿开展的业务，如医疗费用保险，由于大数据、区块链技术的运用，可以使道德风险和逆选择问题得到有效控制和缓解，从而成为保险公司愿意承保的风险。

（三）技术的发展最终能否颠覆传统保险业仍难以判断

未来保险业能否存在？我认为这不是一个可以根据科学技术进步而得出的推断。保险是一种风险共担机制，是在个体抵御风险能力不充分的条件下出现的，只要个体需要聚合更多的个体来共同抵御风险，保险就不会消失。

保险是建立在风险汇聚、风险转移、风险预测和信用机制基础上的。在新技术时代，尽管人们的生活方式发生了很大变化，但当面临风险的时候，当需要通过风险转移将未来的不确定性转变为相对确定性的时候，保险这种制度就会继续存在，改变的将是保险的经营理念、经营方式和经营技术等。

关于保险科技我们已经知道的还十分有限，更多的是我们还不知道的。我们已经知道是：保险科技可以增加保险产品和服务，提升保险经营效率，延伸保险的触角，创新保险的商业模式。但我们尚不知道：

现有技术将如何、在多大程度上改善、提升、创新甚至颠覆保险业？

大数据技术将会如何改变保险定价的基础？

区块链去中心化的功能会不会使传统保险公司消失？

无人驾驶汽车终将如何改变传统的汽车保险？

遗传技术、3D打印技术等会对疾病保险、人寿保险带来多大的影响？

……

其实，我们还有很多不知道的不知道，比如：未来还会出现哪些新技术？这些新技术会对保险产生什么样的影响？

保险科技的概念和实践仍处于不断发展中，我们今天很难断言某一技术将会颠覆保险业，甚至会使传统保险业消失。我们需要做的应该是：顺势而为，积极拥抱保险科技，实现保险业的创新发展。

网络互助应纳入银行保险监管体系实行统一监管

张琳[*] 聂京菁

一、引言

近年来,经济高速发展,人民收入水平上升,民众对于保险保障的需求也随之增加,社会保障虽然覆盖了10多亿人口,但是保障程度不能满足人们对于大病医疗的需要。2020年3月5日出台的《中共中央国务院关于深化医疗保障制度改革的意见》,作为医保领域首个中央层级的整体改革文件,将医疗互助与基本医疗保险、医疗救助、补充医疗保险、商业健康保险、慈善捐赠共同视为多层次医疗保障制度体系的有机组成部分,肯定了网络互助对于缓解大病保险保障不足所起到的正面作用。

网络互助是现代保险的最初形式,起源于17世纪的欧洲,面临巨大劳动风险却无法得到补偿的工人们自发组织起来形成了互助社。国内金融体制的改革、移动互联网的快速发展以及保险保障需求的扩张共同催生了网络互助。不同于传统保险,网络互助是一种互助性经济模式,相较其他大病保障模式,其进入门槛、中间成本更低,且具备正向价值观,能够聚集会员,自发传播。随着更多人群开始接受网络互助的概念,其模式优势能有效吸引更多会员参与,实现医疗保障对更大群体的覆盖。自2011年发展至今,网络互助平台运营模式逐步趋于稳定,但业内人士对其安全性、合规性、公平性仍存在质疑。继2017年行业大清洗之后,2018年11月,银保监会责令相互保转制"相互宝"事件引发社会关注,网络互助平台发展过程中,缺乏有效监管和约束、夸大宣传、资金池监管存在风险等问题显露无疑。

基于此背景,如何建立高效的监管体系和业务指导机制,防范风险,规范网络互助的发展,取精华去糟粕,引导和放大网络互助对中国社会保障的正面作

---

[*] 张琳,湖南大学教授,管理学博士,风险管理与保险精算研究所所长;第十三届全国人大代表,中国精算师协会正会员。研究方向:保险精算、巨灾保险、非寿险精算。

用，完善中国多层次社会保障体系是本书期待探讨的问题。

二、文献综述

James（2012）提出可通过 micro-insurance 的创新来完善发展中国家社会保障体系对老年人保障需求的覆盖[1]。在中国兴起的网络互助正是属于 micro-insurance 的范畴。Cummins（2009）以美国的洪水保险和地震保险为例，指出如果不因投保人风险状况而差异定价，则会产生逆选择，增加道德风险[2]。而网络互助作为依靠互联网的风险共同体，并不具备商业保险公司的专业定价模式。李立娟（2016）认为产品同质、缺少有效的风控措施以及缺少监管机构的认可是中国网络互助平台面临的主要问题[3]。

针对中国网络互助平台存在的问题，现有研究主要集中于以下 3 个发展方向展开。一种是魏丽和王莹（2017）认为网络互助不具备发展为保险行业必要的风险基础、经济基础以及法律和数理基础，因此网络互助平台不宜走向相互保险之路，而是应该按照现有的模式进行深入发展，成为商业保险和社会保障的有益补充[4]。一种是杨阔与熊海帆（2017）从普惠金融的视角出发，论证了网络互助的发展理念与普惠金融相契合，并提出应促使其向相互保险转型[5]。还有一种是张宗良和庞楷（2019）提出的，无论未来网络互助采用哪种发展模式，都应该在成熟有效的监管措施之下进行，强调监管的重要性[6]。

从国内外对网络互助的研究来看，目前的讨论重点主要集中于网络互助存在的问题与发展方向的预判上，对网络互助性质的界定众说纷纭，却没有形成有效交流，而对于监管措施的研究也较为肤浅，大多只停留在监管重要性的层面，监管适当性问题并未得到解决。

三、中国网络互助的发展历程及现状

2011 年"康爱公社"成立，2014 年泛华保险的 e 互助上线，中国具备网络互助雏形的平台开始出现。进入 2016 年，网络互助行业迎来爆发期，各类平台开始"野蛮生长"，规模体量不断扩张。2016 年 5 月，水滴互助上线 3 个月，用户突破 100 万。但之后由于内部管理缺失，监管强势施压，互助平台快速大浪淘沙，行业迎来洗牌期。2018 年，随着"相互宝"上线，10 天就吸纳了 1100 万会员,网络互助回温,又重新进入大众视野。2019年以来,滴滴、苏宁、360、美团、百度、新浪等互联网巨头相继完成布局网络互助,巨头平台背景支持下,网络互助发展再次提速。

网络互助整体规模庞大,多覆盖于三四线城市、中低收入人群。截至2020年5月,网络互助累积会员达3.3亿,筹集资金92.39亿元,受助人数超过7万,人均可获得互助金13万元。近六成受访网络互助用户家庭月收入不足1万元,47.8%的受访用户来自三四线及以下城市(见图13-1和图13-2)。

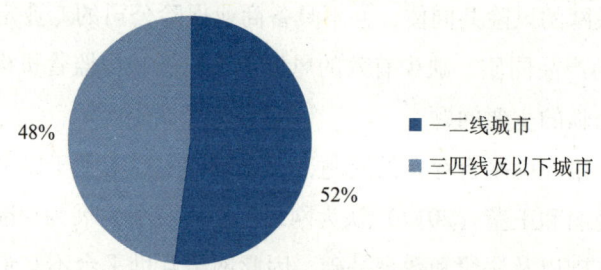

图13-1 2019年网络互助参与者用户区域分布

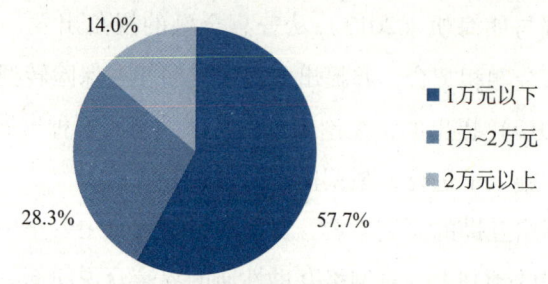

图13-2 2019年网络互助参与者用户家庭月收入

互助平台采用"一人患病,众人分摊"运营模式。按照互助金预存与否划分,具体可分为3种,一种是以"康爱公社"为例,用户需预存一定的金额,用于后续分摊的运营模式;一种是以"相互宝"为例,用户无须预存,但需绑定支付宝账户的运营模式;还有一种则是以水滴互助为例,用户可以自由选择是否预存的运营模式。而按照互助分摊规则划分,一种是以"相互宝"、水滴互助为代表的,相同计划相同分摊金额,不同年龄或疾病不同受助金额的运营模式,另一种是以众托帮为代表,不同年龄组,互助金接近但费用按一定比例分摊的运营模式。

目前留存平台约20余家，基本都有一定经营实力，主体分为两类。除了早先探索微互助的"康爱公社"和泛华e互助，以及经营抗癌互助的平安好医生等是由保险中介或集团公司控股直接运营，其他的互助平台一般都是依托于科技公司，把网络互助计划当作互联网产品运营（见表13－1）。

表13－1　　　　　　几个网络互助平台的基本情况

名称	创立时间	互联网平台	有效均摊会员人数	已资助人数	募集金额	资助类别	保障年龄
康爱公社	2011年	—	—	4412人次	2.69亿元	重大疾病、意外伤残、意外身故等	0~终身
e互助	2014年	—	—	4128人次	6.98亿元	恶性肿瘤、意外身故等	1~终身
水滴互助	2016年	水滴集团	1425.3万人	11363人次	15.277亿元	重大疾病、意外伤残、意外身故等	0~终身
轻松互助	2016年	轻松集团	1704.8万人	4919人次	5.99亿元	重大疾病、意外伤残、意外身故等	0~终身
相互宝	2018年	蚂蚁金服	10522.86万人	40200人次	56.97亿元	重大疾病等	0~70周岁
灯火互助	2019年	百度	34.48万人	—	—	重大疾病	0~60周岁
美团互助	2019年	美团	1628.7万人	2人次	0.0014亿元	重大疾病	0~59周岁
360互助	2019年	360	285.33万人	34人次	0.0387亿元	重大疾病	0~99周岁
新浪互助	2020年	新浪	—	25人次	0.0041亿元	重大疾病、意外医疗等	0~65周岁

注：本统计数据来自网络，截至2020年5月。

从主要互助平台的运营情况来看，相互宝和水滴互助作为行业巨头，注册用户市场占有最大，用户占比超过市场60%，累计受助用户2万人。其中相互宝互助了40200人，占比57.12%，累计拨出互助金56.97亿元，占比61.66%；水滴互助了11363人，占比16.14%，累计拨出互助金15.27亿元，占比16.54%（见图13－3和图13－4）。

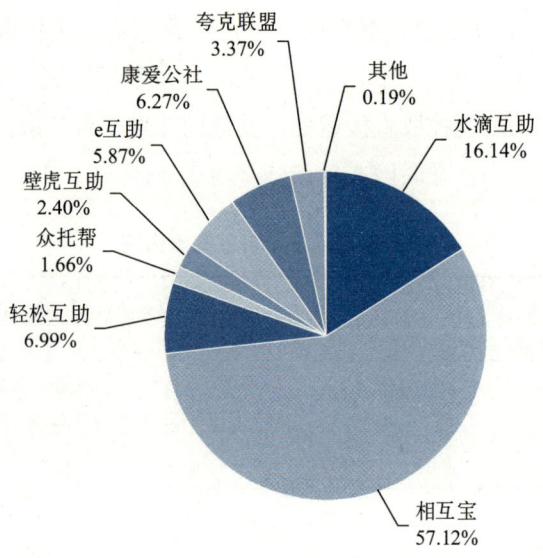

图 13-3 各平台受助会员占比

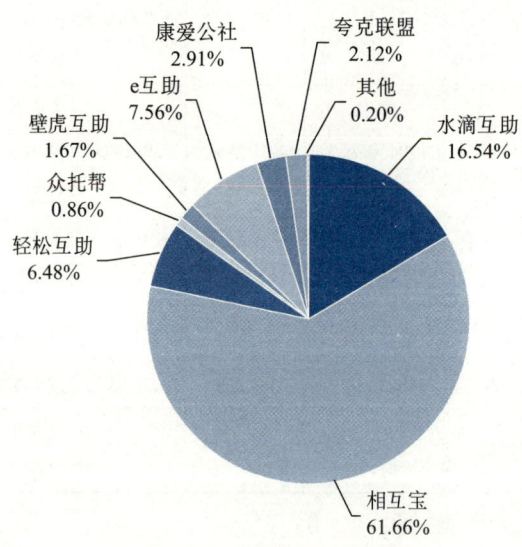

图 13-4 各平台划拨金额占比

四、网络互助平台存在的问题

尽管网络互助平台经营趋于规范,但网络互助定位模糊使其陷入无约束"野蛮生长"的尴尬境地,监管缺位、偿付风险、逆向选择等问题也逐渐显现。

(一）互助产品的性质和互助行为的定位模糊

目前，网络互助在中国既不属于商业保险，也不属于慈善事业，政府和学术界对网络互助的定位也是各执一词。各大网络互助平台都表示"我们不是公益"，是"希望通过商业手段实现公共福利"。同时银保监会也多次质疑网络互助的合规性，强调网络互助只是"类保险"，二者的计费原理、加入门槛、理赔条件大相径庭，划清了网络互助和保险的界限[7]。因此，网络互助计划只能在监管层和平台的夹缝中亦步亦趋地生存发展[8]。而这主要缘于没有监管机构制定相应的法律法规对网络互助的定位进行官方、明晰的界定。

(二）网络互助监管的顶层设计缺失

网络互助平台一般载体为科技公司，其经营的互助性有保险的性质却不属于保险公司，进入门槛低，在展业中各类假借保险名义和保险术语夸大宣传普遍存在。2017 年约有占行业总数的 1/3 的 50 家网络互助平台关停，资金池监管存在风险的平台开始相继退出。网络互助平台缺乏有效监管和约束的问题逐渐引人关注。

与商业保险公司"少赔才多赚"的机制不同，一些互助平台的管理与互助金发放挂钩，也就是说，赔得越多平台提成越多；赔款由全体成员分摊，这种计提费用的方式，会造成平台和会员之间的利益冲突，有可能损害消费者的权益[7]。

目前这个行业处于监管空白地带，相应的法律法规、行政规章、监督检查滞后，有的还是空白。快速增长的资金池和海量会员信息等事关公共利益，急需加强监管以保护公众利益。

(三）互助产品定价方式粗糙，会员长期利益难以保障

由于互联网对产品体验的简化需求，网络互助计划对于重大疾病类的年龄区别定价相对粗放，互助金收取方式也皆采用"即收即付"制，一般会员加入互助计划后，当小额预存耗尽或无预存情况下赋课征集互助金，都存在征集效率、信息到达、道德风险等问题，经营模式并不完善。网络互助计划暂时还没有进行风险定价，互助费方面也没有专门的费率厘定，甚至简单地以人数是否达到指定值为依据来决定是否承保。传统的保险公司会针对所承保的风险提前提取责任准备金，为赔付做准备，但是网络互助平台不需要提取准备金且申请网络互助平台

所需的资本金较少，因此一旦超过了每个人的分摊上限，网络互助平台的偿付能力十分有限，参与成员的理赔无法得到足够的保障。

（四）夸大宣传，信息不透明，更易引发道德风险[9]

由于网络互助基于互联网信息撮合功能，真假难辨，再加上网络互助平台缺乏外部监管的约束和行业内部的自律，部分平台的网络互助计划处于灰色地带，存在夸大宣传、信息选择性公开，甚至在官网的公示页面没有任何关于质疑投诉的提示等问题[10]。

网络互助在运营过程中，实际上只承担运营与管理的责任，并不对风险进行兜底。因此在实际的获客与赔付过程中，网络互助平台没有意愿也没有动力对用户的健康状况进行严格的筛查。反而可能会因为管理费与分摊总额挂钩以及对获客成本的考虑，而有放松准入与准出的倾向性。长此以往，必然会导致严重的道德风险和逆选择问题。并且，遵守规则的用户也会因为不断高涨的分摊金而退出，最终造成劣币驱除良币的恶果。

五、对策及建议

（一）明晰定位，将网络互助纳入银行保险监管体系实行统一监管

网络互助既不是规范意义上的相互保险，也不是公益行为或慈善事业。如果将网络互助计划定性为公益，则忽视了会员彼此之间权利与义务的关系，在法律关系上有失周延，同时也会严重抑制资本的逐利天性，不利于该行业的可持续发展[11]。

网络互助没有法人实体，会员之间通过协议承诺承担彼此风险损失的运营模式类似于美国的交互保险制度，其普惠的特性，可为中低端收入人群提供新的医疗保障渠道，普及保险意识，促使其积极参与中国医疗保障体系构建，建议引导网络互助向交互保险方向发展，形成新的保险组织形式，纳入到现有银行保险监管体系中，弥补除商业保险和相互保险以外的第三梯度保险保障空白。

（二）对资金池行为加以限制

首先，网络互助平台可参照相互保险公司的资金要求，事先筹集必要的初始运营资金或最小资本公积金，保证网络互助平台的刚性兑付。其次，要对资金托管方式给予导向，借鉴网约车、共享单车平台及其他共享经济模式的资金管理经

验,不得设立资金池,资金应委托于第三方银行或商业保险公司监管,保障资金安全[11]。再者,在一定程度上可以设定预收金额上限,避免出现类似P2P、信托和理财产品的恶性事件[12]。

(三) 设定规范性的市场运营机制

首先,建立和健全会员准入标准体系和事后评估审查体系,要求互助平台进行报备,防范逆选择和道德风险。同时互助平台应做好各互助计划加入条件的告知,完善客户服务,规范宣传用语,改进提示与说明方式,保障用户的知情权与选择权。建立专业化核赔机制,对于有争议的互助案件,完善后续纠纷解决通道。其次,互助平台需明确说明互助金的性质和用途,并提供第三方调查机构及其资质情况[12]。最后,完善计提费用的方式,互助平台的管理费用应与互助金阶梯式挂钩,理赔金额越多,管理费用所占比例呈递减趋势,降低互助平台的道德风险。

(四) 成立网络互助协会

规范网络互助从业主体违法违规行为,提高行业自律性。成立行业协会一方面可以针对定价粗放问题,设定网络互助行业标准,提升行业的专业水平;另一方面可以加强信息披露管理,防范道德风险,提升行业影响力,促进行业健康、规范、可持续发展。

加入网络互助计划的往往是被商业保险保障忽略的人群,他们的医疗保障需求是不应该被忽视的,网络互助平台就是看到了这样的市场空间,这个市场不管你承认或不承认,它都会在那里,所以需要对网络互助进行正确引导,有效监管,希望网络互助在行业内部自律和外部监管的双重约束下秉持公益的理念,积极参与医疗保障制度体系,缓解大病保险保障不足等难题,实现广大用户资源和医疗信息的全社会共享、实现更广范围和更高效率的资源配置。

参考文献

[1] James Midgley. Social protection and the elderly in the developing world: mutual aid, micro – insurance, and the state [J]. Journal of Comparative Social Welfare, 2012: 153 – 163.

[2] Cummins, J. D. and O. Mahul. Catastrophe Risk Financing in Developing

Countries: Principles for Public Intervention [J]. World Bank Publications, Washington, D. C. , 2009.

[3] 李立娟. 网络互助罪与罚 [J]. 法人, 2016, (12): 32 – 34.

[4] 魏丽, 王莹. 网络互助不宜走向相互保险 [J]. 中国金融, 2017, (04): 66 – 67.

[5] 杨阔, 熊海帆. 普惠金融视角下的类保险网络互助研究 [J]. 保险理论与实践, 2017, (10): 71 – 82.

[6] 张宗良, 庞楷. 类保险网络互助的性质厘定、风险识别与监管对策 [J]. 金融与经济, 2019 (12): 55 – 61.

[7] 人民日报: 网络互助应规范运作 诸多问题依然待解 [J]. 电脑知识与技术, 2019: 109 – 110.

[8] 马雯. 网络互助计划的监管逻辑 [D]. 哈尔滨: 哈尔滨工业大学, 2019.

[9] 王翀. 网络互助发展经验借鉴及路径思考 [J]. 保险职业学院学报, 2020 (1): 22 – 29.

[10] 陈令. 网络互助平台风险及防控对策研究 [D]. 北京: 北京邮电大学, 2018.

[11] 关佳, 李楠. 网络互助的风险及监管 [N]. 民主与法制时报, 2018 – 12 – 13.

[12] 李海博. "网络互助" 如何防范风险 [N]. 中国保险报, 2015 – 11 – 16.

[13] 聂鑫淼, 丁少群. 网络互助平台运行机制的内在隐患及转型方向探讨 [J]. 上海保险, 2020 (2): 49 – 53.

[14] 高嵩. 网络互助平台应精耕细作 [N]. 中国银行保险报, 2019 – 11 – 11.

[15] 宋占军, 齐晶. 网络互助保险, 路在何方 [J]. 金融博览, 2018: 68 – 69.

中国医保改革成就、问题与展望

褚福灵[*]

20世纪90年代探索建立城镇职工基本医疗保险制度以来，尤其是2009年新一轮医药卫生体制改革以来，中国医疗保障事业取得了巨大成就，也面临诸多问题与挑战。应当审时度势，破立并举，深化改革，构建更高质量、更有效率、更可持续的医疗保障体系。

一、中国医疗保障体系建设成效巨大

自1998年12月14日发布《国务院关于建立城镇职工基本医疗保险制度的决定》（国发〔1998〕44号）以来，尤其是2009年3月17日发布《中共中央国务院关于深化医药卫生体制改革的意见》（中发〔2009〕6号）以来，中国医疗保障制度逐步健全，医疗保障覆盖面逐步扩大，取得了巨大成就。

（一）实现基本医疗保障制度全民覆盖

建立了覆盖职工和城乡居民的基本医疗保险制度框架，建立了贫弱群体由政府资助缴费以及重特大疾病的医疗救助制度，在制度上基本实现了"应保尽保"。

建立了社会统筹与个人账户相结合的职工基本医疗保险制度。根据《中华人民共和国社会保险法》，职工应当参加职工基本医疗保险，由用人单位和职工按照国家规定共同缴纳基本医疗保险费。无雇工的个体工商户、未在用人单位参加职工基本医疗保险的非全日制从业人员以及其他灵活就业人员可以参加职工基本医疗保险，由个人按照国家规定缴纳基本医疗保险费和享有职工基本医疗保险待遇。

---

[*] 褚福灵，经济学博士，中央财经大学保险学院教授，社会保障研究中心主任，博士生导师。兼任人力资源和社会保障部专家咨询委员会委员，中国社会保障学会常务理事，中国医疗保险研究会理事。主持完成国家社会科学基金重点项目等10余项，发表学术论文140多篇，出版学术著作10多部。主要研究方向：社会保障理论与政策、社会保障量化管理、基本养老保险、基本医疗保险、企业年金管理等。

建立了政府补贴与个人缴费相结合的城乡居民基本医疗保险制度。根据《国务院关于整合城乡居民基本医疗保险制度的意见》（国发〔2016〕3 号），城乡居民医保制度覆盖除职工基本医疗保险应参保人员以外的其他所有城乡居民。

建立了重特大疾病救助制度。2015 年 4 月 21 日发布的《国务院办公厅转发民政部等部门关于进一步完善医疗救助制度 全面开展重特大疾病医疗救助工作意见的通知》（国办发〔2015〕30 号）规定：最低生活保障家庭成员和特困供养人员是医疗救助的重点对象，并逐步将低收入家庭的老年人、未成年人、重度残疾人和重病患者等困难群众以及县级以上人民政府规定的其他特殊困难人员纳入救助范围。对重点救助对象参加城镇居民基本医疗保险或新型农村合作医疗的个人缴费部分进行补贴，对特困供养人员给予全额资助，对最低生活保障家庭成员给予定额资助，保障其获得基本医疗保险服务。

（二）实现医疗保障运行广泛覆盖

2009 年以来中国基本医疗保险参保率基本稳定在 95% 以上，实现了基本医疗保障运行广覆盖。根据 2009 年以来的统计数据，多数年份的参保率在 90% 以上，表明基本医疗保险（包括职工基本医疗保险与城乡居民医疗保险）实现了广覆盖。但 2013 年和 2016 年的数据出现异常。2013 年全国的基本医疗保险参保率超过了 100%，表明城乡分割的医疗保险制度存在重复统计问题。2016 年的基本医疗保险参保率为 74%，出现显著下降，可能与 2016 年城乡居民基本医疗保险制度整合中的数据报送中断、报送不及时或报送不准确有关，也可能与参保落实工作不到位有关。

2018 年的基本医疗保险参保覆盖率在 95% 以上。根据 2018 年的统计数据，基本医疗保险参保人数 134452 万人，参保覆盖率在 95% 以上。其中参加职工基本医疗保险人数 31673 万人，比上年末增加 1351 万人，增长 4.5%；参加城乡居民基本医疗保险人数 89741 万人，比上年末增加 2382 万人，增长 2.7%；新型农村合作医疗参保人数 13038 万人。在职工基本医疗保险参保人员中，在职职工 23300 万人，退休人员 8373 万人，分别比上年末增加 1012 万人和 339 万人。以上数据表明，中国基本医疗保险基本做到了"应保尽保"，取得了巨大成就。基本医疗保险参保率如表 13 - 2 所示。

表 13 - 2 历年基本医疗保险参保率测算

年份	2018	2017	2016	2015	2014	2013	2012	2011	2010	2009
参保人数（万人）A	134452	130981	101892	133582	133347	137273	134141	130543	126863	123447
年末总人口（万人）B	139538	139008	138271	137462	136782	136072	135404	134735	134091	133450
基本医疗保险参保率 A/B	96%	94%	74%	97%	97%	101%	99%	97%	95%	93%

资料来源：根据历年统计年鉴、中国卫生统计年鉴、国家医疗保障局统计快报测算整理。

（三）初步构建了多层次医疗保障体系

中国建立了公务员医疗补助制度和职工大额医药费用补充医疗保险制度。《国务院关于建立城镇职工基本医疗保险制度的决定》（国发〔1998〕44号）规定：国家公务员在参加基本医疗保险的基础上，享受医疗补助政策；允许建立企业补充医疗保险，企业补充医疗保险费在工资总额4%以内的部分，从职工福利费中列支。

中国建立了城乡居民大病保险制度。《关于开展城乡居民大病保险工作的指导意见》（发改社会〔2012〕2605号）规定：大病保险主要在参保（合）人患大病发生高额医药费用的情况下，对城镇居民医保、新农合补偿后需个人负担的合规医药费用给予保障；高额医药费用，以个人年度累计负担的合规医药费用超过当地统计部门公布的上一年度城镇居民年人均可支配收入、农村居民年人均纯收入为判定标准；各地也可以从个人负担较重的疾病病种起步开展大病保险，大病保险对超出规定标准的高额医药费用的实际支付比例不低于50%。

（四）实现基本医疗保险基金总体平稳运行

基本医疗保险基金结余基本保持在合理区间。根据人力资源和社会保障部《关于进一步加强基本医疗保险基金管理的指导意见》（人社部发〔2009〕67号）规定：基本医疗保险统筹基金累计结余原则上应控制在6~9个月平均支付水平，职工基本医疗保险统筹基金累计结余超过15个月平均支付水平的，为结余过多状态，累计结余低于3个月平均支付水平的，为结余不足状态。根据近10年的统计数据，职工基本医疗保险基金的平均累计结余系数在1.5年左右（1.5年＝1.5×12＝18个月），居民基本医疗保险基金的平均累计结余系数在0.35年左右（0.35年＝0.35×12＝4.2个月）。分析认为，职工基本医疗保险基金结余金额在高位运行（近10年中，历年的基金结余系数17~21个月），基金比较充裕，可持续性较强。城乡居民基本医疗保险基金结余在中位运行（近10年中，历年的基金结余系数2~8个月），基金结余总体适中。基本医疗保险基金结余系数测算如表13-3所示。

表13-3　　　　　　　　基本医疗保险基金累计结余系数测算

年份	2018	2017	2016	2015	2014	2013	2012	2011	2010	2009
职工医保基金累计结余系数（年）	1.77	1.67	1.57	1.46	1.41	1.39	1.41	1.41	1.45	1.54
城乡居民医保基金累计结余系数（年）	0.65	0.62	0.52	0.33	0.28	0.25	0.25	0.23	0.21	0.20

资料来源：根据历年统计年鉴、中国卫生统计年鉴、国家医疗保障局统计快报测算整理。

（五）社会保障成就得到国际社会认同

2016年11月14日至18日，国际社会保障协会（英文简称ISSA）在第32届全球大会上，将"国际社会保障协会社会保障杰出成就奖"授予中华人民共和国政府，以表彰中国近年来在扩大社会保障覆盖面（包括医疗保险）工作中取得的卓越成就。

国际社会保障协会对中国政府的评语是："在过去的10年里，中国凭借强有力的政治承诺和诸多重大管理创新，在社会保障扩面工作方面取得了举世无双的成就。这个过程的特点不仅仅体现在中国人民的社会保障水平显著提升，而且还体现在连续性的采用不同类型的（社会保障）计划和分阶段按部就班推进的举措，使成就得以持续，并使之适应不断演变的需求和重点工作"[①]。

二、中国医疗保障制度存在的主要问题

尽管中国医疗保障制度建设取得巨大成效，但同十九大报告提出的全面建成覆盖全民、城乡统筹、权责清晰、保障适度、可持续、多层次社会保障体系的总体要求还存在较大差距，同建成更高质量、更有效率的医疗保障治理体系的要求还存在较大差距，同切实解决看病难、看病贵的目标要求还存在较大差距。

---

① 人力资源社会保障部就中国政府获"社会保障杰出成就奖"举行吹风会，http://www.gov.cn/xinwen/2016-12/13/content_ 5147531.htm#1。

（一）重特大疾病的医疗保障问题尚未得到有效解决

重特大疾病的概念存在医学和经济学两种解释。医学上以病种为划分标准，将恶性肿瘤等对人体健康损害相对严重的疾病认定为重特大疾病；经济学上以医药费用为划分标准，当患病后的医药费用超过患者的经济承受能力，进而严重影响患者及家庭的正常生活时，即可认定为重特大疾病。综合以上解释，当出现某些特定病种，或者花费的医药费用超过某一标准时，均认定为发生了重特大疾病。

中国现行的医疗保障制度尚难以有效化解重特大疾病的医药费用支付风险。不论中国的职工基本医疗保险制度，还是城乡居民基本医疗保险制度，不同统筹地区对医药费用的支付均设立了起付线与封顶线。比如，有些地区规定，住院起付线为2000元，这2000元需要由个人自付，超过2000元部分由医疗保险基金按比例报销；再比如，有些地区规定，年度内基本医疗保险医药费用报销的最高限额为30万元，超过30万元以上的医药费用将由个人支付。同时，中国基本医疗保险规定了一定比例的自付费用，比如规定三级住院目录内的医药费用报销80%，自付20%等。还有，中国对医疗保险药品目录、诊疗项目目录与服务设施项目目录均做出了规定，目录内的项目按规定比例报销，目录以外的项目由个人自付。分析表明，在现行医疗保险制度框架下，个人需要自付的医药费用包括：起付线、封顶线以上部分，按比例自付的医药费用，目录外自负的医药费用。

中国现行的各类补充医疗保险制度难以给予充分的医药费用补偿。包括城乡居民大病保险、职工大额医药费用互助、企业补充医疗保险、公务员医疗补助在内的各类补充医疗保险，往往是对目录内医药费用的补偿（目录外的不补偿），或者是对所发生医药费用的限额补偿（比如，补充报销的额度10万元等），导致重特大疾病患者的医药费用仍然难以充分补偿，使重特大疾病患者面临灾难性医疗支出与因病致贫的风险。

中国现行的医疗救助制度在化解重特大疾病医药费负担方面的作用有很大局限性。现行医疗救助的对象十分有限，往往限定在特困人员和低保家庭。同时，医疗救助的额度也有一定限制，比如对于符合条件的家庭统一给予3万元的救助等。医疗救助很显然可以一定程度上缓解贫困家庭医药费用支付的困境，但对于重特大疾病患者而言，有限额度的救助往往杯水车薪。当然，还有慈善捐助、社会互助等举措,但这些办法是否有效具有一定的不确定性,有时往往难以真正发挥作用。

综上,中国重特大疾病保障制度并未有效建立,这是导致看病难看病贵问题依然为社会广泛关注的重要原因。

(二)基本医疗保障制度体系有待完善

尽管中国建立职工基本医疗保险、城乡居民基本医疗保险、医疗救助等制度,构建了基本医疗保障体系的基本框架,但同满足人口流动化、就业形式多样化的要求相比照还存在较大差距。尤其在灵活就业人员参加基本医疗保险、病假工资、关停并转企业职工医保待遇、职工基本医疗保险缴费年限认定等方面,全国缺少统一规定,各地做法不同,出现攀比与矛盾,影响了社会和谐稳定。

灵活就业人员参加职工基本医疗保险办法不统一。尽管2003年5月26日劳动和社会保障部办公厅发布了《关于城镇灵活就业人员参加基本医疗保险的指导意见》(劳社厅发〔2003〕10号),但各地执行存在明显不同。有些地区为灵活就业人员建立基本医疗保险个人账户,有些地区只建立基本医疗保险统筹基金,导致基本医疗保险缴费年限衔接存在困难。

基于户籍的城乡居民基本医疗保险参保办法不适应流动人口需要。尽管城乡居民基本医疗保险从制度上覆盖全体居民,以及国家也出台了异地就医结算办法,但由于该制度往往按户籍人口进行覆盖,使流动人员在居住地就医存在诸多不便,降低人民群众的获取医疗服务的获得感。

病假工资的规定不够统一规范。尽管《中华人民共和国劳动保险条例》对病假工资做出了规定,1994年12月1日,发布了《劳动部关于发布企业职工患病或非因工负伤医疗期规定的通知》(劳部发〔1994〕479号),并且广东、上海、浙江等地出台了实施办法,但各地规定有明显差距,引致攀比与社会不和谐。应当提高立法层次,进一步统一规范病假工资规定,切实保障病患职工的病假权益。

"关停并转"企业职工医保待遇规定需要完善。在企业转型升级过程中,一些濒临破产企业无力缴费,职工医保待遇中断,鉴于仍为职工身份,又不能参加居民医保,导致职工的基本医疗保险待遇得不到相应保障,需要采取措施加以应对。

(三) 医药费用保障水平总体偏低

医药费用保障水平是指医药费用报销水平和医保基金补偿水平的总称。医疗保障主要解决医疗服务的资金保障问题，主要通过保险等方式化解病患的医药费用支付困难。因此，为医药费用提供资金保障是医疗保障的基本功能。分析认为，中国存在医药费用实际报销率水平、医保基金补偿水平总体偏低的问题。

1. 中国医药费用实际报销水平总体偏低

医药费用实际报销水平是指有医疗保险基金支付的医疗费用占总医疗费用的比率。医药费用的实际报销率不同于制度规定的报销率。中国职工基本医疗保险和居民基本医疗保险在报销住院医药费用方面均规定了报销比例，比如报销住院医药费用的80%等，该报销率称为制度报销率，是指政策范围内的报销率（政策范围内的含义是，医药费用开支在规定的药品目录、诊疗目录、服务项目目录范围内，以及在封顶线以内）。由于受封顶线、药品目录等因素影响，医药费用的实际报销率会明显下降（比如，医药费用报销率不再是制度规定的80%，因为住院期间要用一些目录外的自费药等，可能实际报销率仅仅为60%等），与制度报销率之间存在一定差距。医药费用实际报销率均值测算如表13-4所示。

表13-4　　　　　　　　医药费用实际报销率均值测算

年份	2017	2016	2015	2014	2013	2012	2011	2010	2009
职工医保医药费用报销率均值	63.73%	63.24%	64.37%	64.44%	65.16%	63.34%	62.18%	61.26%	58.33%
城乡居民医保医药费用报销率均值	34.88%	36.38%	34.74%	35.33%	36.52%	35.79%	31.58%	30.19%	27.20%
基本医保医药费用报销率均值	51.56%	55.24%	51.24%	50.03%	47.29%	45.39%	42.82%	41.47%	37.97%

资料来源：根据历年统计年鉴、中国卫生统计年鉴、国家医疗保障局统计快报测算整理。

根据2009~2017年的统计分析数据，基本医疗保险医药费用实际总体报销率均值在50%左右（职工基本医疗保险与居民基本医疗保险一并测算），职工基本医疗保险医药费用实际报销率均值在62%左右，城乡居民基本医疗保险医药费用实际报销率均值在33%左右。分析认为，医药费用的实际报销率总体偏低，与制度规定的报销率之间有较大差距，需要采取措施提高医药费用实际报销率，以便有效缓解重大疾病患者的医药费用负担。

2. 基本医疗保险基金补偿率有待提高

基本医疗保险基金补偿率是指当年的基本医疗保险基金支出占当年基本医疗保险基金收入的比率。用公式表示：基本医疗保险基金补偿率＝当年基本医疗保险基金支出/当年基本医疗保险基金收入。按照国际经验，医疗保险基金补偿率应当在85%以上，并确保基金的结余在合理区间。测算表明，中国职工基本医疗保险基金补偿率在80%左右，总体偏低，可以适当提高；城乡居民基本医疗保险基金（包括新农合）补偿率有一定波动，平均在90%左右，总体可行。医保基金补偿率测算如表13－5所示。

表13－5　　　　　　　基本医疗保险基金补偿率测算

年份	2018	2017	2016	2015	2014	2013	2012	2011	2010	2009
职工医保补偿率	79.2%	77.1%	80.7%	82.9%	83.3%	82.6%	80.3%	81.3%	82.7%	76.9%
城乡居民医保补偿率	90.1%	87.6%	88.3%	84.4%	87.1%	81.8%	77.0%	69.5%	75.4%	66.5%
新农合补偿率	95.5%	92.4%	88.7%	89.3%	95.6%	97.9%	97.0%	83.5%	90.7%	97.7%

资料来源：根据历年统计年鉴、中国卫生统计年鉴、国家医疗保障局统计快报测算整理。

（四）基本医疗保险筹资机制需要完善

基本医疗保险缴费是医疗保障基金的主要来源。要实现一定的医疗保障水平，必须有相应的筹资水平。中国职工基本医疗保险总体筹资水平相对较高，但一些地区将过多的统筹基金划入个人账户，导致统筹基金支付能力减弱。中国城乡居民基本医疗保险筹资水平总体偏低，这也是导致居民医药费用报销率偏低的重要原因。当前，职工基本医疗保险是按工资的一定比例筹资，具有相应的筹资增长机制，确保了一定的医保待遇水平。但居民基本医疗保险是定额筹资，虽然每年的筹资额度也有所提高，但缺少客观的筹资增长机制。城乡居民基本医疗保险应当由定额筹资过渡到定比筹资，与职工基本医疗保险一样按工资的一定比例筹资。随收入水平的提高，逐步提高居民个人的筹资比例，把国家的筹资水平控制在总筹资金额的50%~60%，使居民基本医疗保险逐步回归到保险属性，形成国家与个人之间合理的筹资分担机制。以职工平均工资为缴费基数，基本医疗保险缴费率测算结果如表13－6所示。

表 13 – 6　　　　　　　　　　基本医疗保险缴费率测算

年份	2017	2016	2015	2014	2013	2012	2011	2010
职工基本医疗保险缴费率	7.41%	7.00%	6.86%	6.78%	6.69%	6.53%	6.24%	6.08%
城乡居民基本医疗保险缴费率	0.86%	0.89%	0.83%	0.79%	0.74%	0.67%	0.60%	0.44%

资料来源：根据历年统计年鉴、中国卫生统计年鉴、国家医疗保障局统计快报测算整理。

职工基本医疗保险缴费与居民基本医疗保险缴费存在较大差距。数据表明，职工基本医疗保险的缴费率大致为城乡居民基本医疗保险缴费率的 10 倍左右。当然，中国职工基本医疗保险是权益积累制，在职期间缴纳基本医疗保险费，退休后达到规定缴费年限不再缴纳基本医疗保险费，并享受基本医疗保险待遇，因此在职期间设定相对较高的缴费费率具有一定的合理性。中国居民基本医疗保险是终生缴费制度，即期缴费即期享受待遇，因此缴费费率相对偏低也具有一定的合理性。但职工基本医疗保险与居民基本医疗保险费率均要按照以收定支、适度保障原则合理确定，不能过高或过低。

过低的居民基本医疗保险缴费可能会虹吸职工参保人员。由于中国发展不平衡问题突出，职工与居民之间的收入差距较大，职工基本医疗保险与居民基本医疗保险这两个制度可能长期并存。当居民基本医疗保险的个人缴费过低，而医疗待遇相对不低的情况下，职工参保人员（尤其是灵活就业人员）可能会放弃参加职工基本医疗保险而参加居民基本医疗保险，这可能会对职工基本医疗保险制度的可持续性带来冲击。因此，需要进一步完善职工基本医疗保险与居民基本医疗保险筹资机制，协调好二者本医疗保险缴费水平与待遇水平，实现基本医疗保险长期持续健康发展。

（五）居民基本医疗保险基金结存不平衡问题比较突出

尽管全国范围内基本医疗保险基金有一定结存，可持续能力较强，但各国省份之间的居民基本医疗保险基金结存不平衡问题仍然突出。

根据 2015～2017 年的统计数据，全国有两个省份的居民基本医疗保险基金累计结余为赤字，分别是西藏和青海。同时，上海的居民基本医疗保险基金累计结存低于 3 个月，浙江居民基本医疗保险基金累计结存在 3 个月左右徘徊，处于基金亏空的边缘。2017 年居民基本医疗保险基金结存超过 15 个月的省份有 8 个，其余省份的居民基本医疗保险基金结存为 3～15 个月。

根据2015~2017年的统计数据，有6个省区市的城乡居民医疗保险基金当年收不抵支，分别是上海、山东、西藏、山西、青海、宁夏，居民基本医疗保险基金的收支形势并不乐观。

三、中国医疗保障制度改革展望

在中国特色社会主义进入新时代的背景下，在社会主要矛盾转为人民日益增长的美好生活需要与不平衡不充分发展之间矛盾的新的历史时期，应顺应人民由温饱型的基本生活需要转向小康型的高质量生活需要的历史趋势，实现医疗保障事业由提供基本保障向提供更高质量保障的历史转型，努力构建更高质量、更有效率、更可持续的中国特色医疗保障体系，奋力推进医疗保障事业现代化，确保人民群众对医疗保障有更强的获得感、幸福感与安全感。

（一）健康为本，防病为先，建成防治并举的重特大疾病保障体系

防范与化解重特大疾病风险是医疗保障的基本功能。尽管中国已经建立了覆盖职工和居民的基本医疗保险制度，建立了针对困难群体的医疗救助制度，以及建立了针对部分群体的补充医疗保险制度，使绝大多数医疗风险得到化解，但仍有因病致贫、因病返贫现象出现，甚至出现"卖血治病"等传闻，影响了医保制度的公信力，也影响了社会的和谐稳定。

以健康为导向，从源头上化解重特大疾病风险。根据近20年的甲乙类法定报告传染病发病率和死亡率统计，从1998年的发病率204.39（1/10万）上升到2017年的222.06（1/10万），从1998年的死亡率0.41（1/10万）上升到2017年的1.42（1/10万），总体呈现上升趋势（尽管有些年份出现波动），防范重特大疾病的情势不容乐观。应将防控重特大疾病风险的关口前移，采取"疫病预防、妇幼保健、环境改善、提高食品药品质量、健康体检、全民健身、健康生活"等综合措施，为防控与化解重特大疾病风险创造条件。

由医保基金"支付医疗费用封顶"到参保人"自负医疗费用封顶"，发挥基本医疗保险保大病的主体作用。基本医疗保险的"保基本"应当是"保生存保大病"，通过报销较大比例的住院费用与大额门诊费用，有效化解参保人的医疗支出风险。保障生命的延续所需要的医药费用因人因病而异，不应当确定一个基本的费用额度作为保基本的标准。建议改革现行城镇职工基本医疗保险和城乡居

民基本医疗保险制度，取消其中有关统筹基金最高支付限额的规定。可以考虑根据家庭的收入水平不同，设定不同水平的个人自付医疗费最高限额（家庭收入水平高的个人自负医药费用限额相对较高），即按照年度计算，政策规定范围内的个人自付医药费用超过本人或家庭可支配收入的一定比例后，医药费用由统筹基金全额支付。

建立重特大疾病专项补充保险基金，为罕见病等重特大疾病的医疗费用补偿提供专门保障。在基本医疗保险提供自负医疗费用封顶保障的基础上，可以使绝大部分灾难性医疗费用支出风险得以化解。但由于基本医疗保险是对政策范围内个人自负医疗费用的封顶，目录外的费用由个人承担，仍然可能致使个别罕见病等重特大疾病患者陷入因病致贫的困境。为此，建议整合现存的城乡居民大病保险、职工大额医疗费用互助、企业补充医疗保险等各类补充医疗保险制度，建立全国统一的重特大疾病补充保险基金。该补充保险作为基本医疗保险的附加险种，原则上自愿参加，参保人、单位、政府分摊缴费，形成全国性专项保险基金，由非营利的保险机构提供经办服务，为罕见病等重特大疾病的医疗费用提供相应补偿。

通过以上综合改革，力求形成健康至上、防病为先、政府市场分责、多层次的重特大疾病保障的制度性安排与运行机制。

（二）完善立法，优化制度，建成全覆盖的医疗保障体系

医疗保障是重大民生工程，应当完善立法，优化"职工＋居民"制度的顶层设计，建成覆盖全民、覆盖各类医疗风险、覆盖各生命周期医疗风险的医疗保障体系。

完善医疗保障立法，优化"职工＋居民"的基本医疗保障制度框架设计。由于中国基本医疗保险实行地区性统筹等原因，存在制度不统一、立法层次偏低等问题，需要采取有效措施加以解决。在明确改革思路和总结实践经验的基础上，提高立法层级，尽快出台医疗保障条例，为医疗保障事业更高质量、更可持续发展奠定法律与制度基础。

改革现行职工基本医疗保险制度，借鉴北京地区的做法，放开基本医疗保险个人账户，实行门诊大额医疗费用统筹制度。按照现行规定，职工基本医疗保险个人账户由个人缴费与统筹基金划拨构成，主要用来支付门诊等自费费用，并实

行封闭管理。由于一些地区职工基本医疗保险个人账户实行通道式管理等原因（通道式管理是指把个人账户积累用尽后才由统筹基金报销医药费用），用个人账户基金在药店购买日用品等现象时常发生，这一方面增大了监控管理成本，另一方面老百姓对这种管理办法也颇有微词。既然个人账户是用来看门诊的，就没有必要过度监管，应当交由参保人自主支配。北京地区在 2001 年建立基本医疗保险制度之初，就按照参保人能自我管理的政府就放手的原则，没有实行个人账户封闭管理，而是将个人账户发到个人手中用来支付一般门诊费用，并同时建立了大额门诊费用统筹制度（就是当门诊费用超过一定额度时由统筹基金支付）。于是形成了"一般门诊费用由个人账户支付，大额门诊费用统筹基金支付"的运行模式，并取得了成功。建议借鉴北京地区做法，在适当调整统筹基金向个人账户划拨比例的基础上（按现行规定，统筹基金划入个人账户的比例为30%左右，在放开个人账户的情况下，该比例可通过测算适当下调），放开基本医疗保险个人账户，实行"一般门诊费用个人账户支付，大额门诊费用统筹基金支付"的新型统账结合的制度模式，为实现职工基本医疗保险更高质量、更有效率发展奠定制度基础。

改革城乡居民基本医疗保险制度，由"定额"缴费向"定比"缴费转变，形成缴费的稳定增长机制。中国城乡居民基本医疗保险实行定额缴费制度，尽管每年的缴费额度有一定增加，但缺少统一规范的筹资增长机制。当前，已经有若干省份城乡居民基本医疗保险基金收不抵支，应当与筹资增长力度不够有关。应当在充分考虑居民收入水平与财政负担能力的基础上，以各省平均工资为基数，制定居民基本医疗保险缴费费率，从而形成城乡居民基本医疗保险缴费的适度增长机制，进而为提高居民基本医疗保险待遇水平创造条件。

实现医疗保障由"户籍"覆盖到"居住"覆盖，确保医疗保障的全民覆盖。在制度设计之初，城乡居民基本医疗保险按户籍参保具有一定合理性，但随着人口流动规模化加速，基于户籍的参保规定影响了人民群众的便捷就医。医疗保障是公共产品，是基本公共服务的重要组成部分，应与时俱进，改革现行城乡居民基本医疗保险以户籍人口为参保对象的规定，同时完善财政预算体制机制，建立起面向常住居民提供基本医疗保障的制度体系。

实现医疗保障由"申请"覆盖到"自动"覆盖，确保医疗保障的全生命周期覆盖。城乡居民基本医疗保险在制度建立之初实行自愿参加具有一定必要性，但随着全民医保制度的普遍建立，应当实现城乡居民医疗保险由"申请参保"到"自动参保"的转变。在自动参保下，如果居民没有声明不参保，或者没有被职工基本医疗保险所覆盖，将自动纳入参保范围，不用再专门申请。通过自动参保，可以实现全生命周期保障，尤其是有利于覆盖所有的新生婴儿参保，进而有效化解新生婴儿的疾病风险。

实现医疗保障由"服务"覆盖到"现金"覆盖，确保医疗保障的全风险覆盖。中国现行的医疗保障制度改革，很大程度上局限在医疗服务供给与医药费用报销上，或者说，解决的仅仅是"实物"待遇问题，没有或者很少顾及以"病假工资"为代表的"现金"待遇问题。根据国际劳工组织1952年发布的《社会保障最低标准公约102号》（Social Security（Minimum Standards）Convention，1952（No. 102）），以及1969年发布的《医疗与疾病待遇公约130号》（Medical Care and Sickness Benefits Convention，1969（No. 130）），疾病患者面临治疗费用与收入损失两大风险，医疗保障应当包括医疗服务保障与现金收入保障（即病假工资）两方面的内容。根据以上公约规定，提供的现金保障标准为：支付定期待遇，待遇标准至少为参照工资的60%；当受益人死亡时，包括丧葬费待遇。《中华人民共和国劳动保险条例》以及有关政府文件，对病假工资进行了规定，但总体来看这些规定原则性较强，需要进一步完善与细化。建议全方位推进医疗保障制度改革，实现职工医疗服务保障与病假工资保障并重，以确保患病职工得到相应的现金收入保障。

（三）加强管理，提质控费，建成更高质量、更有效率、更可持续的医疗保障体系

"三分制度，七分管理"。应当强化管理，提质控费，把有限的医保基金用到刀刃上，实现医疗保障事业更高质量、更有效率、更可持续发展。

由按"数量"付费到按"价值"付费，抑制医疗资源浪费，实现基本医疗保险基金高质量运转。衡量医疗保障事业高质量发展有不同的维度，但应当主要体现在医保基金所购买的医疗服务物有所值上。如果医疗机构和医师提供的医疗服务好、价值高，医保基金就给予较高额度支付；如果医疗机构和医师提供的医疗服务不好、价值低或没有价值，医保基金就给予较低额度支付或者予以拒付。

由此形成医疗服务好，医保基金多支付，医疗服务不好，医保基金少支付或不支付的运行机制，把有限的医保基金花到刀刃上，进而实现医保事业的高质量发展。医疗服务是好还是不好，或者说医疗服务价值是高还是低，可以通过对医疗服务的数量质量和医师的医疗行为进行量化评估加以实现。因此，应当深化医保支付制度改革，建立健全医保支付标准，完善药品招标采购制度，有效抑制医疗资源浪费，确保医保基金购买的医疗服务物有所值。

由注重"结存"基金向注重"用好"基金转变，确保医疗保险基金安全高效运转。基本医疗保险基金是补偿医药费用的基金，是老百姓的救命钱，必须加强监督，确保安全。要加强对医疗保险基金使用的监督评估，开展医保智能监控工作，打击各类骗保行为，防止截留挪用医保基金，确保医保基金专款专用。基本医疗保险基金是现收现付性质的基金，不应当有过多的基金结余。在确保合理结余的基础上（结余3~9个月为正常），要把当年基金收入的90%以上用到医药费用补偿上，确保用足用好基金，提高医保基金使用效率。

实现医疗保险由"个人"参保到"家庭"参保，提高医保基金征缴效率。中国职工参加基本医疗保险的人数大概3亿人，居民参加基本医疗保险的人数大概为10亿人，职工以"单位"作为参保单元，居民以"个人"作为参保单元。由于居民人数众多，每年对每一个参保个人征收100~200元不等基本医疗保险缴费往往需要较高的工作成本。鉴于每一个居民往往是职工家庭的一员，可以通过打通职工基本医疗保险与居民基本医疗保险缴费渠道，由职工为家属代缴基本医疗保险费。通过实现居民基本医疗保险由个人参保缴费向家庭参保缴费转变，可以提高规模效应，确保居民基本医疗保险筹资的稳定。

确保按时足额筹措医疗保障基金，为医疗保障事业可持续发展奠定物质基础。依法缴纳基职工本医疗保险费是参保单位与参保个人的法定义务，社会保险费非因法定事由不得减免。基本医疗保险费率与费基应当在国家政策指导下由省级政府规定，其他地方政府不能各行其是，更不能以"开发区、高新区"等名义减少医疗保险费的征缴。各级政府要依法筹措城乡居民基本医疗保险费，并按预算及时拨付到位。各级政府要为医保事业发展提供经费支持，注重医保人才培养，为医保事业可持续发展奠定物质与人才基础。

(四）改进技术，提升服务，建成人民更有获得感、幸福感和安全感的医疗保障体系

人民满意不满意是衡量医保事业成败的唯一标准。应当采用大数据、云计算、物联网、移动网、人工智能等先进技术，改进服务方式，提高服务水平，建成人民更有获得感、幸福感和安全感的医疗保障体系。

建成全国统一的社会保险公共服务平台，实现包括医疗保险在内的各类信息共享共用。医疗保险数据是记录参保人一生的数据，是随参保人变化而变化的数据，应当将医疗保险数据纳入全国统一的社会保险公共服务平台，做到与其他社会保险数据共享共用，进而提高规模效应与服务水平。当前来看，由于医疗保险统筹层次低、各个统筹地区制度差异、全国缺少统一的技术规范等原因，各地的医疗保险数据记录、数据格式、数据编码、数据语言等不够规范统一，网络不兼容，导致医疗保险权益记录不准、转接不畅，在异地就学、就业、居住时，出现重复参保、应保未保、异地就医困难等问题，影响了人人民群众对医疗保障的获得感、幸福感与安全感。通过建成全国统一的社会保险公共服务平台，可以实现包括医疗保险在内的各类数据集中共享，进而为及时参加医疗保险、无缝衔接医疗保险权益、即时得到相应医疗服务提供技术支撑。

建成城乡社会保障"一卡通"机制，解决人人覆盖和终生保障问题。所有城乡居民均持有全国通行的、唯一的社会保障卡（册），该卡记录着每一个参保人员的医疗保险缴费信息和医疗保障待遇享受等基本信息。社会保障卡（册）由参保人持有，工作转移到哪里或生活定居到哪里，就凭此卡（册）参加当地的医疗保险项目，并享受参保地的医疗保障待遇。当持卡人发生疾病风险并需要在非参保缴费地享受医疗保障待遇时，持卡人的参保缴费地区有义务向医疗待遇提供地转移支付相应的费用，以资助该持卡人化解所遭遇的风险。通过"一卡通"制度的确立（包括与实体卡对应的电子社会保障卡），可以实现"人人有卡，全国通用，终生保障"，使人民群众在医疗保障方面有更强的获得感、幸福感与安全感。

参考文献

[1] 2018年全国基本医疗保障事业发展统计公报 [DB/OL]. http：//

www. nhsa. gov. cn/art/2019/6/30/art_ 7_ 1477. html.

［2］C102 – Social Security（Minimum Standards）Convention，1952（No. 102）［DB/OL］. http：//www. ilo. org/dyn/normlex/en/f?p = NORMLEXPUB：12100：0：：NO：：P12100_ILO_CODE：C102.

［3］褚福灵. 中国社会保障发展指数报告2016～2018［M］. 天津人民出版社，2019.

［4］褚福灵. 中国社会保障制度解读（1949～2019）［M］. 天津人民出版社，2020.

资管产品与金融业增值税问答
——北京智方圆税务师事务所有限公司

王冬生* 马雯丽 曾春娟 孙延玲

随着资管产品自 2018 年 1 月开始征收增值税，资管产品增值税以及与之有关的金融业增值税，一直是征纳双方关注的热点问题。我们结合给客户服务过程中遇到的问题，精选部分有代表性的 32 个问题，给出自己的专业分析，供大家参考。

现行的资管产品和金融业增值税政策，很多是沿用以往营业税的规定，本文作者王冬生曾经在财政部税政司负责营业税的税政工作多年。因此，在对有关问题进行分析时，在基于法规的基础上，多少有些法理方面的解释。金融业比较复杂，本文的分析和意见，难免有不当之处，敬请批评指正。

一、问题的分类：法规问题和理解问题

征纳双方遇到的不知如何处理的涉税问题，尽管各种各样，但是就问题的根源看，可以分为两类：法规问题、理解问题。少数是法规问题，多数是理解问题。

法规问题，是指税法规定确实不清楚，根据法规无法得出如何处理的结论。比如：

买卖债券如何计算价差？是按照全价计算还是按照净价计算？债券持有期间的利息，是计提就缴纳增值税？还是收到才缴纳增值税？

赎回基金份额，是否可以按照持有到期处理，不视同转让，不计算价差缴纳

---

* 王冬生，北京智方圆税务师事务所有限公司主管合伙人。中国注册税务师、中国人民大学经济学博士，曾任财政部企业内控咨询专家、国家税务总局全国税务领军人才专家导师、中央财经大学财税学院、中国人民大学财金学院税务专硕校外导师。曾经先后在财政部税政司工作 8 年，任副处级调研员，负责增值税、营业税、出口退税等的税政工作；在毕马威北京税务部工作 9 年，任技术总监，负责专业培训和技术支持。此外，每学期给北京大学光华管理学院的本科生或 MBA 讲授涉税专题课程。

增值税?

这些问题,根据现有法规,确实难以得出结论。法规不清楚,需要从法规的法理、法规的精神等分析,一般可以得出恰当的结论。

理解问题,是指税法规定是清楚的,只是对税法的理解和应用出了偏差,导致产生本不应出现的涉税问题。这类问题非常多,在下面的问答中,会有大量的分析。

二、征纳的原则:基本原则和具体原则

无论是税务局的征税,还是纳税人的纳税,如果能遵循以下的原则,可以避免很多分歧,有助于建立和谐的征纳关系。

一项基本原则:税法是判定征税和纳税的唯一标准。

六项具体原则:法规法理精神原则、税法高于情理原则、形式重于实质原则、优惠不得比照原则、民事尊重征纳原则、税法独立实施原则。

(一) 税法是征税和纳税的唯一标准

税法是征税和纳税的唯一标准,估计不会有人反对。但是实际操作时,往往脱离税法的规定,从会计准则、行业法规、情理和道理等方面,分析纳税义务。由于标准不一,角度不一,导致征纳双方各吹各的号,各唱各的调,产生很多分歧。

比如,许多央企为离退休人员发放的补贴,能否在所得税税前扣除?这是一个争议已久的问题。支持扣除的人认为,给离退休的员工发放补贴,于情合情,于理合理。反对扣除的人认为,离退休人员已经不参加经营活动,这笔支出与应税收入没有直接关系。

支持的人,是从情和理的角度看待扣除问题,反对的人,是从税法规定的角度看问题。如果都根据税法的规定,看这一问题,分歧可能会少一些。

税务局是公权部门,对公权而言,法无授权则不可为,在没有过硬征税依据的情况下,不应征税。

(二) 法规法理精神原则

这一原则实际是法规、法理、精神三结合原则。判定纳税义务,先看法规,如果法规不清楚,再看法理,常用的法理是,税不重征,税不漏征。如果法理也

不清楚，再看法规的精神。精神并不虚无缥缈，精神一般体现在文件第一段的第一句话，财政部和总局制定的文件，第一段的第一句一般是："为了什么什么，经国务院批准，如之何---"，为了什么什么，实际就是文件的精神。如果以鼓励为目的，从宽掌握，更符合文件的精神。如果以打击或限制为目的，从严掌握，更符合文件的精神。

下面，我们将应用这一原则，分析债券如何纳税，分析赎回基金份额是否转让金融商品。

（三）税法高于情理原则

在征税或纳税时，经常遇到法和理的矛盾，法和情的矛盾，合法就不合理，合情就不合法。这时怎么办呢？

税务局应依法征税，如果按情理征税，这税就没法征了。可以在税法的框架内，尽量帮助纳税人解决困难。同时，积极向上级部门反映问题，推动税法合情合理。

（四）形式重于实质原则

实质重于形式是会计的一项基本准则。但是在判定纳税义务时，形式重于实质，法律形式、交易形式决定纳税义务。比如，资管产品的管理人，运营资管产品，尽管从实质上，资管产品的所有权不是管理人的，赚了钱也不是管理人的，但是，管理人用资管产品买卖金融商品，就产生纳税义务。因为管理人的纳税义务，与资金来源没有关系。税法没有规定，管理人用受托管理的资产，从事各种投资活动，就可以不纳税。如果脱离法律形式，根据实质判定纳税义务，由于对实质的理解可能五花八门，征纳双方矛盾重重。

（五）优惠不得比照原则

税法首先规定纳税义务，其次才规定减免税权力。税务局是征税的，不是免税的。税收优惠都是有条件的，只有严格符合优惠的条件，才可以享受税收优惠。不能因为感觉自己和优惠的条件差不多，就可以享受优惠，税收优惠不能比照。

（六）民事尊重征纳原则

这一原则是指，民事关系尊重征纳关系，不能因为民事关系，就否定征纳关系。以代持为例，A 公司代 B 公司持有 C 公司股权，A 公司转让 C 公司股权，是否要计算股权转让所得纳税？当然要计算所得，缴纳所得税。A 公司转让股权，与税局形成征纳关系。A 公司与 B 公司是民事关系，A 公司不能因为与 B 公司的民事关系，就否定与税局的征纳关系。

民事尊重征纳还有另外一层意思，民事主体不应要求税法解决民事关系，比如资管产品的增值税如何在委托人和管理人之间分担，就不是税法该解决的问题。

（七）税法独立实施原则

所谓税法独立实施，是指在判定纳税义务时，严格依照税法的标准，其他法律不能超越税法。税法与其他类型的法律，尤其是商法、民法等，各司其职，共同维护社会秩序，不能因为纳税人依照其他法律从事经济活动，就否认税法的作用。比如 2017 年热点之一的德发税案，律师就以德发公司按照拍卖法转让房产为由，否认税务局有调整价格补税的权力，尽管转让价格低于市场价 50% 以上。

税法不影响拍卖法的实施，无权撤销当事人依据拍卖法形成的交易，但是可以依照税法，调整价格，补征税款，不能因为符合拍卖法，就否认税法的作用。

三、资管产品增值税问答

（一）如果一基金公司发行了一个资产管理计划，用其向客户募集的资金，购买银行发行的理财产品，这种情况下，资管产品的纳税人为基金公司还是发行银行？

答：资管产品是资产管理计划，资管产品的管理人是基金公司，运营资管产品的纳税人，当然是基金公司。

（二）如果银行发行了一个信托产品，该行将自客户募集的资金交托给信托公司进行投资，这种情况下，资管产品的纳税人为该银行还是信托公司？

答：都是，这种情况，实际是双重委托受托。

第一次委托：客户购买信托产品，银行是信托产品的管理人。

第二次委托：银行将信托资金，交由信托公司管理，信托公司也是管理人。

信托公司在运营资管产品时，信托公司是纳税人。

银行自信托公司取得收益时，银行也是资管产品纳税人。如果银行与信托公司签署的协议，是保本的，则银行取得的收益，按照利息缴纳增值税。

如果客户购买信托产品时，按照协议，也是保本的，客户的收益也按照利息缴纳增值税。

这样导致重复征税。但由于利息的进项税不得抵扣，本来就是重复的。

（三）保险机构作为投资管理人管理的企业年金计划、职业年金、养老金产品、投连险产品等是否属于资管产品范围？能否享受按照3%简易征收的待遇？

答：不行。

财税〔2017〕56号文第一条，采用正列举的方式，明确了资管产品管理人和资管产品的范围，该条最后一句话是："财政部和税务总局规定的其他资管产品管理人及资管产品。"因此，凡是不在56号文列举范围的资管产品和管理人，不得享受按照3%简易征收的待遇。

如果认为自己管理的资管产品，也应享受简易征收的待遇，可以向财政部和税务总局申请，增列名单。

（四）QDII等机构通过资管产品投资境外资产，资管产品运营取得的收益是否需要缴纳增值税？是否可以适用简易计税方法？

答：征税，不能按照简易计税方法。

投资境外，首先是看境外投资的增值税规定，也就是营改增36号文的附件四《跨境应税行为适用增值税零税率和免税政策的规定》，附件四没有对给境外提供金融服务免税和简易征收的规定，应按照一般规定计算缴纳增值税。

国家鼓励货物或服务出口，但是还没有鼓励资金出口，境内银行自境外取得的利息收入，一直是征税的。

（五）有的资管产品没有有效期，但是可以随时赎回，赎回时是否可视为持有到期？不按转让金融商品征税？如果合同中没有约定到期日，但是规定了终止条件，在满足终止条件的情况下强制赎回，这种情况是否可以视为持有至到期？

答：应该可以。因为赎回不符合金融商品转让的定义。

根据"营改增"36号文附件一的税目注释，"金融商品转让，是指转让外汇、有价证券、非货物期货和其他金融商品所有权的业务活动。"转让金融商品所有权，前提是转让前存在所有权，转让后也存在所有权。赎回资管产品，实际是相应的份额灭失了，所有权不存在了，因此，不是转让所有权，不能按照转让金融商品征税。既然灭失了，实际也就是到期了，按照到期处理，更符合税法的规定。

终止条件，实际也是到期条件，满足终止条件强制赎回，应该视为到期，不是转让。

为什么金融商品持有到期不征税，到期前转让就征税呢？在潜意识中，还是认为应该鼓励投资，抑制投机。持有到期，是投资。到期前转让，有投机嫌疑。

（六）在判定合同是否保本时，是只看合同中是否有保本字眼即可判定，还是需要根据资管产品具体的运营方式决定？

答：是否保本，可以说是"股"和"债"的本质区别。

按照财税〔2016〕140号的规定："保本收益，是指合同中明确承诺到期本金可全部收回的投资收益。金融商品持有期间（含到期）取得的非保本的上述收益，不属于利息或利息性质的收入，不征收增值税。"

如果有直接明了的保本规定，当然就可以判定为保本。

即使没有明确的保本字样，但是根据合同条款，只要投资人有追回本金的权力，发行人或第三方有归还本金的义务，投资人的收益，就是保本收益，就是利息性质的收益，就应缴纳增值税。

（七）对于资管产品投资人而言，如资管合同中的第三方担保、回购承诺，资管产品的优先、劣后分级设定是否影响对投资人纳税义务的判定？

答：是。

如果根据合同约定，投资人的本金不受损失，比如由第三方担保或由发行方按照投资额回购，则投资人的本金可实际得到保护，其投资收益，应按利息处理。

（八）资管产品是否可以适用金融机构待遇？管理人能否以资管产品的名义开具发票？

答：不可以。

资管产品不是增值税纳税人，不存在享受金融机构待遇的问题，也不能以资管产品的名义，开具增值税发票。

（九）采用摊余成本核算的资管产品，计算利息收入的销项税时，计算基数是否包含摊销的债券溢折价？

答：计算销项税时，不应包括摊销的债券溢价或折价。

应该按照债券面值和票面利率计算的，发行方应该实际支付的利息计算销项税。

根据增值税关于销售额的规定，"销售额，是指纳税人发生应税行为取得的全部价款和价外费用，财政部和国家税务总局另有规定的除外。"因此，销售额不是纳税人自己根据财务制度调整的销售额。

（十）资管产品运营业务适用简易计税 3% 征收率，意味着形成一块"税收洼地"？

答：有区别才有政策，有区别就有筹划的空间。政策的区别待遇，为纳税人筹划提供了空间，实际形成政策洼地。

（十一）同业身份的套用，可免增值税？例如，管理人属于金融机构，则其管理的产品是否可以套用其身份，从而享受同业往来免税的待遇？

答：是，尽管"套用"的说法不准确。

因为管理人是纳税人，管理人在运营资管产品时，可以享受有关的优惠政策。当然，委托人与不通过管理人，自己运营相比，可能缴纳更多的税，从这个角度看，"套用"的说法，也有一定道理。

（十二）如果资管计划人与投资者签订的资管计划合同书中，不承诺本金收回，但资产管理人将资金用于受让大额存单收益权等资产，并向融资方收取利息，该利息费用的发票是由投资者还是资产管理人开具？

答：资产管理人是纳税人，利息收入尽管最终归属投资人或委托人，但是应由管理人开具发票。

发票是商事活动的凭证，谁提供服务，谁确认收入，谁有纳税义务，谁开具发票。

反过来也一样，谁开具发票，谁就确认收入，谁就有纳税义务。

（十三）由于资管产品管理人与资管产品收益的纳税人为同一纳税主体，应如何解决管理人从产品中收取管理费的重复征税问题？管理人是否可以向自己开票？

答：现在无法解决。

管理人运营资管产品，比如买卖金融商品，取得 100 万元价差收益，按照 3% 简易征收，计算缴纳增值税，但可能因此取得管理费收入 10 万元，也缴纳增值税，而且按照 6% 缴纳，确实存在重复征税问题。

之所以存在这一问题，是因为一项交易，派生出两类业务。在买卖金融商品这一项交易中，有应该缴纳增值税的转让金融商品行为，还有应该缴纳增值税的资产管理行为，导致分别征税。

管理人不能就管理费给自己开票，因为管理费的承担者是委托人，开票也应该开给委托人。如果给自己开票，抵扣进项税，类似虚开发票，别打这主意。

（十四）对于某些定向或通道类产品，由于受投资现金流影响，只有在投资收回或按规定付息的时间才有现金，而增值税是按月缴纳，这与资管产品本身的某些特性不匹配，如何处理？可否等现金收回后申报并缴纳？

答：申报和缴纳税款，是两回事。增值税的纳税期限是按月缴纳或按季缴纳，但是只有在产生纳税义务的前提下，才需要实际缴纳税款。

（十五）管理人是该选择汇总核算还是分别核算，如果汇总核算，如何避免不同资管产品的正差和负差税负不公平问题？

答：从降低税负的角度，建议选择汇总核算，这样盈亏可以及时、充分互抵，达到降低税负的效果。

由于管理人受托管理的每个资管产品，都是一个独立的会计主体，为了避免有负差的资管产品，替有正差的资管产品承担税款的问题，可以在一年结束后，把实际缴纳的增值税，在有正差的资管产品中分担，按照各自的正差占全部正差的比例，分担增值税。没有正差的资管产品，不分担增值税。这样就可以在依法节税的同时，相对公平地处理税负分担问题。

（十六）如果资管产品在 2018 年 1 月 1 日以前已进入清算期，但是清算尚未结束，在 2018 年 1 月 1 日后的清算过程中取得的收益，是否需要缴纳增值税？

答：目前没有清算期取得收益免征增值税的规定，清算期的收入，当然应依法缴纳增值税。纳税人在注销的过程中，增值税和所得税都是要依法计算纳税。

（十七）对资管产品管理人 2018 年 1 月 1 日前运营过程中产生的应税行为，

不再缴纳,操作上应如何划断?比如是否可对 2017 年 12 月 31 日所有应税收入,按权责发生制给予确认,而不是按收付实现制?

答:如何操作,看纳税义务发生时间,如果纳税义务发生在 2018 年 1 月 1 日之前,就不再缴纳增值税,如果发生在之后,就依法纳税。至于如何判定纳税义务发生时间,根据实际情况和"营改增"纳税义务发生时间的具体规定,分析判定。

(十八)资管产品于执行日期后一次性收取全部利息收入,按权责发生制于执行日期前计提的收入是否需要缴纳增值税?取得的利息收入是按照实际收到时点缴税,还是自执行日期起的计提额进行计算缴纳?

答:财税〔2017〕90 号文,规定得很清楚,提供贷款服务,以 2018 年 1 月 1 日起产生的利息及利息性质的收入为销售额。

(十九)资管产品在公开市场从事股票、债券、金融衍生品买卖时,买入时间早于执行日期而卖出时间晚于执行日期的,买入价如何确定?截至 2017 年 12 月 31 日产生的浮盈是否可免于征税?

答:财税〔2017〕90 号文,规定得也很清楚。

管理人转让 2017 年 12 月 31 日前取得的股票(不包括限售股)、债券、基金、非货物期货,可以选择按照实际买入价计算销售额,或者以 2017 年最后一个交易日的股票收盘价(2017 年最后一个交易日处于停牌期间的股票,为停牌前最后一个交易日收盘价)、债券估值(中债金融估值中心有限公司或中证指数有限公司提供的债券估值)、基金份额净值、非货物期货结算价格作为买入价计算销售额。

由于转让金融商品的销售额是卖出价减去买入价,90 号文允许纳税人在计算价差时,作为抵减项的购入价,多了一个选项。在计算销售额时,卖出价可以减去当初的实际买入价,也可以选择减去 2017 年最后一天的价格,这样就把浮盈可能征税的问题解决了。

四、金融业增值税问答

(一)股息所得,股权转让所得,是否征收增值税?

答:不征。

股息所得、非上市公司的股权转让所得，没有征收增值税的依据，不在增值税征收范围，不征收增值税。

（二）私募证券投资基金是否可以适用证券投资基金的增值税政策？

答：可以。

按照"营改增"有关规定，转让金融商品免增值税的范围，包括"证券投资基金（封闭式证券投资基金，开放式证券投资基金）管理人运用基金买卖股票、债券。"

上述规定，并没有排除私募证券投资基金，私募基金可以享受上述免税待遇。

（三）商品期货、黄金合约属于非金融商品或非金融衍生品，投资商品期货、黄金合约的差价是否可以免征增值税？

答：可以。

按照有关规定，金融商品转让，是指转让外汇、有价证券、非货物期货和其他金融商品所有权的业务活动。其他金融商品转让包括基金、信托、理财产品等各类资产管理产品和各种金融衍生品的转让。

商品期货、黄金合约不属于应该征收增值税的金融商品范围。

（四）各类票据、仓单、提货单等是否属于金融商品范围？

答：不是。

金融商品范围有明确的界定，与货物有关的票据、仓单、提货单，都不是金融商品。

（五）收益权互换、收益权转让等是否作为转让金融商品缴纳增值税？

答：不征。

转让收益权，不属于金融商品转让，不应征收增值税。甚至转让收益权，都没有征收增值税的依据，也不应征收增值税。

根据税目注释，"金融商品转让，是指转让外汇、有价证券、非货物期货和其他金融商品所有权的业务活动。

其他金融商品转让包括基金、信托、理财产品等各类资产管理产品和各种金融衍生品的转让。"

收益权不在金融商品范围，转让收益权，并没有转让所有权，所以，不应按照转让金融商品征税。

（六）对于可转换债券、可分离债券和可交换债券，如何确认增值税的计税基础？

答：增值税没有计税基础的概念，这是企业所得税的说法。如果问题是，转让可转换债券时，计算价差如何确定买入价，应该是购入时，实际支付的价款。

（七）转让债券计算价差时，是按照全价计算还是按照净价计算？持有期间的利息是计提就纳税？还是实际收到才纳税？

答：现行法规没有规定，需要结合法理分析。按照税不重征、税不漏征的原则，处理此问题。

如果按全价计算价差，则持有期间，收到利息才纳税。

如果按净价计算价差，则持有期间，计提利息就纳税。

如果按全价计算价差，则持有期间收到利息，才纳税，不然就重复征税。因为，如果持有债券期间，计提利息就征税，计提的利息没有实际收到，在转让时，就会将这部分利息计入转让价格，在计算价差时，又被计入价差中，再征一次税。这就重复征税了。所以，如果是全价计算价差，则持有期间的利息，实际收到才纳税。

如果按净价计算价差，则持有期间，计提利息就纳税，不然就漏征税。持有债券期间，计提利息时如果不纳税，由于按净价计算价差，持有期间计提的利息，尽管在转让时可以收到，但是价差中，并不包括这部分利息，计提时不纳税，价差又不包括，也不纳税，导致漏征税款。因此，如果按照净价计算价差，则持有期间的利息，计提就纳税。

（八）在计算转让金融商品的销售额时，是否将持有金融商品期间取得的股息、利息自购买价中减去？也就是加到价差上征税？

答：不减。

现行规定与营业税的规定不同，没有在计算价差时，将持有期间取得的利息和股息，自购买价中减掉，也就是加到价差上征税的规定。

股息不在增值税征收范围，取得时不征收，转让股票时，也不征收，比较合理。

利息在债券持有期间,就已经缴纳增值税,转让时,再征收,就重复征税了。

增值税的规定,与营业税相比,更加合理。

(九)在交易所交易的买入返售金融商品,无法判断交易对手是金融机构,是否可以享受金融同业往来免税政策?

答:不可以。

即使自己是金融机构,如果交易对手不是,或不知道是不是金融机构,不能享受金融同业往来免税政策。

金融同业往来利息收入免税的政策,前提是金融机构之间的往来。一方不是金融机构,不能享受免税优惠。

同业往来优惠,营业税就免。其道理在于,融入资金的金融机构,一般会将资金借贷出去,获取利息,缴纳营业税。为了避免重复征收营业税,金融同业之间因资金借贷取得的利息,免征营业税。

(十)股票质押买入返售,是交易双方以股票等金融商品作为权利质押的一种资金融通业务,是否也可作为金融同业往来利息收入,免于征收增值税?

答:如果交易双方都是金融机构,应该可以。

根据金融同业往来利息免税有关法规的结构和逻辑,可以得出上述结论。

36号文附件三《营业税改征增值税试点过渡政策的规定》明确了金融同业往来利息收入,免征增值税。金融同业往来的范围,包括以下4种情况:

1. 金融机构与人民银行之间的资金往来。

2. 银行联行往来业务。同一银行系统内部不同行、处之间所发生的资金账务往来业务。

3. 金融机构间的资金往来业务。是指经人民银行批准,进入全国银行间同业拆借市场的金融机构之间通过全国统一的同业拆借网络进行的短期(一年以下含一年)无担保资金融通行为。

4. 金融机构之间的转贴现业务。

后来又在不同的文件中,明确哪些业务按金融同业往来处理。

财税〔2016〕46号文规定,金融机构间的质押式买入返售金融商品取得的利息收入,属于金融同业往来利息收入。"质押式买入返售金融商品,是指交易双方进行的以债券等金融商品为权利质押的一种短期资金融通业务。"

财税〔2016〕70 号文，又进一步明确下列交易，属于金融同业往来。包括：同业存款、同业借款、同业代付、买断式买入返售金融商品、持有金融债券、同业存单。

商业银行购买央行票据、与央行开展货币掉期和货币互存等业务属于金融机构与人民银行所发生的资金往来业务。

境内银行与其境外的总机构、母公司之间，以及境内银行与其境外的分支机构、全资子公司之间的资金往来业务属于银行联行往来业务。

根据以上规定，36 号文附件三对金融同业往来做了原则性的规定，46 号文和 70 号文，又在原则性规定的基础上，明确了哪些交易属于金融同业往来，但是，并没有规定列举之外的交易，不能享受金融同业往来优惠。另外，46 号文规定的质押式买入返售金融商品，也没有限于债券。因此，金融机构间开展的股票质押买入返售，可作为金融同业往来利息收入，免于征收增值税。

（十一）对于属于金融机构的资产管理人，其运用资产管理产品（证券投资基金包括特定客户产品）过程中，向其他金融提供贷款服务取得利息收入，可以享受金融机构往来利息免税？

答：同业往来的第 3 种情况是："金融机构间的资金往来业务。是指经人民银行批准，进入全国银行间同业拆借市场的金融机构之间通过全国统一的同业拆借网络进行的短期（一年以下含一年）无担保资金融通行为。"如果符合这一规定，就可以免税，不然不能免税。

（十二）金融机构（例如保险机构）投资金融机构管理的资管产品所取得的利息或价差，是否可以按照金融同业利息处理？

答：由于免税的规定比较严格，不能笼统地说，行还是不行。应根据当事双方间的合同，有关规定，具体分析是否可以按照同业往来免税。

从同业往来免税的精神看，同业往来免税的目的是为了避免重复征税，既然金融同业之间除资金往来外，还有资管产品等金融商品的往来，同样适用免税政策，道理上是应该的，应积极向主管部门反映此事，争取政策更加合理。

（十三）ABS 按债券在交易所或银行间市场交易，持有该券取得的收益是否可以按照债券利息处理？如果发行方为金融机构，那么该券符合金融债的定义，

金融机构投资 ABS，可否享受金融机构往来利息收入免税政策？

答：资产支持证券，收益一般是利息收入。如果符合规定，可以免税。根据财税〔2016〕70 号文，金融机构持有金融债券的利息收入，视为同业往来的利息收入。

但是，金融债券的定义是：是指依法在中华人民共和国境内设立的金融机构法人在全国银行间和交易所债券市场发行的、按约定还本付息的有价证券。

中国各省、自治区、直辖市保险开发度及保险开发潜力的分析

寇业富*

一、引言

进入 21 世纪以来，中国经济持续迅猛发展，曾连续多年保持 10% 以上的 GDP 增长率，并于 2010 年成功超过日本成为仅次于美国的全球第二大经济体。而在此之后，中国经济发展速度有所放缓，但经济规模增加的绝对量仍然相当可观。

随着经济的飞速发展，中国的保险业也取得了快速发展。2018 年，尽管受到国际经济形势和国内保险业发展策略的影响，中国保险业保费收入增速放缓，规模达到 3.80 万亿元，保费收入规模为世界第二，成为世界第二保险大国。2019 年，中国保险业保费收入超过 4.2 万亿元，稳居世界第二。

在中国保险业快速发展的背后，由于各省、自治区、直辖市的经济发展不均衡、保险消费意识和保险营商环境有所差异等因素的影响，保险业发展不均衡的情况始终存在。为了更好地反映各地区保险需求和保险开发水平，本书在保险密度、保险深度等概念的基础上，构建了保险开发度和保险开发潜力的概念与计算公式，希望对于各地保险业的发展水平以及开发潜力等给出更为客观、科学的评价分析。

---

* 寇业富，经济学博士，教授，中央财经大学保险学院、中国精算研究院保险数据文献中心主任，中国精算师协会正会员。中央财经大学标志性成果、年度报告《中国保险公司竞争力评价研究报告》（已出版 2011 ~ 2019，共九期）的主编；年度作品《保险蓝皮书——中国保险市场发展分析》（已出版 2016 ~ 2019，共四期）的主编。主要研究领域：健康保险、保险学、精算学、应用数学（模糊数学及其应用）。

本篇内容是对文章："寇业富 程明远，保险开发度——一种新的衡量保险业发展水平的评价方法，2019 China International Conference on Insurance and Risk Management，79 - 90"的应用探讨。本书主要是采用 2019 年的数据，对中国大陆 31 个省、自治区、直辖市的保险开发水平以及保险开发潜力的分析。

二、数据来源

本文主要分析各地区 2019 年的保险开发度与保险开发潜力,其中的数据主要来源于中国银行保险监督管理委员会官网,各省、自治区、直辖市的 2019 年等各年度国民经济和社会发展统计公报,人力资源和社会保障部官网,中国保险年鉴以及其他公开文献资料。

三、保险开发度的概念与计算

根据马斯洛的需求层次理论,人首先面临的最基本要求是生存需求,即食物、水等维持生命的需求,而这一部分消费是不可或缺的。随着收入的增加,居民才有能力去关注满足更高一层次的安全需求,包括保险等经济安全需求,为此我们构建了保险开发度、保险开发潜力的概念与计算公式①,并引入人均剩余可支配收入的概念。

我们把保险开发度定义为人均保费收入(保险密度)与人均剩余可支配收入的比值,即某地区的保险开发度 = 保险密度/人均剩余可支配收入。

其中,人均剩余可支配收入 = 人均可支配收入减去生存性消费,生存性消费 = α(人均消费支出 - 最低生活保障)+ 最低生活保障。

各地区保险开发度取值的不同,反映了各地区居民中保险消费所占人均剩余可支配收入的比值,反映了保险消费意识和保险业务的拓展水平。

据新华网《从物质性消费走向服务型消费》中提出,2013 年城镇居民和农村居民消费支出中,生存性消费支出占比分别为 45.58% 和 44.28%。

随着中国国民收入水平的提高,α 的取值在逐步降低。从 2013 年到 2019 年,中国的国民收入水平大幅提高,生存性消费支出占比不断下降。此文中,我们取 α 为 0.40。

根据公开数据,我们得到如下结果(见表 13 - 7)。

---

① 保险开发度、保险开发潜力的概念与计算公式,请参考文献:寇业富,程明远,保险开发度——一种新的衡量保险业发展水平的评价方法,2019。

表 13-7 2019 年各省、自治区、直辖市的保险开发度与保险深度数值的比较

序号	各地区	保险开发度	保险深度	序号	各地区	保险开发度	保险深度
1	广东	0.0969	0.0382	17	山西	0.0921	0.0519
2	江苏	0.1198	0.0376	18	重庆	0.1019	0.0388
3	山东	0.0883	0.0387	19	江西	0.0674	0.0337
4	河南	0.1074	0.0448	20	云南	0.0751	0.0320
5	四川	0.1222	0.0461	21	内蒙古	0.0918	0.0424
6	浙江	0.0758	0.0361	22	吉林	0.0788	0.0579
7	北京	0.1397	0.0587	23	广西	0.0517	0.0313
8	河北	0.1169	0.0567	24	新疆	0.1179	0.0481
9	湖北	0.0996	0.0377	25	天津	0.0877	0.0438
10	上海	0.1030	0.0451	26	贵州	0.0640	0.0292
11	湖南	0.0838	0.0351	27	甘肃	0.0580	0.0509
12	安徽	0.0739	0.0363	28	海南	0.0839	0.0382
13	陕西	0.1084	0.0400	29	宁夏	0.1218	0.0528
14	黑龙江	0.0822	0.0699	30	青海	0.0735	0.0330
15	福建	0.0671	0.0224	31	西藏	0.0534	0.0218
16	辽宁	0.0685	0.0369		标准差	0.0217	0.0082

注：此表中的数据主要来源于各省、自治区、直辖市的 2019 年和 2018 年国民经济和社会发展统计公报，可能与其他资料披露的数据有所不同。

由表 13-7 可以看出，2019 年度各地区的保险开发度标准差为 0.0217，保险深度标准差为 0.0082。保险开发度的标准差远大于保险深度的标准差，说明各地区的居民的保险需求存在较大的差异。

其中，2019 年保险开发度水平排在前 3 位的分别是北京、四川、宁夏，恰好分别位于中国的东部、中部和西部，说明这 3 个地区的居民在满足基本的生存性消费外，把更多的收入用于满足保险需求支出，保险业务拓展水平较高，居民的保险意识较强。

从图 13-5 中可以看出，保险开发度的方差比保险深度的方差大很多，即在扣除了基本生存消费支出后，各地的实际保险开发水平比保险深度显示出来的差

别更为明显,为了更好地度量各地的保险需求与实际保险开发水平的差距,我们引入了保险开发潜力的概念。

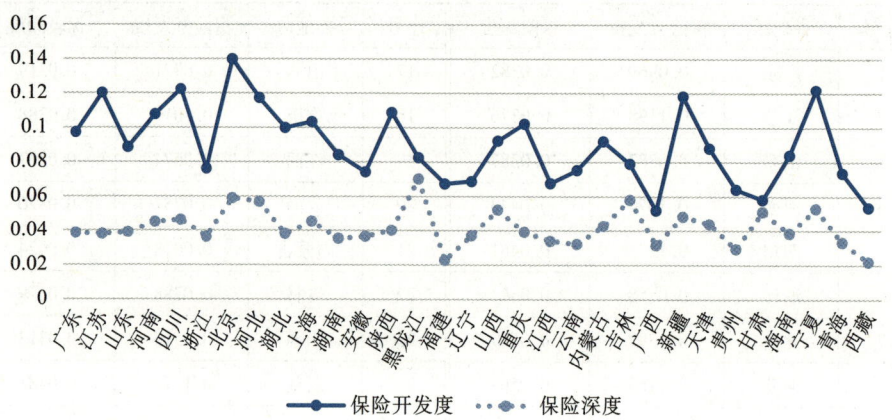

图 13-5 各地区 2019 年的保险深度、保险开发度的比较分析

四、保险开发潜力的概念与计算

保险业的发展除了受到经济发展水平影响外,还受到保险发展政策、中国银行保险监督管理委员会(银保监局)等对保险业监管方式方法的影响。为了对各地区保险开发水平有一个更客观的标准,以及为保险公司的业务拓展提供一个参考,基于保险开发度的概念,我们进一步测算各省、自治区、直辖市的保险开发潜力。

地区的保险开发度越高,说明该地区的保险业越能满足该地区经济发展水平下居民的保险需求,而一个地区的保险开发度低,则说明该地区居民的保险需求没有得到充分满足,保险业发展水平不足,保险业发展潜力大,保险开发潜力高。

为了更好地反映各地区之间保险开发度的差异,我们提出了保险开发潜力的计算方法。

某地区的保险开发潜力 = 全国的保险开发度/ 某地区的保险开发度

即某地区的保险开发度低于全国的保险开发度,则某地区的保险开发潜力取值大于1,说明该地区的保险开发潜力大;反之,如果即某地区的保险开发度高于全国的保险开发度,则某地区的保险开发潜力取值小于1,说明保险开发度水平已经较高,保险开发的潜力不大。

保险开发潜力的测算可以分为3步。

第一步,计算中国当年的保险开发度,即全国的保险密度和全国的人均剩余可支配收入的比值;

第二步,计算某地区该年度的保险开发度;

第三步,全国该年度的保险开发度除以某地区该年度的保险开发度,即得到该地区本年度的保险开发潜力。

其中,全国的最低生活保障标准,由省、自治区、直辖市或者设区的市级人民政府按照当地居民生活必需的费用确定、公布,并根据当地经济社会发展水平和物价变动情况适时调整。在此,全国的最低生活保障标准,我们取各省、自治区、直辖市2019年最低生活保障标准的简单平均数进行计算得到。

2019年,全国的最低生活保障标准为5851.96元、保险开发度为0.1005。全国各地区的保险开发潜力具体如表13-8所示。

表13-8 2019年各省、自治区、直辖市的保险开发度与保险开发潜力

排名	各地区	保险开发度	保险开发潜力	排名	各地区	保险开发度	保险开发潜力
1	北京	0.1397	0.7197	17	天津	0.0877	1.1462
2	四川	0.1222	0.8228	18	海南	0.0839	1.1979
3	宁夏	0.1218	0.8250	19	湖南	0.0838	1.1989
4	江苏	0.1198	0.8388	20	黑龙江	0.0822	1.2222
5	新疆	0.1179	0.8522	21	吉林	0.0788	1.2755
6	河北	0.1169	0.8600	22	浙江	0.0758	1.3261
7	陕西	0.1084	0.9269	23	云南	0.0751	1.3392
8	河南	0.1074	0.9355	24	安徽	0.0739	1.3595
9	上海	0.1030	0.9755	25	青海	0.0735	1.3681
10	重庆	0.1019	0.9864	26	辽宁	0.0685	1.4670
11	全国	0.1005	1	27	江西	0.0674	1.4905
12	湖北	0.0996	1.0094	28	福建	0.0671	1.4981
13	广东	0.0969	1.0376	29	贵州	0.0640	1.5715
14	山西	0.0921	1.0917	30	甘肃	0.0580	1.7328
15	内蒙古	0.0918	1.0948	31	西藏	0.0534	1.8825
16	山东	0.0883	1.1386	32	广西	0.0517	1.9456

从表 13-8 的保险开发度、保险开发潜力的计算结果可以看出，全国大部分省份的保险开发潜力都大于 1，即大部分省份的保险开发度低于全国的平均水平；其中，广西、西藏、甘肃的保险开发潜力比全国平均水平大 70% 以上；北京、四川和宁夏的保险开发潜力最小，为全国平均水平的 80% 左右。

用保险开发度、保险开发潜力去衡量各地区保险业发展水平，衡量保险业是否满足当地居民的保险需求，更符合经济学的假设，即保险需求是一种经济学意义上的有效需求，对于保险业发展政策、保险监管以及保险公司发展战略的调整等更具有指导意义；此外，采用保险开发度、保险开发潜力的概念与思想，还可以进一步计算人身保险开发度、人身保险开发潜力；财产保险开发度、财产保险开发潜力，及其对保险行业形象、保险消费者服务与投诉规律等进行延伸研究。

专题　出口贸易信用保险

随着美国对华贸易战、国际新冠肺炎疫情发展等不利因素的影响，中国外贸外资面临的形势日趋复杂严峻。出口信用保险对于稳住外资外贸基本盘，做好"六稳"工作、落实"六保"任务、服务"一带一路"建设、为企业"走出去"提供风险保障等方面发挥着重要的作用。

今年我们增设了专题栏目。为了应对中国外贸外资变化的严峻形势，促进中国保险业健康稳定发展，更好地发挥出口信用保险的作用，项目组邀请中国人民保险集团公司原副总裁、享受国务院"政府特殊津贴"的李玉泉博士等，就其研究成果"出口贸易信用保险合同纠纷仲裁研究"和大家分享交流。

出口贸易信用保险合同纠纷仲裁研究

李玉泉　乔石　李星[*]

出口信用保险是一类较为特殊的保险类型，与普通财产保险相比，在法律关系、实务操作等方面均具有显著特点。近年来，出口信用保险合同纠纷仲裁案件（以下简称"出口信用保险仲裁案件"）数量呈现快速增长趋势，在保险合同纠纷类仲裁案件中占比相对较高，且争议焦点集中。目前，理论界、实务界关于出口信用保险仲裁案件相关法律问题及裁判规则，均未形成统一认识，亟待深入研究。

本文采用实证分析与理论探讨相结合的方式，针对当前出口信用保险合同纠纷典型仲裁案例和争议焦点，从法律关系、操作规程、制度建设3个角度深入分

---

[*] 李玉泉，法学博士，研究员，享受国务院"政府特殊津贴"，中国人民保险集团公司原副总裁；乔石，法学博士，中国人民养老保险有限责任公司法律合规部高级经理；李星，法学硕士，中国人民保险集团公司法律合规部经理。

析纠纷出现的原因，总结此类仲裁案件的仲裁经验，探讨减少纠纷发生的方法与制度完善。

一、出口信用保险仲裁案件的特点和争议焦点

（一）出口信用保险仲裁案件的特点

近年来，出口信用保险仲裁案件数量增长较快，成为保险合同类纠纷案件中非常典型的案例类型，在仲裁领域引起较大关注。出口信用保险仲裁案件主要体现出以下特点：

1. 数量增长快，在保险类案件中占比高

自2016年以来，出口信用险仲裁案件在数量上呈现出快速增长趋势。2016~2018年，中国国际经济贸易仲裁委员会共受理保险合同类案件185件，包括信用保险合同纠纷案件39件，其中绝大部分为出口信用保险仲裁案件，出口信用保险仲裁案件在保险合同类纠纷案件中的占比达20%；北京仲裁委员会共受理保险合同类案件73件，同期受理出口信用类纠纷案件59件，涉及出口信用保险的案件约占出口信用类纠纷案件的1/3，相应出口信用保险仲裁案件在保险合同类纠纷案件中的占比接近25%[①]。

2. 涉案金额大，具有很强的专业性

出口信用保险的保险金额与出口贸易活动中的交易额相关联，金额一般比较大，当发生仲裁纠纷时，相应涉案金额绝大多数在千万元人民币以上，超过亿元的仲裁纠纷时有发生。由于大多数出口信用保险是针对一段时期内的全部贸易活动投保，由保险公司出具多份相互关联的保险单，并非仅针对单笔贸易活动出具一份保险单，因此当发生仲裁纠纷时，相关纠纷标的往往涉及多份保险单项下的贸易债权赔偿问题，累积涉案金额更加可观。仲裁实践中，因同一保险事故引发多份保险单项下赔偿争议、出现多起相互关联的仲裁案件的情况也较为普遍。正是由于出口信用保险仲裁案件涉案金额大，专业性强，当事人往往选择仲裁方式解决此类纠纷。

---

① 目前，国内主要仲裁机构尚没有针对出口信用保险仲裁案件的专项统计数据，以上数据均系作者自行收集并统计分析得出，并非来源于官方统计数据。

出口信用保险是一种将保险机制融入出口贸易活动的商业经营模式，涉及多个法律关系，流程复杂，专业性又很强。出口贸易活动中的债权人将应收账款债权用于融资的情况在出口贸易活动中较为常见，被保险人即贸易活动中的债权人往往将出口信用保险项下的赔偿受益权转让给提供融资的金融机构（一般情况下为银行，本文中统称为银行），此时保险合同项下权利义务的归属，如保险金请求权是否发生转移等问题，涉及保险利益、保险标的、受益人与受益权、保险索赔与赔款支付等很多保险法的基本理论问题。

3. 争议焦点相对集中，裁判规则亟待归纳统一

出口信用保险仲裁案件的争议焦点相对集中。在实体方面，出口信用保险项下的赔偿受益权转让后，银行是否有权代替被保险人直接向保险公司索赔，是此类案件中的共性问题；是否构成保险责任、如何分配举证义务、如何确定赔偿范围等，均与赔偿受益权转让相关。在程序方面，基于赔偿受益权转让，此类案件的实质争议双方为保险公司与银行，作为被保险人的债权人则常怠于参与仲裁审理；银行根据赔偿受益权转让协议中的仲裁条款向保险公司主张保险赔偿，该仲裁条款是否有效，在此类案件中反复出现。

正是出口信用险仲裁案件的上述特点，非常有必要对此类案件在裁判规则方面进行归纳与总结。一方面，相关争议焦点在不同出口信用保险案件中多次出现，做出类型化的梳理具有实践基础；另一方面，出口信用保险仲裁案件涉及较多保险法基本理论和专业问题，有必要对此类案件中的争议焦点做出深入分析，统一裁决思路，为公正审理此类案件提供支持和依据。

（二）几个典型出口信用保险仲裁案例介绍

出口信用保险仲裁案件的申请人与被申请人一般为银行和保险公司，作为被保险人的债权人有时作为证人参与仲裁程序。我们从近年来参与审理的出口信用保险仲裁案件中，选取了3个典型案例，作一简单介绍。

1. 兴业银行股份有限公司泉州分行与中国出口信用保险公司福建分公司纠纷案

2013年9月，长航国际贸易有限公司（以下简称"长航国际"）向被申请人中国出口信用保险公司福建分公司（以下简称"中信保"）投保短期出口信用保险综合保险。按照保险单约定，保险范围为全部非信用证支付方式的出口贸易和

全部信用证支付方式的出口贸易。除另有约定外，信用证和非信用证支付方式项下被保险人各类损失的赔偿比例均为90%。2014年8月，中信保向长航国际签发《短期出口信用保险续转保险单明细表》，保险单有效期续转为2014年9月1日至2015年8月31日。

2013年10月，申请人兴业银行股份有限公司泉州分行（以下简称"兴业银行"）与中信保、长航国际共同签署《赔款转让协议》，约定对保险单项下的出口贸易中发生保险责任范围内的损失，长航国际授权中信保将按照保险单约定应付给长航国际的理赔款直接全额给付给兴业银行，同时中信保在出口信用保险项下的赔偿责任终止。《赔款转让协议》同时约定，长航国际与中信保之间的保险法律关系，以及长航国际与兴业银行之间的出口贸易融资法律关系是两个相互独立的法律关系，长航国际是否投保短期出口信用保险并不构成其获得贷款或其他形式融资的必要或充分条件。

2014年10月，兴业银行与长航国际签订《出口押汇协议》，约定兴业银行为长航国际提供出口押汇融资。出口押汇的出口业务类型为汇入汇款，期限自2014年10月29日起至2015年1月27日止。出口押汇协议期限届满后，兴业银行并未收到相关出口收汇款项，遂向中信保提交《可能损失通知书》，告知出口押汇融资涉及的多笔贸易合同已到期，由于无法联系到国外买家，特申请报损。2016年2月，中信保向兴业银行发出《不予受理可损通知书》，称根据被保险人书面告知，本案所涉出口已全额收汇，保险事故未发生，无法受理兴业银行提交的《可能损失通知书》。由此，双方当事人就保险赔偿事宜发生争议，兴业银行遂向仲裁委员会提起仲裁申请，要求中信保向其支付保险赔偿款。

本案的争议焦点主要集中在以下3个方面：一是仲裁条款的适用问题。中信保出具的保险单条款及三方签署的《赔款转让协议》中均存在仲裁条款，且约定的仲裁机构不同，兴业银行依据《赔款转让协议》中的仲裁约定提起仲裁申请，中信保则认为保险赔偿项下争议应适用保险单条款所约定的仲裁条款。二是兴业银行是否有权直接向中信保主张保险赔偿问题。兴业银行认为其作为《赔款转让协议》中约定的保险金受领方，有权直接向中信保索赔，而中信保认为按照《赔款转让协议》规定保险金请求权仍由被保险人享有，兴业银行无权向其索赔。三是保险事故是否发生及举证责任如何分配问题。兴业银行主张相关贸易合同已到期，国外买家并未付款，而中信保则通过调查认为贸易真实性存在问题，保险事故并未发生，双方提交的证据均无法充分证明保险事故是否发生，相应举证责任的分配及后果承担成为案件审理的焦点。

2. 光大银行股份有限公司郑州分行与中国出口信用保险公司河南分公司纠纷案

2010年4月，被申请人中国出口信用保险公司河南分公司（以下简称"中信保"）向案外人新乡金鑫鞋业有限公司（以下简称"金鑫鞋业"）签发了《短期出口信用保险综合保险单》，约定载明保险范围为被保险人全部非信用证支付方式的出口和全部信用证支付方式的出口，保险有效期为2010年4月1日起至2011年3月31日止，每次保险单到期前一个月如双方均未提出解除或变更，则保险单在每一期届满时按照原条件自动续转有效期一年。2011~2015年，金鑫鞋业均向中信保续转了保险单，中信保均出具了相关《续转批单》和《保险单续转明细表》。

2011年12月、2013年3月，申请人光大银行股份有限公司郑州分行（以下简称"光大银行"）、金鑫鞋业与中信保共同签署《赔款转让协议》和《赔款转让补充协议》，约定金鑫鞋业针对特定买方出口信用保险项下发生的保险责任范围内损失，授权中信保按照保险单约定将应付给金鑫鞋业的理赔款直接全额支付给光大银行。

2014年4月，金鑫鞋业与光大银行签署《无追索权出口保理（信用保险项下）业务协议》，约定金鑫鞋业拟采用信用证方式销售货物/提供服务，向光大银行申请获得无追索权出口保理业务服务，其中对于无追索权出口保理业务的解释中明确说明，金鑫鞋业将贸易合同项下应收账款债权转让给光大银行。

2014年5月至9月期间，金鑫鞋业就其与买方的贸易融资向光大银行提交《无追索权出口保理（信用保险项下）融资业务申请书》，获得光大银行提供的保理融资款项。金鑫鞋业将所涉贸易均向中信保投保了出口信用保险，中信保出具了《短期出口信用保险承保情况通知书》。之后，金鑫鞋业称其在与买方之间的相关贸易中并未收到货款。2014年12月，中信保与光大银行分别签署了两份《委托代理协议》，光大银行同意委托中信保向有付款责任的买方追偿逾期应收账款。2016年12月，中信保出具了《可损受理通知书》，正式受理金鑫鞋业对出口贸易买方应收账款逾期的索赔。中信保受理后一直未向光大银行理赔,光大银行遂依据《赔款转让协议》之争议解决约定向仲裁委员会提起仲裁申请,请求支付保险理赔款及相应利息。

本案的争议焦点主要集中在以下两个方面:一是仲裁管辖的有效性。本案中《短期出口信用保险综合保险单》《无追索权出口保理(信用保险项下)业务协议》《赔款转让协议》对争议解决方式的约定不同,分别为提交北京仲裁委员会、有管辖权的法院、中国国际经济贸易仲裁委员会解决,光大银行依据《赔款转让协议》中的仲裁条款提起仲裁,仲裁委员会对本案是否具有管辖权存在争议。二是光大银行是否享有索赔权。《赔款转让协议》中约定中信保应将保险赔款支付给光大银行,但光大银行是否有权直接向中信保索赔,则并无明确约定。中信保与光大银行签署了两份《委托代理协议》,同意中信保有权向责任方追偿,但光大银行本身是否享有被保险人之保险金请求权,是本案中争议的焦点。

3. 中国工商银行股份有限公司东宁支行与中国出口信用保险公司哈尔滨营业部纠纷案

2011年11月,东宁贸祥进出口有限公司(以下简称"贸祥公司")在被申请人中国出口信用保险公司哈尔滨营业管理部(以下简称"中信保")办理了短期出口信用保险,双方签署《保险单明细表》,约定买方破产、无力偿还债务和拖欠风险所致损失的赔偿比例为90%,争议解决方式约定为提交北京仲裁委员会仲裁。2012年11月,贸祥公司与中信保又办理了保单续转手续,续保起始日期为2012年11月1日至2013年10月31日。

2012年5月,贸祥公司与申请人中国工商银行股份有限公司东宁支行(以下简称"工商银行")和中信保签署《赔款转让协议》,约定针对贸祥公司特定买方出口贸易项下发生保险责任范围内的损失,授权中信保将按照保险单约定支付给贸祥公司的理赔款,直接全额支付给工商银行。该协议同时约定了索赔权转让的方式,要求在签署《委托代理协议》《COLLECTION TRUST DEED》《出口信用保险赔款收据及权益转让书》和《EXPORT INSURANCE PAYMENT RECIPT AND SUBROGATION FORM》[①] 等文件后,索赔权转让才对中信保发生效力。

---

① 《COLLECTION TRUST DEED》,是指英美法项下的《委托代理协议》,《EXPORT INSURANCE PAYMENT RECIPT AND SUBROGATION FORM》,是指英文版的《出口信用保险赔款收据及权益转让书》。

2012年7月，贸祥公司与工商银行签订《出口信用保险项下贸易融资总协议》，确认贸祥公司将在中信保投保的短期出口信用保单赔款权益转让给工商银行并在满足其他融资条件后可以进行融资。2013年9月至10月，中信保向工商银行发出相关出口贸易项下的《短期出口信用保险承保情况通知书》，随后工商银行向贸祥公司发放了贷款。2014年2月，工商银行和中信保签署了三份《委托代理协议》，约定工商银行委托中信保以中信保名义向有付款责任的买方等追偿逾期应收账款。同日，贸祥公司还与工商银行签订了《索赔权转让协议》，约定将在中信保投保的短期出口信用保险索赔权转让给工商银行，并向中信保发出了《索赔权转让通知书》及签署的前述索赔权转让所需文件。

2014年2月，工商银行向中信保递交了《可能损失通知书》，随后于2017年8月提交了涉及上述损失的《索赔申请书》和《索赔单证明细表》，中信保予以受理。随后经委托海外渠道调查后，中信保于2015年2月向工商银行书面反馈涉案贸易不存在、相关单证均系伪造，并提出在贸祥公司提供有效书面证据材料，证明与买方涉案项下贸易及应收账款债权真实、合法且无争议之前，暂无法承担赔偿责任。因工商银行与中信保就上述赔偿问题无法达成一致，遂于2016年5月向仲裁委员会提起仲裁申请。

本案的争议焦点主要集中在以下3个问题：一是仲裁管辖的有效性问题。与前述案例相同，本案中保险单条款与《赔款转让协议》存在不同的争议解决约定，工商银行依据《赔款转让协议》中的仲裁条款提起仲裁，中信保提出异议。二是保险事故是否发生问题。在工商银行向中信保提交索赔申请后，中信保书面反馈涉案贸易不存在、相关单证均系伪造，要求由贸祥公司进一步补充相关证明材料，而工商银行在协调案外人贸祥公司提供证据则较为困难。三是诉讼前置条款的有效性问题。中信保认为，按照保险单条款，被保险人应先以诉讼方式要求违约买方赔偿，在穷尽救济手段后再向其索赔，而工商银行则认为这样的做法增加了被保险人义务，诉讼前置条款应当为无效条款。此外，关于工商银行是否享有保险金请求权的问题，由于本案中贸祥公司与工商银行专门签署了《索赔权转让协议》，贸祥公司向中信保发出了《索赔权转让通知书》并按照约定签署了索赔权转让所需文件，工商银行的索赔权行使问题将产生争议。

（三）出口信用保险仲裁案件的争议焦点

上述3个案例均取材于近年来作者亲自参加的仲裁实践，在出口信用保险仲裁案件中具有较强的代表性。我们认为出口信用险仲裁案件中的争议焦点主要围绕保险合同权利义务归属展开，通常体现在以下 5 个方面：

1. 保险金请求权的归属

在出口信用保险实务中，债权人、银行与保险公司三方签署关于转让出口信用保险赔偿受益权的"赔款转让协议"①，是比较普遍的做法。该赔偿受益权转让协议一般约定②：对于保险责任范围内的损失，债权人授权保险公司将应支付的理赔款直接全额支付给银行；发生保险事故后，由债权人直接向保险公司索赔，债权人怠于行使索赔权致使银行利益受到损害的，由债权人承担责任。此外，赔偿受益权转让协议还会约定，保险公司接受债权人委托银行索赔、债权人向银行转让索赔权等其他索赔方式，但须同时满足以下条件：债权人委托银行索赔时，双方须另行签署委托代理协议，并且债权人应当将其签字盖章的《委托代理协议书》《Collection Trust Deed》《出口信用保险赔款收据及权益转让书》《Export Credit Insurance Payment Receipt and Subrogation Form》等文件交由银行留存，这些文件的主要内容是授权保险公司向债务人追偿；债权人向银行转让索赔权时，双方须另行签署转让协议，债权人同样要将其签字盖章的前述文件交由银行留存，银行接收文件后应书面通知保险公司，通知到达保险公司之日起索赔权转让发生效力。

实践中当事人虽然签署了赔偿受益权转让协议，但对于保险金请求权是否一同转让，协议中往往并未明确约定，亦未签署索赔权转让的其他法律文件。在债权人怠于索赔的情况下，保险公司多认为银行仅是保险金的受领方，无权直接申请保险索赔；银行则认为其享有保险赔偿受益权，即同时受让了保险金请求权，可以行使被保险人的相关权利。围绕保险金请求权归属而产生的纠纷，是当前出口信用保险仲裁案件中最核心的争议问题。

2. 仲裁条款的适用

围绕保险金请求权归属的争议虽然集中于银行与保险公司之间，但也涉及被

---

① 该协议虽然使用"赔款转让协议"的名称，但协议签署于保险事故发生之前，保险赔款尚未形成，仍属于一种期待利益，协议转让的标的是权利而非保险赔款，实质上称为"赔偿受益权转让协议"更为妥当。为了便于理解，除特别指出外，本书将此类协议统一称为赔偿受益权转让协议。

② 从出口信用保险仲裁案件的审理情况看，实践中赔偿受益权转让协议已经形成了相对固定的协议文本。

保险人即债权人。从法律关系上看,保险索赔是出口信用保险合同项下的内容,但银行介入的法律依据则源于前述三方签署的赔偿受益权转让协议。债权人、银行与保险公司之间的争议涉及出口信用保险合同和赔偿受益权转让协议两份合同。出口信用保险合同为保险公司提供的格式条款,仲裁条款中约定的仲裁机构往往由保险公司事先确定;赔偿受益权转让协议虽然也形成了相对固定的版本,但银行在协议签署过程中的参与程度较高,对于仲裁条款中仲裁机构的选择具有较大影响。由此导致在实践中,出口信用保险合同和赔偿受益权转让协议约定的仲裁机构不一致的情况大量出现,例如,有的出口信用保险合同中约定争议提交北京仲裁委员会仲裁,而赔偿受益权转让协议中又约定争议提交中国国际经济贸易仲裁委员会仲裁。在两份合同对于约定仲裁机构不同的情况下,应当如何确定仲裁管辖归属,是实务中较为普遍的争议问题。

3. 保险责任的构成与举证分配

出口信用保险一般采用概括承保的方式,即保险单约定保险人对债权人在一定时期内发生的所有符合条件的贸易活动提供风险保障,而具体的贸易明细则由出口信用保险合同双方在保险期间内根据实际发生情况逐笔申报、核实。在出口信用保险纠纷仲裁实践中,发生风险的应收账款债权是否属于保险范围、债权是否出现违约情形,甚至贸易是否发生即贸易真实性,双方当事人往往分歧很大。由于出口贸易涉及环节多、流程复杂,取证及证据认可程序相对烦琐、难度大,造成在一些仲裁案件的审理过程中,争议各方提供的证据均无法充分证明相关应收账款债权是否包括在出口信用保险合同的保障范围内,也无法证明应收账款债权的违约情况,在个别案件中贸易真实性也无法确定。在这种情况下,举证责任的分配就成为各方当事人的争议焦点,银行、债权人多主张是否构成保险责任是保险公司的举证义务,而保险公司则认为贸易真实性及是否发生保险事故等事实应当由被保险人证明。

中国《保险法》第二十二条规定:"保险事故发生后,按照保险合同请求保险人赔偿或者给付保险金时,投保人、被保险人或者受益人应当向保险人提供其所能提供的与确认保险事故的性质、原因、损失程度等有关的证明和资料。保险人按照合同的约定,认为有关的证明和资料不完整的,应当及时一次性通知投保人、被保险人或者受益人补充提供。"该条规定采用了概括界定的方式,"有关的证明和资料"应根据不同保险险种的特点具体确定。在出口信用保险中，证明贸易真实性及应收账款债权违约情形的完整资料，一般包括交易合同、发票、出入库单、装箱单、报关单、提单、保险合同、贸易双方通讯记录、债务人情况等方面内容，证据链条长、举证难度大、专业性强，造成证据不足及举证责任分配的问题大量出现。

4. 纠纷先决条款的效力

与一般商业保险合同不同，出口信用保险合同中往往包括纠纷先决条款。如出口信用保险单条款中约定："因贸易双方存在纠纷引起的买方拒付货款或拒绝接收货物，除非保险人书面认可，被保险人应先行仲裁或在买方所在国家（地区）提起诉讼，在获得已生效的仲裁裁决或法院判决并申请执行之前，保险人不予定损核赔。"按照该条款，对境外买方提起诉讼或仲裁，是被保险人向保险公司主张保险索赔的前提条件，如被保险人未履行前述义务，保险公司有权拒赔。

对于纠纷先决条款，当前仲裁实务中争议较大。赞同者认为，纠纷先决条款符合保险行业习惯与国际惯例，是出口信用保险特殊性的体现，让保险公司承担过多的跨境诉讼或仲裁成本，将影响出口信用保险制度的效果和国家出口产业政策的实施。出口信用保险承保的是债权人对债务人真实的、无瑕疵的、直接的债权，如果因被保险人违约在先引起的损失，保险人不应承担赔偿责任。纠纷先决条款的本意是平衡合同双方权利义务，增强被保险人即债权人的风险防范意识，避免因被保险人的疏忽或懈怠而造成损失扩大，从长远看也是为了保障保险公司的持续经营[①]。反对者则认为，纠纷先决条款不当增加了被保险人的义务，免除保险人自身责任，应属于无效条款。在很多争议案件中，保险公司并未遵守出口信用保险相关操作规程，在没有对境外买方进行风险调查、没有核实保险事故情形的情况下，直接援引纠纷先决条款拒赔，对被保险人来说并不公平。同时，纠纷先决条款属于免责条款，实践中保险公司往往存在未充分履行明确说明义务等情形，当保险公司依据该条款拒赔时，被保险人以保险公司未尽明确说明义务为由抗辩，因此产生纠纷的案例也较为普遍。

---

① 中国出口信用保险公司短期业务理赔追偿部．《国际贸易与出口信用保险案例集》．中国商务出版社，2008：104。

5. 逾期利息及罚息的计算

出口信用保险涉及的贸易融资业务中，贸易融资合同一旦发生违约，借款人即被保险人除需要偿还本金和利息外，还可能要承担逾期利息、罚息等。这些派生出来的赔偿责任具有一定的惩戒性质，是对借款人未能及时履行债务的惩罚。然而出口信用保险合同与贸易融资合同为独立的法律关系，保险公司虽然会在出口贸易合同买方拒绝履行合同或不能清偿债务时，对被保险人所受到的实际经济损失承担赔偿责任，并根据赔偿受益权转让协议将赔款支付给银行，但出口信用保险合同并非是针对贸易融资债权的担保合同。保险公司理赔的范围是被保险人债权的实际损失，与贸易融资的本金、利息损失及逾期利息、罚息的金额往往并不一致。不少银行则将出口信用保险合同等同于担保合同，认为保险公司应当根据《担保法》的规定对贸易融资债权承担连带责任，进而主张贸易融资的本金、利息及逾期利息、罚息，双方因此产生争议。

二、出口信用保险纠纷产生的根源

对于上述出口信用保险仲裁案件中出现的争议焦点，基于现行法律规定和合同约定，仲裁庭可以做出公平合理的裁决。但是，从近年来此类案件数量增长迅速的背景看，仅对争议问题本身进行研究，不去探寻纠纷产生的根源，并不能有效地保护当事人的合法权益，促进中国出口信用保险的健康发展。如前所述，出口信用保险具有很强的专业性，此类仲裁案件大量发生，且实质争议集中于保险公司、银行等大型金融机构之间，根源在于相关主体对该保险类型本身的特点与相关操作要求缺乏清楚的认识。我们分别从法律关系、实务操作、制度环境3个角度，对出口信用保险合同纠纷产生的根源进行探究。

(一) 出口信用保险法律关系相对复杂

出口信用保险作为典型的信用保险，不仅承载着不同于普通财产保险的特征，而且伴随着保险赔偿受益权转让，法律关系从被保险人与保险人、被保险人（债权人）与出口贸易合同买方（债务人）的两重关系演化为被保险人与保险人、被保险人（债权人）与出口贸易合同买方（债务人）、保险人与银行、被保险人与银行之间的四重关系。出口信用保险交错复杂的法律关系是导致相关仲裁案件大量出现的重要原因。

1. 出口信用保险法律关系显著区别于普通财产保险

信用保险是一种较为特殊的财产保险，本身的界定较为复杂。中国大陆学者认为，信用保险是因债务人未能履行债务致使被保险人（债权人）遭受损失时，由保险人向被保险人承担赔偿责任的保险。中国台湾地区学者认为，"于经济生活上，亦有可能发生债权人之请求权并未丧失，但因债务人不愿或无法清偿债务，而使债权人受到损害。针对此种危险——信用危险，债权人有信用保险利益……当事人以此为内容所定之契约，称信用保险契约。"[①] 日本学者将信用保险称之为"输出货款保险"，"此种保险系对整厂设备、船舶、铁路车辆等各种机器设备之输出，道路、桥梁等建设工事有关技术及劳务之提供，以及输出货款之融资契约之贷款，遇有政治危险或信用危险事故，以致对输出货物之损失，提供技术及劳务之代价，以及输出融资金额，不能收回时之损失，由保险人负责给予补偿。"[②] 根据国际信用保险及保证保险协会（International Credit Insurance & Surety Association）的定义，信用保险则是指制造商、贸易商及服务提供商等被保险人的交易对手不能偿付（因破产或倒闭）以及迟延给付时，给予被保险人赔偿的一种保险[③]。

保险标的是保险合同法律关系的核心，是区别不同保险类型的主要依据。中国《保险法》第十二条第四款规定："财产保险是以财产及其有关利益为保险标的的保险。"基于前述关于信用保险的定义，信用保险的保险标的实际上是被保险人（债权人）因交易对手发生信用风险而遭受的损失。具体到出口信用保险，保险标的的表现为出口贸易活动中的被保险人（债权人）因应收账款债权发生信用风险所面临的损失。出口信用保险的保障对象并非机器、厂房、船舶等可以看得见、摸得着的有形财产，这种保险标的上的特点决定了出口信用保险显著区别于普通财产保险：第一，有形财产的权利变动有着较强的公示性，而应收账款债权属于约定之债，具有相对性和无形性。因此，出口信用保险的保险人在承保、理赔时需考虑更多的隐蔽性因素。第二，应收账款债权的信用风险来自出口信用

---

① 江朝国.《保险法基础理论》. 中国政法大学出版社，2002：94。
② 袁宗蔚. 保险学——危险与保险. 首都经济贸易大学出版社，2000：802。
③ 见国际信用保险及保证保险协会官网，< http : //www. icisa. org/trade – credit – insurance/1547/ >，访问时间：2019 年 3 月 11 日。

保险合同当事人以外的第三方——债务人,其信用状况和风险水平对保险事故发生影响很大,出口信用保险的保险事故为债务人客观不能或主观未能履行债务的财务损失,而非自然灾害等有形物质损失,其保险事故的发生同样具有无形性[①]。第三,被保险人(债权人)与买方(债务人)是出口贸易合同的买卖双方,彼此之间更为了解且有着更多的利益往来,这使得出口信用保险可能面临更大的道德风险。此外,出口信用保险具有较多的涉外因素,不同国家文化、经济情况、法律制度、社会信用环境等方面的差异性,进一步加大了出口信用保险的信息不对称性,凸显出法律关系的特殊性。

2. 赔偿受益权转让容易引发出口信用保险合同权利义务归属争议

对于普通财产保险来说,法律关系的成立以特定标的物作为基础,保险公司履行保险责任的条件是发生保险事故,表现为特定标的物的事实变化,如房屋毁损、船舶碰撞、车辆灭失等。对于出口信用保险而言,法律关系的成立则以另一层法律关系——出口贸易法律关系的存在作为基础,出口贸易法律关系中权利义务的变动情况直接关系到出口信用保险合同权利义务的履行。具体来说,出口贸易法律关系中的债权人是出口信用保险合同的投保人和被保险人,债权人享有的应收账款债权构成出口信用保险合同的标的,当债务人未支付应收账款时,债权人在出口贸易法律关系中受到的损失由保险公司依照出口信用保险合同予以赔偿。因此,出口信用保险法律关系与其所保障的出口贸易法律关系天然融合在一起,出口贸易法律关系中权利义务的变化直接影响到出口信用保险合同权利义务的履行,如下图所示:

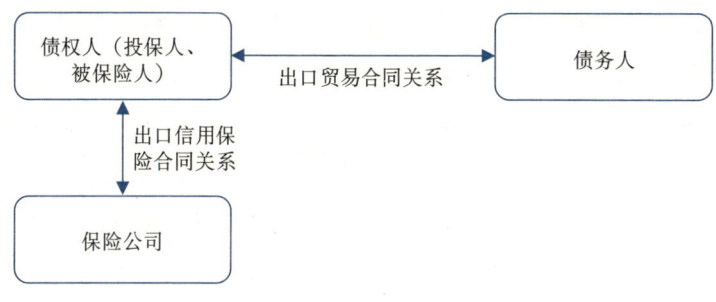

---

① 张振华.《信用风险及信用保险法律制度研究》.中国法制出版社,2016:2。

随着金融体系的不断发展,为了提升资金流动性,债权人将出口贸易法律关系项下应收账款债权用于融资贷款,这已成为出口信用保险实务中的普遍现象。由于出口贸易法律关系与出口信用保险法律关系相互融合,债权人多会选择与保险公司、银行共同约定,在融资时将出口信用保险的赔偿受益权转让给银行,作为债权人向银行融资的条件之一。具体来说,按照出口信用保险合同,保险索赔与赔款支付发生于债权人(被保险人)与保险公司之间,债权人是保险索赔方和赔款受领方;赔偿受益权转让给银行后,银行将代替被保险人成为保险赔款的受领方,保险公司在履行保险赔偿责任时,直接向银行支付保险赔款。由此,赔偿受益权转让使保险责任履行中被保险人与保险公司之间的双方关系演化为被保险人、银行与保险公司之间的三方关系,银行成为保险赔款的实际受益方,如下图所示:

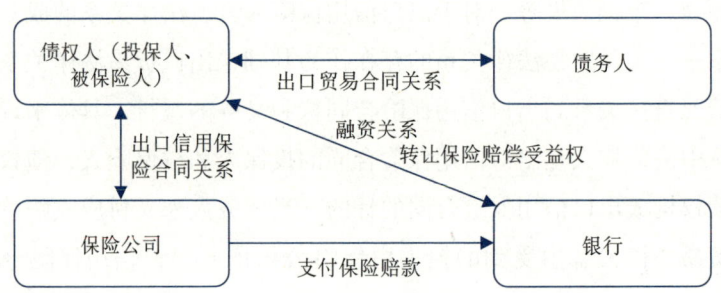

正是由于出口信用保险法律关系存在上述特点,使保险索赔权的归属成为出口信用险仲裁案件中最主要的争议。按照保险法原理,保险公司的赔偿行为以被保险人(债权人)的索赔行为为前提,一旦债权人发生破产或因其他原因怠于向保险公司索赔,将导致银行无法获得保险赔款。

从银行的角度,赔偿受益权转让后,银行成为出口信用保险合同的实际受益方,对保险赔款具有期待利益,进而主张其有权直接向保险公司索赔,行使保险金请求权;从保险公司的角度,赔偿受益权转让并未导致被保险人发生变更,按照出口信用保险合同约定,仍应由被保险人即债权人行使保险金请求权,银行仅有权受领保险金。

出口信用保险在法律关系上的这种特殊性,加之被保险人向银行转让赔偿受益权情形的普遍存在,导致出口信用保险在实践中大量出现保险人与银行之间的纠纷。如上文所述，此类纠纷的核心在于保险金请求权的归属。围绕该争议，仲裁条款有效性等程序问题和保险责任范围等实体问题往往又相互联系在一起。

（二）出口信用保险特有的操作规程没有得到遵守

出口信用保险法律关系上的特殊性，决定了其在承保、理赔等各个业务环节均表现出与普通财产保险很大的不同，出口信用保险合同当事人须切实履行相关操作规程。但出口信用保险合同赔偿受益权的转让，使得出口信用保险相关操作规程的履行主体不仅局限于投保人、被保险人和保险人，还涉及赔偿受益权受让方的银行。一旦这些特有的操作规程没有得到有效执行，势必会导致纠纷发生，这是出口信用保险仲裁案件频繁发生的根本原因。

1. 出口信用保险承保流程的特殊性

普通财产保险业务的承保流程为：投保人填写投保单—保险人核保—保险人同意承保—保险人出具保险单—投保人缴纳保险费/保险人按照约定的时间开始承担保险责任[①]。而出口信用保险的承保流程为：投保人填写投保单—保险人分析国别风险、调查债务人资信—保险人核保—保险人出具保险单并明确统保范围—被保险人出运前针对债务人（买方）申请信用限额—保险人审批信用限额—被保险人出运申报—投保人缴纳保险费/保险人按照约定的时间开始承担保险责任[②]。此外，在出口信用保险中，被保险人、银行和保险人三方签署赔偿受益权转让协议，由投保人完成出运申报、保险费缴纳，须保险人向银行出具承保情况通知书后，银行才履行放款义务。

总体来看，出口信用保险与普通财产保险在承保方面的主要区别如下：一是保险责任开始的时间不同。根据中国《保险法》第十四条的规定，保险合同如果没有特别约定，则保险责任开始的时间与保险合同生效的时间是一致的。在出口信用保险中，信用风险与不同债务人的资信情况密切相关，保险人是否承担保险责任、承担保险责任的大小需要建立在对不同债务人及相应债权逐一深入调查的基础上，因此保险人批准信用限额后被保险人申报出运，才是保险人承担保

---

① 中国《保险法》第十四条的规定并未明确保险费缴纳和保险责任承担之间的关系。因此，除保险合同另有约定外，保险费缴纳与保险责任的承担并无逻辑上的先后顺序。

② 中国出口信用保险公司．《出口信用保险——操作流程与案例》．中国海关出版社，2008：24 - 50。

责任的开始①。二是适用"统保"方式存在不同。在保险人出具的出口信用保险单中,一般明确承保范围、赔偿比例、保险单最高赔偿限额、费率等条件。在承保范围方面,当前中国出口信用保险必须采用"统保"的方式。所谓"统保",就是保险人承保出口商所有的出口业务,出口企业在一定时期或一定区域市场上所有业务都要一次性办理出口信用保险。采用"统保"方式的主要目的在于避免被保险人只将质量较差的风险投保,进而导致风险高度集中,从而难以实现出口信用保险分散风险的功能②。三是是否向银行转让保险赔偿受益权存在不同。普通财产保险不存在向银行转让赔偿受益权的问题,而在出口贸易业务中,由于贸易债权的实现往往存在一定时间差,出口商为了加快资金周转速度,往往向银行申请办理贸易融资,银行为确保贷款业务风险可控,则要求出口商投保出口信用保险,并通过签署保险赔偿受益权转让协议的方式取得保险赔款,从而避免贷款损失。

2. 出口信用保险理赔程序的特殊性

根据中国《保险法》第二十一条到第二十五条的规定,普通财产保险的理赔流程为:投保人、被保险人或者受益人通知发生保险事故—投保人、被保险人或者受益人申请索赔并提交有关材料—保险人定损核赔—保险人对属于保险责任的予以理赔/对不属于保险责任的予以拒赔。《保险法》第六十条第一款规定:"因第三者对保险标的的损害而造成保险事故的,保险人自向被保险人赔偿保险金之日起,在赔偿金额范围内代位行使被保险人对第三者请求赔偿的权利"。出

---

① 需要注意的是,保险责任开始的时间与保险合同成立、生效的时间不同。中国《保险法》第十三条第一款规定:"投保人提出保险要求,经保险人同意承保,保险合同成立。保险人应当及时向投保人签发保险单或者其他保险凭证。"《合同法》第四十四条规定:"依法成立的合同,自成立时生效。"根据以上规定,保险合同是诺成性合同,自双方当事人达成合意之日起保险合同成立并生效。对于此项规定,出口信用保险合同并无特殊之处,其成立、生效时间也是自双方当事人达成合意之日起计算。出口信用保险合同与普通保险合同的主要区别在于承担保险责任的时间不同。有观点认为,出口信用保险合同自双方当事人要约承诺之日起成立,自保险人批准特定买方的信用限额之日起生效。详见赵明昕著:《中国信用保险法律制度的反思与重构》,法律出版社,2010 年 6 月第 1 版,第 116 页。我们认为该观点混淆了保险合同成立、生效时间与保险责任开始时间的区别,与中国现行《保险法》及《合同法》的规定不符。实践中,出口信用保险人为投保企业进行全面风险评估、厘定保险费率并设计保险方案后,同意承保并签发保险单,保险单会详细载明保险条款、费率表、国家(地区)分类表等文件,明确约定双方权利义务,投保人在出运前根据以上约定申请信用限额并在获批后申报出运。如果认为信用限额获批后保险合同才成立并生效,则难以解释信用限额获批前,保险单约定内容为何会对双方当事人产生法律效力。

② 中国出口信用保险公司译.《信用保险项目培训教材》,779–781。

口信用保险的理赔流程为：被保险人申报可能损失并提交有关材料—被保险人催收货款/保险人开展海外调查或协助追讨—被保险人申请索赔并提交材料—保险人定损核赔—保险人对属于保险责任的予以理赔/对不属于保险责任的予以拒赔—保险人赔后追偿[①]。当签署赔偿受益权转让协议后，在应收账款债权发生赔付风险的情况下，保险赔款将由保险人直接支付给向出口商提供贸易融资的银行。

从以上对比可以看出，出口信用保险与普通财产保险在理赔方面最主要的区别在于是否存在保险事故发生后的"索赔等待期"。该等待期是指在损失发生后，保险人认定损因事件及相应损失所必需的时间，保险人在该等待期内不予定损核赔[②]。也就是说，被保险人向保险人通知保险事故发生（即债务人未能如期履行债务）后，设定一个被保险人进一步催收货款、保险人调查案件事实的时间周期，被保险人在该周期结束后才能申请保险理赔。设置"索赔等待期"的主要原因在于国际贸易周期较长，买卖双方信息不对称性较大，买方拖欠货款是比较常见的现象，很有可能虽然发生了债务逾期，但买方仍然具备恢复偿债能力的条件。为保持出口贸易法律关系的稳定性或降低债权损失金额，保险人设置一定的期限允许被保险人催收货款，或者由被保险人委托保险人开展海外调查或协助追讨，使被保险人充分投入到货款追偿过程中，也给予保险人更加充裕的调查、沟通时间，体现了出口信用保险更强的诚信要求。经确认相关债权确实难以收回或损失难以进一步降低的，方可进入理赔程序。"索赔等待期"有利于保障保险人在风险发生时及时介入调查，通过协助追讨控制或缩小债权损失的规模[③]。

3. 出口信用保险独特的信用风险控制功能

出口信用保险与普通财产保险在功能上较为明显的区别在于，出口信用保险的作用不仅仅是补偿债权人的损失，更是为防范信用风险提供广泛的服务[④]。保险人在信用风险管理方面拥有强大的专业人力储备，如在海外调查渠道方面有着较为广泛的资源，不仅能够为被保险人提供理赔服务，还能为被保险人提供信用

---

① 中国出口信用保险公司.《出口信用保险——操作流程与案例》.中国海关出版社，2008：62-69。
② 中国保险行业协会行业标准第 T/IAC6-2017 号:《出口信用保险业务术语》，2017 年 12 月 29 日发布，2018 年 6 月 12 日实施，第 14 页。
③ 周玉坤.《形式与本质：出口信用保险基础问题研究》.中国金融出版社，2017：119。
④ 赵明昕.《中国信用保险法律制度的反思与重构——以债权人的信用利益保障为中心》，法律出版社，2010：19。

风险管理服务,通过开展事前风险评估和事中风险跟踪,最大程度的降低信用风险事件发生的概率。实践中,由于保险人具有专业的信用风险控制能力,越来越多地由"保险经理"向"风险经理"演变,对企业损失控制措施的参与逐渐成为保险和其他风险管理策略的有效补充①。但是信用风险控制功能的实现,是以出口信用保险的特有操作规程为基础的,当实务操作违背相关要求时,很容易导致纠纷发生。除上述承保、理赔环节的特殊要求外,出口信用保险的风险控制功能还主要体现在以下方面:

(1) 保险人需开展必要的资信调查。在开展出口信用保险业务时,保险人必须通过多种渠道开展必要的资信调查,既包括了解投保人、被保险人(债权人)的主体资质和信誉情况,如债权人的工商年检、纳税情况等,也包括调查境外买家(债务人)的偿付能力、付款记录、经营情况,评估应收账款债权存在的履行风险等,根据信用调查结果决定是否承保。通过资信调查,保险人既全面掌握了所承保贸易活动存在的风险,也可以提示被保险人(债权人)开展出口贸易时须注意的事项,同时还可以防止保险欺诈行为的发生。例如利用专业的风险管理技术和广泛的信息渠道,保险人可以向出口企业及时提供境外买方资信分析、买方所在国家和其他风险信息,使出口企业强化自身风险管理,提前做好应对措施。如中国出口信用保险公司建立了自身专业的信用风险管理品牌——"中信保资信"(Sino Rating),为投保人和被保险人提供各类专业资信调查报告、行业分析报告、信用评级与风险管理咨询服务、海外投资咨询服务,有效地满足了各类企业对涉外贸易、投资业务的信用风险防范需要②。在资信调查中,由于境外买家情况较为复杂,保险人自身条件所限,通常还会聘请邓白氏、倍通等国际知名的第三方专业信用调查机构对国外买方情况进行详细调查。又如,实践中有的不法分子为了骗取融资贷款,往往虚构出口贸易,此类业务一般存在较多疑点,如出口商资金实力和贸易规模不匹配、贸易双方规模不对等、限额买方和出

---

① [美] 尼尔·A. 多尔蒂.《综合风险管理——控制公司风险的技术与策略》. 经济科学出版社, 2005: 2。

② 详见中信保资信官方网站, http: //www.e-sinosure.com.cn/sinoratingnew/gywm/index.shtml, 最后访问时间 2019 年 4 月 5 日。

口方经营范围不匹配等①。对此，保险人需要开展必要的信用调查，从投保人、被保险人的经营情况、纳税情况、企业信息公示情况等方面入手，并开展必要的现场调查，才能确定其主体资质和信誉情况，避免保险欺诈风险。

（2）实施信用限额管理。如前文所述，出口信用保险采用"统保"方式，在保险期间内，对于"统保"范围内的贸易活动，出口信用保险又实行信用限额管理。在开展必要资信调查的基础上，保险人为投保出口信用保险的出口贸易的不同买家设定不同的信用额度，在设定的信用额度内承担赔偿责任，对于超出信用额度之外的损失将不予赔偿。同时，在不同买家的信用额度内，投保人须向保险人逐笔申报出口贸易的实际发生情况，未申报的债权发生损失保险人有权拒绝赔偿②。这种信用额度申请和出口贸易申报要求，由投保人或被保险人根据出口贸易活动情况及时向保险人反馈，或保险人在承保时明确授权投保人自行掌握，是保险人督促投保人及被保险人加强防范出口贸易风险、与保险人及时沟通出口贸易信息的重要措施。

（3）遵循风险共担原则。将一定比例的风险损失交由被保险人承担，以提升投保人和被保险人的风险防范意识，是出口信用保险的重要特征。具体来说，除约定保险期间内保险人承担赔偿责任的最高累计限额外，出口信用保险合同还会约定保险人在全部损失中的赔偿比例，大多情况下该赔偿比例最高为90%，由被保险人自行承担其余部分损失③。实行风险共担原则，有利于投保人和被保险人主动加强对出口贸易活动中信用风险的管理和防范，在一定程度上也可以避免商业欺诈行为的发生。

（4）实行债权不放弃原则。除前述各项操作规程外，出口信用保险在履行赔偿责任时，还会对被保险人提出必要的协助要求，最典型的做法是债权不放弃原则。一方面，一旦保险事故发生，保险人应立即开展损失调查和欠款追讨，对被保险人的可能损失通知进行核实，及早保全财产以最大程度挽回损失；另一方面，在买方拒收货物或拖欠货款等保险事故发生后，保险人会要求被保险人在其

---

① 中国出口信用保险公司理赔追偿部．《国际贸易与出口信用保险案例集（第二辑）》．对外经济贸易大学出版社，2012：417。

② 曾鸣．《信用保险理论与实务》．上海财经大学出版社，2008：126-127。

③ 参见唐若昕．《出口信用保险实务》．中国商务出版社，2004：75。

赔偿前不得做出任何放弃债权的行为，① 以增强被保险人在理赔阶段的协助意识。

4. 违背出口信用保险特有操作规程的主要表现

根据上文分析，出口信用保险具有较强的信用风险控制功能，在承保、理赔、风险控制等环节均存在不同于普通财产保险的特有操作规程。切实履行这些操作规程，可以有效发挥出口信用保险的风险防范作用，借助保险人的专业能力减少出口贸易纠纷发生，这正是出口信用保险最核心的功能和价值。无论对于债权人、银行，还是保险人，应收账款债权得以正常实现，不发生保险事故，才是实现各方利益最优化的根本途径。

从近年来的出口信用保险仲裁案件看，涉案各方当事人均没有严格遵守出口信用保险的特有操作规程，在承保、理赔等环节大量出现了背离特有操作规程的情况。如债权人将应收账款债权用于融资后，认为其在信用保险合同项下的利益已让渡于银行，往往疏于履行投保人和被保险人的各项必要义务，没有按要求申请信用限额、申报出口贸易情况，甚至在保险事故发生后怠于索赔；保险人对于债权人在转让赔偿受益权后的消极行为，并没有给予充分的风险提示和纠正，而是更多从自身角度出发，利用保险条款免除自身责任，将损失核实、事先追偿等义务不适当地转嫁给债权人，没有开展必要的资信调查和信用额度管理；银行作为保险赔款的直接受益方，对出口信用保险的内涵缺乏准确的认识，仅仅局限于从书面上核实债权人是否投保了出口信用保险，对于应收账款债权本身的真实性和安全性、债权人和保险人是否严格按照操作规程承保出口信用保险等问题没有给予必要的关注，在债权出现履约问题后也未及时告知保险人，直到融资期限届满、款项无法收回时才主张索赔。

正是债权人、保险人及银行在实务中存在大量背离出口信用保险特有操作规程的情形，使此项保险制度在运行中"名不符实"，无法发挥应有的信用风险防范功能，最终导致纠纷频繁发生。

（三）出口信用保险法律制度缺失

中国信用保险法律制度缺失，是出口信用保险纠纷产生的重要原因。法律制度缺失使得争议各方没有统一的权威标准，导致当事人理解上常常出现分歧。

---

① 中国出口信用保险公司.《出口信用保险——操作流程与案例》. 中国海关出版社，2008：15。

1. 现行法律法规对出口信用保险没有任何规定

信用保险是一种特殊的财产保险，中国《保险法》仅规定财产保险包括信用保险①，对于什么是信用保险、信用保险的种类、责任范围和经营特点等关键问题，均未作规定。立法缺失造成各方当事人对于信用保险认识不清，往往从普通财产保险角度理解信用保险，造成很大的纠纷隐患。一直以来，中国出口信用保险主要依据财政部相关政策开展。如财政部于1998年发布的《关于申请办理出口信用保险若干规定的通知》（财商字〔1998〕103号），对出口信用保险的申办要求和程序做出规定。但随着各商业保险公司陆续开始经营出口信用保险，现行政策已严重滞后。2020年5月，中国银行保险监督管理委员会印发《信用保险和保证保险业务监管办法》，加强对于信用保险的监管，但该办法主要是针对保险公司业务资质、经营规则和内控制度的规范，在信用保险的保险责任、承保理赔要求、当事人权利义务等方面涉及较少。在司法领域，最高人民法院于2013年向广东省高级人民法院发出的《关于审理出口信用保险合同纠纷案件适用相关法律问题的批复》（法释〔2013〕13号）中指出："对出口信用保险合同的法律适用问题，保险法没有做出明确规定。鉴于出口信用保险的特殊性，人民法院审理出口信用保险合同纠纷案件，可以参照适用保险法的相关规定；出口信用保险合同另有约定的，从其约定。"从该批复也可以看出，最高人民法院也认为《保险法》针对解决信用保险，尤其是出口信用保险纠纷缺乏明确规定。而该司法解释"参照适用""从其约定"的规定并不足以达到统一裁判标准、定纷止争的效果，这也反映出中国信用保险相关法律制度的严重缺失。

从境外立法情况看，一些信用保险发达的国家或地区会在立法中对信用保险做出明确规定。如英国《出口和投资担保法》、美国《进出口银行法》、日本《贸易投资保险法》、韩国《贸易保险法》，均针对信用保险做出专门规定②。中国澳门地区《澳门商法典》第3卷第18编专设第3节"信用保险"③。

---

① 中国《保险法》第九十五条第一款规定："财产保险业务，包括财产损失保险、责任保险、信用保险、保证保险等保险业务。"
② 参见何慎远、汪寿阳．《中国出口信用保险研究》．科学出版社，2012：51；张振华．《信用风险及信用保险法律制度研究》．中国法制出版社，2016：108－124。
③ 赵明昕．《中国信用保险法律制度的反思与重构——以债权人的信用利益保障为中心》．法律出版社，2010：238。

2. 法律制度缺失造成出口信用保险与担保容易混淆

法律制度缺失导致不同领域的商业主体对信用保险认知存在不同。在出口信用保险中，转让赔偿受益权是债权人向银行融资的条件，保险人按照保险法原理将其理解为保险金受领权的转移，而债权人和银行对保险法原理了解较少，实践中则往往将这种转让行为视同为保险人在提供担保，银行的一切损失均由保险人承担，从而忽视出口信用保险本身的赔偿条件，包括保险金请求权的行使主体与责任范围的限定。事实上，出口信用保险具有明确的赔偿条件和范围，赔偿受益权转让并不改变原先约定的保险责任，与担保责任完全是两回事。

（1）出口信用保险与担保属于不同的法律制度。实务中，信用保险与保证保险被归为同一类保险业务，两者均以信用风险为保险标的，但区别在于保险合同的当事人不同①。关于信用保证保险与担保制度之间的异同，保险法理论界关注较多，但主要集中于保证保险与担保的区分②。总体来看，无论是信用保险还是保证保险，作为一种保险制度，均属于独立的法律关系而并非从法律关系，应适用《保险法》而并非《担保法》，这是出口信用保险与担保的本质差异。

（2）出口信用保险的赔偿责任限于被保险人的直接损失。按照出口信用保险单条款约定，其赔偿责任为"对被保险人因买方商业信用而导致的贸易应收账款损失进行赔偿"，即保险人仅负责赔偿应收账款债权无法偿付时，被保险人受到的直接损失，并不包括利息损失。而担保人则负责赔偿被担保人在应收账款债权项下的一切损失，既包括本金，也包括利息。

（3）出口信用保险具有明确的免责条款，赔偿范围一般仅覆盖被保险人的部分损失。例如在出口信用保险中，保险人履行赔偿责任须以被保险人的损失不属于保险条款约定的除外责任为前提（如汇率变更引起的被保险人损失不予赔偿），同时还要执行保险单载明的赔偿比例（一般为实际损失的90%），且附加赔偿金额须扣除免赔额、不得超出最高赔偿限额等要求。因此，被保险人在出口贸易合同下的部分损失实际上是由其自身承担的，这部分损失不属于保险责任的

---

① 《信用保险和保证保险业务监管办法》第一条规定："本办法所称信用保险和保证保险，是指以履约信用风险为保险标的的保险。信用保险的信用风险主体为履约义务人，投保人、被保险人为权利人；保证保险的投保人为履约义务人，被保险人为权利人。"

② 相关内容可参见邹海林．《保险法学的新发展》．中国社会科学出版社，2015：501-518。

范围，此为信用保险的特有惯例。

之所以出现债权人、银行将出口信用保险理解为担保的现象，一定程度上源于信用保险法律制度缺失，导致除保险人对于自身经营业务相对了解外，其他商业主体并没有明确的认知依据。加之保险人在投保环节的明确说明义务仅向投保人履行，银行作为第三方并无详细了解出口信用保险实质的途径。当争议发生后，债权人大多出现丧失履约能力或破产等情形，即使银行具备相应专业能力，认识到保险责任不同于担保责任，但出于保护自身利益的考虑，也只能选择将出口信用保险视作担保，以求穷尽救济途径。

三、几点建议

（一）对出口信用保险纠纷仲裁审理的建议

如前文所述，从当前出口信用险仲裁案件的审理情况看，争议焦点相对集中，但仲裁实践中亟待形成统一的裁判规则。基于现行法律法规和常见出口信用保险合同条款、赔偿受益权转让协议的约定，我们对出口信用险仲裁案件中争议焦点的审理规则进行了梳理，供参考。

1. 保险金请求权的归属

赔偿受益权转让后，银行是否可以行使保险金请求权，是出口信用险纠纷审理中的重要问题。从相关仲裁案例可以看出，在笼统约定转让赔偿受益权的情况下，被保险人是向银行转让了保险金请求权，还是仅转让了保险金受领权，《保险法》及相关司法解释并无直接依据，须根据债权转让的一般原理和实务操作规程进行判断。一方面，从债权转让的一般原理看，保险金请求权转让在性质上属于债权让与，以存在真实、明确的意思表示为前提，仅约定保险人向第三方支付保险赔款而未明确约定第三方有权提出索赔，并不足以构成债权让与的意思表示[①]。例如，英国保险法认为，债权让与必须明白的将让与的意图表现出来，仅单纯通知保险人将保险金支付给第三人，是一种暧昧不明之方式，其可能无让与之意

[①] 债权通过债务人履行相关义务实现，转让时应通过明确的意思表示使债务人知悉相关情况。在德国民法中，如果债务人对债权让与的内容不知道或者未能正确知道，法律将对债务人提供保护（参见［德］迪特尔·梅迪库。《请求权基础》。陈卫佐、田士永、王洪亮、张双根译，法律出版社，2012：104）。

图,而只是授权第三人有代为受领保险金之权①。从最高人民法院相关审判指导案例看,司法机关也认为债权转让的意思表示必须明确真实,否则应当推定债权未转让②。另一方面,从实务操作规程看,在出口信用保险项下转让保险金请求权,一般需要被保险人(债权人)和银行双方另行签署转让协议,债权人将其签字盖章的相关文件交由银行留存,银行接收文件后应书面通知保险人,通知到达保险人之日起索赔权转让行为发生法律效力。请求权基础是支持一方当事人向他方当事人有所主张的法律规范③,在债权转让未生效的情况下,银行仅享有保险金受领权,并不享有法律上的主张保险金的请求权基础。

因此,在审理出口信用保险仲裁案件时,对于银行的保险金请求权问题,应重点对赔偿受益权转让协议及相关法律文件的约定情况进行审查。如果无充分证据证明被保险人有向银行转让保险金请求权的明确意思表示,并在签署请求权转让协议后通知保险人,则银行直接行使保险请求权缺乏法律依据。如果债权人、保险人、银行之间存在明确的转让保险金请求权的约定,则在认定银行享有索赔权的基础上,应对债权人须履行的义务约定进行审查。由于出口信用保险专业性较强,银行向保险人索赔时存在诸多困难,应当以双方约定来判断债权人仍须履行的义务。在没有明确约定的情况下,从有利于出口贸易活动稳定性的角度,应当裁决债权人具有相关理赔程序的协助义务。

此外,如果债权人、保险人与银行之间约定作为保险标的之出口贸易债权本身发生转让,即选择融资方式为应收账款债权转让,则依据《保险法》第四十九条关于保险标的转让的规定,银行承继被保险人的权利义务,可依据法律规定直接享有保险金请求权④。但是,在审理时应当根据《保险法》的上述规定,对保险标的转让时被保险人或者作为受让人的银行是否向保险人做出通知进行审查。

---

① [英] MALCLM A. CLARKE.《保险合同法》. 何美欢、吴志攀等译, 北京大学出版社, 2002: 124.

② 最高人民法院民事审判第二庭.《最高人民法院商事审判指导案例》, 中国法制出版社, 2011: 386-394.

③ 王泽鉴.《民法思维: 请求权基础理论体系》. 北京大学出版社, 2009.

④《保险法》第四十九条第一款、第二款规定:"保险标的的转让的,保险标的的受让人承继被保险人的权利和义务。保险标的的转让的,被保险人或者受让人应当及时通知保险人,但货物运输保险合同和另有约定的合同除外。"

2. 仲裁条款的适用

确认仲裁管辖的有效性是处理出口信用保险纠纷案件的前提。仲裁管辖本身属于程序争议，从形式上看，申请人（一般为银行）依据赔偿受益权转让协议提出请求，而赔偿受益权转让协议中载有明确的仲裁管辖条款，根据此条款约定确定仲裁机构似乎并无障碍。但从实质上看，出口信用保险纠纷的核心争议在于保险金请求权的归属，即银行是否有权向保险人主张保险赔款，而保险索赔是被保险人在出口信用保险合同项下的权利，当银行主张该项权利时，是否应当遵循出口信用保险合同而非赔偿受益权转让协议中的仲裁管辖条款约定，往往成为审理此类案件的难点（如前文所述，实践中出口信用单保险条款与赔偿受益权转让协议虽然均载有仲裁条款，但所约定仲裁机构往往不同）。

最高人民法院《关于适用〈中华人民共和国仲裁法〉若干问题的解释》第二条规定："当事人概括约定仲裁事项为合同争议的，基于合同成立、效力、变更、转让、履行、违约责任、解释、解除等产生的纠纷都可以认定为仲裁事项。"赔偿受益权转让协议的仲裁条款一般约定"因履行本协议而引起争议时，各方首先应通过友好协商解决争议。如果争议经协商仍未能解决，则按如下仲裁方式解决……"。因此，申请人是否可以根据赔偿受益权转让协议中的仲裁条款确定仲裁机构，须根据相关实体争议是否属于因履行赔偿受益权转让协议而引起来判断。

从相关仲裁案例看，出口信用保险纠纷案件中的实体争议主要包括两种情况：一是申请人是否有权依据赔偿受益权转让享有保险金请求权，该项争议属于对于赔偿受益权转让法律后果的解释，需要判断保险合同之外的第三人是否享有保险金请求权，这已经超出了出口信用保险合同本身的范围，因此相关争议是因为履行赔偿受益权转让协议所引起，应当认定适用赔偿受益权转让协议中的仲裁条款。二是被申请人是否应承担出口信用保险合同项下赔偿责任。该项争议虽然属于出口信用保险合同项下纠纷，但与前一项争议密切相关，且权利主张主体为出口信用保险合同之外的第三方，其仲裁管辖问题，建议根据前一项实体争议的情况认定。一方面，如果银行享有保险金请求权，要求保险人承担赔偿责任是银行在仲裁程序中的最终目标，从定纷止争、节约司法资源的角度，仲裁庭应当对保险责任是否成立一并作出审理。广义上看，保险人是否向银行履行赔偿责任问题,同样可以视为因履行赔偿受益权转让协议所引起,因此适用该协议的仲裁管辖条款约定,在法律依据上也并无障碍。另一方面,如果银行不享有保险金请求权,保险责任是否成立实质上属于保险人与债权人之间的争议,而债权人一般为此类仲裁案件的第三人而非申请人,因此,我们建议对于出口信用保险合同项下赔偿责任的确定问题应当另案处理。

3. 保险责任的构成和举证责任分配

在出口信用保险仲裁案件中,获得保险赔偿是申请人(一般为银行)的最终目的。从出口信用保险的常见条款看,保险人承担保险责任的条件包括:所承保的贸易为真实、合法、有效的出口贸易,发生买方破产或无力偿付债务、拖欠货款或者拒绝接收货物等保险事故。如前文所述,出口信用保险具有很强的专业性,出口贸易活动中涉及大量境外因素和货物交易、运输行业特有惯例,常常发生双方证据均不足以充分证明保险事故本身真实性的情形。我们认为,如果简单裁判保险人不承担保险责任是不公平合理的,应当基于民事诉讼审判中的证据优势规则,通过对双方证据证明力的比较,推定保险事故是否成立,即是否构成保险责任。审查的关注点主要包括以下3个方面:

(1) 应当审查被保险人是否根据约定对发生风险的应收账款债权对应的出口贸易进行了申报,若未进行申报则不属于保险责任范围。

(2) 应该根据出口信用保险条款中有关违约情形的界定,判断是否违约。例如,有的出口信用保险条款约定:"拖欠:指买方收到货物后,违反销售合同的约定,超过应付款日30天仍未支付货款",就应当审查被保险人实际安排货物出口的时间、买方收到货物的时间以及被保险人催告付款的时间,进而判断是否构成"拖欠"。

(3) 出口贸易是一个由报价、订货、付款方式、备货、包装、通关手续、装船、提单、结汇等多流程组成的复杂过程[①],针对出口信用保险纠纷仲裁中常见的虚假贸易问题,需要基于以上流程从单证等法律文件资料的完整性角度进行审查,确保形成完整的证据链条。

在举证责任分配问题上,《保险法》第二十二条第一款规定:"保险事故发

---

① 陈岩.《国际贸易理论与实务》.清华大学出版社,2018:32。

生后,按照保险合同请求保险人赔偿或者给付保险金时,投保人、被保险人或者受益人应当向保险人提供其所能提供的与确认保险事故的性质、原因、损失程度等有关的证明和资料。"由于发生保险事故是保险人承担保险责任的前提,因此银行要求保险人承担保险责任,应当提供证明贸易真实性与保险事故发生的相关证据材料。在证据不足以支持其主张的情况下,自然应承担举证不能的法律后果。当然,实践中银行并不参与出口贸易法律关系,其举证具有实际困难,仲裁审理时可根据银行请求,向债权人和保险人调取相关证据。从另一角度看,对于银行在举证能力方面的劣势,应当通过完善相关法律法规,明确债权人作为出口贸易活动当事人的协助举证义务,并且这种协助举证责任并不因保险赔偿受益权转让而免除。

此外,出口信用保险纠纷仲裁还常常涉及涉外证据和涉港证据的认定问题。关于涉外证据,《最高人民法院关于民事诉讼证据的若干规定》第十一条规定:"当事人向人民法院提供的证据系在中华人民共和国领域外形成的,该证据应当经所在国公证机关予以证明,并经中华人民共和国驻该国使领馆予以认证。"关于涉港证据,《最高人民法院、司法部关于涉港公证文书效力问题的通知》(司发通〔1996〕026号)规定:"各级人民法院在办理涉港案件时……对于发生在香港地区的有法律意义的事件和文书,均应要求当事人提交上述委托公证人出具并经司法部中国法律服务(香港)有限公司审核加章转递的公证证明。"尽管以上规定仅适用于各级人民法院,但由于人民法院在审查仲裁裁决时,也将对裁决所根据的证据进行审查,因此以上规定对仲裁庭认定涉外证据和涉港证据的证明力也具有一定的参考意义。

4. 纠纷先决条款的效力

关于纠纷先决条款的效力,争议很大。保险人主张,纠纷先决条款是出口信用保险中的商业惯例,应该承认其效力;被保险人、银行则主张纠纷先决条款违反《保险法》第十九条的规定,加重了投保人、被保险人的责任,应属于无效。我们认为,纠纷先决条款作为出口信用保险中的一项特殊约定,应综合案件的具体情况作不同的判断,不应简单根据条款本身来判断其效力。

首先,纠纷先决条款不应成为保险人逃避赔偿责任的"保护伞"。如前所述,出口信用保险具有特殊的操作规程,承保时,保险人应主动对出口贸易情况和境外买家的资信情况进行调查分析，要求投保人定期申报债权并开展信用额度管理。在遵循出口信用保险相关操作规程的前提下，纠纷先决条款是保险人督促投保人、被保险人积极参与追偿，防范损失扩大的举措。但实践中，保险人往往没有严格履行出口信用保险的操作规程，在承保后对贸易情况和买卖双方的资信状况完全放任，发生保险事故后也没有充分核实违约事实，仅仅援引纠纷先决条款拒赔，或者拖延赔付。尤其在保险金请求权转让给银行的情形下，银行并非出口贸易法律关系的当事人，保险人要求银行先向境外买方进行诉讼或仲裁，显失公平。因此，对于保险人以纠纷先决条款为由拒赔或者拖延赔付的仲裁案件，应综合考虑保险人在出口信用保险合同期间内权利义务的履行情况，包括保险人是否开展了相应的资信调查和信用额度管理，是否就纠纷先决条款充分履行了明确说明义务。在此基础上，对是否支持保险人依据纠纷先决条款拒赔作出裁定，避免使纠纷先决条款成为保险人拒赔的霸王条款。

其次，纠纷先决条款应在出口信用保险不断发展的背景下作出进一步审视。纠纷先决条款作为出口信用保险中的一项惯例，很大程度上源于该项业务的政策性。随着出口信用保险的发展，政策性因素主要体现于中长期出口信用保险中，而短期出口信用保险则逐步商业化，政策性色彩相对较弱[①]。如前所述，短期出口信用保险的经营范围已经由中国出口信用保险公司独家经营发展为多家商业保险公司均可以经营。此种背景下，短期出口信用保险在适用《保险法》相关规定、平衡各方当事人权利义务关系等问题上，应首先从商业保险的角度入手，再适度考虑政策因素。从当前短期出口信用保险中普遍使用的纠纷先决条款看，表述上对于投保人、被保险人过于"苛刻"，与《保险法》第十九条规定明显冲突，在一定程度上背离了短期出口信用保险应具有的商业属性，保险人应对此类保险条款应及时做出修改和调整，使其能够与《保险法》相互衔接。早期设立纠纷先决条款的目的，是暂缓保险人的赔付义务，并非免除保险责任。目前保险人的做法，显然使该条款变成了加重投保人、被保险人责任条款，应该认定为无效。

最后，为了督促投保人、被保险人主动开展自力救济，减少损失进一步扩

---

① 如前所述，本文研究的出口信用保险，指短期出口贸易信用保险，并不包括中长期进出口贸易信用保险。

大，使纠纷先决条款确立的理念得以不断延续，出口信用保险条款中可以约定债权人应当主动或协助向债务人索赔，如果债权人已向债务人提起诉讼，则对于相关诉讼费用、律师费用等合理支出，保险人应当在保险金额范围以外另行赔偿。

5. 逾期利息、罚息主张是否应当得到支持

实践中，银行常常要求保险人赔偿债权人在贸易融资项下的逾期利息、罚息。出口信用保险承保的是被保险人对出口贸易债权的损失风险，并非承保银行对被保险人的融资贷款债权的损失风险。因此，贸易融资项下的逾期利息、罚息不属于保险人的保险责任范围。《担保法》第二十一条规定："保证担保的范围包括主债权及利息、违约金、损害赔偿金和实现债权的费用。保证合同另有约定的，按照约定。当事人对保证的范围没有约定或者约定不明确的，保证人应当对全部债务承担责任。"逾期利息、罚息作为利息的一种[①]，应当属于保证担保的范围。但银行向保险人主张贸易融资的本金及逾期利息、罚息，实质是混淆了出口信用保险与担保的区别，误将出口信用保险等同于担保，将保险人视为担保人，因此对于此项主张仲裁庭应当不予支持。

（二）对出口信用保险纠纷相关当事人的建议

要从根源上减少出口信用保险纠纷的发生，仍须通过对此类案件的深入研究，在明晰纠纷产生原因的基础上，使相关当事人充分认识到出口信用保险的特殊性及操作规程特殊要求，真正发挥出口信用保险的风险防范功能，更好地通过出口信用保险机制保障贸易融资、出口贸易的顺利开展。

1. 债权人（被保险人）应积极履行赔偿受益权转让前后的权利义务

信用风险防范功能是出口信用保险的核心功能，也是出口信用保险区别于普通财产保险的重要特征。债权人为出口贸易投保出口信用保险，目的在于发挥该项保险的信用风险防范功能，并非仅仅将出口信用保险作为向银行融资的条件。但实践中，很多债权人取得融资款后，便将出口信用保险"束之高阁"，事实上脱离了出口信用保险关系。从近年来此类仲裁案件的审理情况看，债权人的此种做法最终将严重损害自身利益，并且对出口信用保险制度带来负面影响。

---

① 《中国人民银行关于人民币贷款利率有关问题的通知》（银发〔2003〕251号）规定了逾期贷款计收罚息利率问题，可见罚息也属于利息的一种，不过其针对的是逾期贷款。

在融资法律关系成立后，债权人向银行转让应收账款债权，是出口信用保险实践中的普遍现象。债权人应严格按照相关法律法规要求，积极履行赔偿受益权转让前后的投保人和被保险人权利义务，遵守出口信用保险的相关操作规程：投保时债权人应当如实向保险人告知自身资信和经营情况、贸易信息及买方状况，配合保险人开展信用风险评估等；在赔偿受益权转让后，债权人仍应承担出口信用保险合同项下的义务，应当严格按照出口信用保险合同约定，为出口贸易买家申请适合的信用额度并根据贸易变化情况及时申请调整，在保险期间内向保险人逐笔申报保险范围内的实际贸易情况等；当应收账款债权出现风险状况时，债权人应及时通知保险人，并配合开展事先追偿；在保险事故发生后，债权人应积极履行其作为被保险人的义务，主动向保险人索赔并协助银行收取理赔赔款。

此外，债权人应持续地协助银行提供证明保险事故发生等理赔材料。无论保险金请求权是否转让，作为出口贸易的当事人，债权人对于出口贸易情况的了解和相关资料的掌握是其他主体无法代替的。即使银行取得了保险金请求权，客观上也无法向保险人提交完整的索赔材料，仍须债权人予以积极协助。目前，出口信用保险赔偿受益权转让协议在行业中已形成相对固定的版本，此类协议中应当明确约定，债权人在赔偿受益权转让后仍具有协助提供相关理赔材料的义务，以便于银行实施索赔，维护自身的合法权益。

2. 银行应准确认识出口信用保险的功能

银行一般将债权人为出口贸易投保信用保险作为提供融资的前提条件，实际上是将出口信用保险等同于融资债权的担保。对于银行而言，其在提供融资时应当将出口信用保险的承保情况、保险人的核保情况和债权风险评估报告作为重要的审查内容，督促债权人能够切实履行相关义务，真正发挥出口信用保险的风险防范功能，而不是仅仅寄希望于债权发生风险时的保险赔偿。

银行应当积极介入出口信用保险法律关系，准确理解出口信用保险的特点、保障范围、赔偿条件等，避免出现将出口信用保险简单等同于担保的错误认识。如果出口信用保险所保障的贸易融资债权发生转让，银行应当根据《保险法》及时对出口信用保险合同进行变更，由银行作为被保险人行使相关权利义务，而非仅仅签署赔偿受益权转让协议；如果贸易融资采用质押等方式，应收账款债权不发生转让，则保险金请求权仍由债权人（被保险人）行使。银行要求直接向保险人索赔的，应当通过签署委托代理协议等方式取得债权人的授权，否则银行将无法直接向保险人索赔。当发现应收账款往来出现问题时，银行应当主动与保险人进行沟通，协助保险人提早介入追偿，并为保险人调查资金往来情况、实施财产保全提供必要支持。

按照当前行业中出口信用保险常用的赔款转让协议约定，银行直接索赔时，债权人须事先签署授权保险人追偿的相关文件并交由银行留存。该做法值得商榷。授权保险人追偿是出口信用保险中被保险人应履行的义务，在债权人委托银行索赔的情况下，被保险人并未发生改变，该项义务仍由债权人承担；在债权转让的情况下，银行将承继被保险人的权利义务，应当由银行授权保险人追偿。实践中，赔偿受益权转让协议大多情况下均为保险人单方拟定，要求债权人事先签署相关追偿授权文件，其目的更多是为保险人提供操作便利，但其法律依据并不充分，因此这一做法也应当加以修正。

3. 保险人应严格遵守承保、理赔的操作规程

出口信用保险是专业性很强的险种，保险人应当主动发挥作用，规范操作行为，引导债权人、银行更好地参与。保险人应积极履行出口信用保险合同项下的义务，不得利用优势地位逃避法律责任。一是在承保环节，保险人应当严格遵守各项承保要求，督促投保人在投保单中填写投保企业的基本情况、投保范围、以往经营情况以及未来三年经营预测、坏账记录、投保范围内的买方名单等信息，在确保出口贸易真实存在、贸易合同已经生效的情况下承保。保险人还应当对债权人和债务人的财务状况、信用等级、偿付能力等开展必要的资信调查，根据调查情况确定最高责任限额和赔偿比例。此外，保险人还应当根据实际情况聘请第三方资信调查机构协助出具征信报告。二是在保险期间内，保险人应严格实行信用额度管理，督促投保人按要求申报贸易情况，并主动告知违反要求的拒赔后果。保险人应当定期（通常按月）收集与承保出口贸易相关的经济环境信息、政策信息、行业信息、典型营销承保理赔案例、特定企业信息、重大事件信息、客户需求信息等，建立债务人信用风险信息库，实时跟踪买方履约及贸易进展情况，与债权人、银行保持信息畅通。三是在保险事故发生后，保险人一旦收到可能损失通知应立即主动介入调查，核实损失情况，对债务人实施追偿以减少贸易损失。在保险责任确定成立且经过合理等待期的情况下，如果债权人确因破产等

原因无法索赔或经过合理催告后仍怠于索赔，保险人应当与银行协商处理保险赔偿事宜，避免不必要的司法成本支出。

实践中，有的保险人利用单方拟定格式出口信用保险条款逃避法定责任，不履行必要的调查核实义务，不恰当地增加被保险人的责任。例如约定"被保险人只有在完全遵守本保险合同的所有规定，并提供有关债款的所有书面证据与能获得的担保证据、有关买方丧失清偿能力的书面证据后，保险人始负赔偿责任"；又如设定前述纠纷先决条款。按照《保险法》第十九条的规定[①]，此类条款构成"免除保险人依法应承担的义务或者加重投保人、被保险人责任"，应属无效条款。建议保险人对此类条款尽快进行梳理，修改或删除不合理条款，规范履行法定义务。

（三）对出口信用保险制度的立法和司法建议

完善相关法律制度，是促进出口信用保险健康发展、充分发挥其特有功能、保护相关当事人合法权益的根本保障。

1. 在《保险法》中增加信用保险的相关规定

最高人民法院于2003年12月发布的《关于审理保险纠纷案件若干问题的解释（征求意见稿）》中，曾对信用保险的定义和特征作出规定。该《司法解释征求意见稿》第三十三条规定："商业信用保险合同是由保险人承保权利人因债务人破产、解散、政府行为等引起的非正常商业信用风险的保险。商业信用保险合同的投保人为被保险人。商业信用保险的保险人赔偿被保险人的商业损失后，有权依照合同向债务人追偿。"随着2004年《保险法》修订工作的启动，该《司法解释征求意见稿》无疾而终。可惜的是，在2009年通过的《保险法》修订版中，对于信用保险并未做出任何新的规定。

如前文所述，信用保险与普通财产保险有很大的不同，理论界、实务界争议很大。《保险法》应当做出相应规定，规范信用保险行为，更好地维护当事人的合法权益。建议参照《保险法》第六十五条、第六十六条关于责任保险的规定方式，对信用保险做出专门规定，明确"信用保险是以被保险人因债权信用风险

[①] 中国《保险法》第十九条规定："采用保险人提供的格式条款订立的保险合同中的下列条款无效：（1）免除保险人依法应承担的义务或者加重投保人、被保险人责任的；（2）排除投保人、被保险人或者受益人依法享有的权利的。"

所遭受损失为赔偿责任的保险,债权人为投保人和被保险人,债务人为信用保险的第三人,债权人对债务人享有的债权是信用保险的保险标的"。这样规定,一方面可以作为规范信用保险相关当事人权利义务关系的法律基础,另一方面为出口信用保险适用《保险法》关于保险标的转让等规定提供了充分的法律依据。

此外,按照赔偿受益权转让约定,当应收账款债权转让时,银行取得保险金请求权。但如前文所述,银行在客观上无法提供完整的索赔材料,需要债权人协助履行索赔义务。建议《保险法》进一步完善财产保险中保险标的转让相关规定,对于理赔程序较为复杂的险种,应明确被保险人在保险标的转让后,仍有协助受让人索赔的义务。

2. 制定专门的信用保险行政法规

中国的信用保险发展至今,逐渐从政策性保险转变为政策性与商业性相结合的保险险种,借鉴交强险、农业保险、大病保险的立法经验,其已经具备制定专项行政法规的条件。该专项行政法规应当从信用保险的特点、种类、作用、经营主体资质、承保规程、理赔与追偿、监督管理等方面,对信用保险作出全面规范。应明确信用保险具有信用风险防范功能;规定资信调查、信用额度管理等必要操作环节,并且资信调查信息的来源并不限于投保人的如实告知,保险人应当主动采取多种方式开展调查;应当强调债权人或债权受让人的及时通知义务,以及保险人在保险事故发生后具有及时核定损失并提前介入追偿的责任。此外,鉴于赔偿受益权转让在信用保险中较为普遍,专项行政法规可对出口贸易融资情况下债权人、保险人与银行之间权利义务关系做出原则性规定,并明确如果无特别约定,银行仅享有保险金受领权,不享有保险金请求权。

3. 制定审理信用保险案件的相关司法解释

目前,信用保险诉讼和仲裁案件大量发生,但最高人民法院尚未针对信用保险案件的审理问题出台相应的司法解释。如前文所述,最高人民法院于2013年向广东省高级人民法院下达的《关于审理出口信用保险合同纠纷案件适用相关法律问题的批复》,仅规定出口信用保险合同纠纷案件可以参照适用《保险法》相关规定,对司法实践中出现的各类争议缺乏具体的司法指导。

基于信用保险在经济生活中的重要性及当前司法实践中存在的问题,建议由最高人民法院起草《关于审理信用保险合同纠纷案件适用法律问题的解释》,为司法机关审理信用保险合同案件,尤其是出口信用保险合同纠纷提供指导依据,为仲裁机构提供权威的参考依据①。该司法解释应主要对以下问题做出规定:

一是规范信用保险赔偿受益权转让的法律效果。明确"信用保险的被保险人、保险人与第三方共同约定保险事故发生后保险人直接向该第三方支付保险赔款,第三人未经被保险人同意直接向保险人要求履行保险赔偿的,人民法院不予支持,但法律另有规定或当事人另有约定的除外"。这里的"法律另有规定"是指当信用保险的保险标的(出口信用保险中的应收账款债权)同时转让给第三方时,第三方依据《保险法》关于保险标的转让的规定承继被保险人的权利义务,但仍须履行相应的通知义务。

二是明确信用保险与担保的区别。明确"信用保险的被保险人要求保险人赔偿因保险标的发生信用风险而造成的间接损失的,人民法院不予支持,但保险合同另有约定的除外"。实践中,有的当事人将信用保险与担保相混淆,对两者的赔偿范围区分不清。信用保险遵循风险自担原则,一般仅按照被保险人相关损失的一定比例(通常为90%)予以赔偿,不包括间接损失;而担保则赔偿全部损失。

三是增加原被保险人在信用保险理赔过程中的协助义务。明确"信用保险的被保险人发生变更或由第三方承继被保险人权利义务的,变更后的被保险人或第三方要求原被保险人协助向保险人提供能够证明保险标的及保险事故发生相关情况的,人民法院予以支持,但法律另有规定或保险合同另有约定的除外"。

---

① 需说明的是,在中国主要仲裁机构的仲裁规则中,关于作出裁决适用法律的规定并未明确包括司法解释,而只是概括使用了"法律"这一词语,并强调仲裁裁决应当根据事实和合同约定作出,同时考虑有关交易惯例。因此,仲裁机构在审理仲裁案件时,应更多将司法解释作为参考依据。从仲裁实践情况看,司法解释对于仲裁案件审理一直具有较强的参考作用。

附录

附录一 2019年中国保险公司价值成长性的评价结果

表1　　2019年中国人身险公司价值成长性的评价结果

公司名称	排名	得分（百分制）	公司名称	排名	得分（百分制）
中邮人寿	1	100.0	恒安标准	31	76.3
复星联合健康	2	97.7	信美人寿	32	75.9
民生人寿	3	95.8	泰康养老	33	75.7
人保健康	4	94.7	中宏人寿	34	75.7
阳光人寿	5	90.6	复星保德信	35	75.2
交银康联	6	89.2	恒大人寿	36	75.1
北大方正	7	87.9	三峡人寿	37	73.1
友邦人寿	8	87.0	中德安联	38	72.6
百年人寿	9	86.4	英大人寿	39	72.4
长城人寿	10	86.4	中银三星	40	71.2
平安养老	11	85.7	信泰人寿	41	70.5
平安健康	12	85.7	太平养老	42	70.4
工银安盛	13	85.1	中融人寿	43	69.7
利安人寿	14	84.2	华泰人寿	44	69.1
农银人寿	15	84.1	昆仑健康	45	67.9
招商信诺	16	83.4	东吴人寿	46	67.9
中信保诚人寿	17	81.9	中荷人寿	47	67.4
国华人寿	18	81.5	合众人寿	48	66.9
和泰人寿	19	80.7	光大永明	49	66.5
中华人寿	20	79.9	上海人寿	50	66.3
陆家嘴国泰	21	79.5	爱心人寿	51	65.9
太保安联健康	22	79.2	君康人寿	52	64.7
招商仁和	23	78.9	华贵人寿	53	62.5
中意人寿	24	78.9	横琴人寿	54	62.3
中美联泰	25	77.7	国联人寿	55	58.6
中英人寿	26	77.5	渤海人寿	56	57.8
弘康人寿	27	77.4	汇丰人寿	57	55.1
同方全球人寿	28	77.4	珠江人寿	58	49.0
建信人寿	29	77.1	吉祥人寿	59	46.5
前海人寿	30	77.0	长生人寿	60	40.0

表2　　　　　　2019年中国财产险公司价值成长性的评价结果

公司名称	排名	得分（百分制）	公司名称	排名	得分（百分制）
鼎和财险	1	100.0	东海航运	35	76.4
英大财险	2	100.0	乐爱金	36	75.2
华泰财险	3	93.9	安盛天平	37	74.7
中远海自保	4	90.6	安心财险	38	73.7
国泰财险	5	90.1	安联财险	39	73.4
太平保险	6	89.4	东京海上	40	73.3
中石油专属	7	88.9	日本财险	41	72.8
华安财险	8	88.6	安达保险	42	72.5
鑫安汽车	9	88.4	利宝互助	43	71.7
永安财险	10	85.5	史带财险	44	71.1
众诚保险	11	84.0	阳光农险	45	70.5
汇友互助	12	83.6	铁路自保	46	69.4
亚太财险	13	83.3	粤电自保	47	69.3
中银保险	14	83.2	建信财险	48	68.2
众安财险	15	83.0	瑞再企商	49	68.0
众惠相互	16	82.8	长安责任	50	67.7
泰山财险	17	82.6	合众财险	51	67.7
紫金财险	18	82.2	日本兴亚	52	67.5
泰康在线	19	82.1	久隆财险	53	67.4
美亚保险	20	81.6	中意财险	54	67.0
爱和谊	21	81.2	都邦财险	55	66.8
国元农险	22	81.0	中航安盟	56	66.5
国任财险	23	81.0	海峡金桥	57	65.1
安信农业	24	81.0	信利保险	58	64.4
诚泰财险	25	80.3	安诚财险	59	64.2
中原农险	26	79.0	燕赵财险	60	63.5
锦泰财险	27	78.9	中路财险	61	63.3
北部湾财产	28	78.8	富德财险	62	60.9
三星财险	29	78.7	中煤财险	63	60.5
现代财险	30	78.3	渤海财险	64	59.4
苏黎世	31	78.3	前海联合	65	59.2
恒邦保险	32	77.7	浙商财险	66	58.0
三井住友	33	77.2	华农财险	67	56.6
安华农险	34	77.1	阳光信用	68	40.0

附录二 2019年中国保险公司综合竞争力的评价结果[①]

表3　　2019年中国人身险公司综合竞争力得分及排名

公司名称	排名	得分	公司名称	排名	得分
国寿股份	1	100.0	中宏人寿	35	66.6
平安人寿	2	99.2	泰康养老	36	66.5
泰康人寿	3	93.8	昆仑健康	37	66.1
太平人寿	4	92.8	恒大人寿	38	66.0
太保寿险	5	91.8	同方全球人寿	39	65.5
新华人寿	6	88.8	英大人寿	40	65.0
中邮人寿	7	87.5	中意人寿	41	64.8
百年人寿	8	85.9	太保安联健康	42	64.6
友邦人寿	9	85.5	太平养老	43	63.7
平安健康	10	84.0	复星保德信	44	61.9
弘康人寿	11	82.3	东吴人寿	45	60.8
人保寿险	12	82.2	民生人寿	46	60.4
华夏人寿	13	81.7	光大永明	47	60.1
三峡人寿	14	81.3	中英人寿	48	59.9
农银人寿	15	79.4	华泰人寿	49	59.7
招商仁和	16	78.9	君康人寿	50	58.6
工银安盛	17	78.0	中银三星	51	58.3
平安养老	18	76.5	利安人寿	52	58.2
中信保诚人寿	19	76.2	信美人寿	53	56.9
阳光人寿	20	75.9	中华人寿	54	56.5
招商信诺	21	75.2	恒安标准	55	55.8
中美联泰	22	75.0	汇丰人寿	56	55.7
复星联合健康	23	74.4	中融人寿	57	55.3
前海人寿	24	74.2	华贵人寿	58	54.5
上海人寿	25	72.8	陆家嘴国泰	59	54.5
信泰人寿	26	72.2	珠江人寿	60	52.6
合众人寿	27	71.9	和泰人寿	61	52.1
北大方正人寿	28	71.0	中荷人寿	62	51.5
交银康联	29	69.8	爱心人寿	63	50.7
建信人寿	30	69.1	横琴人寿	64	47.6
中德安联	31	68.9	吉祥人寿	65	45.0
人保健康	32	68.4	渤海人寿	66	44.0
长城人寿	33	67.9	国联人寿	67	41.2
国华人寿	34	67.1	长生人寿	68	40.0

[①] 附录二的相关数据结果来源于《2020中国保险公司竞争力评价研究报告》，中国财政经济出版社，2020年。

表4　2019年中国财产险公司竞争力综合评价得分与排名

公司名称	排名	百分制	公司名称	排名	百分制
人保股份	1	100.0	华农财险	39	66.7
平安财险	2	96.6	汇友互助	40	66.3
太保财险	3	93.4	粤电自保	41	66.2
国寿财险	4	90.2	渤海财险	42	66.0
中华联合	5	85.2	安信农险	43	65.8
太平保险	6	84.8	苏黎世保险	44	65.8
阳光财险	7	83.9	久隆财险	45	65.1
大地财险	8	81.6	安盛天平	46	65.0
中石油专属保险	9	79.3	中远海自保	47	65.0
华安财险	10	77.2	美亚保险	48	64.8
国泰财险	11	76.6	东海航运	49	64.7
北部湾财产	12	76.5	鑫安汽车	50	64.6
鼎和财险	13	76.3	国元农险	51	64.0
安联财险	14	76.1	恒邦保险	52	63.9
英大财险	15	74.9	瑞再企商	53	63.6
永安财险	16	74.5	众诚保险	54	63.2
安华农险	17	74.3	三星财险	55	62.9
前海联合	18	73.7	现代财险	56	62.9
爱和谊	19	73.4	中路财险	57	61.5
紫金财险	20	73.4	中原农险	58	60.7
安心财险	21	73.0	中意财险	59	60.1
华泰财险	22	72.9	合众财险	60	58.6
锦泰财险	23	72.9	诚泰财险	61	57.8
泰康在线	24	72.6	铁路自保	62	57.5
安达保险	25	72.4	乐爱金	63	57.3
泰山财险	26	71.6	众安财险	64	57.0
亚太财险	27	71.3	长安责任	65	56.1
利宝互助	28	71.2	燕赵财险	66	54.8
东京海上	29	70.5	中航安盟	67	54.4
中煤财险	30	69.7	安诚财险	68	54.2
浙商财险	31	69.4	阳光农险	69	51.0
都邦财险	32	69.2	建信财险	70	51.0
日本财险	33	69.2	日本兴亚	71	50.4
中银保险	34	68.9	信利保险	72	47.8
国任财险	35	68.8	易安财险	73	47.2
三井住友	36	68.5	富德财险	74	45.7
众惠相互	37	68.0	海峡金桥	75	45.6
史带财险	38	67.0	阳光信用	76	40.0

附录三 中国保险资产管理业的政策与机构建设

1. 中国保险资产管理业政策梳理

1995 年

- "自由时代"终结

该年颁布的《中华人民共和国保险法》对保险资金运用的范围和形式等都做了严格的规定。规定资金运用的形式限于银行贷款、买卖政府债券、金融债券和国务院规定的其他资金运用模式。保险企业的资金不得用于设立证券经营机构和向企业投资。保险资金陆续退出证券市场。

1996 年

- 政策强化

中国人民银行发布《保险管理暂行规定》。该《规定》明确指出对于保险资金的运用,仅限于银行存款、买卖政府债券、买卖金融债券,以及国务院规定的其他资金运用方式。

1999 年

- 1999 年 5 月债权比例调整

《保险公司购买中央企业债券管理办法》颁布,规定保险公司购买的企业债券余额按成本价格计算不得超过公司上月末总资产的 10%。

- 1999 年 8 月债券回购

中国人民银行发布《关于批准保险公司在全国银行间同业市场办理债券回购业务的通知》,批准保险公司在银行间同业市场办理债券回购业务。

- 1999 年 10 月间接入市

《保险公司投资证券投资基金管理暂行办法》颁布,批准保险资金间接入市。保险公司投资基金占总资产的比例不得超过中国保监会核定的比例。根据当时证券投资基金市场的规模,确定保险资金间接进入证券市场的规模为保险公司资产的 5%。以后视具体情况适当增加。

2002 年

- 2002 年 10 月修法明典

《保险法》修正案获得通过。原法第一百零四条第三款"保险公司的资金不得用于设立证券经营机构和向企业投资",修改为第一百零五条第三款"保险公司的资金不得用于设立证券经营机构,不得用于设立保险公司以外的企业"。

2003 年

- 2003 年 1 月明确投资基金比例

中国保监会重新修订了《保险公司投资证券投资基金管理暂行办法》,进一步明确了保险公司资金运用于各类基金的比例,资金运用监管进一步细化。保险公司投资基金的余额按成本价格计算不得超过本公司上月末总资产的 15%。

- 2003 年 6 月放宽企业债券投资

《保险公司投资企业券管理暂行规定》颁布,保险公司可投资于信用评级在 AA 级以上的所有企业债券;同时,保险公司投资企业债券的比例限制也由原来的 10% 提高到 20%。

- 2003 年 6 月外汇资金投资开闸

中国保监会与央行联合发布《关于保险外汇资金投资境外股票有关问题的通知》,明确保险外汇资金投资境外成熟资本市场证券交易所上市的股票,但仅限于中国企业在境外发行的股票。

- 2003 年 7 月投资央行票据

中国保监会发布了《关于保险公司投资中央银行票据的通知》,允许保险公司在银行间债券市场投资中央银行票据。

2004 年

- 2004 年 2 月政策导向

《国务院关于推进资本市场改革开放和稳定发展的若干意见》出台,提出要鼓励合规资金入市,支持保险资金以多种方式直接投资资本市场,逐步提高社会保障基金、企业补充养老基金、商业保险资金等投入资本市场的资金比例。要培养一批诚信、守法、专业的机构投资者,使基金管理公司和保险公司为主的机构投资者成为资本市场的主导力量。这标志着保险资金直接入市的政策坚冰开始融化。

- 2004年3月投资银行次级债

中国保监会下发《关于保险公司投资银行次级定期债务有关事项的通知》，允许保险公司投资银行次级债。

- 2004年4月规范保险资产管理公司

中国保监会公布《保险资产管理公司管理暂行规定》，确定了保险资产管理公司与保险公司之间的权利义务关系以及受托管理保险资金应遵循的基本规则，标志着保险资金的运用将进一步专业化、规范化。

- 2004年8月境外运用保险外汇资金

中国保监会、中国人民银行联合颁布《保险外汇资金境外运用管理暂行办法》，首次允许保险公司在接受严格监管的前提下在境外运用外汇资金。

- 2004年10月直接入市

中国保监会和中国证监会联合发布《保险机构投资者股票投资管理暂行办法》，保险资金直接入市获准。

2005年

- 2005年2月出台股票直投细则

中国保监会同中国证监会联合下发《关于保险机构投资者股票投资交易有关问题的通知》及《保险机构投资者股票投资等级结算业务指南》，明确了保险资金直接投资股票市场设计的证券账户、交易席位、资金结算等问题。

- 2005年2月资产托管

中国保监会联合中国银监会下发《保险公司股票资产托管指引（试行）》和《关于保险资金股票投资有关问题的通知》，明确了保险资金直接投资股市涉及的资产托管、投资比例、风险监控等问题，规定保险机构股票投资的余额，不超过上年底总资产扣除投资连结保险产品资产和万能保险产品资产后的5%。

- 2005年5月风险控制体系

中国保监会出台《保险资金运用风险控制指引（试行）》，对保险公司和保险资产管理公司建立运营规范、管理高效的保险资金运用风险控制体系，制定完善的保险资金运用风险控制制度提出了具体要求。

- 2005年8月债券投资进入新阶段

中国保监会发布《保险机构投资者债券投资管理暂行办法》，整合了现行保险债券投资政策,增加了企业短期融资券等新的投资品种,明确了债券及其发行人资质条件,实行了债券投资比例差别控制,标志着保险机构的债券投资即将进入新的发展阶段。

- 2005年9月保险外汇运用细则出台

中国保监会发布《保险外汇资金境外运用管理暂行办法实施细则》,保险外汇资金境外运用渠道包括结构性存款、住房抵押贷款证券、货币市场基金,以及内地企业在境外发行的股票,为保险资金在国际金融市场配置资产提供了操作平台。

- 2005年12月规范股票投资条件

中国保监会发布《保险机构投资者股票投资资格条件》,规范了直接或者委托保险资产管理公司从事股票的资格条件。

2006年

- 2006年3月基础设施投资办法出台

中国保监会颁布了《保险资金间接投资基础设施项目试点管理办法》,允许保险资金采取债权、股权、物权及其他可行方式,投资交通、通信、能源、市政、环境保护等国家重点基础设施项目。

- 2006年6月保险"国十条"发布

《国务院关于保险业改革发展的若干意见》正式发布,具体提出了十条意见,被称为保险"国十条"。该意见提出要在风险可控的前提下,鼓励保险资金直接或间接投资资本市场,逐步提高投资比例,稳步扩大保险资金投资资产证券化产品的规模和品种,开展保险资金投资不动产和创业投资企业试点;支持保险资金参股商业银行;支持保险资金境外投资;支持相关保险机构投资医疗机构;允许符合条件的保险资产管理公司逐步扩大资产管理范围。

- 2006年10月投资银行股权开闸

中国保监会发布《关于保险机构投资商业银行股权的通知》,允许保险机构投资为上市商业银行的股权。

- 2006年11月风险管理工作新发展

中国保监会发布《关于加强保险资金风险管理的意见》,标志着保险资金风险管理工作进入了新的阶段。

2007 年

- 2007 年 2 月信用风险管理新阶段

中国保监会发布《保险机构债券投资信用评级指引（试行）》，要求保险机构建立内部信用评级系统，评估债券投资信用风险。这是保险业全面落实《关于加强保险资金风险管理的意见》的重要举措，标志着保险资金债券投资开始步入信用风险管理阶段。

- 2007 年 7 月规范同业拆借业务

中国人民银行发布《同业拆借业务管理办法》《保险公司等第六类非银行金融机构进入全国银行间同业拆借市场审核规则》，允许保险公司、保险资产管理公司进入银行间同业拆借市场，并对保险公司申请同业拆借业务资格程序做出了规定。

- 2007 年 7 月保险资金境外投资办法出台

中国保监会同中国人民银行、国家外汇管理局正式发布《保险资金境外投资管理暂行办法》，允许保险机构运用自有外汇或购汇进行境外投资，投资范围包括股票、股票型基金、股权、股权型产品等权益类产品。

- 2007 年 7 月基础设施债权投资办法出台

中国保监会发布《保险资金间接投资基础设施债权投资计划管理指引（试行）》，以推动和规范保险资金在基础设施领域内的债权投资。

2008 年

- 2008 年 1 月银保深层次合作

银监会与保监会签署《中国银监会与中国保监会关于加强银保深层次合作和跨业监管合作谅解备忘录》，在商业银行和保险公司相互投资所涉及的准入条件、审批程序、机构数量、监管主体、风险处置与市场退出程序及信息交换六个方面达成一致意见。

2009 年

- 2009 年 3 月规范股票投资业务

保监会发布《关于保险机构股票投资业务的通知》，要求保险公司及保险资产管理公司改进股票资产配置管理，强化股票池制度管理，建立公平交易制度，依规运作控制总体风险，加强市场风险动态监测，并落实岗位风险责任。

- 2009年3月管理能力标准出台

保监会发布《关于加强资产管理能力建设的通知》，该通知包括《保险公司股票投资管理标准》和《保险机构信用风险管理能力标准》，这两个标准是监管机构评估保险机构有关管理能力的主要依据。

- 2009年3月基础设施债权投资计划管理办法发布

保监会发布《关于保险资金投资基础设施债权投资计划的通知》和《基础设施债权投资计划产品设立指引》。保险资金投资基础设施债权投资计划在投资主体、投资比例、投资范围和项目上均有所放宽。

- 2009年3月增加债券投资品种

保监会发布《关于增加保险机构债券投资品种的通知》，增加了部分债券投资品种，明确了保险机构投资有关债券的资产比例，允许保险机构投资境内市场发行的无担保债券。

- 2009年8月加强债券回购业务管理

保监会发布《关于加强保险机构债券回购业务管理的通知》，要求保险机构加强回购融入资金管理，包括加强账户管理、强化成本控制、明确资金用途、控制融资规模、严格比例管理等。

- 2009年9月调整债券投资政策

保监会发布《关于债券投资有关事项的通知》，对于保险机构债券投资的有关政策进行调整。保险机构投资企业（公司）债券的比例，由不超过该保险机构上季末总资产的30%，调整为不超过该保险机构上季末总资产的40%。

- 2009年11月两岸监管合作

保监会与台湾金融监管管理机构签署了《海峡两岸保险业监督管理合作谅解备忘录》。根据该备忘录，两岸保险监督管理机构在信息交换、机构设立、人员培训和交流等方面开展合作，标志着两岸保险监管机构将据此建立监管合作机制。

- 2009年12月规范无担保债券投资

为加强无担保债券投资管理，规范投资行为，防范投资风险，《关于保险机构投资无担保企业债券有关事宜的通知》出台。

2010年

- 2010年7月调整保险资金投资政策

为加强负债管理,优化资产结构,分散投资风险,保监会出台《关于调整保险资金投资政策有关问题的通知》。

- 2010年8月《保险资金运用管理暂行办法》出台

保监会发布《保险资金运用管理暂行办法》,该《办法》是《保险法》修订实施后,中国保监会发布的关于保险资金运用的重要基础性规章,对规范保险资金运用,保障保险资金运用安全,维护广大投保人和被保险人权益,防范保险业风险,具有重要的意义。

- 2010年8月投资政策调整办法出台

为加强负债管理,优化资产结构,分散投资风险,保监会出台《关于调整保险资金投资政策有关问题的通知》。

- 2010年9月不动产和股权投资办法出台

保监会发布《保险资金投资不动产暂行办法》和《保险资金投资股权暂行办法》,宣告了保险资金投资不动产由此进入实质运作阶段。

2011年

- 2011年4月调整保险资产管理公司管理暂行规定

为防范资金运用风险,促进资产管理业务发展,保监会出台关于调整《保险资产管理公司管理暂行规定》有关规定的通知。

2012年

- 2012年4月规范财险公司投资业务

保监会出台《关于进一步加强财产保险公司投资型保险业务管理的通知》,对财险公司参加资产管理做了细化规范。

- 2012年7月规范险资投资债券业务

为规范保险资金投资债券行为,改善资产配置,维护保险当事人合法权益,保监会出台《保险资金投资债券暂行办法》。

- 2012年7月制定保险资产配置管理办法

保监会颁布《保险资产配置管理暂行办法》,对保险公司独立账户做了清晰的定义,为保险资产管理公司开展以财富增值为目的的资产管理业务奠定政策基础。

- 2012年7月规范保险资金委托投资行为

保监会制定《保险资金委托投资管理暂行办法》，来规范保险资金委托投资行为，防范投资管理风险，切实保障资产安全，维护保险当事人合法权益。

- 2012年7月规范保险资金投资股权和不动产行为

为进一步规范保险资金投资股权和不动产行为，增强投资政策的可行性和有效性，防范投资管理风险，中国保监会结合市场实际需要，调整放松了部分限制，强化了风险控制要求，发布了《关于保险资金投资股权和不动产有关问题的通知》。

- 2012年10月规范投资交易业务

为规范保险资金参与各种金融衍生品，有效防范风险，保监会制定并印发《保险资金参与股指期货交易规定》《保险资金参与金融衍生产品交易暂行办法》。

- 2012年10月规范境外投资管理

为规范保险资金境外投资运作行为，防范投资管理风险，实现保险资产保值增值，保监会出台《保险资金境外投资管理暂行办法实施细则》对保险公司投资海外的具体事项做了规定。

- 2012年10月规范基础设施债权投资业务

为促进基础设施投资计划创新，规范管理行为，加强风险控制，维护投资者合法权益，中国保监会制定并印发了《基础设施债权投资计划管理暂行规定》。

- 2012年10月规范投资有关金融产品

为进一步优化保险资产配置结构，促进保险业务创新发展，规范保险资金投资理财产品等类证券化金融产品，保监会出台《关于保险资金投资有关金融产品的通知》。

- 2012年12月制定公募证券投资基金管理办法

保监会出台《资产管理机构开展公募证券投资基金管理业务暂行规定（征集意见稿）》，拟允许符合条件的证券公司、保险资产管理公司、私募证券基金管理机构三类机构直接开展公募基金管理业务。

2013年

- 2013年1月规范投资创业板上市公司股票业务

保监会出台《关于保险资金投资创业板上市公司股票等有关问题的通知》，

允许保险资金投资创业板上市公司股票。

- 2013年1月启动历史存量保单投资蓝筹股政策

经国务院同意，保监会将启动历史存量保单投资蓝筹股政策，允许符合条件的部分持有历史存量保单的保险公司申请试点。

- 2013年2月规范债权投资计划

为推动债权投资计划业务创新发展，提高监管效率和透明程度，债权投资计划发行将由备案制调整为注册制，保监会出台《关于债权投资计划注册有关事项的通知》。

- 2013年2月规范资产管理产品业务试点

为支持保险资产管理公司开展资产管理产品（以下简称"产品"）业务试点，保护产品持有人权益，防范和控制风险，保监会出台《关于保险资产管理公司开展资产管理产品业务试点有关问题的通知》。

- 2013年6月制定设立基金管理公司办法

证监会和保监会联合发布《保险机构投资设立基金管理公司试点办法》，申请投资设立基金管理公司的保险机构，包括保险公司、保险集团（控股）公司、保险资产管理公司和其他保险机构。

- 2013年7月规范跨境人民币结算再保险业务

2012年以来，国际金融环境发生深刻变化，中国逐步调整对跨境人民币结算的相关政策，《关于跨境人民币结算再保险业务有关问题的通知》（保监发〔2011〕49号）中的部分规定已不适应跨境人民币结算再保险业务发展的要求。保监会发布《关于跨境人民币结算再保险业务有关问题的补充通知》。

- 2013年8月加强外部信用评级监管

进一步加强保险资金信用风险管理，规范外部信用评级使用行为，中国保监会发布《关于加强保险资金投资债券使用外部信用评级监管的通知》。

- 2013年9月规范资金运用比例监管

保监会发布《关于加强和改进保险资金运用比例监管的通知（征集意见稿）》，对各类资产重新分大类监管，更加关注投资品的真实属性，回归风险收益本质，其中增加了基础设施债权计划和不动产投资比例，由20%提升到30%。

2014年

- 2014年1月允许保险资金投资创业板上市公司股票

为促进保险业支持经济结构调整和转型升级，支持中小企业发展，优化保险资产配置结构，保监会发布《关于保险资金投资创业板上市公司股票等有关问题的通知》，允许保险资金投资创业板上市公司股票。

- 2014年1月启动历史存量保单投资蓝筹股政策

经国务院同意，保监会将启动历史存量保单投资蓝筹股政策，允许符合条件的部分持有历史存量保单的保险公司申请试点。

- 2014年2月加强和改进保险资金运用比例监管

为进一步推进保险资金运用体制的市场化改革，加强和改进保险资金运用比例监管，中国保监会出台《中国保监会关于加强和改进保险资金运用比例监管的通知》，系统梳理了现有的比例监管政策，并在整合和资产分类的基础上，形成了多层次比例监管框架。

- 2014年3月规范保险资金银行存款业务

为加强保险资金银行存款业务监管，防范资金运用风险，中国保监会出台《关于规范保险资金银行存款业务的通知》。

- 2014年4月授权北京等保监局开展保险资金运用监管试点

为防范保险资金运用风险，推进保险资金运用属地监管工作，优化配置监管资源，提升监管工作效率，保监会颁布《关于授权北京等保监局开展保险资金运用监管试点工作的通知》。

- 2014年5月规范资金运用关联交易信息披露

中国保监会制定《保险公司资金运用信息披露准则第1号：关联交易》，规范保险公司资金运用关联交易的信息披露行为，防范投资风险。

- 2014年5月制定集合资金信托计划有关事项

保监会出台《关于保险资金投资集合资金信托计划有关事项的通知》加强保险机构投资集合资金信托计划业务管理，规范投资行为，防范资金运用风险。

- 2014年6月规范内控与合规计分监管

为提高保险资金运用合规与内控监管的有效性，推进量化监管和分类监管，防范投资风险，中国保监会印发《保险资金运用内控与合规计分监管规则》的通知。

- 2014年8月新"国十条"出台

《国务院关于加快发展现代保险服务业的若干意见》（国发〔2014〕29号，简称新"国十条"）出台，明确了保险业未来发展的总体要求、重点任务和政策措施，提出到2020年，基本建成保障全面、功能完善、安全稳健、诚信规范，具有较强服务能力、创新能力和国际竞争力，与中国经济社会发展需求相适应的现代保险服务业，努力由保险大国向保险强国转变。同时提出了9方面29条政策措施。

- 2014年10月规范投资细则

中国保监会发布《关于保险资金投资优先股有关事项的通知》，允许保险资金可以直接投资优先股，并规范投资细则。

- 2014年10月制定保险资产风险五级分类

为完善保险资金投后管理，科学审慎评估资产风险，提高保险资产质量，中国保监会发布关于试行《保险资产风险五级分类指引》的通知。

- 2014年10月规范非保险子公司管理

保监会提出《保险公司所属非保险子公司管理暂行办法》，对保险公司所属非保险子公司的风险进行全面监测，切实防范风险传递，保护保险消费者利益，促进保险业健康发展。

- 2014年10月保监会与银监会联合规范托管业务

为加强保险资产托管业务管理，规范保险资产托管行为，维护保险资产安全，中国保监会与中国银监会联合发布《关于规范保险资产托管业务的通知》。

- 2014年12月规范保险资金运用属地监管试点

中国保监会办公厅发布《关于保险资金运用属地监管试点工作有关事项的通知》，授权北京、上海、江苏、湖北、广东、深圳保监局代行部分保险资金运用监管职权。

- 2014年12月规范保险资金投资创业投资基金业务

保监会发布《关于保险资金投资创业投资基金有关事项的通知》，允许保险资金投资创业投资基金行为，支持创业企业和小微企业健康发展，防范投资风险。

- 2014年12月制定保险集团并表监管指引

中国保监会印发《保险集团并表监管指引》的通知，该《通知》以控制为基础，兼顾风险相关性，确定并表监管范围。同时明确了包括集团结构、公司治理、风险管理、内部交易、偿付能力、资产负债管理、流动性风险7个方面的并表监管内容。

2015年

- 2015年1月"偿二代"政策出台

为完善中国保险监管体系，改进和加强偿付能力监管，深化保险业市场化改革，转变行业增长方式，更好地保护保险消费者权益，保监会于2012年启动了"中国风险导向偿付能力体系"（以下称偿二代）建设工作，2015年1月保监会将研制完成的偿二代全部主干技术标准共17项监管规则予以发布。

- 2015年2月规范保险资产管理产品风险责任人有关事项

为加强保险资产管理产品风险管理，落实保险资产管理产品业务风险责任，中国保监会发布《关于保险资产管理产品风险责任人有关事项的通知》。

- 2015年3月调整境外投资业务

保监会发布《关于调整保险资金境外投资有关政策的通知》，进一步拓宽了海外投资范围、扩大了境外债券投资范围，开放了香港创业板股票投资领域。

- 2015年4月规范关联交易有关问题

为进一步规范保险公司关联交易行为，有效防范经营风险，保护保险消费者合法权益，中国保监会出台《关于进一步规范保险公司关联交易有关问题的通知》。

- 2015年4月制定信息披露准则

保监会印发《保险公司资金运用信息披露准则第2号：风险责任人》的通知，规定了风险责任人的信息披露细则、保险公司风险责任人的信息披露行为，防范投资风险。

- 2015年7月规范融资融券债权收益权业务

为维护资本市场健康稳定发展，防止股市非理性下跌，切实维护投资者和投保人合法权益，保监会发布《关于保险资产管理产品参与融资融券债权收益权业务有关问题的通知》，保险资产管理公司通过发行保险资产管理产品募集资金，与证券公司开展融资融券债权收益权转让及回购业务，可以协商合理确定还款期限，不得单方强制要求证券公司提前还款。

- 2015年7月规范蓝筹股票监管比例有关事项

为优化保险资产配置结构，促进资本市场长期稳定健康发展，保监会出台《关于提高保险资金投资蓝筹股票监管比例有关事项的通知》。

- 2015年7月制定互联网保险业务监管办法

保监会印发《互联网保险业务监管暂行办法》的通知，放开互联网保险业务经营区域的限制，鼓励保险机构通过互联网创新产品，提升保险行业的服务质量。同时针对目前互联网保险业务存在的诸多问题比如信息披露不充分、产品不规范等，《办法》给出了具体的方案。

- 2015年8月规范个人所得税优惠型保险业务

为贯彻落实财政部、国家税务总局、保监会《关于开展商业健康保险个人所得税政策试点工作的通知》（财税〔2015〕56号）精神，促进个人税收优惠型健康保险业务健康发展，保护被保险人的合法权益，保监会研究制定了《个人税收优惠型健康保险业务管理暂行办法》。

- 2015年9月规范保险私募基金业务

为进一步发挥保险资金长期投资的独特优势，支持实体经济发展，防范相关风险，保监会就规范设立保险私募基金有关事项做出通知《关于设立保险私募基金有关事项的通知》。

- 2015年9月规范资产支持计划业务

中国保监会根据基础资产风险状况和监督需要对基础资产的范围实施动态负面清单管理，印发《资产支持计划业务管理暂行办法》的通知。

- 2015年10月修改非保险金融产品销售规则

保监会发布关于修改《中国保监会关于严格规范非保险金融产品销售的通知》的通知，进一步强调保险从业人员不得销售非保险金融产品，同时对于销售人员的资质提出了更高的要求，有助于优化保险销售人员的整体素质，防止因销售误导或不当出现的风险交叉传递。

- 2015年12月出台保险资金运用内部控制指引

为防范新形势下保险公司资产负债错配风险和流动性风险，加强对保险公司资产配置行为的监管，保监会印发《保险资金运用内部控制指引》及应用指引的通知。

- 2015 年 12 月完善保险资金运用信息披露准则

针对 2015 年保险公司频繁举牌上市公司的"激进"行为，保监会要求保险公司举牌上市公司股票的信息披露行为更为规范，防范投资风险，就此保监会印发《保险公司资金运用信息披露准则第 3 号：举牌上市公司股票》的通知。

- 2015 年 12 月规范中国保险保障基金有限责任公司业务监管办法

为进一步完善保险保障基金管理机制，保护投保人利益，防范风险，维护保险市场平稳健康发展，保监会对《中国保险保障基金有限责任公司业务监管暂行办法》进行了修订，并于近日印发《中国保险保障基金有限责任公司业务监管办法》。

- 2015 年 12 月规范保险业防范和处置非法集资工作

为严厉打击涉及保险领域的非法集资活动，切实防范化解保险业非法集资风险，进一步完善健全行业非法集资风险防控体系和工作机制，明确保险业防范和处置非法集资工作的责任和工作要求，中国保监会印发《关于进一步做好保险业防范和处置非法集资工作的通知》。

2016 年

- 2016 年 5 月完善保险资金运用信息披露准则

为规范保险公司大额未上市股权和大额不动产投资的信息披露行为，防范投资风险，中国保监会印发《保险公司资金运用信息披露准则第 4 号：大额未上市股权和大额不动产投资》。

- 2016 年 5 月加强保险公司管理交易信息披露

为提高保险资金投资运作透明度，中国保监会出台《关于进一步加强保险公司管理交易信息披露工作有关问题的通知》。

- 2016 年 6 月规范组合类保险资产管理产品业务监管

为加强保险资产管理产品业务监管，规范市场行为，强化风险管控，将对组合类保险资产管理产品业务进行规范，中国保监会出台《关于加强组合类保险资产管理产品业务监管的通知》。

- 2016 年 6 月规范保险资金间接投资基础设施

保险机构对 PPP 项目投资态度仍然较为谨慎，印发《保险资金间接投资基础设施项目管理办法》对于保险机构投资 PPP 项目具有一定的促进作用。

- 2016 年 6 月规范保险资管公司通道类业务

为对通道类业务进行限制,防范监管套利,中国保监会印发《中国保监会关于清理规范保险资产管理公司通道类业务有关事项的通知》。

- 2016 年 7 月规范保险公司股权管理

保监会对保险公司单一股东持股比例已进行多次调整,目前多数险企的单一股东都面临超标持股的风险,中国保监会特印发《保险公司股权管理办法》。

2017 年

- 2017 年 1 月进一步规范保险资金股票投资监管

为进一步明确保险机构股票投资监管政策,规范股票投资行为,防范保险资金运用风险,中国保监会印发《关于进一步加强保险资金股票投资监管有关事项的通知》。

- 2017 年 5 月支持保险资金更好地服务实体经济

为深入贯彻落实《中共中央、国务院关于深化投融资体制改革的意见》(中发〔2016〕18 号)和《国务院关于加快发展现代保险服务业的若干意见》(国发〔2014〕29 号)精神,推动政府和社会资本合作(PPP)项目融资方式创新,支持保险资金更好地服务实体经济,中国保监会出台《关于保险资金投资政府和社会资本合作项目有关事项的通知》。

- 2017 年 5 月加强保险资金服务实体经济

为支持保险资金投资关系国计民生的重大工程,进一步服务实体经济,中国保监会出台《关于债权投资计划投资重大工程有关事项的通知》。

2018 年

- 2018 年 1 月提出保险资金运用管理的基础性制度

中国保监会印发《保险资金运用管理办法》。明确保险资金投资的主要形式,规定保险资金运用的管理模式,重点明确保险资金运用的决策机制和风险管控机制,要求保险机构健全公司治理和内部控制,切实承担各项管理职责和相关风险,明确监管机构对保险机构和相关当事人的违规责任追究。

- 2018 年 1 月规范保险资产管理机构股权投资计划设立业务

保监会印发《关于保险资金设立股权投资计划有关事项的通知》(保监资金〔2017〕282 号)。

- 2018 年 3 月规范保险集团开展内保外贷业务

保监会印发《关于规范保险机构开展内保外贷业务有关事项的通知》（保监发〔2018〕5 号）。

- 2018 年 10 月加强险资在金融市场的作用

银保监会印发《关于保险资产管理公司设立专项产品有关事项的通知》（银保监发〔2018〕65 号），旨在化解优质上市公司股票质押流动性风险，为优质上市公司和民营企业提供长期融资支持，维护金融市场。

2019 年

- 2019 年 1 月 25 日，中国银保监会发布《关于保险资金投资银行资本补充债券有关事项的通知》，允许保险资金投资银行发行的二级资本债券和无固定期限资本债券，并分别就政策性银行和商业银行发行的上述债券的管理标准进行明确，同时分别就二级资本债券、无固定期限资本债券的评级做出规定，并明确了发行人应符合的条件。

- 2019 年 5 月 7 日，中国银保监会办公厅发布《关于保险资金参与信用风险缓释工具和信用保护工具业务的通知》，完善市场信用风险分散分担机制，允许保险资金参与信用风险缓释工具和信用保护工具，并对保险资金参与信用衍生品的业务进行规范，要求保险资金不得作为信用风险承担方、仅限于对冲风险，且对参与机构的资质提出要求。

- 2019 年 6 月 17 日，中国银保监会办公厅发布《关于资产支持计划注册有关事项的通知》，中国银保监会对保险资产管理机构首单资产支持计划之后发行的支持计划，实行注册制管理，交由中保保险资产登记交易系统有限公司办理注册工作。

- 2019 年 6 月 19 日，中国银保监会办公厅发布《关于保险资金投资集合资金信托有关事项的通知》，旨在规范保险资金投资集合资金信托业务，对保险机构投资集合资金信托的决策机制、风险责任人、信托公司选择标准进行明确，并对集合资金信托的基础资产类型、投向、评级做出限定，严禁通道业务和劣后级投资，明确了保险资金去通道、去嵌套的监管导向，有利于限制不合理、不合规的投资业务开展。

- 2019 年 11 月 22 日，中国银保监会发布《保险资产管理产品管理暂行办法（征求意见稿）》。银保监会在制定《保险资管暂行办法（征）》时，遵循坚持保险资管产品的私募定位、坚持严控风险的底线思维、坚持保险资管产品的中长期特色以及坚持原则导向和规则细化相结合的原则。

• 2019 年 12 月 16 日，中国银保监会印发《关于将澳门纳入保险资金境外可投资地区的通知》，进一步规范保险资金境外投资行为，切实支持粤港澳大湾区建设，扩增保险资金可投资区域。

2. 保险资产管理公司一览表

公司名称	设立时间	注册地	股东情况	注册资本	管理资产规模	产品和服务内容
中国人保资产管理股份有限公司	2003 年	上海	股东为中国人民保险集团股份有限公司和慕尼黑再保险资产管理公司	8 亿元人民币	超过 8200 亿元人民币	公司具备保监会核准的股票投资能力、无担保债券投资能力、股权投资能力、基础设施投资计划产品创新能力、不动产投资计划产品创新能力、衍生品运用能力（股指期货）和信托产品投资能力，具有人社部批准的企业年金投资管理人资格和国家外管局批准的经营外汇业务资格，获准发行投资理财产品和受托管理合格投资者资金
中国人寿资产管理有限公司	2003 年	北京	由中国人寿保险（集团）和中国人寿保险股份有限公司共同出资设立	30 亿元人民币	超过 21000 亿元人民币	业务涵盖固定收益类投资、权益类投资、项目投资及国际业务
华泰资产管理有限公司	2005 年	上海	由华泰保险集团股份有限公司发起设立	1 亿元人民币	超过 1500 亿元人民币	经营范围包括管理运用自有资金及保险资金、受托资金管理业务、与资金管理业务相关的咨询业务以及国家法律法规允许的其他资产管理业务
平安资产管理有限责任公司	2005 年	上海	由中国平安保险（集团）股份有限公司发起设立	5 亿元人民币	19700 亿元人民币	涵盖资本市场及非资本市场等投资领域，具有长期成功大额资产投资管理经验、跨市场资产配置和全品种投资能力

续表

公司名称	设立时间	注册地	股东情况	注册资本	管理资产规模	产品和服务内容
中再资产管理股份有限公司	2005年	北京	中国再保险（集团）股份有限公司、中国大地财产保险股份有限公司、中国人寿再保险股份有限公司、中国财产再保险股份有限公司、瑞士再保资产管理（亚洲）有限公司、福禧投资控股有限公司六家股东联合发起成立	5亿元人民币	超过130亿元人民币	拥有包括受托管理保险资金业务资格、信用风险管理能力资格、基础设施债券投资计划受托投资能力资格、基础设施债券投资计划产品创新能力资格、不动产投资计划产品创新能力资格、股权投资业务能力资格及不动产投资资格在内的全部保监会同意开展的资金运用业务能力资格
泰康资产管理有限责任公司	2006年	北京	股东为泰康人寿保险股份有限公司和中诚信托有限责任公司	10亿元人民币	超过8300亿元人民币	投资范围涵盖固定收益投资、权益投资、境外投资、基础设施及不动产投资、股权投资、金融产品投资等，所提供的服务和产品包括保险资金投资管理、另类项目投资管理、企业年金投资管理、金融同业业务、财富管理服务、资产管理产品、养老金产品、境外理财产品、QDII（合格境内机构投资者）专户、公募基金产品等
太平洋资产管理有限责任公司	2006年	上海	股东为中国太平洋保险（集团）股份有限公司、中国太平洋人寿保险股份有限公司、中国太平洋财产保险股份有限公司	5亿元人民币	—	公司具备中国保监会要求的股票投资能力、无担保债券投资能力、股权投资能力、不动产投资能力、基础设施投资计划产品创新能力、不动产投资计划产品创新能力和衍生品运用等多项能力

续表

公司名称	设立时间	注册地	股东情况	注册资本	管理资产规模	产品和服务内容
太平资产管理有限公司	2006年	上海	由中国太平保险集团公司发起设立	1亿元人民币	超过3000亿元	具有丰富的海内外保险经营和资产管理经验
新华资产管理股份有限公司	2006年	北京	控股股东为新华人寿保险股份有限公司	5亿元人民币	约5000亿元人民币	公司日益成为国内外股票市场、基金市场、债券市场等资本市场上重要的大型机构投资者之一
安邦资产管理有限责任公司	2011年	北京	由安邦保险集团股份有限公司发起成立	6亿元人民币	—	以受托管理保险资金为主要业务，投资范围涵盖固定收益类资产、权益类资产、流动性资产、不动产类资产、其他金融产品类资产等，同时提供的服务和产品包括受托保险资金投资管理，定向或集合保险资产管理产品，以及基础设施债权投资计划、不动产投资计划、项目资产支持计划等创新金融产品等
生命保险资产管理有限公司	2011年	深圳	股东为富德保险控股股份有限公司、富德生命人寿保险股份有限公司和深圳市富德金融投资控股有限公司	1亿元人民币	近千亿元人民币	已获得信用风险管理能力、股票投资能力、不动产投资计划产品创新能力、基础设施债权计划产品创新能力、股指期货运用能力等5项能力，并与公司股东共享股权、不动产投资能力及团队，投资范围涵盖了固定收益投资、权益投资、基础设施不动产投资、股权投资等，所提供的产品和服务包括保险及非保险资金受托管理、另类项目投资管理、资产管理产品、基础设施债权投资计划、不动产投资计划、投资顾问等

续表

公司名称	设立时间	注册地	股东情况	注册资本	管理资产规模	产品和服务内容
光大永明资产管理股份有限公司	2012年	北京	由中国光大集团股份公司和光大永明人寿保险有限公司共同发起设立	5亿元人民币	超过4300亿元人民币	公司获得了中国保监会信用风险管理能力、债权投资计划产品创新能力和股票直接投资能力备案，拥有广大的业务空间和强大的业务创新能力；具有全国银行间债券市场交易资格，并在中央国债登记结算有限责任公司和上海清算所股份有限公司申请了DVP（券款对付）服务
合众资产管理股份有限公司	2012年	北京	由合众人寿保险股份有限公司和中发实业（集团）有限公司共同发起设立	1亿元人民币	—	—
民生通惠资产管理有限公司	2012年	上海	由民生人寿保险股份有限公司出资设立	1亿元人民币	约700亿元人民币	公司具有基础设施投资计划、不动产投资计划、项目资产支持计划及资产管理产品的设立发行资格
阳光资产管理股份有限公司	2012年	深圳	主要股东有阳光保险集团股份有限公司、阳光人寿保险股份有限公司、阳光财产保险股份有限公司等	1亿元人民币	5898.13亿元人民币	主要业务包括管理运用自有资金、保险资金、受托资产管理以及与资金管理相关的咨询业务，其业务领域涵盖权益投资、固定收益投资、股权投资、金融产品投资、境外投资、基础设施及不动产投资等多个方面
中英益利资产管理股份有限公司	2013年	北京	由中英人寿、信泰人寿、华润信托和凯石投资共同出资组建	1亿元人民币	—	受托管理委托人委托的人民币、外币资金；管理运用自有人民币、外币资金；开展保险资产管理产品业务等

续表

公司名称	设立时间	注册地	股东情况	注册资本	管理资产规模	产品和服务内容
中意资产管理有限责任公司	2013年	北京	由中意人寿保险有限公司、中意财产保险有限公司、昆仑信托有限责任公司三方共同出资设立	2亿元人民币	超过740亿元人民币	受托管理委托人委托的人民币、外币资金；管理运用自有人民币、外币资金；开展保险资产管理产品业务等
华安财保资产管理有限责任公司	2013年	天津	由华安财产保险股份有限公司和特华投资控股有限公司共同筹建	2亿元人民币	—	受托管理委托人委托的人民币、外币资金；管理运用自有人民币、外币资金；开展保险资产管理产品业务等
长城财富资产管理股份有限公司	2015年	深圳	股东为长城人寿保险股份有限公司、北京金融街投资（集团）有限公司、工布江达长润投资管理有限公司和中建二局第三建筑工程有限公司	1亿元人民币	—	受托管理委托人委托的人民币、外币资金；管理运用自有人民币、外币资金；开展保险资产管理产品业务等
英大保险资产管理有限公司	2015年	北京	由国家电网公司资产管理有限公司等31家国有大型骨干企业发起成立	12亿元人民币	—	受托管理委托人委托的人民币、外币资金；管理运用自有人民币、外币资金；开展保险资产管理产品业务等
华夏久盈资产管理有限责任公司	2015年	北京	由华夏人寿保险股份有限公司和北京世纪力宏计算机软件科技有限公司共同发起设立	1亿元人民币	2000亿元人民币	受托管理委托人委托的人民币、外币资金；管理运用自有人民币、外币资金；开展保险资产管理产品业务等

续表

公司名称	设立时间	注册地	股东情况	注册资本	管理资产规模	产品和服务内容
建信保险资产管理有限公司	2016年	深圳	由建信人寿保险有限公司和建银国际（中国）有限公司共同发起设立	1亿元人民币	—	—
百年资产管理有限责任公司（筹）	—	大连	由百年人寿保险股份有限公司、大连一方地产有限公司和江西恒茂房地产开发有限公司3家企业共同出资设立	1亿元人民币	—	—
永诚保险资产管理有限公司	2016年	宁波	由永诚财产保险股份有限公司全资发起	3亿元人民币	2.45亿元人民币	受托管理委托人委托的人民币、外币资金，管理运用自有人民币、外币资金，开展保险资产管理产品业务，中国银保监会批准的其他业务，国务院其他部门批准的业务
工银安盛资产管理有限公司	2019年	上海	工银安盛人寿保险有限公司100%持股	1亿元人民币	1.3亿元人民币	受托管理委托人委托的人民币、外币资金，管理运用自有人民币、外币资金，开展保险资产管理产品业务，中国银保监会批准的其他业务，国务院其他部门批准的业务
交银康联资产管理有限公司	2019年	上海	交银康联人寿保险有限公司100%持股	1亿元人民币	1.25亿元人民币	受托管理委托人委托的人民币、外币资金，管理运用自有人民币、外币资金，开展保险资产管理产品业务，中国银保监会批准的其他业务，国务院其他部门批准的业务

续表

公司名称	设立时间	注册地	股东情况	注册资本	管理资产规模	产品和服务内容
中信保诚资产管理有限责任公司	2020年	北京	中信保诚人寿持股100%	5亿元人民币	—	—
中再资产管理（香港）有限公司	2015年	香港	—	1亿元港币	—	—
中国人保香港资产管理公司	2014年	香港	—	5000万元港币	—	—
新华资产管理（香港）有限公司	2013年	香港	—	5000万元港币	—	—
生命资产管理（香港）有限公司	2012年	香港	—	1亿元港币	—	—
安邦资产管理（香港）有限公司	2011年	香港	—	2亿元港币	—	—
中国太保资产管理（香港）有限公司	2009年	香港	—	5000万港币	—	—
华泰资产管理（香港）有限公司	2007年	香港	—	1500万港币	—	—

续表

公司名称	设立时间	注册地	股东情况	注册资本	管理资产规模	产品和服务内容
中国人寿富兰克林资产管理公司	2006年	香港	—	6000万港币	—	—
泰康资产管理（香港）公司	2007年	香港	—	1500万港币	—	—
中国平安资产管理（香港）有限公司	2006年	香港	—	—	—	—
太平资产管理（香港）有限公司	1996年	香港	—	—	—	—

注：数据截至2019年12月31日。

资料来源：银保监会官网、各公司官网。

参考文献

[1] 寇业富, 陈辉, 周桦. 保险蓝皮书——中国保险市场发展分析（2019）[M]. 北京: 中国经济出版社, 2019.

[2] 寇业富, 陈辉, 张宁, 周县华, 周明. 2019 中国保险公司竞争力评价研究报告 [M]. 北京: 中国财政经济出版社, 2019.

[3] 寇业富. 医疗保险索赔模型研究 [M]. 北京: 中国财政经济出版社, 2011.

[4] 陈辉. 数据之美——精准捕捉未来的商业小趋势 [M]. 北京: 中信出版社, 2019.

[5] 张宁. 金融保险: 深度学习. 北京: 经济科学出版社, 2018.

[6] 郑智. 中国资产管理行业发展报告（2017）[M]. 北京: 社会科学文献出版社, 2017.

[7] 保监会. 中国保险资产管理发展报告（2018）[M]. 北京: 中国金融出版社, 2018.

[8] 寇业富, 李晓林. 寿险公司业务结构的相似性分析及其聚类研究 [J]. 中央财经大学学报, 2009（2）.

[9] 李晓林. 寿险产品体系研究. 中央财经大学学报, 2005（07）.

[10] 石晓军, 闫竹. 发达国家保险发展特点及其经验借鉴——OECD 国家 20 年保险发展透视 [J]. 保险研究, 2015（07）: 3 - 14.

[11] 万怡婷. 德国保险市场研究 [J]. 商, 2015（21）: 243 - 244.

[12] 许闲. 金融危机下德国保险监管的应对与借鉴 [J]. 中国金融, 2010（01）: 41 - 42.

[13] 陈敬元. 德国保险业风险防控的实践与启示 [J]. 中国保险, 2017（12）: 61 - 64.

[14] 刘仁伍. 中国保险业: 现状与发展 [M]. 社会科学文献出版社, 2008.

[15] 秦亦菲, 李晓林. 保险市场逆向选择问题研究新进展. 经济学动态, 2008（3）.

[16] 华宝证券. 保险资产管理行业 2012 年度报告 [R]. 2013-01-30.

[17] 华宝证券. "泛资管"时代下的保险资产管理行业：2013 年保险资产管理行业报告 [R]. 2014-01-24.

[18] 华宝证券. "新常态"下的保险资产管理行业：2014 年保险资产管理行业报告 [R]. 2015-02-04.

[19] 华宝证券. 低利率下的保险资产管理行业：2016 年保险资产管理行业报告 [R]. 2017-02-17.

[20] 华泰证券. 保险行业深度报告 [R]. 2016-07-05.

[21] 中信建投证券. 中国保险资管发展概况及中报举牌梳理 [R]. 2016-09-05.

[22] 苏向杲. 保险资管产品注册规模突破 1.8 万亿元 "一带一路"保险资金投入 6260 亿元 [N]. 证券日报, 2017-05-18 (B02).

[23] 李超. 险资"定投"蓝筹 保险资管计划股债双收 [N]. 中国证券报, 2017-03-01 (A06).

[24] 吴海燕. 保险资管存量规模破 1.6 万亿元 不动产投资占比最大 [N]. 证券时报, 2017-01-05 (A05).

[25] 蔡虹. "偿二代"实施对保险资产管理的重大影响——基于资产端的研究 [J]. 上海保险, 2017 (02): 10-14.

[26] 张伟楠. 保险资产管理进入新时代 [N]. 中国保险报, 2017-01-23 (001).

[27] 贾雅琪. 中国保险资金另类投资问题研究 [D]. 首都经济贸易大学, 2016.

[28] 赵燕妮, 郭金龙. 英国保险业演化发展过程及对中国的启示. 《保险研究》, 2014.

[29] 赵燕妮. 英国人寿保险市场发展现状及五力分析模型. 《时代金融》, 2016.

[30] 赵玉林. 产业经济学原理及案例（第三版）. 中国人民大学出版社, 2014.

[31] 苏东水. 产业经济学（第四版）. 高等教育出版社, 2015.

[32] 刘志彪, 安同良. 现代产业经济分析. 南京大学出版社, 2014.

[33] 蒲成毅. 保险产业结构与保险发展的关系. 《保险研究》, 2005 (6).

[34] 王淼. 保险资管大象起舞 [J]. 金融客, 2016, Z1: 78-87.

[35] 李光荣. 保险举牌常态化 [J]. 英才, 2016 (05): 96-97.

[36] 曾炎鑫. 去年险资举牌股票市值 1257 亿元 目前浮盈 13.75% [N].

证券时报, 2016 - 1 - 20 (A5).

[37] 吴世农, 李常青, 余玮. 中国上市公司成长性的判定分析和实证研究. 天津: 南开管理评论, 1999 (4).

[38] sigma insurance data resource, www. Sigma - explore. com.

[39] Insurance Council of Australia, www. insurancecouncil. com. au.

[40] Australian Prudential Regulation Authority, www. apra. gov. au.

[41] history_ of_ insurance_ japan_ 150years, www. swissre. com.

[42] The General Insurance Association of Japan, www. sonpo. or. jp.

[43] The Life Insurance Association of Japan, www. seiho. or. jp.

[44] Financial Services Agency, www. fsa. go. jp.

后 记

本篇报告的写作得到学校的大力支持和帮助,在此对中央财经大学李俊生教授,中央财经大学保险学院院长、中国精算研究院院长李晓林教授,副院长周桦教授、副院长池义春教授,以及保险学院、中国精算研究院的其他领导和老师(陈建成教授、郑苏晋教授、徐景峰教授、高洪忠副研究员等)表示衷心的感谢!

报告得到教育部[①]、中央财经大学保险学院、中国精算研究院等单位的课题资助和支持,在此表示衷心的感谢!

报告的完成得益于课题组成员的团结和辛苦工作,课题组成员既有从事保险、精算教育多年的教师,也有具有丰富保险、精算实践经验的业界精英。

课题组主要成员有:

寇业富,经济学博士,教授;保险数据文献中心主任,中国精算师协会正会员。

陈辉,经济学博士,助理研究员,中国精算师协会正会员,英国精算师、中国精算师。

周桦,经济学博士,教授,副院长。

在大量数据的搜集、整理等工作中,有许多保险、精算专业的研究生和本科生参加了这项工作,他们为报告的完成付出了很多艰辛繁杂的劳动。主要有:程明远、王达轩、孙逸竹、许晓月、翁亚琼、刘晓辰、宋阳葛、薛雅、王一航、王文豪、于蒙、张盖、王钰曦等,在此对他们的付出表示感谢!感谢中国精算研究院办公室的欧阳和霞、薛丽娜、何小兰等为本书的出版付出的

[①] 教育部人文社会科学重点研究基地重大项目"数据时代商业保险服务健康保障体系的机制与智能路径研究"(项目批准号:16JJD790062)和"大数据背景下的风险量化与保险业发展指数体系研究"(项目批准号:16JJD790060)的资助。

劳动！

课题组在指标的设立、信息的搜集整理、模型的探索完善等方面付出了很大的努力，但是《中国保险市场发展报告（2020）》（原《保险蓝皮书——中国保险市场发展分析报告》）中的不足和疏漏之处在所难免，欢迎各位读者不吝赐教，以便我们做进一步的修改和完善。

联系方式：kouyefu@cufe.edu.cn

寇业富

2020 年 8 月 10 日